캠퍼스 임팩트 2019

캠퍼스 임팩트 2019

서울대학교 사회혁신 교육 프로젝트

초판 1쇄 발행 2019년 12월 23일

지은이 사회혁신 교육연구센터

펴낸이 김선기

펴낸곳 (주)푸른길

출판등록 1996년 4월 12일 제16-1292호

주소 (08377) 서울시 구로구 디지털로 33길 48 대륭포스트타워 7차 1008호

전화 02-523-2907, 6942-9570~2

팩스 02-523-2951

이메일 purungilbook@naver.com

홈페이지 www.purungil.co.kr

ISBN 978-89-6291-846-5 93300

• 이 도서의 국립중앙도서관 출판시도서목록(CIP)은 서지정보유통지원시스템 홈페이지(http://seoji.nl.go.kr)와 국가자료공동목록시스템(http://www.nl.go.kr/kolisnet)에서 이용하실 수 있습니다.(CIP제어번호: CIP2019049605)

이 저서는 2018년 대한민국 교육부와 한국연구재단의 지원을 받아 수행된 연구임 (NRF-2018S1A5A2A03034198).

캠퍼스 임팩트 2019

서울대학교 사회혁신 교육 프로젝트

푸른길

서문

이 책은 서울대학교 사회과학대학(이하 사회대) 사회혁신 교육연구센터(이하 센터)의 2019년 사회대 수업 프로젝트의 성과를 담고 있다. 센터는 '교육 혁신과 지역혁신을 통한 대학 주도의 사회혁신'을 비전으로 2019년 설립되었다. 대학의 사회혁신 교육·연구·실천 모델을 선도하고 서울대를 넘어 전국적으로 대학 주도 혁신 모델을 확산하기 위한 플랫폼의 임무를 담당하는 것을 목적으로 하고 있으며, 센터의 주요 사업으로 매해 사회대 모든 전공에 개설되는 지역참여형·사회문제해결형 수업 프로젝트를 지원하고 그 성과물을 출판한다.

2019년 1학기에는 정치외교학·인류학·사회복지학·사회학·언론정보학·경제학 6개 학부/과에 개설된 전공 수업을 지원한 바 있다. 총수강생 수가 120명에 이르렀으며 이 책의 집필진으로 교수 6명, 대학원생 8명, 학부생 45명이 참여하였다.[1] 이 책은 각 수업의 취지와 방법론 및 내용에 대한 담당 교수진의 간략한 소개와 분석, 수강생들이 수행한 대표 사례연구, 그리고 수강생들에 대한 사회혁신 의식조사로 이루어져 있다. 장별 내용을 여기서 다시 요약할 필요는 없고, 다만 교육·연구·실천 프로젝트라는 이름에서 알 수 있듯이 사회대 수업 프로젝트의 목표가 교육, 연구, 실천의 세 가지 측면을 아우른다는 점을 강조하고 싶다,

즉 교육적으로 딱딱한 강의실에서 두꺼운 교과서 위주로 이루어지던 주입식 방식을 벗어나 지역 현실과 사회 문제를 대상으로 현장에 뛰어들어 실제 사회 문제

1. 이 6개 과목 외에도 2학기 현재 지리학과의 관련 전공 수업(담당 교수, 구양미)과 심리학과 담당 교수(박주용)의 글쓰기 관련 수업도 본 프로젝트에 참여하고 있다. 이번에는 여의치 않았지만, 이 두 수업의 성과도 향후 센터의 출판물로 발표하는 방안을 계획 중임을 밝힌다.

해결을 위한 살아 있는 교육을 함께 실행한다는 의미가 있다. 연구의 측면에서는 사례연구, 인터뷰, 참여 관찰, 실행연구(action research) 등 다양한 연구방법을 활용하여 출판할 만한 수준의 학술적 연구 결과를 목표로 학생들과 함께 공동연구를 수행한다. 실천적으로는 학생들에게 공적·시민적 의식과 역량 및 리더십을 함양하고, 연구와 출판을 통하여 정보와 지식을 확산하고 정책적·실천적 대안을 제시하며, 지역사회의 발전과 사회혁신에 실질적으로 이바지할 수 있도록 노력한다. 이때 교육·연구·실천의 주체로 교수와 학생뿐 아니라 지역사회의 다양한 주체들이 참여할 수 있다는 점도 중요하다.

이제 막 시작한 수업 프로젝트지만, 향후 더 많은 관련 수업이 사회대 전공별로 개설되어 가능한 한 모든 사회대 학생들이 지역참여형·사회문제해결형 수업을 수강하고 졸업할 수 있게 되길 기대한다. 나아가 사회대의 시행착오와 솔선수범의 경험에 기반한 새로운 대학의 교육·연구·실천 프로젝트 모델을 제시하여 사회대를 넘어 서울대 전체 그리고 궁극적으로 전국 모든 대학에서 활용할 수 있게 되길 바란다.

이 책이 출판되기까지 많은 분의 지원과 참여가 있었다. 우선 SK 기업(행복나래 주식회사 및 SK 수펙스추구협의회 SV 위원회)의 후한 지원이 있었기에 센터를 설립하여 사회대 수업 프로젝트를 개설·운영할 수 있었다. 2018년 2학기 파일럿 수업 프로젝트 시행부터 센터의 설립 및 2019년 공식 수업 프로젝트 개설에 이르기까지 사회대 이봉주 학장의 리더십에 힘입은 바 크다. 사회대 각 전공을 대표해 센터 운영위원회에 참가한 여러 운영위원 선생님께 감사한다. 수업 프로젝트의 개설·운영·지원, 책 출판 및 편집, 수강생 사회혁신 의식조사 실시·결과분석 및 집필 등 모든 힘든 일을 성공적으로 추진해 온 센터의 연구진과 스태프, 특히 미우라 히로키 박사에게 고마운 마음을 전한다.

2019년 12월

집필진을 대신하여

서울대학교 사회혁신 교육연구센터 센터장 김의영

차례

제1부

지역기반·문제해결 수업의 실천과 지식창조

정치외교학부
거버넌스의 이해

수업명	서울대학교 정치외교학부 〈거버넌스의 이해: 강동구 마을만들기 기본계획 연구 프로젝트〉		
교수자명	김의영	수강 인원	16명
수업 유형	전공선택	연계 지역/기관	서울특별시 강동구청

수업 목적

거버넌스 관련 이론과 경험적 연구에 대한 비판적 분석에 기초하여 강동구 마을만들기 거버넌스 심층 사례 연구를 수행함. 교수와 전문 연구원 및 박사과정 대학원생과 수강생들이 함께 실제 강동구 마을만들기 기본계획 수립을 위한 용역 연구 결과를 도출하여 강동구에 제출함.

주요 교재

* 안네 메테 키에르. 2007. 「거버넌스」. 오름 [Anne Mette Kjaer. 2004. *Governance*. Cambridge: Polity Press.] 1~2장.
* 유창복. 2016. "협치, 지속가능한 발전을 위하여." 미출판 논문
* Bevir, Mark. 2006. "Democratic Governance: Systems and Radical Perspectives." *Public Administration Review*. May/June.
* 유재원·홍순만. 2005. "정부의 시대에서 꽃핀 Multi-level Governance: 대포천 수질개선 사례를 중심으로." 「한국정치학회보」 제39집. 제2호.
* 김의영. 2011. "굿 거버넌스 연구 분석틀: 로컬 거버넌스를 중심으로." 「한국정치연구」 제20집. 제2호.
* Robert Putnam, *Better Together: Restoring the American Community*. (New York: Simon and Schuster, 2003), chapters 1, 3, 4, 12, conclusion.
* Ansell, Chris and Alison Gash. 2008. "Collaborative Governance in Theory and Practice" *Journal of Public Administration Theory and Practice*, 18.
* Siriani, Carmen. 2009. *Investing in Democracy: Engaging Citizens in Collaborative Governance*. Washington, D. C.: Brookings Institution Press. Chapters. 1 & 2
* Fung, Archon and Erik Olin Wright. 2003. *Deepening Democracy: Institutional Inno-vations in Empowered Participatory Governance*. London: Verso. Chapters. 1 & 4

* Abers, Rebecca. 1998. "From clientelism to cooperation: Local government, participatory policy, and civic organizing in Porto Alegre, Brazil." *Politics & Society* 26, No.4.

수업 일정

3월 5일 6월 18일 수업 제1주차, 강동구 마을공동체 기본계획 수립 연구용역 사업 소개
3월 12일 수업 제2주차, 강동구 마을공동체와 거버넌스 배경 지식과 전망 학습
3월 19일 수업 제3주차, 거버넌스 개념에 관한 강의
3월 26일 수업 제4주차, 거버넌스 연구 분석틀에 관한 강의
4월 2일 수업 제5주차, 사례연구방법 세미나 강의, 강동구의 마을과 거버넌스 지표 살펴보기
4월 9일 수업 제6주차, 사회적 자본에 관한 강의, 대학생 연구진 팀별 조사 계획(안) 수립 논의
4월 16일 수업 제7주차, 대학생 연구진 팀별 조사 진행상황 발표
4월 23일 수업 제8주차, 사회적 자본에 관한 문헌조사 발표, 강동구청 착수보고회 리허설
5월 7일 수업 제10주차, 협력적 거버넌스 모델과 사례에 관한 강의
5월 14일 수업 제11주차, 권한부여적 참여형 거버넌스 모델과 사례에 관한 강의
5월 21일 수업 제12주차, 사회적경제와 거버넌스에 관한 강의
5월 28일 대학생 연구진 팀별 현장연구
6월 4일 수업 제13주차, 대학생 연구진 팀별 연구 진행상황 발표
6월 18일 수업 제15주차, 대학생 연구진 팀별 심층연구 집중발표

연구진 구성 및 역할

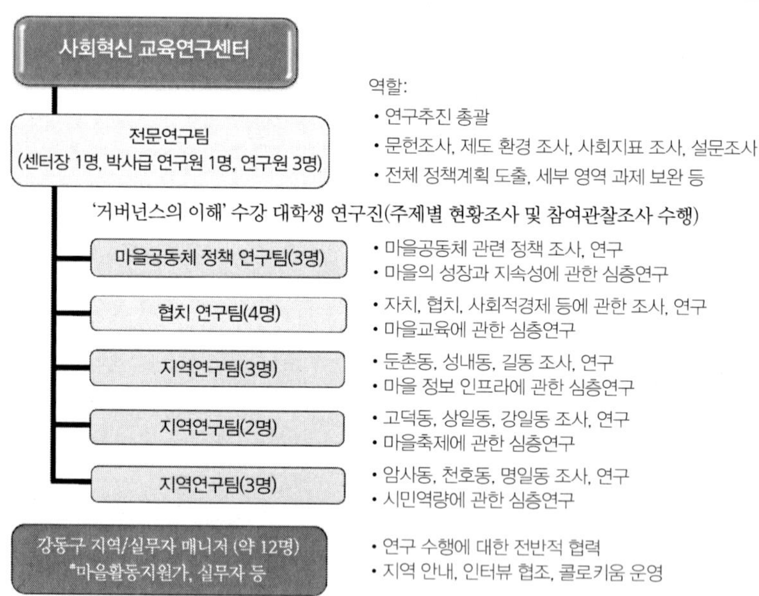

방문 조사

4월 30일	• 강동구청 착수보고회(장소: 강동구청) • 강동구청 사회적경제과 장일수 주무관 인터뷰
5월 7일	• 1차 마을공동체 콜로키움(장소: 서울대학교) • 정책연구팀, 강동구 마을공동체지원센터 이혜균 사무국장 인터뷰 • 마을활동가 2인 면담 – 강일동, 상일동, 고덕동 설명
5월 14일	• 성내어울터 방문 및 인터뷰(장소: 성내어울터)
5월 16일	• 길동 주민센터 이메일 서면 인터뷰
5월 21일	• 천호3동 도시재생 거버넌스 구축을 위한 2018년 희망지 사업 주민대표 면담(장소: 천호동 카페 포럼)
5월 22일	• 강동구 마을공동체지원센터 센터장, 마을사업국 사무국장, 강동구협치회의 민간의장 인터뷰(장소: 마을공동체 지원센터)
5월 24일	• 강동구 마을공동체지원센터장·사무국장 인터뷰(장소: 마을공동체 지원센터) • 암사도시재생센터장 면담(장소: 암사도시재생센터 앵커시설 '상상나루래')
5월 28일	• 강동구 사회적경제지원센터 방문 및 인터뷰(장소: 사회적경제지원센터) • 길동 다온 작은도서관 방문 및 인터뷰(장소: 다온 작은도서관, 작은도서관_ • 행복책방 회장 면담(장소: 강일리버파크 11단지 작은도서관) • 마을활동가 1인 면담(장소: 강동구 소셜타운)
5월 30일	• 강동구청 자치안전과 과장, 주임, 사회적경제과 직원 인터뷰(장소: 강동구청)
6월 2일	• 청동넷 회장 면담(장소: 강동구 도란도란)
6월 5일	• 〈사이〉 대표 인터뷰(장소: 사이 공동체 공간)
6월 11일	• 마을공동체 소셜픽션(장소: 강동구 평생학습관) • 상일동 주민 면담, 게내마을축제 운영 관련 인터뷰
6월 15일	• 마을활동가 1인 게내마을축제 운영 관련 인터뷰(장소: 관악구 대학동)
6월 19일	• 〈아이야〉 대표 인터뷰(장소: 강동구 사회적경제 소셜타운)
6월 25일	• 2차 마을공동체 콜로키움(장소: 강동구청)
6월 25일	• 마을활동가 1인 면담(장소: 관악구 대학동)
7월 1일	• 중간보고서 작성 관련, 전문 연구진 회의 – 1차
7월 8일	• 중간보고서 작성 관련, 전문 연구진 회의 – 2차
7월 15일	• 중간보고서 작성 관련, 전문 연구진 회의 – 3차
7월 23일	• 중간보고서 작성 관련, 전문 연구진 회의 – 4차
7월 26일	• 중간보고회(장소: 강동구청)
8월 7일	• 최종보고서 작성 관련, 전문 연구진 워크샵 – 6차
8월 21일	• 3차 마을공동체 콜로키움(장소: 강동구청)
9월 2일	• 최종 보고회(장소: 강동구청)

거버넌스의 이해: 강동구 마을만들기 기본계획 연구 프로젝트

서울대학교 정치외교학부 교수 김의영
서울대학교 대학원 정치외교학부 담당조교 강예원
서울대학교 대학원 정치외교학부 담당조교 백현빈

'거버넌스의 이해' 과목은 정치외교학부 전공선택 과목으로서 새로운 정치 모델로 논의되고 있는 거버넌스(Governance, 協治, 민관협력)에 대한 주요 이론적, 경험적, 방법론적 논의와 쟁점에 대한 비판적 분석에 기초하여 실제 주요 지역기반형 실행 연구(community-based, action research)를 수행하는 것을 목적으로 한다.

특별히 이번 학기에는 강동구 마을만들기 기본계획 수립을 위한 연구를 진행하였다. 구체적으로 사회과학연구원 산하 사회혁신교육연구센터와 강동구청 간 연구 용역 계약에 기초하여 교수와 전문 연구원, 박사과정 대학원생 2명과 16명의 학부 수강생들은 강동구 마을공동체 추진 성과 및 현황을 분석한 후 외부 환경 변화를 반영한 강동형 마을공동체 5년 단위(2019~2023) 기본계획 수립을 위한 배경적 연구 결과를 제시하는 것을 목적으로 하였다.

수업 전반부에 수강생들은 거버넌스 개념, 거버넌스 연구분석틀, 사례연구방법론, 사회적자본과 거버넌스, 협력적 거버넌스 모델과 경험적 사례, 시민주도 거버넌스(empowered participatory governance) 모델과 경험적 사례, 거버넌스와 정치적 리더십 등 기본적인 개념, 이론, 방법론과 주요 모델 및 경험적 연구들을 배우고 비판적으로 분석하였다.

수업 시작 후 2~3주 내로 수강생들은 자신들의 지역기반형 실행 연구를 위한 강동구의 지역과 거버넌스 사례를 선정하고 해당 지역을 가능한 한 자주 방문하여 관련 민·관 행위자들과의 심층적인 인터뷰와 참여 관찰을 실시하였다(방문조사 표 참고). 실제 field research를 위하여 떠나기 전 수강생들에게 기존 2차 자료와 데이터(신문 및 인터넷 정보, 관련 자료 및 데이터, 기존 연구논문 등)에 기초하여 각 사례의 기본적인 현황 분석을 마치도록 하였다.

수업 후반부는 필드 트립, 참여관찰, 분석, 연구결과 발표 및 모니터링, 집필 등으로 이루어졌으며 위 수업일정과 방문조사 일정을 정리한 표에서 볼 수 있듯이 수강생들의 최종 연구결과는 관련 학술회의/워크숍에서 발표한 후 수정 과정을 거쳐 서울대 사회혁신 교육연구 센터 총서의 일부로 출판할 기회를 제공한다.

이러한 수업 프로젝트의 특징은 '지역기반 시민정치 교육'을 통한 연구 수행이다. 즉 강의실에서 수행되는 일반적 수업과 달리 수강생이 직접 지역을 방문하여, 시민, 실무자 등과 함께 지역의 문제를 심도 있게 연구하여 해결을 제시하는 수업 형태다. 대학에서 훈련을 받은 전공 대학생이 전문가(교수, 전문 연구원 등)의 지도를 받으면서 지식을 활용함과 동시에 자신들만의 창의력이나 공감력을 발휘하도록 하는 것이 특징이다. 이는 문제기반학습(PBL, Problem-based Learning)이나 액션러닝, 캡스톤(Capstone) 프로그램 등과 유사한 형태이며, 미국, 영국, 일본 등에서 지역 활성화와 지역인재 육성을 위한 대안적 방법론으로 주목받고 있다.

특히 이번 수업은 대학 연구소의 전문적 연구와 대학 전공 수업을 연계한 창의적 연구 모형을 시도한 경우로서 다음과 같은 장점 내지는 잠재력이 있다. 첫째, 대학생 연구진에 의한 지역밀착형 및 창의적 연구가 가능하다. 특히, 전문 연구진과 대학생 연구진, 지역 실무자·활동가의 연계와 시너지에 의해 이론과 현실의 한쪽에 치우지지 않는 '공감대'를 중요시한 정책 제안이 가능하다. 둘째, 지역에 밀착한 참여관찰 연구를 통해 지역의 실무자·활동가에게도 성찰과 성장의 기회가 된다. 지역사회의 연구기능 강화에도 기여한다. 셋째, 이러한 창의적 연구의 측면을 넘어 중요한 교육적·실천적 효과가 기대된다. 특히 수강생들의 사회적 책임 실천과 공헌을 목표로 학생들이 따뜻한 마음을 가진 진정한 리더로 성장할 기회를 제공하고자 하는 목적이다. 즉 수강생들은 교육과 연구 과정을 통하여 강동구 마을공동체 발전에 이바지할 방법을 모색해 보고, 주요 일간지 기획기사 및 책 출판을 통하여 마을만들기의 취지와 중요성을 우리 사회에 더욱 알리고 그 저변을 확장하며, 실제 현실 적용 가능한 정책적·실천적 지식과 정보를 발굴하는 등 최대한 사회적 실천과 기여를 위한 노력에 경주해야 한다는 것이다.

이번 강동구 프로젝트를 통하여 수강생들은 다음과 같이 심층연구를 수행하였다. 수강생들은 현행 및 향후 강동구 마을공동체 정책에 있어서 주목해야 할 주요 이슈나 과제에 대한 심도 있는 연구를 목적으로 해당 사례를 선정하였다. 연구진의 전체 규모에 따라 2-4명에 의한 5개 팀을 구성하여, 자율적으로 연구주제를 탐구하였다. 대학생 연구팀은 강동구의 실무자, 활동가들의 조언을 받으면서 현장을 방문하여 조사하였고 현장에서의 참여와 인터뷰를 통해 관계자들의 인식이나 사업의 동태, 문제, 대안 등을 심도 있게 파악 및 검토하는 지역밀착형의 연구를 수행하였다.

수강생들은 이러한 심층연구뿐 아니라 교수와 전문 연구진이 주도한 강동구 마을만들기 기본계획 연구 용역 보고서 작성을 위해 많은 아이디어를 제공하였다. 아래의 그림이 보여 주듯이 학생들이 주도한 참여관찰 조사(심층연구)는 최종 보고서 내용의 중요한 부분을 차지하였다. 또한 최종 마을만들기 기본계획의 신규 정책 제안 중 상당수는 학생들이 제안한 독창적인 아이디어에 기반을 두었다.

〈표 1〉 심층연구 주제 구성

주제	제목
1: 마을공동체 지속성장 연구	"지속가능한 마을 공동체를 꿈꾸며"
2: 마을축제 연구	"게내마을축제를 통해 알아본 지역축제의 성공요인"
3: 마을 정보 인프라 연구	"공간과 사람을 잇는 플랫폼, '강동고 강동락' 개발 제안"
4: 마을교육 연구	"성공적인 강동구 마을공동체 활성화 교육을 위한 제언"
5: 마을공동체 시민역량 연구	"천호3동 도시재생 희망지사업과 암사도시재생센터를 중심으로"

〈그림 1〉 강동구 지역기반 시민정치 교육 활동 모습

〈표 2〉 조사·연구 → 방향성 제시 → 정책제안

조사·연구 개요	
마을공동체 현황 조사 • 마을공동체 현황 조사(2012년-2018년) • 기존 마을공동체 계획(강동구, 서울시, 자치구)	제도 환경 조사 • 유사 영역 제도 조사(9개 영역) • 주민자치, 협치, 사회적경제, 혁신교육 등
사회지표 조사 • 마을공동체 성과 관련 조사(15개 항목) • 사회·거버넌스 관련 일반지표 조사(30개 항목)	설문조사 • 27개 질문 항목, 90개 세부 응답 사항. • 응답자: 274명(마을활동 관련 일반주민)
참여관찰 조사 (심층연구) • 5개 주제에 대한 심층연구 • 총 12개 기관 방문, 총 20인 인터뷰	콜로키움, 워크샵, 소셜픽션 행사 등 • 실무자, 활동가, 전문가 회의 • 소셜픽션 행사 개최(주민 약 60명 참석)

⇩

조사·연구결과의 시사점(기본계획의 방향성)		
기존 정책들의 점진적 개선 필요	사회적 협력 문화 향상 필요	커뮤니티 비전 도출 노력 필요

⇩ ⇩ ⇩

제안 (3대 목표, 9개 정책 과제)		
사람·마을·지역사회의 시너지 창출 (주체 측면)	사회적 협력 문화 향상 (인프라 측면)	비전·제도 혁신을 위한 리더십 발휘 (추진체계 측면)
1.사람, 2.마을, 3.지역사회	4.지식·교육, 5.마을거점, 6.정보 인프라	7.지원조직, 8.추진기제, 9.정책연계
"더불어 행복한 강동 마을" (새로운 洞 커뮤니티 체계와 동네 민주주의 활성화를 위한 도전)		

〈표 3〉 강동구 마을만들기 기본계획 제안

비전	더불어 행복한 강동 마을공동체		
3대 목표	사람·마을·지역사회의 시너지 창출, 사회적 협력 문화 향상, 비전·제도 혁신을 위한 리더십 발휘		
9개 정책 과제	주체	인프라	추진체계
	1. 모임·마을의 발전 • 마을공동체 공모사업(씨앗기/새싹기) • 공모사업의 전환적 발전과 재구성 • (신) 수시 공모제도 • (신) 우수활동 발전지원제도 → 체인지 메이커(change maker)	4. 지식과 의식의 개선 • 마을공동체 교육사업 • (신) 청소년 대상 마을공동체 교육 프로그램의 확대 • (신) 사회적 협력 촉진을 위한 커뮤니티 센서스 시행 → 자산 지도(asset mapping)	7. 중간지원조직의 운영 내실화와 리더십 강화 • 마을공동체지원센터 운영 내실화 • (신) 중심 거점으로서의 기능 강화 • (신) 강동구 커뮤니티 비전에 관한 장기적 연구·포럼·소셜픽션 주관
	2. 지역사회 네트워크 강화 • 마을공동체 공모사업(성장기/열매기) • 커뮤니티 네트워크 촉진 • 사회적협동조합 네트워크 촉진 • (신) 마을축제 전략 발전계획 작성 • (신) 지역사회 공공성 리포트	5. 활동 거점의 조성·강화 • 마을활력소의 조성 및 운영 내실화 • (신) 공동체 공간 활성화 및 연계 사업 → 마을공동체 모바일 포털 개발 • (신) 이용자 주도 운용 가이드라인 마련	8. 정책추진기제의 운영 내실화와 리더십 강화 • 마을공동체만들기위원회 운영 내실화 • (신) 거버넌스 리더십 강화 • (신) 주민 참여 보고회 • (신) 강동구 비전회의
	3. 인재 활약기회 강화 • 마을지원활동가 육성·지원의 확대 • (신) 지역인재뱅크 활성화	6. 마을 정보 인프라 강화 • 마을공동체 관련 정보 확산 사업 및 홍보 사업 • (신) 마을공동체 모바일 포털 개발 • (신) 디지털 기술 활용한 마을 성장 전략	9. 영역 간의 정책·예산 연계 강화 • 주민자치, 협치, 사회적경제 등과의 연계 강화 • 마을기금 등의 창의적 활용 • (신) 커뮤니티 비전과 사회적 협력 문화에 관한 정책 대화 • (신) 사회적 협력 문화 지표 개발

성공적인 강동구 마을공동체 활성화 교육을 위한 제언: 이론 및 사례연구를 통한 준거 도출과 강동구 교육 프로그램에의 적용

서울대학교 정치외교학부 김유빈
서울대학교 국사학과 위성수, 조용준
서울대학교 자유전공학부 유은식

I. 서론

좋은 거버넌스는 주체적인 시민의 존재를 가능하게 함으로써 현대 민주주의를 발전시키는 데 큰 기여를 할 수 있다. 김의영은 굿 거버넌스(Good Governance)의 목표를 '주민 참여의 질을 고려한 참여성, 주민의 실질적 참여를 측정하는 분권화, 민주성과 관련된 책임성, 문제 해결의 효율성과 현안의 해결 이외의 결과와 관련된 효과성' 등으로 제시한다. 그리고 위와 같은 목표 실현을 위해 주민의 자치적 역할과 주민 결사체 조직화, 정부 행위자들의 후원적·협력적 개입 및 책임성 확보를 위한 규제적 개입, 지역주민 차원의 사회적 자본과 지방정부 차원의 제도적 자본, 그리고 지역사회의 개혁적 역량의 확대 등을 지적한다.[1] 즉, "굿 거버넌스"로 나아가기 위해서는, 정부의 촉진적 역할과 더불어, 주민의 실질적 참여와 역량 강화, 그리고 책임성에 대한 인식 제고가 필수적이라는 것이다.

이상을 통해 볼 때, 강동구 민관협치의 활성화를 위해서는 참여에 대한 주민의 의지, 민관협치의 기본사항 및 중요성에 대한 인식과 조직역량이 요구된다. 그런

1. 김의영. 2011. "굿 거버넌스 연구 분석틀: 로컬 거버넌스를 중심으로." 『한국정치연구』 20권 2호. pp.218-219.

데, 서울시 통계자료에 따르면, '주민의 정책 참여' 측면에서 강동구는 25개 자치구 중 20번째로[2], 타 자치구들에 비하여 비교적 주민의 참여도가 부족하다는 것을 알 수 있었다. 또한, 본 연구를 위한 사전 조사 결과 강동구 구민의 자발적인 참여와 협력적 거버넌스에 대한 의식에는 개선의 여지가 있는 것으로 드러났다. 우선, 강동구마을공동체지원센터 및 강동구청 관계자들을 대상으로 한 인터뷰에서는 강동구 민관협치 활성화를 위해 민간 참여의 촉진과 주민의 역량 확대가 필요하다는 지적을 확인할 수 있었다.

"(전략) …그래서 [마을활동가분들이] 협치라는 말 자체를 조금 어려워하셨는데, (중략) 마을 일에 관심은 많으나 아직 이런 부분들에 대해서는 아까 말한 지식, 경험 이런 것들은 없잖아요. 그런 부분에서 (중략) 혼란스러운 부분이죠. …(중략) …결국은 주민이 지금 역량이 높아지면 많은 부분이 해결될 수 있고, 그러면 진짜 민주주의 같겠죠. (중략) 그게 협치가 되지 않을까 싶어요. 숙의공론장도 우리가 경험해 보지 않은 거거든요. 말은 숙의공론장을 열었다, 하지만, 참여하는 사람이나 진행하는 사람이나 관이나 민이나 뭐가 숙의공론인지 몰라서, 거기서 갈등도 생기는 것 같고. 제대로 그런 숙의공론의 과정[이] 이루어지지 않은 것도 있는 것 같고." A씨

"정말 보완이 필요한 문제는 협치 회의 혹은 광역 협의체의 구성이나 인원 수 충족보다는, 민간 영역의 참여를 촉진시킬 수 있는 수단[인 것 같다]." B씨

한편 강동구민을 대상으로 실시한 소셜픽션 행사[3]에서도 많은 참여자들이 위와 유사한 견해를 제시하였다. 주민들이 마을공동체 사업의 목적을 충분히 인식하지 못하여 단기적 참여에 그쳐 마을공동체 형성이나 참여의식 배양으로 이어지지 않는다는 의견이 대표적이었다. 뿐만 아니라 민관협치, 주민자치회의 목적 및 기능, 참여방법에 대한 전반적인 이해 역시 부족하며, 실질적으로 강동구 내의 자치활

2. 서울시. 2018. "서울서베이."

3. "강동구 마을만들기 소셜픽션 워크숍: 20년 후의 강동구 마을공동체는 당신에게 어떤 모습입니까?"(날짜: 2019.6.11.화 15:00~17:00. 장소: 강동구 평생학습관 대강의실).

〈그림 1〉 강동구 마을만들기 소셜픽션 워크숍 모습

동을 주도적으로 추진할 수 있는 젊은 층의 참여와 관심도 부족하다는 지적이 있었다.

이상에서 제시된 견해를 종합해 보면, 강동구 민관협치 활성화를 위해서는 협력적 거버넌스의 목적과 의의, 구체적인 방법에 대한 주민의 이해 및 인식이 제고되어야 하며 민간 참여의 촉진이 필요함을 알 수 있다. 이러한 필요성은 강동구 내 협치 및 참여를 촉진하기 위해서는 협력적 거버넌스에 대한 주민의 이해 증진과, 이를 통한 참여 의지의 촉진이 선행되어야 함을 시사한다. 즉, 강동구 민관협치 활성화를 위해서는 협치 자체에 대한 이해와 역량, 참여 의지 등을 향상시킬 수 있는 '협치 교육'의 필요성에 주목해야 하는 것이다.

강동구 마을공동체지원센터는 "공동체 활성화가 주민참여로 이어지고, 주민참여가 주민자치를 실현하는 과정으로 이어지고, 주민자치가 지역사회를 혁신하는 것으로 귀결되어야"[4] 한다는 설립 배경을 가지고 있다. 강동구 마을공동체지원센터의 주민 교육은 궁극적으로 참여적 시민을 양성하여 협력적 거버넌스의 주체로 기능할 수 있게끔 하는 데에 그 목적이 있는 것이다. 따라서, 마을공동체지원센터 차원에서 진행되는 주민 교육은 협력적 거버넌스에 대한 주민의 이해와 역량 참여 의지를 제고함으로써 참여적 시민을 형성하는 데에 기여할 수 있는, '좋은 협치 교육'을 실현할 수 있는 방향으로 이루어져야 할 것이다.

4. 강동구 마을공동체지원센터 홈페이지. "연혁과 비전."

위와 같은 맥락에서, 본 연구에서는 현재 강동구에서 이루어지는 주민 및 활동가 대상의 마을공동체 교육 프로그램을 연구 대상으로 삼아 개선방안을 마련하는 것을 목표로 한다. 이를 위해 우선 다음 장에서는 이상적인 형태의 '협치 교육'의 일환으로서 마을공동체 교육이 어떻게 이루어져야 하는지에 대해 이론적 검토와 우수사례에 대한 검토를 통해 살펴보고자 한다. 이를 바탕으로 이상적인 마을공동체 교육의 원칙을 도출하고, 강동구의 교육 현황을 평가하기 위해 주민 대상 교육과 활동가 대상 교육 각각에 대해 체크 리스트를 도출할 것이다. 그리고 이를 바탕으로 3장에서는 강동구의 마을공동체 교육 현황을 분석 및 평가하고, 강점이 있는 부분과 약점이 있는 부분을 도출하고자 한다. 이러한 과정을 통해 강동구의 마을공동체 교육을 이론적 배경과 우수사례 등과 간접적으로 비교 분석하는 것이다. 그리고 4장에서는 앞서 평가한 내용들에 기초하여 강동구의 마을공동체 교육을 개선하기 위한 개선 방안들을 제안할 것이며, 이상에서 마련된 교육 원칙 및 체크리스트와 개선방안을 반영하여 가상의 강동구 마을공동체 교육 행사 '강동PICK!' 시나리오를 고안하고자 한다. 마지막 결론에서는 이상의 논의를 요약하고, 본 고가 가지는 의의와 한계점, 그리고 후속 연구의 가능성을 검토할 것이다.

II. '좋은 마을공동체 교육'에 대한 검토

1. 마을공동체 교육의 필요성, 내용 및 수단에 대한 검토

마을공동체 교육은 시민들의 적극적인 참여 의지와 역량의 육성을 목적으로 한다는 점에서 민주시민교육(Civic Education)의 한 범주라고 할 수 있으며, 여러 측면에서 중요성을 가진다. 첫 번째는 민주주의를 지속가능하도록 만드는 데에 기여한다는 것이다. 민주시민교육은 일반적으로 "일반 시민들에게 정치적 지식, 참여, 민주주의 개념과 가치에 대한 지지를 촉진할 수 있도록 설계된 활동들"[5]로 정의된다. 시민들에게 민주적 자질과 합리적이고 주체적인 실천능력을 부여함으로써 지속가능한 민주주의 체제를 형성하는 것이 민주시민교육의 목표인 것이다.[6] 따라서 민주시민교육의 하위 분야라고 할 수 있는 '마을공동체 교육' 역시 시민 역량 증진을 통해 지속가능한 민주주의를 형성하는 데 기여할 수 있다. 두 번째로, '참여적 거버넌스 체계의 구축'이라는 측면에서도 민주시민교육의 일환으로서의 마을공동체 교육의 중요성을 찾을 수 있다. 김상민·이소영은 서울시 성북구와 홍성군의 사례를 분석하여 참여적 거버넌스 체계 구축을 위한 몇 가지 방안을 제시한 바 있다.[7] 여기서 이들은 다음과 같이 참여적 거버넌스 체계 구축에 있어 마을공동체 교육의 필요성을 지적하였다.

> "두 사례 모두 다양한 교육 프로그램이나 주민조직의 교류협력을 촉진함으로써 거버넌스 참여 주체들의 역량을 강화하고, 이를 통해 실천역량을 증진시키고자 함을 확인할 수 있었다…(중략)…사회혁신을 위한 참여적 거버넌스 체계구축의 측면에서 본다면, 협치학교, 협치교육프로그램 등 지역 거버넌스 운영 활성화를 위한 주민교육과 인재육성, 그리고 이를 통한 실천역량 확보 방안을 마련하는 것이 중요함을 의미한다."[8]

그렇다면 마을공동체 교육은 어떤 내용이나 수단과 연결되어야 하는가? 마을공동체 교육이 민주시민교육의 한 범주라면, 민주시민교육의 내용과 수단에 대해 검토한 선행연구들은 '좋은 마을공동체 교육'의 모습을 파악하는 데 주된 자료가 될 수 있다. 이러한 맥락에서 조찬래의 연구[9]와 쥐벨레 라인하르트[10]의 연구는 주

---

5. Steven E. Finkel. 2014. "The Impact Of Adult Civic Education Programmes In Developing Democracies." *Public Administration and Development*. 34. p.169.
6. 정창화. 2005. "민주시민교육의 제도적 착근 방안: 민주시민교육기관의 체제구축 및 조직설계를 중심으로." 「한국민주시민교육학회보」. 제10권. p.59.
7. 김상민·이소영. 2018. 「사회혁신을 위한 참여적 지역 거버넌스 체계 구축방안」. 2018-12. 한국지방행정연구원.
8. 김상민·이소영. 2018. p.160.
9. 조찬래. 2012. "민주시민교육." 「한국민주시민교육학회보」 제13권 2호. pp.71-92.

〈표 1〉 민주시민교육의 내용

민주주의 역량	다양성 존중 참여의식 세계시민성	다원주의, 관용 정치적 활동, 시민활동, 미디어 역량, 민주적 의사결정 다문화 역량, 세계시민의식
시민성 역량	국가정체성 권리와 책임의식 신뢰와 가치	국가의식, 역사의식 준법, 도덕성 및 양심, 권리의식 신뢰감, 평등, 존중
핵심 역량	자율적인 행동 타인과의 상호작용 역량 도구의 포괄적 사용 역량	

출처: 조찬래, 2012, pp.78-79의 내용을 요약.

목할 만한 가치가 있다. 우선 조찬래의 연구는 과거의 연구들을 종합함으로써 민주시민교육이 어떠한 내용들을 가지고 있는지에 대해 위의 〈표 1〉과 같이 정리하였다.

위와 같은 논의는 민주시민교육이 상황에 따라 상당히 다양한 내용들을 반영할 수 있음을 시사한다. 즉, 교육 내용은 교육이 이루어지는 사회의 맥락에 따라 다양하게 형성될 수 있다는 것이다.

한편 이러한 '맥락의 중요성'은 수단에 대해서도 확인할 수 있다. 정치교육학자 쥐빌레 라인하르트는 자신의 연구에서 시민교육의 방법을 다음의 7가지로 제시한

〈그림 2〉 민주주의 시민교육의 방법론

출처: Sibylle Reinhardt, 2015, pp.74-165.

10. Sibylle Reinhardt, 2015, "Teaching Civics: Principles and Methods," *Teaching Civics: A Manual for Secondary Education Teachers*, Barbara Budrich, pp.74-165.

바 있다.

위의 접근법들은 갈등 분석, 문제 상황 분석, 시뮬레이션, 가상 사회 만들기 등 나름의 방법론들을 각각 포함하고 있으며, 특정한 교육 상황에 따라 적절한 방법론을 선택할 수 있다. 즉, 내용과 마찬가지로 마을공동체 교육 수단의 결정은 교육하고자 하는 것이 무엇인지에 따라 다양하게 이루어질 수 있다는 것이다.

위에서 나타나는 상황 맥락의 중요성은 앞서 서론에서 언급한 교육대상에 따른 교육 방식 분화의 필요성, 즉 일반 주민을 대상으로 한 교육과 활동가들을 대상으로 한 교육을 구분해야 할 필요성을 뒷받침한다고 할 수 있다. 일반 주민과 활동가들은 참여 의지나 배경 지식, 협치나 그에 관련된 이슈들에 대한 경험 등 다양한 측면에서 차이가 있는데, 이들을 구분하지 않는 교육은 최대의 효과를 발휘한다고 보기는 어렵다. 따라서 교육 내용과 수단의 다양성은 곧 대상에 맞는 적절한 교육 방식의 분화 필요성을 시사한다고 볼 수 있다.

한편, 마을공동체 교육의 수단 측면에서는 한 가지 공통된 특징을 도출할 수 있다. 바로 라인하르트가 제시한 7가지 방법론 모두 교육 대상의 직접 참여를 전제하고 있다는 것이다. 이는 민주시민교육과 마을공동체 교육이 단순히 관련 지식이나 정책 방향, 외부 사례 등에 대한 '강의'를 통해 이루어질 수도 있지만, 이보다 중요한 것은 시민들이 관련 방법론들을 직접 체험하고 내재화함으로써 실제 현장에서도 사용할 수 있도록 만드는 것임을 보여 준다. 이러한 '체험식 교육'의 필요성은 그 자체로 교육자의 역할을 수행할 수 있는 활동가들을 대상으로 한 교육에서 특히 중요하며, 주민들을 대상으로 한 교육에 대해서도 협치 과정에의 참여를 보다 용이하게 한다는 점에서 중요하게 고려되어야 할 것으로 보인다.

위로부터 우리는 다음과 같이 '좋은 마을공동체 교육'을 위한 원칙을 세울 수 있다.

- 원칙 1) 교육의 효과를 극대화하기 위해서는 교육 대상과 상황에 따라 내용을 분화하거나, 다양한 수단을 적용하여야 한다.
- 원칙 2) 교육은 단순 강의식 접근법보다 체험식 접근법을 채택함으로써 교육

대상이 다양한 협치 역량을 직접 내재화, 습관화할 수 있도록 해야 한다.

2. 우수 사례에 대한 검토

위에서는 마을공동체 교육의 필요성과 그 수단, 내용에 대한 이론적 검토를 통해 '좋은 마을공동체 교육'을 위한 기본적인 원칙을 마련해 보았다. 이제 2절에서는 마을공동체 교육의 우수 사례를 통해 위의 원칙들을 보다 구체적인 형태로 만들어내고자 한다. 이때 교육의 내용이나 수단이 교육 대상에 따라 달라질 수 있다는 점을 고려하여, 분석 대상이 될 사례는 활동가들을 대상으로 한 교육과 일반 주민을 대상으로 한 교육을 각각 선정하였다.

1) 활동가 대상 교육 – 양천구 마을지원활동가 교육과정

서울시에 따르면 양천구는 서울시 25개 자치구 중에서도 지역사회력이 높은 자치구이다. 2017년 기준 자원봉사자인원 수는 서울시 25개 자치구 중 1위이며, 사회적 자본의 지표로 볼 수 있는 이웃에 대한 신뢰 수준, 사회적 연결망 또한 25개 자치구 중 1위이다.[11] 특히 사회적 자본은 퍼트넘(Putnam)이 사회적 관계를 형성하고 특정 문제를 해결하는 데 필수적인 요소로 꼽았던 것으로,[12] 이는 성공적인 마을공동체를 위한 기반이 양천구에는 다른 자치구에 비해 상대적으로 잘 마련되어 있는 것으로 볼 수 있다.

양천구의 마을생태계지원단에서는 양천구의 마을공동체사업에 참여하는 마을사업지기들의 마을활동을 돕고, 건강하고 따뜻한 양천마을공동체 형성을 위해 다양한 활동을 진행하는 2018 양천구 마을지원활동가 양성 프로그램을 기획했다. 이에 따라 2018년 1월 12일부터 21일까지 마을지원활동가를 모집하여 서류전형과

11. 서울시. 2018. "서울서베이."

12. Robert Putnam. 2003. *Better Together: Restoring the American Community*. Simon & Schuster. p.269.

면접을 통해 총 7명의 활동가를 선정했다. 양천구 마을지원활동가 교육과정은 양천구마을공동체지원센터 홈페이지 및 블로그 등을 통해 홍보되었으며 총 4차시의 과정을 필수 교육과정으로 지정해 활동가로서의 역량을 향상시키는 것을 목표로 하였다.

'양천구 마을지원활동가 교육과정'은 1월 30일부터 2월 8일까지 매주 화요일, 목요일마다 오전 10시부터 12시까지 해누리타운에서 진행되었다. 이곳은 양천구시설관리공단에서 관리하는 곳으로서 양천구청이나 다른 아파트 단지들과 근접한 장소이기에 적절한 접근성을 제공할 수 있었다는 특징을 갖는다. 다만 시간의 경우 평일 오전 시간이라는 특성상 주민들에게는 다소 접근이 어려운 상황이었다고 볼 수 있다.

차수에 따른 구체적인 교육내용을 살펴보자면, 1차에서는 마을공동체와 마을사업의 이해 및 마을지원활동가의 역할에 대한 전반적인 소개에 대한 강의로 이루어졌다. 2차는 서울시 마을공동체 보조금 집행지침과 실제 집행사례비교에 대한 주제로 강의가 진행되었다. 이는 주민들이 마을활동을 진행하며 가장 어려움을 겪는 부분이 정산 및 회계와 관련된 일이었다고 평가한 내용에 기초한 것으로, 개정된 보조금 집행지침을 꼼꼼히 살펴봄으로써 실제 업무를 수행하는 활동가들의 입장에서 매우 도움이 되는 주제였다고 평가할 수 있다. 3차는 '마을공동체 사업계획서 들여다보기'라는 주제로, 실제 주민들이 제시한 사업계획서를 검토하는 작업을 통해 사업계획서 작성의 이해를 돕고 실무 관련 역량을 향상하는 데에 방점을 두었다. 마지막 4차에서는 '마을상담의 기법'이란 주제로, 주민과의 상담 진행 절차에 대한 이해를 통해 주민의 제안이 마을공동체에 보다 잘 스며들 수 있도록 구성되었다.

위와 같은 교육 내용들을 검토해 보자면, 전반적으로 마을공동체에 대한 소개에서부터 실무적 차원의 강의까지 여러 주제와 활동이 잘 어우러져 있다고 평가할 수 있다. 특히 보고서를 작성해 보고 검토해 보는 활동 등은 마을 활동에 필요한 실무적 역량을 활동가들이 직접 체득하는 기회가 되었다는 점에서 높게 평가할 수 있다. 또한 교육을 시작하기 전 '감정카드'를 선택하여 그에 맞게 당일 수업에 임하는 마음가짐에 대한 이야기를 나누는 등 교육 참여자 간의 친밀함을 증진하거나, 활동가들의 성향 및 욕구 정도를 알아보는 과정이 병행되기도 하였는데, 이는 참여자들에게 지속적인 흥미를 유발하고 정보 교환을 촉진하였다고 평가할 수 있다. 다만 교육 내용의 구성이 마을지원활동가의 연차나 경험에 대한 고려 없이 이루어져 주민들이 실제로 원하는 '경험 등에 따른 맞춤형 교육'은 제시되지 못했으며, 일반 주민들에게 마을공동체의 '교육자'가 될 수 있는 활동가의 역할 인식은 다소 미흡한 모습을 보이는 등 한계가 존재하기도 한다.[13]

이상의 내용을 통해 볼 때, 양천구의 사례는 교육 내용 측면에서 강의식과 체험식을 적절히 병행하였으며, 참여자들 간의 흥미 유발과 정보 교환 촉진을 가능하도록 함으로써 교육 효과를 극대화하였다는 특징을 갖는다. 또한 교육 과정을 통해 형성된 참여자들 간의 친밀함은 교육 이후 업무 수행 과정에서 지속적인 정보 교류를 가능하게 하는, 일종의 '사후 교육의 장'을 마련하는 계기로 작용할 수 있는 만큼 주목할 필요가 있다. 이상의 내용을 종합하여 원칙을 구성하면 다음과 같이 정리할 수 있다.

- 원칙 3) 활동가 대상 교육은 실제 업무 관련된 지식이나 정보 등을 정확하고 자세하게 전달할 수 있어야 하며, 이를 실습 등을 통해 내재화할 수 있어야 한다.
- 원칙 4) 활동가 대상의 교육은 이들이 '교육자'로서 맡은 지역의 협치 증진을 위해 기능할 수 있어야 한다.
- 원칙 5) 교육 과정과 교육 이후에 활동가들이 자신들의 업무 상황이나 궁금한 점, 아이디어 등을 공유할 수 있는 소통의 장이 마련되어야 한다.

2) 일반 주민 대상 교육 – 영국의 'The U' 프로젝트와 'Take Part' 프로그램

'좋은 마을공동체 교육'을 위해 살펴볼 두 번째 사례는 영국의 'The U' 프로젝트

13. 양천구마을공동체지원센터 블로그. "양천구 사람들이야기-2018 마을지원활동가 장은의 선생님."

이다. 오늘날의 영국은 '마을 공동체가 무너졌다'는 우려가 많이 제기되고 있다. '시민참여를 통한 공동체 회복'을 강조하지만 정작 현실은 쉽게 바뀌지 않고 있기 때문이다. 영국의 대표적 사회혁신단체인 영파운데이션(The Young Foundation)의 벤처 프로젝트 중 하나인 The U는 영국의 시민 사회의 상황을 조사하였다. 조사 결과 지역문제에 적극적으로 참여하는 시민들, 즉 참여핵심(Civic Core)의 비율은 어느 지역사회를 막론하고 5%를 넘지 않는 상황이었고, 주민들이 원하는 유대의 형태 역시 처음부터 끈끈한 연대, 긴밀한 공동체를 만드는 것이 아니라 'Weak Ties(약한 유대)'가 활발히 작동하는 것이 선호되었다.[14]

이러한 조사 결과에 기초하여 The U는 새로운 방식의 교육프로그램을 실험했다. 2010년 10월부터 시작된 그들의 시도는 2011년 6월부터 시행된 첫 교육 프로그램의 시행으로 이어졌다. The U 교육의 기본 목적은 참여한 학습자들이 서로 말문을 트고 함께 이야기할 수 있는 기회를 가져 사회적 자본을 형성하는 것이었다. 이에 따라 The U 교육은 주민들이 가장 많이 참여할 수 있는 시간대인 평일 오후 6시 이후와 같은 저녁 시간대나 토요일 2시와 같은 주말 오후 시간대에 세션이 90분간 진행되도록 정해졌다. 또한 학습자들의 접근성을 높이기 위해 도심의 쇼핑몰 내 빈 공간에 팝업(pop-up) 교육 장소를 설치하는 등 학습자들이 모일 수 있는 곳이라면 어디든지 찾아가는 모습을 보였다. 이러한 조치는 학습자의 심리적, 물리적 접근 가능성을 높임으로써 참여를 촉진하는 주된 요인이 되었으며, 결국 지역별로 한 해에 30~50회 정도의 세션에 200~450명가량이 참여하는 결과로 이어졌다.

교육 내용 자체도 참여자의 흥미를 유발하는 방식으로 구성되었다. The U 교육은 교육 참여자의 활동량을 늘리고, 게임을 하거나 비디오 시청을 하는 등 다양한 수단을 활용하였다. 교육 주제 역시 다양하게 설정되었는데, 예를 들어 '응급 의료 상황에 대처하기', '시끄러운 이웃에 대처하기', '길을 막고 무리지어 다니는 학생들 이해하기' 등이 교육의 주제로 활용되었다. 또한 이들 주제에 대해 단순 강의식

---

14. 희망제작소 홈페이지. "시민참여교육, 투 트랙(Two Tracks)이 필요하다."

의 활동보다 체험이나 실습식으로 구성하여 참여자들끼리 서로 자연스러운 접촉을 할 수 있는 기회를 제공함으로써 참여자 간 친밀감을 실질적으로 높이고자 하였다. 이러한 노력은 'How To Talk To People(이웃들과 말문 트는 방법)'이라는 기본적인 커뮤니케이션 교육으로 이어졌으며, 이 교육은 지역의 네트워크를 활성화하고 공동체경험을 활성화 시키는 것을 주된 목적으로 하였다.

위와 같이 '학습자 중심'의, '즐겁고 긍정적인' 활동을 중심으로 디자인 된 The U 교육은 실제로도 교육 참여자들의 관심과 참여를 촉진하고 흥미를 불러일으키는 데에 성공하였으며, 약 30%의 인원이 The U 교육을 다시 수강하기 위해 돌아오는 결과로 이어졌다. 또한 해당 교육을 받은 이들의 약 90%가량이 본인의 삶에서뿐만 아니라 공동체 갈등 해결에 자신감을 갖게 되었다고 답했다는 점에서 큰 성과가 있었다.[15]

The U 교육 프로젝트의 위와 같은 교육 구성상의 특징 외에도, 또 주목할 만한 부분이 몇 가지 존재한다. 첫 번째는 적극적이고 효과적인 홍보 수단의 마련이며, 두 번째는 촉진자와 수강생의 순환구조가 마련되어 있다는 점이다. The U 교육 프로젝트는 기본적으로 The Young Foundation을 통해서도 자체적인 홍보를 진행하지만, 온라인 동영상 플랫폼인 vimeo에 영상을 업로드하여 홍보에 활용하는 등 다양한 수단을 활용하였다. 이러한 홍보의 결과 10여 개의 공동체에서 230개의 지역단체, 사업들과 연계해 2011년부터 4년간 전체 389번의 세션을 진행했고, 2800여 명의 참가자들을 확보할 수 있었다. 한편, The U 프로그램은 전문 강의자를 동원하기보다 자원봉사자들에게 하루 정도의 교육을 제공함으로써 촉진자의 역할을 부여한다. 이는 교수자(선생)과 수강생(학생)의 역할을 따로 구분하지 않고 참여자들 간의 교류와 소통의 촉진을 통해 서로 배운다는 컨셉에 기초한 것으로, 일반주민들을 대상으로 한 공동체 교육의 경우 전문 지식의 전달보다 서로 간의 관계 형성과 교류의 증진이 중요했기 때문이다. 다만, 이러한 교육 접근 방식은 분명 마

15. The Young Foundation. 2014. "THE U: Connecting communities through learning."

을과 공동체의 형성을 위해 필수적인 요소라고 할 수 있지만, 주민들 간의 관계와 유대 형성에 초점이 맞추어져 있으므로 실질적인 정책 역량 계발에 도움을 두지는 못한다는 한계를 지닌다.

다음으로 영국에서 진행된 또 다른 교육프로그램인 'Take Part' 프로그램을 살펴보도록 하겠다. Take Part 프로그램은 정부의 Big Society 정책 방향성에 따라 지역 주민들의 지역사회 참여를 활성화하기 위해 2008년에서 2011년까지 진행된 프로젝트로, 영국 중앙 정부와 지자체, 제3섹터 단체, 교육기관 등이 협력하여 함께 진행하였다. 영국은 근대적 의미의 민주주의를 최초로 이룩한 나라이자, 16세기경에 이미 민간의 자선활동 관련 법령이 제정되었을 만큼 시민 참여 및 제3섹터의 역사가 오래된 나라이다. 또한 작은 정부를 지향하는 영국 정부의 오랜 정책 기조에 따라 정부정책의 공백을 메우기 위한 제3섹터의 역할을 중요시해왔다. 특히 2010년 5월 출범한 캐머런 정권은 이러한 기조를 더욱 공고히 하여 'Big Society(큰 사회)'라는 정책을 야심차게 진행하면서 정부의 권력을 지역사회, 즉 시민들에게 대대적으로 이양하려 노력했다. 이를 위한 획기적이고 다양한 관련 정책과 대안 중 하나로 Take Part 프로그램이 나온 것이다.[16]

Take Part 프로그램은 정부 부처인 The Department for Communities and Local Government에서 예산을 편성했고, 여러 단체들과의 협력과 자문을 받아 The Community Development Foundation에서 운영했다. 이 프로그램은 2004년에서 2006년 사이에 성공적으로 진행된 ALAC(Active Learning for Active Citizenship)프로그램을 발전시킨 것이다. 즉, 완전히 새로운 프로그램이 아니라 이전부터 진행되어 온 정부 권력의 지역사회 이양 및 시민 참여 활성화 노력에서 얻은 성과, 경험 등 소중한 교훈을 바탕으로 이를 수정 및 보완한 것이다.

Take Part 프로그램은 영국 전역에 걸쳐 진행되어, 약 19개 지역에 Take Part pathfinders(선도자)라는 협의체를 구성했다. 소외 지역 주민들의 참여 활성화가

16. 희망제작소 홈페이지. "개인적 학습을 넘어 사회적 학습으로."

특히 필요하다는 인식을 반영하여 그러한 지역이 주로 선정되었다. Pathfinder는 지자체, 제3섹터단체, 교육기관 등 지역 내 다양한 단체를 포함하며, 주민들의 참여 활성화를 위해 그 지역 이슈 및 특성에 잘 맞는 혁신적 프로그램들을 개발하여 제공한다. 교육과정, 리더십 프로그램, 공공 행사 등 다양한 프로그램은 Take Part approach(접근방법)에 따라 제공된다.

특히 Take Part approach에서 주목할만한 점은, '참여자 중심'의 교육을 지향한다는 점이다. 어떤 위인의 특별한 성공사례를 그대로 모방하려하는 것 보다는, 프로그램 참여자들, 즉 특정 공동체 멤버들의 특수한 상황, 이슈 등 그들의 현재 모습을 있는 그대로 받아들이고 그것을 함께 이해하는 것에서 모든 프로그램이 시작된다는 점이다. 또한 이론습득보다는 현장 경험을 통한 학습, 자기 성찰에 기반한 배움, 실제 구체적 행동으로 연결될 수 있는 학습방법을 중시한다. 이러한 프로그램을 통해 주민들은 지역사회 내에서 의사결정에 자신들의 목소리를 반영하고 영향력을 행사하여 변화를 만들어내는 데 필요한 지식, 스킬, 자신감 등을 키울 수 있었으며, 지자체들도 해당 프로그램 운영에 참여하여 지역 주민에 대한 이해도를 높이고 그들의 영향력 행사에 보다 열린 자세를 취할 수 있었다.[17]

전국 단위의 Take Part 프로그램은 공식적으로는 종결되었으나, Take Part approach는 다양한 프로그램에 녹아 여전히 지속되고 있고, 지역에 따라 독립적으로 새로운 펀딩이 이어져 프로그램이 계속되기도 한다. 또한 'Train the Take Part trainers'라는 Take Part 강사 양성 과정을 통해 배출된 인력들이 전국에 걸쳐 활동하고 있고, Take Part Network라는 오픈 멤버십 조직이 결성되어 있어 그 확장성은 여전히 무궁무진하다고 할 수 있다. 게다가 현재까지도 Take Part 홈페이지를 통해 축적된 지식과 노하우를 체계적으로 정리하고 공유하고 있어, 향후 피드백을 교환할 수 있는 장을 마련했다는 의의가 있다.

이상의 분석을 바탕으로 볼 때, The U 프로그램은 주민들의 참여를 증진하기 위

17. 희망제작소 홈페이지. "개인적 학습을 넘어 사회적 학습으로."

해 행정적(시간, 장소 등의 선정), 내용적(커뮤니케이션 및 유대의 형성)으로 매우 우수한 모습을 보였다. 또한 전문 교수자에 의존하지 않고 얼마든지 새로운 '촉진자'를 양성할 수 있는 시스템을 구축한 것은 앞서 김상민·이소영의 연구를 통해 강조했던 '인재 양성'이라는 측면에서 매우 긍정적인 평가를 내릴 수 있을 것으로 보인다. 다만 민과 관 간의 업무 협력이라는 '협치'의 특징을 살펴볼 때, 단순히 주민들 간의 유대나 공동체 형성만을 강조하는 것에서 더 나아가 주민들 사이에서 실질적으로 활용될 수 있는 정책 아이디어 등이 제시되게끔 유도해야 할 필요성 역시 존재한다고 할 수 있다. 또한 Take Part 프로그램은 특히 참여자 중심적이었던 점과 '경험'을 중시했다는 점, 그리고 주민 간의 유대뿐만 아니라 향후 피드백을 교환할 수 있는 홈페이지를 계속해서 운영한다는 점을 긍정적으로 평가할만하다. 따라서 이상의 검토를 바탕으로 주민 대상 교육에 대한 원칙을 도출하자면 다음과 같다.

- 원칙 6) 주민 대상 교육은 주민들이 실질적으로 참여할 수 있는 적절한 시간과 장소를 선정해야 한다.
- 원칙 7) 주민 대상 교육은 활동가 대상의 교육보다 더 높은 수준의 참여식, 체험식 활동으로 구성되어야 한다.
- 원칙 8) 주민 대상 교육은 주민들 간의 유대와 커뮤니케이션 능력을 향상시키는 데에 도움이 되어야 한다.
- 원칙 9) 주민 대상 교육은 얼마든지 새로운 '강의자'가 커뮤니티 내에서 보충될 수 있도록 선순환 구조를 갖추어야 한다.
- 원칙 10) 주민 대상 교육은 주민 간의 유대 강조와 더불어 정책 제안자로서의 주민의 역할도 가능하도록 해야 한다.

3. 활동가 대상 교육과 주민 대상 교육을 위한 원칙 및 체크리스트의 도출

이상에서 우리는 이론적 검토 및 우수 사례에 대한 검토를 통해 '좋은 마을공동체 교육'을 위한 10가지 원칙을 도출하였다. 이 원칙들은 이상적인 모습의 마을공

<표 2> '좋은 마을공동체 교육' 평가를 위한 체크리스트

<table>
<tr><th>영역</th><th colspan="2">체크리스트</th></tr>
<tr><td rowspan="2">행정적 영역</td><td colspan="2">1. 교육 시간은 교육 대상들이 참여하기에 용이한 시간대인가?</td></tr>
<tr><td colspan="2">2. 교육 장소는 교육 대상들이 접근하기에 편리한 장소인가?</td></tr>
<tr><td rowspan="5">내용 영역</td><td>마을활동가 대상</td><td>일반 주민 대상</td></tr>
<tr><td colspan="2">3. 교육의 수준은 교육 대상의 배경지식이나 경험에 맞추어 조정되어 있는가?</td></tr>
<tr><td>4-1. 교육 내용이 활동가들의 행정적 업무 수행에 필요한 정보를 담고 있는가?</td><td>4-2. 교육 내용은 주민들 간의 유대 및 커뮤니케이션 향상이 가능하도록 구성되어 있는가?</td></tr>
<tr><td rowspan="2">5-1. 교육 내용은 활동가들이 지역의 '교육자'로서 기능하도록 인식 및 역량 향상에 기여하는가?</td><td>5-2. 교육 내용은 주민들이 실질적인 정책 제안자로서 기능하도록 구성되어 있는가?</td></tr>
<tr><td>6. 교육 내용은 주민들의 협치와 참여에 대한 관심을 지속적으로 불러일으킬 수 있도록 구성되어 있는가?</td></tr>
<tr><td rowspan="4">수단 및 피드백 영역</td><td colspan="2">7. 교육 수단은 참여자들이 교육 내용을 체득하고 내재화 할 수 있는 데 도움을 주도록 구성되어 있는가?</td></tr>
<tr><td colspan="2">8. 교육 수단은 참여자들의 흥미와 관심을 적절히 유지할 수 있도록 구성되어 있는가?</td></tr>
<tr><td colspan="2">9. 교육 참여자들이 자신의 의견이나 질문, 경험 등을 상호 간에 적절히 소통할 수 있는 기회를 부여하고 있는가?</td></tr>
<tr><td colspan="2">10. 교육 이후에도 참여자들 간의 교류와 소통, 상호 간의 피드백이 가능하도록 하는 수단이 마련되어 있는가?</td></tr>
</table>

동체 교육이 되기 위해서는 꼭 달성되어야 하는 것으로, 이후 강동구의 마을공동체 교육 현황을 평가하는 데 있어 주요 기준이 될 수 있다. 따라서 이러한 원칙들을 바탕으로 마을공동체 교육 평가를 위한 체크리스트를 도출하자면 위 <표 2>와 같이 정리할 수 있다.

III. 강동구 마을공동체 교육 현황분석 및 평가

3장에서는 현재 강동구에서 이루어지고 있는 마을공동체 관련 교육 활동들에 대해 개괄적으로 살피고, 앞서 도출한 체크리스트를 바탕으로 훌륭한 부분과 보완이 필요한 부분을 구체적으로 살피고자 한다. 현재 강동구에 존재하는 활동가 대상 마을공동체 교육으로는 강동구마을공동체지원센터에서 주관하는 '마을지원활동가 교육'이, 대표적인 주민 대상 마을공동체 교육으로는 '마을 미래 토크 콘서트'가 진행되었으므로, 여기서는 이들 교육을 대상으로 분석 및 평가를 진행하였다.

1. 활동가 대상 교육 현황 분석: '마을지원활동가 교육'

강동구마을공동체지원센터 주관의 '마을지원활동가 교육'은 2019년 6월 19일에 개최된 교육활동이다. 본 활동은 주민주도 마을공동체 활동으로 더불어 행복한 강동마을을 만들기 위해 마을현장에서 주민활동을 지원하는 '마을지원활동가' 를 선정한 지원센터에서 이들을 교육하기 위해 마련한 교육활동이다.

'마을지원활동가 교육'에서 이루어진 대략적인 교육 내용은 크게 (1) 강동구마을공동체지원센터 소개, (2) 2019 강동구마을자치생태계조성사업계획 소개, (3) 마을활동에 대한 이해 정도로 구성되고 있다. 지원센터 소개의 경우, 플랫폼 구축, 현장성 확대 등과 같은 지원센터의 주된 성과와 사업 현황 등을 소개하였으며, 마을자치생태계조성사업계획을 소개하는 부분에서는 구의 비전, 민관·민민(民民) 협치의 과정, 마을공동체 활성화 추진 계획 등의 내용을 담았다. 마지막 마을활동에 대한 이해 파트에서는 현재 강동구에서 새로이 시도되고 있는 여러 주민자치, 마을공동체 프로그램을 소개하고 있다. 2019년 강동구 이웃만들기 지원사업, 골목만들기 지원사업, 주민총회 등이 이러한 교육 내용 속에 포함되어 소개되었다.

본 강의에서 주목할 만한 점은 '나–우리–사회'라는 관계에 대해 초점을 맞추어 각각의 균형을 꾀하여야 한다는 점을 강조하는 것이다. 현행 교육 과정은 이를 서울시의 주민자치 사업 현황과 실제 지원활동가들이 이루어낸 사례에 대한 분석과 연구를 수행하거나, 학계에서 논의되는 '좋은 지역사회의 모습'을 살펴보는 등 상당히 깊이 있는 내용을 전달하고 있다. 이를 바탕으로 마을활동가의 능동적인 관점으로 지역사회를 만들어가자는 메시지를 전달하고 있으며, 이는 '새로운 희망으로서의 마을 공동체'라는 주제의 강연을 통해 더욱 강조되고 있었다.

이상과 같은 분석을 바탕으로 강동구의 현행 활동가 대상 교육의 장단점을 살펴보면 아래 〈표 3〉과 〈표 4〉와 같다.

〈표 3〉 강동구 활동가 대상 교육의 장단점 분석

훌륭한 점		보완할 점	
순번	내용	순번	내용
1	수준 높은 교육 컨텐츠 및 PPT	1	이른 교육 시간 및 장소의 이격성
2	소규모 인원을 통한 밀착형 강의	2	레크레이션과 교육 응용, 참여 시간의 부재
3	'이론-의식의 변화-현실 연계' 구도	3	피드백 및 소통의 기회 부족

〈표 4〉 강동구 활동가 대상 교육의 체크리스트 기반 분석

영역	체크리스트	평가
행정적 영역	1. 교육 시간은 교육 대상들이 참여하기에 용이한 시간대인가?	개선 필요
	2. 교육 장소는 교육 대상들이 접근하기에 편리한 장소인가?	부분적 개선 필요
내용 영역	마을활동가 대상	
	3. 교육의 수준은 교육 대상의 배경지식이나 경험에 맞추어 조정되어 있는가?	개선 필요
	4-1. 교육 내용이 활동가들의 행정적 업무 수행에 필요한 정보를 담고 있는가?	양호
	5-1. 교육 내용은 활동가들이 지역의 '교육자'로서 기능하도록 인식 및 역량 향상에 기여하는가?	우수
수단 및 피드백 영역	7. 교육 수단은 참여자들이 교육 내용을 체득하고 내재화 할 수 있는 데 도움을 주도록 구성되어 있는가?	부분적 개선 필요
	8. 교육 수단은 참여자들의 흥미와 관심을 적절히 유지할 수 있도록 구성되어 있는가?	부분적 개선 필요
	9. 교육 참여자들이 자신의 의견이나 질문, 경험 등을 상호 간에 적절히 소통할 수 있는 기회를 부여하고 있는가?	개선 필요
수단 및 피드백 영역	10. 교육 이후에도 참여자들 간의 교류와 소통, 상호 간의 피드백이 가능하도록 하는 수단이 마련되어 있는가?	개선 필요

2. 일반 주민 대상 교육 현황 분석: '마을미래토크콘서트'

'마을 미래 토크 콘서트'는 마을공동체에 대한 이해와 공감을 위한 마을아카데미를 토크 콘서트 형식으로 진행한 주민 대상 교육 프로그램이다. 본 프로그램은 주민과 직원의 마을공동체에 대한 관심을 유도하고 마을공동체를 활성화할 목적으로 진행되었다. 2018년 9월 10일 월요일과 10월 2일 화요일 10시부터 12시까지 2차에 걸쳐 진행되었는데, 이로써 새싹기모임, 성장기모임, 공간운영 등 다양한 사례가 공유될 수 있었다. 교육에는 마을지원활동가 및 주민, 마을담당자 등을 포함하여 1차에 56명, 2차에 75명이 참여했다. 애초 계획에서는 회차별로 50명 내외의 참석자가 있을 것으로 보았기에, 보다 많은 주민들이 관심을 갖고 참여한 것으로 볼 수 있다. 장소의 경우 1회차는 강동구청 제2청사 중회의실 2에서 진행되었으나, 장소가 협소하여 2회차는 구민회관 소회의실에서 진행되었다.

교육 내용은 패널발표가 주를 이루었는데, 류양선 강동마을공동체지원센터장이 '마을공동체란 무엇일까?'라는 주제로 발표하고, 이후 마을계획단 간사, 공모사업 참여자 등이 자신들의 경험담을 공유하며 주민들과 소통하는 방식으로 이루어졌다. 주된 토크주제는 '마을과 소확행의 상관관계', '나에게 마을공동체란 어떤 의미가 있나?' 등이었으며, 이에 맞추어 마을공동체 경험을 발표하는 식으로 진행되었다. 1회차에서는 1인가구 지정 공모, 생활예술주민모임 등의 사례를 공유했으며, 2회차에서는 구 공모 아카이빙 및 청소년 공간 운영 사례 등을 공유했다. 교육 중간과 마무리에는 공연이 있었고, 패널발표를 마친 이후 20분가량의 자유로운 질의응

〈표 5〉 마을미래토크콘서트 행사 장단점 분석

훌륭한 점		보완할 점	
순번	내용	순번	내용
1	토크주제의 세분화로 폭넓은 의제 및 교육 내용 선정	1	이른 교육 시간
2	2회차 교육과정으로 일회성 행사의 한계 보완	2	교육 응용, 참여 시간의 부족
3	'강의–공연–참여' 구도로 일방적인 강의의 한계 보완	3	참가자의 성비, 연령대 불균형
4	참가자 '개인'을 부각시켜 '나–우리–사회' 구도에 적실한 교육 진행	4	관(官) 측 인사의 참여 부재

〈표 6〉 강동구 주민 대상 교육의 체크리스트 분석

영역	체크리스트	평가
행정적 영역	1. 교육 시간은 교육 대상들이 참여하기에 용이한 시간대인가?	개선 필요
	2. 교육 장소는 교육 대상들이 접근하기에 편리한 장소인가?	양호
내용 영역	일반 주민 대상	
	3. 교육의 수준은 교육 대상의 배경지식이나 경험에 맞추어 조정되어 있는가?	양호
	4-2. 교육 내용은 주민들 간의 유대 및 커뮤니케이션 향상이 가능하도록 구성되어 있는가?	양호
	5-2. 교육 내용은 주민들이 실질적인 정책 제안자로서 기능하도록 구성되어 있는가?	개선 필요
	6. 교육 내용은 주민들의 협치와 참여에 대한 관심을 지속적으로 불러일으킬 수 있도록 구성되어 있는가?	우수
수단 및 피드백 영역	7. 교육 수단은 참여자들이 교육 내용을 체득하고 내재화 할 수 있는 데 도움을 주도록 구성되어 있는가?	부분적 개선 필요
	8. 교육 수단은 참여자들의 흥미와 관심을 적절히 유지할 수 있도록 구성되어 있는가?	양호
	9. 교육 참여자들이 자신의 의견이나 질문, 경험 등을 상호 간에 적절히 소통할 수 있는 기회를 부여하고 있는가?	부분적 개선 필요
	10. 교육 이후에도 참여자들 간의 교류와 소통, 상호 간의 피드백이 가능하도록 하는 수단이 마련되어 있는가?	개선 필요

답 시간을 통해 주민들이 참여와 토론을 할 수 있도록 하였다.

'마을 미래 토크 콘서트'에 대한 평가는 〈표 5~6〉과 같이 정리할 수 있다.

Ⅳ. 강동구 마을공동체 교육 개선방안

마지막 Ⅳ장에서는 이상에서 도출한 10개의 원칙과 체크리스트, 그리고 이를 바탕으로 수행한 강동구 교육 상황에 대한 평가 결과에 기초하여 강동구의 마을공동체 교육을 개선할 방안을 제시하고자 한다. 개선방안의 1~3절은 체크리스트의 구성과 마찬가지로 행정적 측면, 내용적 측면, 피드백 측면의 세 측면에서 구성되어 총 10개의 개선방안을 제시하였다. 한편 4절은 1~3절에서 도출한 개선 방향을 중심으로 하여 개선방안이 어떻게 구체적으로 적용될 수 있는지를 가상 시나리오를 통해 제시하고 있다.

1. 1단계: 행정적 측면의 개선

행정적 측면의 개선은 교육의 시간과 장소, 참여자들의 수 결정 등 교육을 진행하기 위해 행정적으로 고려해야 하는 측면들을 포함한다. 이 과정의 개선은 현재 수행하는 교육을 보다 활성화하기 위한 '기초 과정'으로서 의미를 지닌다.

앞서 수행한 강동구에 대한 평가 결과, 교육 참여자 수는 대체로 적절한 수준으로 유지되었으나 장소나 시간 측면에서는 다소 개선이 필요하였다. 이들 영역의 개선 필요성은 특히 주민 대상 교육에서 더 잘 나타난다고 할 수 있는데, 이는 활동가들은 협치나 공동체 만들기 과정에 참여하고자 하는 의지가 상대적으로 높기 때문에 시간과 장소의 불편함을 일정 정도까지는 감수한다고 볼 수 있기 때문이며, 일반 주민 대상 교육의 경우 대체로 '네트워킹'의 기능까지 겸하는 만큼 많은 사람들이 참여할수록 그 효과가 극대화되기 때문이다.

이러한 맥락에서 교육 시간의 설정, 장소의 설정, 그리고 교육 진행시간의 설정이라는 세 측면에서 다음과 같은 개선방안을 제시할 수 있다.

- 방안 1) 교육 시간: 교육 시작 시간은 퇴근/하교 시간 이후, 혹은 주말 오후 등으로 구성되어 참여자들이 업무나 학교 등으로 인해 참여에 방해를 받지 않도록 해야 한다.
- 방안 2) 교육 장소: 교육 장소는 주민들이 편리하게 방문할 수 있는 장소로 해야 한다. 적당한 장소의 물색이 어렵다면 여러 장소에서 교육을 동시 진행하거나, 혹은 순회 교육을 진행하는 방식을 고려할 수 있다. 온라인 교육 과정, 혹은 유튜브 등을 통한 생중계를 통해 장소의 한계를 극복하는 것 역시 고려할 대안이 될 수 있다.
- 방안 3) 교육 진행 시간: 교육은 참여자들의 집중과 흥미가 적절히 유지될 수

있는 시간 동안 진행될 수 있도록 해야 한다. 교육이 심도 있는 토의 과정 등을 포함하여 보다 충분한 시간이 필요하다면, 회차를 나누는 방법 등을 고려할 수 있다.

2. 2단계: 내용적 측면의 개선

교육 자체의 활성화를 달성했다면, 다음은 교육의 내용이 참여자들에게 협치 및 마을 공동체와 관련된 내용과 역량들을 실질적으로 전달할 수 있는 방법으로 구성되도록 해야 한다.

내용 측면의 개선은 활동가 대상 교육과 주민 대상 교육 양 측면에서 각각 제시되며, 교육 이 흥미를 유발할 수 있는가, 참가자의 배경지식이나 경험 등을 잘 반영하고 있는가 등을 고려하여 이루어져야 한다. 분석 결과 강동구는 활동가 대상 교육의 경우 교육 대상의 배경 지식과 경험 등을 제대로 고려하지 못한다는 문제점을, 주민 대상 교육의 경우 주민들의 커뮤니케이션 역량의 향상, 실질적인 정책 제안자의 역할 부여 및 관심 증진과 홍보 부족 등의 문제점을 보였다. 이러한 점들을 고려하여 개선 방안을 제시하면 다음과 같다.

- 방안 4) 활동가들의 경력에 따른 '맞춤식 교육 프로그램'을 도입한다. 예를 들어, 경력이 1년 미만인 경우와 1년 이상인 경우를 나누어 그에 맞는 교육을 제공하는 것을 고려할 수 있다.
- 방안 5) 주민들의 토의 및 커뮤니케이션 역량을 키우기 위한 기초 교육의 마련이 필요하다. 이를 위해 주민센터 등의 교육과정이나, 각급 학교의 방과 후 교육 등을 활용하여 주민들의 관련 역량과 참여에 대한 관심을 키울 수 있다.
- 방안 6) 구청을 비롯한 공적 행위자가 보다 적극적으로 참여함으로써 주민들과의 의견 교환을 가지는 자리를 마련해야 한다. 정기적인 토론회나 공청회 등의 개최는 개선 활동에 도움이 될 수 있다.
- 방안 7) 홍보를 위해 SNS 어플리케이션 등의 온라인 매체와 게시판이나 현수

막 등의 오프라인 매체들을 활용해야 할 필요가 있다. 앞서 언급한 온라인 생중계 역시 상당한 홍보 효과를 기대할 수 있으므로 고려되어야 할 필요가 있다.

3. 3단계: 피드백 측면의 개선

교육의 내용까지 개선이 완료되었다면, 그 다음은 교육 그 자체와 참가자들이 경험한 교육의 효과를 보다 지속가능하도록 만들어야 할 필요가 있다. 이는 교육 자체의 내용을 참가자들의 평가를 바탕으로 보다 높은 수준으로 개선하고 발전시키는 것과 함께, 참가자들에게 지속적인 교류를 가능하게 하는 네트워크를 부여한다는 점에서 가치를 가진다. 또한 교육 내용과 관련된 여러 시행착오의 경험이나, 혹은 새로운 아이디어 등을 교류하는 기회를 제공할 수 있을 것으로 보인다.

강동구의 현황 분석을 통해 볼 때 활동가 교육과 주민 대상 교육 양 측면에서 이러한 피드백과 지속적인 소통의 기능은 비교적 약한 것으로 나타났다. 따라서 이를 개선하기 위해 다음과 같은 개선 방안을 제시할 수 있다.

- 방안 8) 교육 이후 교육의 효과와 참가자들의 변화에 대해 지속적인 추적 조사가 필요하다. 이는 교육의 효과를 보다 장기적인 관점에서 분석할 수 있도록 한다.
- 방안 9) 교육 이후 참가자들 간의 소통 창구를 마련함으로써 참가자들이 지속적으로 교육 내용 활용 경험을 공유할 수 있는 기회를 제공해야 한다.

마지막으로, 강동구 마을공동체 교육의 전체적인 경험과 현황, 이슈, 새로운 아이디어 등을 교류할 수 있는 컨퍼런스의 필요성을 제기할 수 있다. 이를 위해 독일에서 시작된 '정치 학습의 날(Aktionstage Politische Bildung)' 사례를 살펴볼 수 있다. 이 행사는 2005년 시작된 대규모 시민교육 컨퍼런스로, 전시회, 퀴즈쇼, 세미나 등 다양한 수단을 통해 시민교육과 관련된 여러 이슈들과 현황, 경험들을 공유하는 행사로 자리잡았다. 강동구 역시 이러한 컨퍼런스를 개최하여 구청이나 마을공동체지원센터, 활동가들의 교육 경험을 공유하고, 이것이 새로운 교육 아이디어나 이슈의 발굴로 이어질 수 있도록 해야 할 필요가 있다.

– 방안 10) 교육 경험, 아이디어 등을 공유할 수 있는 컨퍼런스를 정기적으로 개최한다.

4. 교육 개선방안 참고 모델로서의 마을공동체 교육 행사 '강동PICK!' 시나리오

1) 행사 개요

'강동PICK!'(이하 '행사')은 앞의 원칙 및 개선방안들을 보다 구체적으로 보여 주기 위해 본 고가 제시하고자 하는 마을공동체 및 시민교육 행사의 가상 시나리오이다. 이 행사는 기존에 활동하던 마을 활동가들에게는 각 지역의 마을공동체 행사의 기획과 운영을 위한 능력을 키우고, 일반 주민들에게는 직접 지역 의제를 발굴하고 이를 바탕으로 해결을 위한 정책 마련 등을 고민하는 기회를 마련함으로써 협치 및 마을공동체에 대한 기초적인 이해를 도모함과 동시에 참여에 대한 흥미와 의지를 증진시키는 것을 목표로 하였다. 더 나아가 강동구의 기존 교육 프로그램에서 부족했던 부분들을 개선하고, 행사 자체를 반복적으로 만듦으로써 지속적인 교류의 효과를 도모하고자 한다. 이를 위해 본 절에서는 시나리오의 각 요소를 앞서 살펴본 체크리스트와 개선방안의 구성에 맞추어 살펴본다. 다만 분량 제한으로 인해, 시나리오의 시간 순서에 따른 묘사는 부록 2의 순서도를 제시하는 것으로 대신하고자 한다.

2) 1단계: 행정적 측면의 구성 요소

이미 앞에서 살펴본 것처럼, 행정적 측면의 구성 요소는 교육을 위한 장소와 시간이 주된 요소라고 할 수 있다. 순서도에서 나타나는 것처럼, 강동PICK 행사는 활동가들을 대상으로 하는 교육과 일반 주민들을 대상으로 하는 교육의 두 형태의 교육으로 이루어져 있다. 전자의 경우 활동가들이 행사 진행 및 운영을 수행하기 위한 능력을 숙달하는 데 주목을 두고 있다. 반면 후자의 경우 일반 주민들의 흥미를 불러일으키고, 주민들의 공동체와 협치 관련 역량 자체를 증진시키며, 주민들에게 참여 경험을 제공함으로써 이들이 새로운 활동가로 기능하도록 하는 데 목표를 두고 있다고 할 수 있다. 위와 같은 각기 다른 목표에 맞게 교육의 행정적 요소들과 내용적 요소가 결정되어야 교육의 효과가 최대한으로 발휘될 수 있음은 명백하다. 여기서는 행정적 요소들에 보다 중점을 두고 살펴보도록 한다.

우선 활동가 대상 교육의 경우 상대적으로 시간과 장소의 선정에 있어 자유롭다는 점, 그리고 활동가들이 습득해야 하는 업무 내용 및 역량이 비교적 균질적이라는 점을 고려해야 한다. 따라서 강동PICK 행사에서는 활동가들의 교육을 강동구 평생학습관의 세미나실에서 활동가 전원을 모아놓은 상태로 진행하기로 하였다. 교육 시간은 평일 오전으로 결정되어 교육을 담당할 공무원이나 강사가 참여하기 용이하도록 하고, 비교적 정돈된 환경에서 교육을 진행할 수 있도록 하였다.

한편 일련의 기획과 홍보 과정 이후에 본 행사로서 시행되는 주민 대상의 교육은 지역 문제를 다루어야 하기 때문에 각 지역에서 주민들이 쉽게 모일 수 있는 곳(예를 들어, 주민센터 등)으로 결정되었으며, 시간 역시 일반 주민들이 비교적 쉽게 시간을 낼 수 있는 주말이 선정되었다.

3) 2단계: 내용적 측면의 구성 요소

내용적 측면은 교육 내용의 수준과 교육의 방법, 역량 강화 여부, 흥미 촉진 여부, 이를 위한 홍보의 효과적 수행 등을 중심으로 한다.

마을 활동가 대상의 교육의 경우 행사 기획과 운영을 위해 필요한 문서(보고서, 평가서 등)의 작성법, 예산 관리 방법, 행사 진행을 위한 간단한 레크리에이션의 진행 방법 등을 중심으로 하여 내용이 구성되었다. 교육방법의 경우 단순한 강의식 진행뿐 아니라 실습을 적극적으로 활용함으로써 활동가들이 필요한 역량을 체득할 수 있도록 하였다. 예를 들어, 가상 사례를 제시하고 그를 분석하여 보고서, 평가서, 예산서 등을 작성하도록 하거나, 레크리에이션을 직접 해 보고, 이 과정에서 진행자를 돌아가며 맡음으로써 행사 진행을 위한 예행 연습이 자연스럽게 이어질 수 있도록 하였다.

일반 주민 대상 교육의 경우 주민들의 기초적인 커뮤니케이션 및 토론 역량을 증진하기 위해 몇 가지 가상 상황에 기초한 커뮤니케이션 연습, 특정 주제에 대해 찬반 입장 논의하기 등이 교육 내용에 포함되었다. 또한 지역 의제 발굴 및 정책 과정 참여라는 목적을 달성하기 위해 자신이 사는 지역(동 단위, 마을 단위)에서 해결이 필요한 문제에 대한 브레인 스토밍, 소셜픽션의 방법론을 응용한 해결 방향 및 방법에 대한 모색을 중심으로 구성되었다.

이상의 내용 구성을 통해 교육 내용이 단순히 일방적 전달로만 구성되지 않도록 하였으며, 교육 대상자가 직접 체험함으로써 지루해지는 것을 방지함과 동시에 관련 역량을 쉽게 체득할 수 있도록 하였다. 더 나아가, 일반 주민 대상 교육에서 제시된 지역 의제와 이를 해결하기 위한 정책 아이디어들은 정리되어 구청에 전달되었고, 여기에 대해 구청에서 관련 입장을 제시하거나 중요 이슈에 대한 토론회를 별도로 개최함으로써 공적 행위자의 참여와 피드백 제공 역시 가능하도록 하였다.

또한 마을 공동체 관련 정책이나 강동PICK 행사 자체에 대한 전반적인 인지도를 높이기 위해 행사 진행 과정 곳곳에서 일련의 홍보 활동을 전개하였다. 순서도에서 언급된 두 차례의 팝업 홍보가 그것인데, 이는 강동구 내에서 유동인구가 많은 지역(예를 들어, 천호역 인근 등)에서 팝업 전시 행사를 진행함으로써 보다 많은 사람들이 마을 공동체 관련 정책 및 행사의 존재를 알고 관심을 유발할 수 있도록 하는 것이다. 여기에는 더 많은 관심을 유도하기 위해 단순한 전시뿐 아니라 강동구 내에서 활동 중인 연극 공동체, 음악 공동체 등을 섭외하여 버스킹 형태의 공연을 수행하는 방법도 고려할 수 있다.

4) 3단계: 피드백 측면의 구성 요소

피드백 측면의 구성 요소는 교육이 얼마나 장기적으로 영향을 미칠 수 있는가에 대한 것으로, 교육 참여자 간의 네트워크 및 소통 채널의 구축, 교육 경험 등을 보다 광범위하게 공유·토의할 수 있는 컨퍼런스의 개최, 교육 효과에 대한 추적 조사 등을 포함한다. 여기서는 참여자 간 네트워크 구축과 컨퍼런스 개최를 중심으로 설명하고자 한다.

교육 참여자 간 네트워크의 구축은 불특정 다수가 참여하는 일반 주민 대상 본 행사보다는 마을 활동가 대상 교육에서 보다 효과를 발휘할 수 있을 것으로 보인다. 이를 위해 행사 기획 및 운영, 관련 교육에 참여한 마을 활동가들을 기수별로 그룹을 짓고, 네이버 카페, 혹은 별도의 웹페이지를 이용해 그룹별로 자연스럽게 소식을 주고받을 수 있는 공간을 제공하였다. 또한 다음 행사 진행을 위해 새로운 활동가들이 참여할 때마다, '선배 기수'에 해당하는 사람들이 일종의 '멘토'로서 자신의 행사 진행 경험을 공유해 주거나 조언을 제공하는 관계를 형성하였다.

컨퍼런스의 경우 순서도에 나타난 것처럼 모든 행사가 완료된 후, 강동아트센터 등의 전시 공간과 공연 공간을 활용하여 강동PICK의 진행 과정을 최종적으로 정리하고 평가하는 자리라고 할 수 있다. 이는 기획 및 운영에 참여한 활동가들과 공적 행위자 등이 참여하여 행사 과정에 대한 피드백을 제공하는 것과 함께, 각 지역에서 나온 의제나 교육 진행 상황 등을 최종적으로 공유함으로써 미처 고려하지 못한 점을 서로 학습하도록 구성되었다. 이를 위해 세미나는 각 지역의 활동가들이 지역별 행사 진행 상황과 경험을 공유, 발표하고, 토론하는 과정과 함께 구청이나 마을공동체지원센터 등에서 전반적인 평가를 수행하는 과정이 포함되었다. 전시의 경우 일반 주민들 역시 쉽게 접근하여 관람할 수 있도록 하며, 그 내용은 강동구 마을 공동체 관련 경험이나 정책에 대한 홍보, 강동PICK 행사의 진행과 제기된 의제에 대한 논의 및 피드백 등으로 구성되었다.

V. 결론

현대 민주주의에서 자주 논의되는 협치는 결국 시민들의 적극적인 참여를 통해서만 가능하다. 그리고 이러한 참여는 시민들이 그에 맞는 적절한 역량을 가지고 있어야 가장 효과적으로 이루어질 수 있다. 마을공동체 교육은 이러한 맥락에서 민주주의가 보다 이상적인 형태로 나아가는 데에 중요한 역할을 한다. 그러나 '좋은 교육'의 필요성을 모두 당연하게 인식하고 있는 데에 비해, 그것을 실제로 분석하여 원칙이나 판단 기준으로 만들고자 하는 연구는 상대적으로 적은 편이다. 본고는 이러한 '좋은 마을공동체 교육'의 모습을 이론적 검토와 우수 사례 분석을 통해 10개의 원칙과 10개의 체크리스트 항목으로 나타냈으며, 이를 바탕으로 강동구의 마을공동체 교육 현황을 분석, 평가하고 10개의 개선 방안을 제시하였다. 이러한 시도는 '좋은 마을공동체 교육'을 위한 원칙과 관련된 논의를 본격적으로 다루었다는 점에서 의의가 있다고 할 수 있을 것이다.

다만 본고가 가지는 한계 역시 존재한다. 이는 본 고가 구청이나 마을공동체지원센터 등의 주최를 통해 이루어지는 '직접 교육'의 개선에 주목하고 있다는 것에서 비롯된다. 그러나 시민교육의 경우 활동 참여 경험을 통한 '간접 교육'도 포함될 수 있으며, 실제로 이러한 맥락에서 참여의 시민교육적 효과를 분석하는 사례 역시 쉽게 찾아볼 수 있다. 또한 본고가 마을 활동가들에게 '모범'이자 '선행 사례'로서 교육자의 역할을 부여해야 할 필요가 있다고 언급했던 점, 그리고 본 고에서 주목한 '직접 교육'의 개선 및 지속가능성의 마련이 '간접 교육'에 의해서도 강화된다는 점 등을 고려하면 활동가들과의 공동 업무 경험을 통해 발생하는 시민교육적 효과를 쉽게 무시하기는 어렵다. 따라서 강동구 마을공동체 교육에 대해 보다 포괄적인 형태의 개선 방안을 제시하고자 한다면 '간접 교육'의 존재 역시 분석의 대상으로 포함되어, 그에 맞는 적절한 원칙과 체크리스트의 도출, 그리고 평가와 개선 방안의 제시 등을 수행해야 할 필요가 있다. 그러나 본 고가 주목한 '직접 교육'과 미처 주목하지 못한 '간접 교육'은 교육의 성격이나 진행 방식, 그리고 행위자들의 관계에 있어 본질적으로 큰 차이를 지니기 때문에 본 고에서 도출한 원칙이나 체크리스트와는 별도의 원칙·체크리스트가 필요하며, 따라서 이는 후속 연구의 과제로서 남겨두고자 한다.

〈참고문헌〉

강동구 마을공동체지원센터 홈페이지. "연혁과 비전." http://www.gangdongmaeul.org/bbs/board.php?bo_table=0101 (검색일: 2019.6.23).

김상민 · 이소영. 2018. 『사회혁신을 위한 참여적 지역 거버넌스 체계 구축방안』. 2018-12. 한국지방행정연구원.

김의영. 2011. "굿 거버넌스 연구 분석틀: 로컬 거버넌스를 중심으로." 『한국정치연구』 20권 2호.

서울시. 2018. "서울서베이."

양천구마을공동체지원센터 블로그. "양천구 사람들이야기-2018 마을지원활동가 장은의 선생님." http://blog.naver.com/PostList.nhn?blogId=ycmaeul&from=postList&categoryNo=37 (검색일: 2019.6.23).

유창복. 2016.2.9. "협치, 지속가능한 혁신을 위하여."

조찬래. 2012. "민주시민교육." 『한국민주시민교육학회보』. 제13권 2호.

정창화. 2005. "민주시민교육의 제도적 착근 방안: 민주시민교육기관의 체제구축 및 조직설계를 중심으로." 『한국민주시민교육학회보』. 제10권.

희망제작소 홈페이지. "시민참여교육, 투 트랙(Two Tracks)이 필요하다". https://www.make-hope.org/%EC%9E%90%EB%8F%99-%EC%A0%80%EC%9E%A5-%EB%AC%B8%EC%84%9C-81/ (검색일: 2019.6.23).

Robert Putnam. 2003. *Better Together: Restoring the American Community*. Simon & Schuster.

Sibylle Reinhardt. 2015. "Teaching Civics: Principles and Methods." *Teaching Civics: A Manual for Secondary Education Teachers*. Barbara Budrich.

Steven E. Finkel. 2014. "The Impact Of Adult Civic Education Programmes In Developing Democracies." *Public Administration and Development*. 34.

The Young Foundation. 2014. "THE U: Connecting communities through learning."

[부록] 교육 행사 '강동PICK' 시나리오 순서도

주민 교육 및 홍보 과정	활동가 교육 과정 및 내부 논의 과정
행사 기획 및 운영위원 모집 홍보, 공고	
	기획회의 구성
참관 →	행사 기획 의도 및 협치 교육
	행사 기획 토의
1차 팝업 홍보	홍보 업무 진행
→	홍보 결과 회의: 보고 & 피드백
	행사 준비(동별)
본 행사 진행(커뮤니케이션 & 미래 그리기)	
피드백 (설문조사 등) →	정리 회의
참관 & 질의응답 →	정책 토의
2차 팝업 홍보	홍보 업무 진행
	컨퍼런스 준비
컨퍼런스 진행(전시회, 세미나)	

게내마을축제를 통해 알아본 지역축제의 성공요인

서울대학교 사회학과 김도윤
서울대학교 정치외교학부 박하영

I. 문제제기의 배경

강동구 마을공동체 현황을 살펴보면 청년과 청소년 중심의 마을공동체가 부족한 상황이다. 청소년은 학업에 치어 마을공동체 활동을 할 시간이 부족하고, 청년은 직장생활을 하다보니 마을공동체를 할 여유가 부족한 것일 수도 있다. 하지만 청년 및 청소년들이 시간이 부족함에도 불구하고 마을공동체 활동을 통해 주민들과 서로 친해지는 계기를 어떻게 하면 만들어나갈 수 있을지 고민해 보았고 우리 팀은 청소년, 청년 중심의 마을공동체를 찾아가서 인터뷰를 하게 되었다.

청소년 마을공동체는 '청동넷'(청소년 동아리 네트워크)으로 강동구에 위치한 중학교, 고등학교에 분포해있는 동아리들 간의 네트워크이다. 이들의 주된 활동은 1년의 2-3번의 공연을 기획하고, 공연 순서를 정하고, 동아리 간 연합공연을 준비하여 성공적인 공연 활동을 이루어내는 것이다. 천호역에 위치한 청소년 대상으로 공간을 대여해 주는 '토닥토닥'에서 공간을 무료로 빌려 공연준비가 이루어진다. 이 모든 활동들은 청동넷 회원인 청소년들 중심으로 이루어진다. 특이점은 강동구 상일동의 대표적인 축제인 '게내마을축제'에서 공연을 한 청소년들이 우연한 만남을 갖게 되면서 네트워크를 형성하여 '청동넷'을 만들었다는 것이다. 즉, 지역축제

〈그림 1〉 청소년 공간 '토탁토닥'

가 마을공동체 활성화에 기여하게 된 모범적인 사례라 할 수 있다.

청년 마을공동체 '행복책방'은 강동구 강일동 11단지 내에 위치한 작은도서관으로, 주민들을 대상으로 책을 대여해 주고, 편안한 휴식처를 제공하며, 1달에 2번 외부강사를 초청하여 핸드드립 강의, 소이캔들 만들기 등 문화프로그램을 기획 · 제공한다. 해당 지역에는 SH공사가 주관하여 대학생, 신혼부부를 대상으로 주거를 할 수 있게 하는 아파트 '행복주택'이 분포해있다. 330세대 중 300세대가 청년들이어서 해당 아파트에 의무적으로 지어야 하는 작은도서관을 활용하여 청년들 중심의 마을공동체가 생겨난 케이스이다. 하지만 '행복책방'과 같은 청년 중심의 마을공동체가 활성화될 수 있었던 것은, 청년 밀집 주거지역이라는 지역적 특징 및 작은도서관이라는 공간이 주어져 있다는 점, 그리고 이 책방의 대표인 박정한씨가 우연히 '희망제작소'의 도서관 활용 공모사업을 알게 되었다는 점에 의존한다. 이러한 지역적 특징, 공간적 특징, 우연한 만남의 기회에 의존한다면 청년 중심의 마을공동체를 적극적으로 활성화하는 데 기여하지 못한다. 따라서 앞서 '게내마을축제'를 통해 마을공동체를 활성화시킨 청동넷의 모범적 사례를 고려했을 때 매해 정기적으로 있고, 다양한 계층의 많은 주민들이 참여하여 홍보효과가 높은 지역축제를 통해 마을공동체 활성에 기여할 필요가 생긴다. 이 같은 배경에서 '게내마을축제'를 사례연구하여 지역축제의 성공요인을 분석하여 앞으로 있을 2019 강동구

〈그림 2〉 청년 마을공동체 '행복책방'

골목축제 만들기 지원사업을 활성화하는 데 기여해 보고자 한다.

Ⅱ. 축제에 대한 개괄

1. 축제의 의의

마을 축제는 한 지역의 역사, 문화, 사회를 모두 포괄하여 축하하는 지역 주민들의 잔치이다. 성공한 축제는 이웃주민 사이의 벽을 허물고 거리를 좁히는 역할을 하여 궁극적으로 사회적 자본의 생성이 가능하다.

퍼트남은 미국의 포츠머스시의 조선소 공동체가 조선소의 생활과 역사를 바탕으로 한 참여적인 무용 공연을 통해 시의 새로운 주민들과의 관계를 복원하고자 했던 사례를 들어 참여형 예술 공연이 구성원들 간의 소원하고 어색한 관계를 개

선시킬 수 있다고 말한다.[1]

김의영은 '성미산 지키기 운동과 마포연대'사례에서는 마을 축제가 결사체 내부뿐만 아니라 외부의 지역 주민들까지 상호작용하고 같이 즐길 수 있는 기회가 되어 지역화합의 기초를 마련하고 주민 간 신뢰도를 향상시킬 수 있었다고 소개한다. 게내마을축제 또한 지역 주민들을 서로 "섞고(mixing)" "연결하여(bridging)" 깊은 친밀감과 신뢰을 형성하고 사회적 자본의 축적이 가능하도록 한다.[2]

2. 축제의 기능

1) 선보임의 장

게내마을축제는 강동구의 여러 마을공동체가 자신을 소개하고 그동안의 활동적 산물을 선보이는 하나의 장이다. 음악·연극 마을공동체는 축제에서 축하공연을 하며 실력을 뽐내고, 공예·미술·미디어 마을공동체는 구성원들의 작품을 판매 혹은 전시를 통해 자랑하고 주민들을 위한 무료체험 부스를 운영하여 재능기부를 하고, 공동육아·생활 마을공동체, 지역 스타트업 및 상권은 먹거리를 만들어 판매하는 등 각자 활동을 살려 축제에 기여한다. 축제는 마을공동체에게 하나의 큰 기회이자 목표, 심지어는 목적으로 작용하고 있다.

2) 마을공동체에 대한 홍보

게내마을축제는 대상에 제한이 없고, 항시 주말에 개최되므로 축제를 방문하는 모든 이에게 강동구의 마을공동체에 참여할 수 있는 기회를 제공한다. 특히 마을공동체 활동을 희망하지만 개인적인 사정이나 일정의 문제 (직장이나 학교 등의 이유)

---

1. Putnam, Robert. 2003. *Better Together: Restoring the American Community*. New York: Simon & Schuster. p.279.
2. 김의영·한주희. 2003. "결사체 민주주의의 실험: 성미산 지키기 운동과 마포연대의 사례." 『한국정치학회보』. 제42집 3호. p161.

로 참여하지 못하는 주민은 적어도 하루 동안 게내마을축제를 즐기며 마을공동체 정신을 함양하는 것이 가능하다.

또한 게내마을축제는 마을공동체에 대해 잘 알지 못하는 주민이나, 마을공동체에 대해서 알고 있지만 마을공동체 활동을 하고 있지 않은 주민에게 마을공동체 및 마을만들기 지원사업을 효과적으로 홍보하는 중요한 자리이다. 면대면으로 나누는 대화는 서로의 감정을 읽을 수 있어서 공감을 표현하고 의견의 불일치를 같이 해결할 수 있는 힘이 있고, 이야기는 관계를 형성하고 공동체를 결합(knit) 시키는 능력이 탁월하다. 축제에서 주민들은 마을공동체 사례집이나 마을만들기 지원사업 관련 홍보 책자나 전시 부스를 통한 非직접적인 접촉이 아닌 마을공동체 참여자와 면대면으로 이야기를 나누면서 마을공동체에 대한 이해도와 관심도를 높일 수 있다.

이러한 직접적인 교류를 통해 주민들은 게내마을축제에서 취향이나 취미, 혹은 이루고자 하는 목표가 일치하는 주민들을 알게 되어 뜻을 모아 새로운 모임을 형성할 수도 있다. 앞서 소개한 '청동넷'은 청소년 공연 동아리들이 2013년 제1회 게내마을축제에서 청소년 공연을 준비하는 청소년축제준비위원회 활동을 계기로 만나 청소년 문화 자치 네트워크로 발전했다.

3) 준비과정에서의 신뢰 형성

마을축제를 준비하는 1~2달의 과정에서 축제준비위원회에 소속된 주민들은 평소에 만나기 힘들었던 주민들을 면대면으로 만나 사회적 자본을 쌓아나간다. 뿐만 아니라 주민들이 지역구 공무원들과 직접 만나 축제에 관한 여러 가지 의견을 교류하는 과정에서 평소 주민들이 가지고 있던 관료에 대한 막연한 불신을 지우고 신뢰의 관계로 전환할 수 있다.

4) 마을에 대한 애착형성

마을축제가 발달된 지역은, 주민들이 지역에 대한 소속감을 더욱 느끼고 애정심을 갖는다. 지난 6월 10일 개최되었던 소셜픽션에서 상일동 주민들은 자신들의 마을을 게내마을축제가 살아있는 청정마을로 인식하고 있었으며, 참여단 대부분이 게내마을축제에 대한 관심이 많았으며 지속적인 행사를 위해 다양한 홍보방법과 운영방법에 대해 고민하였다.

3. 게내마을축제의 소개

〈표 1〉 게내마을축제 현황

제목	게내마을축제	
사업	前 강동구 온정[溫情]마을축제 공모사업 (2018) 現 민관협력형 마을축제만들기 지원사업 (2019)	
주최	게내마을축제준비위원회	
시작연도/개최시기	2012년/매년 9월	
장소	상일동산	
대상 및 규모	상일동 주민 및 그 외 강동구민 약 3000명	
주요 행사	체험마당	캐리커처, 떡만들기, 참게잡기 등 지역 주민, 학생, 단체들이 직접 참여하여 만들어 가는 프로그램
	공연마당	마을 주민들과 청소년들의 끼와 재능을 뽐낼 수 있는 공연
	먹거리마당	마을 주민들과 청년 창업인들이 직접 운영하는 먹거리 부스와 푸드트럭

상일동은 예부터 하천에 참게가 많아 '게내마을'이라 불렸는데, 옛 지명을 따 이름붙인 이 축제는 2019년에 들어서면서 7회를 맞이했다. 축제는 마을 주민들이 직접 기획하고 참여해 즐기는 주민 자율 축제다. 주민 스스로 '게내마을 축제준비위원회'를 구성해 '상일동과 이웃주민이 함께 만드는'이라는 슬로건을 걸고 지역 내 시민단체, 학교, 주민모임 등 다양한 계층의 이웃과 함께 준비한다. 게내마을 축제에는 온 가족과 이웃이 함께 즐길 수 있는 다채로운 볼거리, 즐길거리, 먹거리가 가득하다.

'공연마당'은 어린이 록밴드, 가족합창단 등 주민이 선보이는 개막식을 시작으로 '나도스타 선발대회', 청소년축제준비위원회가 기획 · 진행하는 '청소년 한마당', 폐막 공연으로 이어지며 축제 분위기를 한층 돋운다.

'전시마당'은 주민들이 직접 찍은 사진 '우리 마을 노을 이야기' 및 학생들이 제작한 공익 포스터 등으로 꾸몄다. 또한, 꽃게부채 종이접기, 삼촌네 흑백사진관, 우리밀 와플 만들기, 드론 체험, 전통 민속놀이 등 풍부한 '체험마당'과 '먹거리마당'도 마련돼 있다. 특히, 지역 특색을 살린 특별체험부스 '참게잡GO~'에서는 살아있는 참게를 뜰채로 잡고 만져볼 수 있다.

'게내마을축제'는 다음과 같은 의의를 지닌다. 첫째, 게내마을축제는 마을 주민들이 직접 기획한다는 점에서 다른 축제와 차별성을 갖는다. 주민들이 축제를 준비하는 과정에서 자치의 정신을 함양하고, 평소에 부족했던 주민들 간의 소통의 확산을 통해 신뢰를 형성할 수 있다. 둘째, 게내마을축제는 어른들 중심의 축제를 벗어나서 어린이, 청소년이 모두 함께 하는 축제이기 때문에 공공성을 지향하는 축제의 모범적인 사례에 해당한다. 셋째, 게내마을축제에 기존의 다양한 마을공동체들이 참여하여 마을공동체들 간의 네트워크를 형성하는 계기가 되고, 마을공동체를 잘 몰랐던 사람들이 마을공동체를 이해하고 더 나아가 참여할 수 있는 계기가 된다.

"마을주민들의 재능기부와 자원봉사 참여로 마을주민들을 결속시키고 마을에 대한 소속감을 고취시킴으로써 주민들이 직접 기획하고 주민들이 참여하는 우리 상일동만의 "소통과 화합의 축제"를 만들고자 계획하게 되었습니다." (2017년 마을공동체 사례집)

"마을 주민들을 결속시키는 "소통과 화합의 축제"를 만들기 위해 주민이 직접 참여하는 우리 동만의 축제를 만들어 마을 주민으로서의 자긍심을 가질 수 있게 하고 축제를 통해 더불어 살아가는 공동체 마을을 만들고자 하였습니다. 올해는 '상일동과 이웃주민이 함께 만드는' 이라는 슬로건을 내걸고 다양한 아이템의 체험부스와 장기자랑 등의 볼거리가 가득했습니다. 지역 청소년들도 '청소년축제준비위원회'를 구성해 아이들이 직접 기획하고 진행하는 '청소년 한마당'을 준비하고 참게가 살았던 지역유래에 의거하여 만든 축제임에 착안, 생물 참게를 공수하여 상일동산 분

수대에서 주민들이 직접 참게를 잡고 만져볼 수 있는 '참게잡GO'라는 특별프로그램 신설을 제안하여 시원한 물놀이를 즐김과 동시에 도시 아이들에게 자연을 체험할 수 있는 특별한 추억을 선사할 수 있었습니다."

"게내마을이라는 이름에 걸맞는 프로그램 제안으로 그저 그런 축제가 아닌 상일동 게내마을 축제의 주제의식을 뚜렷하게 하고 독자성 및 정체성을 확립하는 데 기여하였다고 봅니다. 상일동 주민뿐만 아니라 인근에 거주하는 부모님들 특히 아빠들과 남자아이들이 상당수 참여하는 성과를 얻게 되었습니다. 덕분에 축제 전반적인 참여 인원이 예년 대비 가장 많았다는 평가를 받을 수 있었습니다. 40여 팀의 공연무대, 40여 팀의 체험마당, 3000여 명의 참관객 등, 동 단위 축제로는 사업 예산 대비 엄청난 규모의 축제를 성공적으로 개최. 상일동 주민들만의 축제가 아니라, 상일동 외 인근 지역 주민들도 상당수 참가, 지역을 대표하는 축제로서 자리매김 해나가고 있음." 2019년 게내마을축제 제안서

III. 지역축제의 성공 요인 분석: 게내마을축제 사례연구를 중심으로

1. 협력적 거버넌스

1) 이론적 배경

계층제에 의존하는 거버넌스가 1980년대 이후부터 점차 줄어들고, 시장과 네트워크를 적절히 조합한 방식을 활용하여 공공문제를 해결하려는 협력적 거버넌스가 새로운 해결방안으로 등장했다. 그 동안 계층제적 국정관리 체계에서 정부는 공공 서비스의 일방적·독점적 생산자 및 공급자 역할을 담당했으나, 점차 공공서비스의 생산과 전달에 민간부문과 비영리부문의 참여가 확대되었다. 이제 공공서비스 전달에 있어서 정부의 역할뿐만 아니라, 정부, 민간, 비영리부문 간의 협력적 네트워크의 구축 및 관리가 중요하게 여겨졌다. 또한 시민사회의 발달과 정보화의

발달로 인하여 시장, 국가, 시민사회의 역할이 새롭게 정비되었다.

협력적 거버넌스의 가장 중요한 특징은 각 계층의 정부, 시장, 사회단체, 주민단체 등 다양한 구성원의 자발적 참여로 이루어진 네트워크식 국정관리 체계라는 것이다. 공공서비스 전달 또는 공공문제를 해결할 때 정부는 제도적 장치에 전적으로 의존하기 보다는 정부와 민간부문 및 비영리 부문간의 협력적 네트워크를 적극 활용한다는 것이다.[3]

2) 협력적 거버넌스의 장점[4]

a. 민주적 대응성과 책임성 강조

협력적 거버넌스는 시장 및 시민사회 등 외부주체와의 관계에서 정부의 역할과 기능을 다루기 때문에 국가차원에서 민주적 대응성과 책임성을 강조한다. 따라서 협력적 거버넌스를 통해 상대적으로 시장주의 운영원리에서 경시된 국민에 대한 책임성을 확보할 수 있다. 그리고 기본적으로 정부를 보다 개방하고 국민의 참여를 확대함으로써 새로운 환경에 대응하고 사회통합과 발전을 유도하는 거시적인 역량강화를 도모할 수 있다.

b. 자발적인 협력 강조

협력적 거버넌스는 기본적으로 권위적이고 불평등한 권력관계가 아니라 평등한 관계에서 행위자들 사이의 협력을 강조한다. 이러한 점에서 협력적 거버넌스는 상호협력과 신뢰를 증진시킬 수 있다는 장점이 있다. 또한 협력적 거버넌스는 상호협력적으로 행위자들 간의 연결망과 관계를 형성하기 때문에 행위자들 간의 거래비용을 줄일 수 있다.

3. 김태룡. 2009. 「행정이론」. 대영출판사. pp.150-155.
4. 유민봉. 2015. 「한국행정학」. 박영사. pp.164-166.

c. 갈등 조정 수단

협력적 거버넌스의 운영원리를 통해 구성원들 간의 자발적이 협력과 신뢰가 형성된다면 이해관계자들 사이에 갈등이 해소될 수 있다.

3) 사례분석

박성식 마을활동가는 강동구에서 20년 넘게 마을활동을 해온 인물로, 게내마을축제를 처음 개최할 때 중요한 역할을 했다. 이후 1회 축제부터 올해 열리는 7회 축제까지 축제준비위원회에서 관료와 시민들을 연결하는 주춧돌 역할을 했다. 게내마을축제가 성공적인 이유에는 강동구와 주민 간의 협력적 거버넌스가 내재해있다. 협력적 거버넌스의 요소는 축제의 ①탄생배경과 ②준비과정 그리고 ③구성내용에 들어있다.

① 2012년에 열린사회강동송파시민회가 마을만들기 사업의 일환으로 상일동과 함께 마을 의제 찾기 교육 프로그램을 진행하면서, 상일동 주민센터 직원들, 직능단체장, 통장 협의회 회장, 주민자치 위원장 등등이 프로그램에 참여하여 상일동의 축제를 만들어 보자는 의견을 모았다. 축제의 초기 구상과 준비 단계에서 박찬욱 구의원의 지원이 큰 동력으로 작용했고, 결국 당시 진행되었던 마을축제 공모에 선정되어 500만 원을 지원 받았다.

② 매년 9월 축제가 개최되기 2-3개월 전에 구성되는[5] 축제준비위원회에는 강동구 행정관료뿐만 아니라 관이 주도해서 주민들을 대표하는 직능단체(주민자치협의회, 새마을부녀회, 바르게살기운동협의회, 자유총연맹, 방위협의회, 통장협의회 등)과 마을에서 자생적으로 발생한 시민단체(열린사회시만단체, 초록바람, 공간사이, 함께크는우리, 한살림)로 구성된다. 축제준비위원회 대표자 모임은 시민단체 대표 4명, 주민센터 4명(동장, 복지팀장, 행정팀장, 주무관), 직능 단체 약 6-7명(주민자치위원장, 부위원장, 간사, 통장협의회 회장 등)으로 이루어져 있다. 전체 회의에는 대표자들과 부스나 공

---

5. 2019년 6월의 대표자 회의에서는 게내마을축제준비위원회가 연중 상시적으로 활동하는 방향으로 결정했다. 위원회는 앞으로 상일동에서 추가적인 축제와 문화행사들을 기획할 예정이다.

연의 형식으로 참여하는 단체들 (약 30개, 작은 도서관, 한살림, 학교 등)을 포함한다.

③ 또한 게내마을축제는 여타축제와 같이 외부 상인들이 중심이 되는 야시장의 형태나 외부 초정 가수를 부르는 식으로 진행되는 것이 아니라, 서울시에서 공모받은 약 1000만 원, 강동구에서 공모받은 약 500만 원으로 무대 및 부스를 설치하여 주민들이 천연염색 전시, 아이들 책읽기 등의 공연 및 전시 내용을 꾸며간다.

축제준비위원회의 위원들은 전혀 '베테랑'이 아니라고 한다. 다만 시민단체, 직능단체, 그리고 행정이 각자의 역할을 잘 분담하고 있어 축제의 준비 및 운영이 수월하게 진행되고 있다. 처음에는 시민단체 소속의 주민들이 자체적으로 축제를 홍보하고, 무대를 설치하고, 축제 전날에 밤을 새면서 무대를 지키는 등 과도하게 민간의 주도로 축제의 준비가 이루어졌지만, 게내마을축제의 인기가 올라가고 규모도 커지면서 균형잡힌 민관의 역할 분담이 요구되었다. 현재 전반적인 축제의 기획은 시민사회의 문화를 가장 잘 알고 있는 시민단체가 맡고, 그 내용을 바탕으로 직능단체가 사람들이 많이 참여할 수 있도록 모으는 동시에 곳곳에서 후원기금을 받아오고, 주민센터는 예산 및 행정적 지원 이외에도 공식적인 경로로 홍보를 진행한다.

더 나아가 게내마을축제는 기업이 후원해 주어 정부, 기업, 시민 3박자 주체가 협력하여 꾸며가는 축제이기도 한다. 마을지명인 "게내마을"이 참게가 많이 살았던 지명에 착안, "참게잡GO" 체험 프로그램을 2016년에 도입하여 강동구민들의 높은 참여를 이끌어 내었으며 2017년엔 (주)오뚜기의 후원을 받아 "참게잡GO, 참깨라면 먹GO"체험 프로그램을 운영하였고 게내마을축제준비위원회의 적극적인 거리홍보 및 SNS를 이용한 홍보를 통해 3,000여 명의 주민들이 참여하게 되는 성과를 이루어 냈다. (2017년 마을공동체 사례집)

"재개발로 인한 인구 전출로 인력 부족 문제 및 참여자가 적을까봐 걱정을 많이 했습니다. 하지만 학교, 단체, 상인 등 주민들의 협조를 받아 다양한 프로그램과 공연을 만듦으로써, 타 지역의 주민들도 함께 참여할 수 있는 매력적인 축제로 만들어

성공리에 축제를 마칠 수 있었습니다." 2018년 마을공동체 사례집

4) 소결

협력적 거버넌스의 현실에 대하여 "합리주의적 회의주의(rationalist skepticism)"는 개인의 이기적인 속성으로 인하여 무임승차와 집단이기주의의 유혹을 떨쳐버리는 것은 거의 불가능하며 극히 예외적인 상황을 제외하고 결사체 민주주의 이상을 구현한다는 것은 요원하다고 주장한다. 또한 '문화주의적 비관주의(culturalist pessimism)'의 입장에서 끼리끼리의 문화와 배타적인 성향이 팽배한 한국 사회에서 결사체 민주주의를 찾는 것은 어불성설이라는 주장이 가능하다. 하지만, 게내마을 축제를 사례분석 했을 때, 이러한 협력적 거버넌스는 달성할 수 있으며, 강동구 관료, 직능단체, 시민단체, 기업, 시민들이 모여 끼리끼리 문화를 극복하고 성공적인 지역축제를 이끌어 낼 수 있다는 점을 알 수 있다.

2. 재활용 전략

1) 이론적 배경

지역 사회 저변에 이미 자리 잡고 있는 기존의 네트워크 및 공동체를 활용하여 결사체 조직과 사회적 자본을 확대·증식시키는 재활용 전략(recycling strategy)이다. 퍼트남이 미국 사례에서 들고 있는 예는 이미 커뮤니티에 조직화된 교회와 학교 공동체 네트워크를 활용하여 시민결사체를 조직하는 방법이다. 대규모 사회운동의 성공에 있어서도 소규모 하부조직의 역할이 중요한 이유는 단순히 연방제적 전략을 통하여 무임승차의 어려움을 극복할 수 있다는 점뿐 아니라 각 소규모 조직이 기존에 축적해 놓은 사회적 네트워크를 재활용할 수 있기 때문이다. 성미산 지역의 경우, 육아조직을 비롯한 비교적 새로운 결사체 조직들이 결성되기 이전부터 이미 다른 공동체들이 존재하고 있었다. 이들은 이해관계뿐 아니라 정서적 유대감에 바탕을 둔 종교적 성향의 모임들과 봉사활동, 체조모임, 계모임 등이었으

며 이러한 모임들을 통해서 지역 주민들은 이미 친목을 다지고 있던 상황이었다.[6]

즉 지역 내에 네트워크가 형성되어 있지 않고 아무것도 없는 터전 위에서 결사체 조직이 조직된 것이 아니라 기존 네트워크를 활용할 수 있었던 것이다. 이들 기존 공동체 네트워크는 새로운 결사체 조직과 교차적으로 연결되면서 집합행동의 상승작용(synergy)을 이끌어 낼 수 있었던 것이다.

2) 사례분석

소셜픽션에서 강동구 주민들과 주민센터 공무원들과 인터뷰한 결과, 강동구는 자생적인 시민단체들이 다양하게 발달되어 있고, 시민단체들의 영향력이 강하다. 박성식 마을활동가 역시 강동구에는 '작은 도서관 네트워크/마을 미디어 모임/생활 문화 예술 동아리' 등 다양한 마을공동체들이 분포해 있다는 점을 언급했다. 앞서 말했듯이 게내마을축제는 강동구에 기존에 존재하던 시민단체들이 축제준비위원회와 축제 내용에 구성에 적극적으로 참여하였고 네트워크를 구성하고 운영하는 데 있어 중요한 노하우들을 공유하였기 때문에 게내마을축제가 성공적으로 준비·운영될 수 있다.

또 다른 사례로는 성미산 시키기 운동이 있다. 지역 부녀회장은 성미산 지키기 운동이 이루어지던 시기, 네트워크의 구심점 역할을 했는데, 많은 사람들과 친분이 있었고 기존 친목 공동체와 새로운 결사체 조직 사이에서 영향을 주고받을 수 있는 위치에 있었다. 이러한 신·구 공동체 네트워크 사이의 결합은 특히 성미산 배수지 사업이라는 위기상황이 발생하였을 때 그 역할이 더욱 두드러졌는데, 이는 위기 상황에서 조직의 대표성 문제가 제기되었을 때 지역주민들이 참여자와 비참여자로 양분되는 것을 완화시키는 동시에 정부에 비해 상대적으로 열세할 수밖에 없는 대다수 지역주민들을 빠른 시간 안에 조직화하고 정체성을 부여하는 데 유리하고 효율적인 전략이었다.

---

6. Putnam. 2003. p.296.

3. 위기상황의 직면

1) 이론적 배경

집합행동에 대한 기존 연구들도 집합행동의 성패요인으로 위기상황의 중요성을 지적하고 있다. 즉 무언가 더 얻기 위한 집합행동보다 무언가 잃지 않으려는 위기상황의 집합행동이 더 수월하다는 것이다.[7]

2) 사례분석

상일동은 최근 대거의 재개발로 인해 기존의 주민들이 떠나고, 남아있는 주민들 간의 신뢰가 약해지는 등 공동체 생활에 있어서 위기를 맞이했다. 하지만 이 같은 배경이 주민들이 지역축제를 활성화해야겠다는 의지를 다듬게 만들었고 이는 게내마을축제의 성공으로 이어졌다.

"현재 상일동은 주공 3, 4단지 아파트가 재건축 진행 중에 있고, 주공7단지 아파트가 이주 완료됨에 따라 참여주민들이 현저히 적을 것을 우려하였으나, 본행사 당일 많은 인근주민들이 가족과 함께 방문하여 축제가 성황리에 마무리 되었습니다." 2016년 마을공동체 사례집

"2014년부터 시작된 주택 재건축 정비사업 실시로 급격한 인구 감소 추세로 3년간 인구 감소율이 65%에 이르자 재건축이 완성될 때까지 축제를 중단하자는 의견이 많았습니다." 2017년 마을공동체 사례집

"과거에는 상일동이 이웃들 간 서로 가족처럼 친하고, 인정도 넘치고, 따뜻한 가족과 같은 분위기였다면, 요즘 재개발로 인해 지역 주민들이 떠나고 새로운 주민들이 들어오면서, 서로 간 무관심해지고 지역이 삭막해지는 것 같았습니다. 그래서 주민들 간 서로에 대해 알아가고 화합할 수 있을 만한 계기가 필요하다고 생각하

---

7. 김의영·한주희. 2003. p.156.

여 사업을 시작하게 되었습니다." 2018년 마을공동체 사례집

"원래 상일동은 명일근린공원을 끼고 멋진 가로수길을 가진 녹지 지역으로 지역 주민들의 평안한 안식처 같은 곳이었으나 최근 주공단지가 연달아 재건축에 들어가면서 건설공사, 건설차량 등으로 지역 분위기가 메마르고, 기존 주민들이 이주를 가고 서울 각지에서 새로운 주민이 입주하여 지역이기주의도 팽배해지고 여러 갈등이 야기되고 있음. 이에 상일동 주민으로서의 자긍심을 가질 수 있게 하고 축제를 통해 '더불어 살아가는 공동체 마을'을 만들고자 함." 2018년 게내마을축제 제안서

4. MLG(Multi Level Governance)

1) 이론적 배경

MLG란 두 개 이상의 계층수준에서 작동하는 거버넌스 과정이 교섭적인 형태로 상호연결된 것으로 규정한다. 상위 거버넌스와 하위 거버넌스는 상호 밀접하게 연결되어 서로를 보강하고 있다. 이들 행위주체들은 상호 공유한 문제를 다계층의 수평적 네트워크를 구성하여 협력적으로 풀어 나가고 있다. 네트워크를 통한 문제 해결 과정에서는 누가 통치의 주체이고 누가 통치의 객체인지, 혹은 누가 서비스의 전달자이고 누가 서비스의 수혜자인지가 불명확하다. 네트워크를 구성하는 행위자 모두가 통치의 주체이고 서비스의 전달자이기 때문이다. 사회구성원들이 협력하도록 함으로써 공유한 목적을 보다 효과적으로 성취하도록 만드는 사회생활의 특징이다. MLG를 통해 공동의 목표를 달성하고, 장애가 될 수 있는 불신(정부와 지역주민간)이나 집단행동의 딜레마(지역주민수준) 문제를 해결할 수 있다.[8]

8. 유재원·홍성만. 2005. "정부의 시대에서 꽃핀 Multi-level Governance." 「한국정치학회보」. 제39집 2호. pp.6-7.

2) 사례분석

게내마을축제준비위원회라는 하위 거버넌스의 효율적 운영은 마을공동체지원센터, 동주민센터, 게내마을축제준비위원회를 연결하는 상위 거버넌스의 형성과 발전적 운영에 기여하고 있고, 상위 거버넌스의 성공적 운영은 하위 거버넌스의 추진력과 탄력을 더하는 요인이 되고 있다.

가령, 게내마을축제위원회는 지난 번 축제 때 살아있는 참게를 잡는 행사를 진행했다. 하지만 이에 대해 시민단체 '초록바람'은 살아있는 참게를 축제에 이용하는 것은 바람직하지 않다는 문제를 지적했다. 하지만 다수의 직능단체에서, 돼지고기와 닭고기는 먹으면서 참게를 잡는 것에 반대하는 것은 이해가 되지 않고, 심지어 식용 참게들을 이용하는 것이기 때문에 문제가 없다고 반론을 제기했다. 축제준비위원회에서 이러한 관점의 차이에 대해서 토론이 오고갔고, 참게잡기 행사

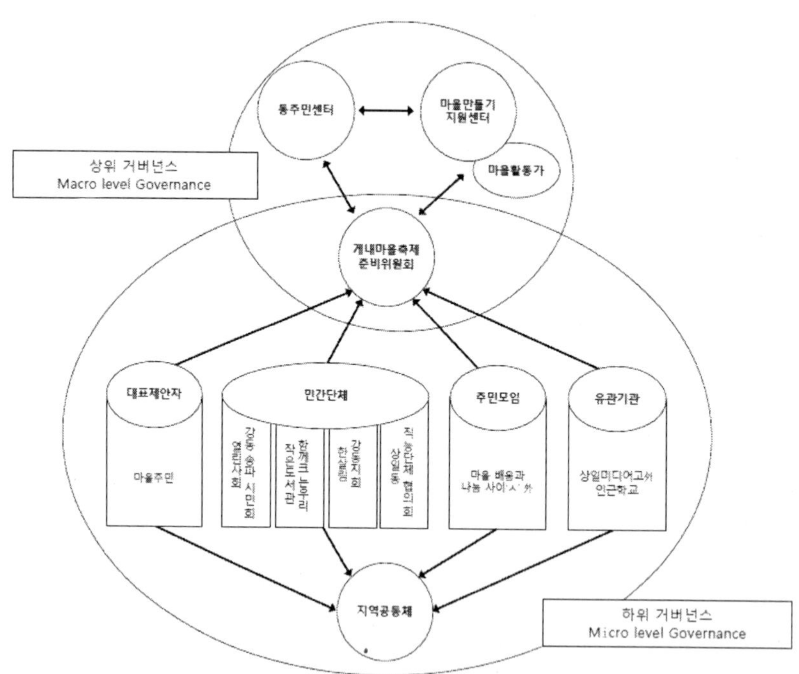

〈그림 3〉 게내마을축제준비위원회 분석

를 대체할 수 있는 행사, 가령 목공 체험이나 종이접기로 게를 만드는 행사를 모색하자는 주장이 제안되었다. 이번 해에 이러한 대안 행사들이 좋은 반응을 얻는다면 살아있는 참게를 잡는 행사는 대폭 축소하기로 합의를 보았다. 이처럼 하위거버넌스 내에서 여러 단체들 간의 심의를 통해 갈등 해결은 축제를 원할히 준비해 나가는 데 커다란 기여를 하고 있다.

Ⅳ. 결론

현재 강동구에서 운영 중인 마을공동체는 청소년, 청년들의 마을공동체가 부족한 실정이다. 단지 청소년이 학업에 열중을 하고, 청년들이 직장 업무에 집중을 하여 시간이 부족하여 이웃 주민들과 교류가 없을 거라는 막연한 추측에서 벗어나서, 청년 마을활동가와 청소년 마을활동가를 만나 보았다. 청년 마을활동가 박정한 행복책방 대표는 업무가 끝난 이후 저녁시간을 활용하여 도서관을 정리하고, 아파트 주민들에게 도서 대여서비스를 제공하고, 문화프로그램을 기획하여 주민들이 문화생활을 향유할 수 있도록 도와주었다. 직장 업무가 끝난 후 피곤한 상태임에도 불구하고, 그는 많은 직장인들이 집-직장-집-직장으로 이어지는 반복적인 루틴에 피로함을 느끼고 새로운 사람들을 만나 교류를 하고 싶어한다고 언급했다. 청소년 마을활동가 김다윤 청동넷 대표는 고등학교 3학년이어서 진로를 모색하고 꿈을 향해 나아가는 데 바쁜 생활을 보내고 있었지만, 오랫동안 청동넷에서 활동을 하고 있는 것은, 타 학교의 새로운 친구들을 만나 토론을 통해 공연을 기획하고 학교 안에서 경험하지 못하는 보다 큰 무대에서 이웃 주민들에게 끼를 보여주고 주민들이 만족하는 것에 대해서 보람을 느낀다고 했다. 즉, 청년들과 청소년들이 기성세대와 같이 시간적, 금전적 여유는 넉넉하지는 못하지만 이웃주민들과 교류하고 싶어하는 마음은 동일하게 가지고 있다는 점을 알 수 있었다.

이후 청동넷이 지역축제를 계기로 새롭게 알게 된 친구들의 모임을 통해 발전한 마을공동체라는 사실을 확인하고, 지역축제가 마을공동체 활성화에 기여할 수 있다는 아이디어에 착안하여 지역축제가 활성화되기 위해서 어떤 요인들이 필요한지, 성공적으로 운영되고 있는 게내마을축제를 사례로 하여 구체적으로 분석했고, 협력적 거버넌스/재활용 전략/위기의 직면/Multi level governance는 지역축제 활성화 요인임을 도출했다. 이 4가지 요인은 많은 주민들이 참여하여 즐기는 성공적인 지역축제에 기여를 한다. 지역축제가 성황에 그치는 것이 아니라 이를 통해 청년들과 청소년들이 교류할 수 있는 장이 되고 청년, 청소년들의 마을공동체 형성의 계기가 되기 위해서는, 강동구 내에 있는 청소년, 청년들의 마을공동체들의 활동 현황 및 공연, 전시 등을 지역축제 내에서 적극적으로 보여 줄 필요가 있다. 지역축제에 놀러왔다가 우연히 이 같은 구체적인 활동들을 직접 바라보면서 청소년, 청년들은 시간이 없다는 막연한 생각으로 미루어두었던 이웃과의 교류 욕구를 확인하고 자신감을 가지고 기존의 마을공동체에 참여하거나 새로운 마을공동체를 형성하는 계기가 될 수 있을 것이다.

〈참고문헌〉

강동구. 2016. 『강동구 마을공동체 사례집』.

강동구. 2017. 『강동구 마을공동체 사례집』.

강동구. 2018. 『강동구 마을공동체 사례집』.

김의영·한주희. 2003. "결사체 민주주의의 실험: 성미산 지키기 운동과 마포연대의 사례." 『한국정치학회보』 제42집 3호.

김태룡. 2009. 『행정이론』. 대영출판사.

유민봉. 2015. 『한국행정학』. 박영사.

유재원·홍성만. 2005. "정부의 시대에서 꽃핀 Multi-level Governance." 『한국정치학회보』. 제39집 2호.

Putnam, Robert. 2003. *Better Together: Restoring the American Community*. New York: Simon & Schuster.

인류학과
공연예술의 인류학

수업명	서울대학교 인류학과 〈공연예술의 인류학〉		
교수자명	정향진	수강 인원	18명
수업 유형	전공선택	연계 자역/기관	소셜 뮤지컬팀 대안연극네트워크 직장인연극단 전통예술공연팀 케이팝 댄스 버스킹팀

수업 목적

공연예술에 대한 인류학적 시각을 익힘.
공연예술을 만드는 과정과 무대현장에서 자기표현, 사회참여, 공동체 건설 간의 상호역동이 어떻게 나타나는지를 살펴봄.

주요 교재

[단행본]

콜린 턴불. 2007. 『숲 사람들』. 서울: 황소자리. (전체)
셰크너 리차드. 2004. 『민족연극학: 연극과 인류학 사이』. 서울: 한국문화사. (1~3장)
셰퍼드 사이먼 · 믹 윌리스. 2004. 『드라마, 씨어터, 퍼포먼스』. 서울: 연극과인간. (8장)
드리드 윌리암스. 2002. 『인류학과 인간의 움직임: 무용연구』. 서울: 대한미디어. (1, 6, 8장)
효도 히로미. 2007. 『연기된 근대: 국민의 신체와 퍼포먼스』. 서울: 연극과인간. (서장, 4장)

[사례 연구논문]

김방옥. 2009. "삶/일상극, 그 경계의 퍼포먼스: 박근형의 초기 소극장 연극. 한국연극학 39: 5-46.
김기란. 2009. "가족무대를 통한 새로운 가족정체성의 탐구: 박근형의 작품을 중심으로." 대중서사연구 15(1): 279-313.
손성규. 2018. ""트랜스"적인 드랙쇼: 관객 지향적 퍼포먼스의 유희성." 비교문화연구 24(3): 55-92.
김재석. 1999. "현대 한국사회에서의 전통문화의 존재양식: 탈춤과 마당극을 중심으로." 서울대학교 인류학과 석사학위논문.

손민정. 2013. “음악인류학의 방법론에 관한 실제적 고찰: 트로트 연구 사례를 중심으로.” 음악과 민족 45: 125-144.
조일동. 2018. “악보에서 소리로: 한국 대중음악 녹음, 기술, 실천에 대한 문화인류학.” 한국문화인류학 51(2): 325-356.
김예겸. 2-14. “인도네시아 발리 께짝 공연의 맥락화.” 아시아연구 17(3): 163-196.
이수안. 2012. “유럽의 ‘한류’를 통해 본 문화혼종화: K-pop 열풍을 중심으로.” 한독사회과학논총 22(1): 117-146.
이응철. 2016. 스펙터클의 문화정치: 현대중국의 실경공연 〈인상, 리장〉을 중심으로. 한국문화인류학 49(1): 165-195.

수업 목적

1주. 공연예술의 인류학, 현장실습 안내
3/6(수): 강좌 소개, 일정
3/8(금): 세미나 - 모둠 조직, 현장실습 안내, 현장 후보지 안내

2주. 축제와 의례의 민족지(1)
3/13(수): 턴불 1~7장 ♣모둠과제: 현장 후보지 2~3곳 사전조사 보고 1매
3/15(금): 세미나 ♣모둠과제: 턴불 1~7장에서 공연각본 2매
(토론: 사전조사 내용)

3주. 축제와 의례의 민족지(2)
3/20(수): 턴불 8~15장 ♣모둠과제: 현장실습 계획서 2매(예산 및 공연관람 계획 포함)
3/22(금): 세미나 ♣모둠과제: 턴불 8~15장에서 공연각본 2매
(토론: 현장실습 계획의 타당성 및 실현가능성)

4주. 삶, 극, 사회(1)
3/27(수): 셰크너 1장 ♣모둠과제: 현장실습 계획서 수정본
3/29(금): 현장실습 ◎모둠별 공연관람

5주. 삶, 극, 사회(2)
4/3(수): 김방옥(삶/일상극); 김기란(가족무대)
4/5(금): 현장실습

6주. 연행의 민족지학
4/10(수): 셰퍼드 · 윌리스(퍼포먼스 기본개념); 손성규(드랙쇼)
4/12(금): 세미나 - 현장실습 점검, 중간과제 안내

7주. 존재의 변환
4/17(수): 셰크너 3장 ♣모둠과제: 〈숲 사람들〉에서 공연할 대목을 정하고 개요 제출
4/19(금): 현장실습

8주. 중간과제: 민족지 공연
4/24(수): 민족지 공연 준비 ♣모둠과제: 공연각본 제출
4/26(금): 〈숲 사람들〉 옴니버스 공연

9주. 춤의 인류학
5/1(수): 윌리암스 1장, 6장, 8장
5/3(금): 세미나 - 현장실습 중간점검 ◎모둠별 공연관람

10주. 전통연희
5/8(수): 김재석(탈춤과 마당극)
5/10(금): 현장실습

11주. 음악과 소리의 인류학

5/15(수): 손민정(트로트); 조일동(한국 대중음악)

5/17(금): 현장실습

12주. 행위의 복원과 공연예술(기말과제를 위한 이론적 토대)

5/22(수): 셰크너 2장

5/24(금): 현장실습

13주(5월 29, 31일). 전지구화와 공연예술

5/29(수): 김예겸(인도네시아 발리 께짝); 이수안(유럽의 한류)

5/31(금): 현장실습 ◎모둠별 공연관람

14주. 신체·퍼포먼스·국가

6/5(수): 효도 히로미 서장, 4장; 이응철(중국의 실경공연)

6/7(금): 세미나 – 현장실습의 마무리 ♣모둠과제: 현장실습 결과보고서 초고

15주(6월 12, 14일). 기말과제

6/12(수): 공연 리허설 ♣모둠과제: 현장실습 결과보고 공연각본

6/14(금): 현장실습 결과보고 공연

♣ 현장실습 결과보고서 제출 기한: 6월 19일 오전 11시

팀/개인 프로젝트 개요

프로젝트 개요: 3~4명씩 팀별로 지역참여를 활동의 주요한 측면으로 삼는 공연예술단체에서 참여관찰을 수행함.

프로젝트 결과: 5개 팀이 다양한 장르의 공연예술단체에서 현장연구를 수행하였음.

1. 관악구 소재 전통공연예술단체: 놀이마당 연행을 통한 공동체 창출
2. 성북구 소재 소셜뮤지컬팀: 뮤지컬의 대중화와 그 역설
3. 성북구 소재 젊은 연극인들의 대안연극 네트워크: 민주적, 비착취적 연극 환경을 위한 커뮤니타스
4. 관악구 소재 직장인 연극단체: 연극의 놀이적 특성과 참여자들의 변환경험
5. 홍대앞 케이팝 댄스 버스킹팀: 버스커들의 공연과 연습과정에서 발현되는 지역성과 공동체성

공연예술의 인류학

서울대학교 인류학과 교수 정향진
서울대학교 인류학과 조교 손성규, 엘리사 로메로

이 강좌는 우리 사회에서 점점 더 그 중요성이 더해가고 있는 공연예술에 대해 학부생들이 인류학적으로 성찰하고 접근할 수 있도록 기획되었다. 우리 사회의 공연예술은 내용과 형식에서 전통과 현대, 토착과 외래를 넘나들고 혼융하면서 발전하고 있다.[1] 또한 청중의 저변과 범위에서 한편으로는 지역공동체로 밀착하고 있고 다른 한편으로는 전지구적 무대로 나아가고 있다. 이러한 현 상황에서 인류학적 현장연구를 통해 공연예술의 공동체적 뿌리를 살펴봄으로써 공연예술에서 현저히 드러나는 인간됨의 문화적 차원을 경험적으로 이해하도록 하는 것이 강좌의 주된 목표였다. 동시에 우리 사회의 공연예술을 비교문화적인 시각으로 봄으로써 한국 공연예술의 문화적 특징과 가능성을 탐색하게 하는 것도 중요한 목표였다.

강좌는 이론적으로는 콜린 턴불,[2] 터너 빅터,[3] 셰크너 리차드[4] 세 사람의 작업에 크게 기대었다. 이 중에서 턴불의 책 『숲 사람들』은 1950년대 초중반에 아프리카

1. 윤지현 2012 "세계화 시대 한국 춤 공연의 혼종성에 대한 문화상호주의 고찰." 「대한무용학회논문집」. 제70권 2호. pp.173-190; 이수완. 2016. "케이팝(K-Pop), Korean과 Pop Music의 기묘한 만남: K-Pop의 한국 대중음악적 진정성에 대한 탐구." 「인문논총」. 제73집 1호. pp.77-103.
2. 턴불 콜린. 2007. 이상원 역. 「숲 사람들」. 황소자리.
3. 터너 빅터. 2014. 김익두, 이기우 역. 「제의에서 연극으로: 놀이의 인간적 진지성」. 민속원.
4. 셰크너 리차드. 2004. 김익두 역. 「민족연극학: 연극과 인류학 사이」. 한국문화사.

콩고 이투리 숲에서 피그미들과 3년 간 함께 살면서(인류학 용어로 '현지조사') 참여관찰한 기록, 즉 '민족지'이다. 이 책은 세밀한 관찰과 인류학자 자신의 체험, 그리고 피그미와 인류학자 간의 깊은 우정과 공감을 통해서 피그미들의 삶의 면면은 물론이고 근방의 흑인 부족과의 관계, 백인 선교사와 사업가들이 피그미들의 생활방식을 바꾸고 근거지인 숲을 잠식해오는 모습까지도 생생히 담고 있다. 이 민족지의 백미는 몰리모 축제와 소녀들의 성인식 엘리마, 그리고 사냥이 끝난 후 저녁 모닥불 앞에서 함께 이야기하면서 춤추고 즐기는 모습 등을 매우 사실적으로 그려내고 있는 점이다. 피그미들이 하루의 생활에서 리듬을 만들어내고, 계절의 흐름에 적응하고, 그리고 인생의 주기를 표시하는 데 크고 작은 공동체적 축제와 의례는 필수불가결한 것이다. 이 민족지는 모두가 함께 하는 축제와 의례에서 피그미들이 인생의 의미를 되새기고 또 인생을 즐긴다는 것을 보여 주는 인류학 고전이다.

터너 빅터는 영국 출신 인류학자로 공연예술에 대한 인류학적 접근을 개척하였다. 초기 아프리카 은뎀부 족에 대한 연구[5] 이후 미국에서 활동하면서 공연예술과 축제, 순례 등에 대해 인류학적인 이론화[6]를 시도하였다. 또한 셰크너 리차드와 공동작업을 하면서 셰크너가 공연예술학을 정립하는 데 큰 영향을 미쳤다. 공연예술의 인류학에서 터너는 "사회적 드라마," "리미노이드" 등의 개념을 정립함으로써 이론적 기초를 제공한 학자라고 할 수 있다.[7] 사회적 드라마 개념은 은뎀부 족 연구에서 도출된 것으로 사회적 갈등 상황에서 기인하는 사회적 과정의 단위를 가리킨다. 시작과 끝이 있으며 일련의 전개를 가진 사회적 과정, 즉 위반-위기-교정-재통합(교정 실패 시 분열의 합법화)으로 전개되는 사회적 과정을 "사회적 드라마(social drama)"라 칭하였다. 또한 사회적 드라마가 일상에서 분리되고 무대화되어 공연되는 것이 무대 연극이라고 보았다. 나아가서 사회적 드라마의 교정 국면에

---

5. Turner Victor. 1967. *The Forest of Symbols: Aspects of Ndembu Ritual*. Cornell University Press.
6. 터너 빅터. 2005. 박근원 역. 『의례의 과정』. 한국심리치료연구소; 터너 빅터. 2014; 터너 빅터. 2018. 강대훈 역. 『인간 사회와 상징행위: 사회적 드라마, 구조, 커뮤니타스』. 황소걸음.
7. 터너 빅터. 2014.

는 개인적 충고나 중재, 법적 절차뿐 아니라 공적 의례와 공연예술 연행도 포함된다고 보고 교정 국면의 창의적 잠재력, 나아가서 공연예술의 사회변혁적 가능성에 크게 주목하였다. 터너는 무엇보다도 의례와 축제 그리고 무대예술 간의 관계를 이론화하는 데 가장 큰 관심을 가졌다. 의례의 전이역(轉移域)적인 성격, 즉 리미날리티(liminality)를 커뮤니타스(communitas, 전이역적 상태에서 경험되는 포괄적인 인간유대), 놀이, 반구조(기존의 사회적 구조가 전도되는 현상, 反構造, anti-structure) 등과의 관련 하에 검토하고 의례의 전이역적 성격이 현대 사회의 공연예술에서 계승되고 있음을 리미노이드(liminoid) 개념을 통해 말하고자 하였다.

셰크너 리차드[8]는 인류학에 기반한 터너의 이론을 공연예술의 맥락에 맞게 더욱 발전시켰다. 사회적 드라마와 무대 드라마의 관계를 도식화하여 일상과 무대 간의 상호역동적 관계를 이론화하였을 뿐 아니라 여러 사회의 의례 및 공연예술(한국의 굿, 일본의 노, 인도의 람릴라, 파푸아뉴기니의 성인식, 미국 쉐이커교도의 춤 등)을 비교문화적으로 검토함으로써 공연예술의 다양성과 보편성을 탐색하였다. 특히 복원된 행위(restored behavior), 지속적 변환(transformation)과 일시적 변환(transportation), 연행적 이중의식(performance consciousness) 등의 핵심 개념을 통해 공연예술의 행위적 토대, 일상과 무대의 관계, 그리고 공연자 및 청중의 심리적 경험을 이해하는 틀을 마련하고 공연예술 인류학의 이론적 토대를 굳건히 하였다.

이상 세 명 학자의 저작이 이 강좌의 이론적 토대가 되었다. 학생들은 턴불의 민족지 『숲 사람들』을 강좌 전반부에 가장 먼저 읽고 중간과제로 공연예술화하였다. 후술하겠지만 모둠별로 민족지의 주요 대목을 선정하여 연극으로 꾸미는 것이 중간과제였다. 민족지 읽기와 연극 공연을 통해 공동체와 개인의 관계, 놀이의 공동체성, 무대예술의 공동체적 유래 등을 종합적으로, 유기적으로 파악하도록 하는 것이 목표였다. 터너의 저작은 일차적인 읽기교재로 포함되지는 않았다. 대신 터너를 소개하거나 활용한 글을 읽도록 하면서 강의에서 상세히 제시하였다. 셰크너

8. 셰크너 리차드. 2004.

의 저작은 강의 전반, 중반, 후반에 각각 나누어서 세 개의 장을 읽도록 하였다. 턴불과 터너에 비해서 셰크너는 무대화된 공연예술을 직접적으로 다루고 있기 때문에 학생들이 현대 사회의 공연예술을 이해하는 데 더욱 적절하게 활용할 수 있었다. 이외에 공연예술에서의 혼성화와 토착화, 대중음악의 전지구화, 공연예술과 국가의 관계 등에 관련된 이론과 사례연구들도 중요하게 다루었다.

강좌는 강의실 수업, 현장실습, 공연예술 관람이라는 세 개의 축으로 구성되었다. 매주 수요일 수업은 강의, 금요일 수업은 현장실습과 세미나로 운영되었다. 첫째, 강의에서는 앞서 소개한 주요 이론적 저작과 그 외에 사례연구로 이루어진 읽기과제가 주별로 제시되었다. 수업에서는 퀴즈, 문답식 토론, 강의, 영상자료 등을 활용하여 공연예술에 인류학적으로 접근하기 위한 이론적 기초를 다지고 비교문화적 안목을 연습하였다. 둘째, 현장실습에서는 강의에서 다룬 이론적 틀과 개념을 현장에 적용하는 동시에, 현장의 관찰을 통해 기존 이론에 대해 새롭게 성찰하도록 하였다. 현장실습은 참여관찰과 면담으로 총 7회, 회당 3시간 이상으로 하도록 하였고, 현장실습이 없는 주에는 세미나를 운영하여 현장실습의 상황을 함께 점검하였다. 현장실습 매회 학생들은 반드시 모둠별로 토론을 거친 후 개별 실습보고서와 모둠별 실습보고서를 작성, 제출하도록 하였다. 담당교수는 개별 실습보고서와 모둠별 실습보고서를 매회 점검하고 피드백을 주었으며, 또한 실습조교는 모둠별 실습보고서를 바탕으로 모둠별로 면담하고 현장실습의 진행을 도왔다. 셋째, 공연예술 관람을 통해서는 또 다른 종류의 현장을 경험하도록 하였다. 학생들은 모둠별로 자신들의 연구주제 및 관심사와 연결되는 3개의 공연을 선정하여 관람하고 개별 관람보고서와 모둠별 관람보고서를 작성하였다. 반드시 모둠성원들이 함께 관람하고 토론을 거친 후 보고서를 작성하도록 하였으며 관람 보고서는 매회 평가되었다. 학생들은 공연의 내용 및 형식을 한편으로는 수업에서 배운 이론적 틀을 사용하여 분석하고, 다른 한편으로는 현장실습에서 관찰하고 경험하는 것과 연결시켜 논의하도록 요구되었다.

이 강좌에서 학생들이 가장 심혈을 기울인 부분은 현장실습이었다. 학기 초 예비조사를 통해 현장을 정할 때 지역 혹은 사회참여가 중요한 차원이 되는 공연예술단체를 우선적으로 고려하도록 안내하였다. 5개의 모둠은 연극, 전통공연예술, 뮤지컬, 케이팝 버스킹 등 다양한 장르에서 현장을 선정하였다. 기성 연극계의 관행에 대한 대안적 성찰, 뮤지컬의 대중화, 전통놀이마당을 통한 마을의 창출 등 공연예술의 지역참여와 관련하여 매우 흥미로운 관찰과 면담자료를 도출해내었다. 학생들은 무엇보다도 강의와 현장실습, 그리고 공연관람이라는 세 개 영역을 가로지르면서 이론과 현상 간의 상호대화를 주도적으로 이끌어내고 있다는 데에서 가장 큰 성취감을 느끼는 것으로 보였다.

마지막으로, '공연예술의 인류학'의 취지를 살려 중간과제와 기말과제로 모둠별 공연을 하도록 하였다. 중간과제는 턴불의 민족지 『숲 사람들』을 옴니버스식으로 꾸려서 5개 팀으로 만들어졌지만 전체가 하나의 연극이 되도록 하였다. 민족지 장면을 선정하여 극본을 쓰고 연기할 뿐 아니라 무대소품, 음향, 조명 등도 모두 학생들이 직접 준비하고 다루도록 함으로써 무대공연을 전체적으로 경험하도록 하였다. 또한 서울대학교 두레문예관에서 리허설과 공연을 함으로써 학생들이 전문 공연장 공간을 전반적으로 경험하도록 하였다. 학생들은 민족지 공연이라는 낯선 형식에 부담을 가지기도 하였지만 모둠별로 열정적이고 개성적인 무대를 보여 주었다. 5개 모둠의 공연은 기대이상으로 잘 이어져서 이투리 숲 피그미들의 삶을 감동적으로 재현해내었고 공연을 통해서 우리 모두는 일종의 커뮤니타스를 느낄 수 있었다.

기말과제는 모둠별 현장실습의 과정과 주요 장면을 대본화하고 연극으로 꾸미는 것이었다.학생들은 모둠별로 7분짜리 연극에서 현장실습의 주제를 인류학적 이론과 결합시키고 그에 따라 현장의 장면을 재구성하여 설득력 있게 표현해야 했다. 기말 공연무대는 모둠별 개성이 더욱 뚜렷이 드러났다. 실습의 과정에서 얻은 현실에 대한 통찰, 자료에 대한 이론적 분석, 그리고 개개인의 자기표현이 어우러져서 매우 진한 감동을 자아내었다. 이투리 숲의 피그미들의 축제가 그랬듯이 기말과제 공연은 우리 모두가 서로의 성취를 축하하고 같이 있음을 즐기는 축제의 시간이 되었다고 자부한다. 이로써 강의, 현장실습, 공연예술 관람이라는 세 축에서 강도 높게 진행되었던 〈공연예술의 인류학〉 한 학기가 강좌의 목적에 걸맞게 마무리되었다.

마지막으로 이 책에 포함되는 2개의 보고서에 대해 간략히 소개한다. 먼저 "뮤지컬이 아닌, 뮤지컬이 아닌 것도 아닌: 뮤지컬 장르 '경계넘기'의 역설"(김민성, 유다형, 허예인)은 뮤지컬의 대중화를 통한 지역사회 참여와 사회 공헌을 표방하는 소셜 뮤지컬 단체에서 연구한 결과이다. 연구자들은 뮤지컬이라는 무대예술장르가 지역 참여와 대중화를 시도하면서 어떠한 난관에 봉착하는지, 특히 무대예술의 고유한 특성이 어떻게 타협되는지를 예리하게 지적해내었다. 동시에 공연예술에서의 이러한 실험적 시도가 가지는 사회적 함의와 열린 가능성도 놓치지 않았다. 그리고 "봉천은 우리 마당, 우리 마을: 봉천놀이마당의 공동체적 활동과 공연연행을 중심으로"(김수정, 손유진, 신원, 이병하)는 관악구 소재 전통공연예술 단체 '봉천놀이마당'에 대한 연구 보고서이다. 봉천놀이마당은 전통공연예술 활동을 통해서 단체 내부에서 공동체를 만들 뿐 아니라 지신밟기와 마당놀이 등의 공동체 의례와 놀이 연행을 통해서 관악구 및 인근 지역의 주민들에게도 "마을"을 경험하게 한다고 보았다. 요컨대, "마을"을 함께 연기하고 연행함으로써 공연자들과 주민들은 공연의 맥락 내에서나마 마을을 현실로 경험하게 된다는 것이다. 이 사례 연구는 현대 도시에서의 지역성 및 공동체적 경험의 창출에서 공연예술이 핵심적인 역할을 할 수 있음을 생생하게 보여 주었다. 뿐만 아니라 도시적 공동체와 마을에 대한 새로운 상상력을 요청하고 있는 데에서도 그 의의가 크다고 하겠다.

뮤지컬이 아닌, 뮤지컬이 아닌 것도 아닌: 뮤지컬 장르 '경계넘기'의 역설

서울대학교 인류학과 김민성, 유다형, 허예인

I. 서론

'뮤지컬' 하면 우리의 머릿속에서 떠오르는 이미지는 화려한 의상과 무대, 그 무대 위에서 벌어지는 배우들의 몰입감 있는 판타지와 춤, 노래와 연기의 총체일 것이다. 뮤지컬은 "노래·춤·연기가 어우러지는 공연양식"으로서 "노래가 중심이 되어 무용(춤)과 극적 요소(드라마)가 조화를 이룬" 종합 대중 예술이라고 정의할 수 있다.[1] 즉 뮤지컬은 음악, 춤, 연기, 연출 등의 각종 요소가 총동원된 '총체연극'의 특징을 가지는 동시에 뚜렷한 무대를 가짐으로써 오히려 연극 장치를 노출하고 극장성을 드러내는 극장주의적 수법을 활용하는 것이다.

이것이 뮤지컬을 정의하는 방식이라면, 최근에는 이 정의의 범위를 확장하고 '경계를 넘어보려는' 시도들이 행해지고 있다. 본 연구의 대상이 된 뮤지컬팀 'M팀(가칭)'도 뮤지컬의 '경계넘기'를 시도하는 사례라고 할 수 있다. M팀은 '소셜 뮤지컬 팀'으로서, 버스킹·극 기획·지역재단 봉사 등의 다양한 영역에서 뮤지컬 콘텐츠의 창작과 변형을 시도하는 단체이다. 여기서 '소셜 뮤지컬'이라 함은, 프로와 아마

1. 김병국. 2008.『뮤지컬 관람객의 몰입(flow) 요인 분석』. 단국대학교 석사학위논문. p.15.

추어의 경계에서 문화예술 소외계층이나 불특정 다수의 일반 대중들에게 뮤지컬에 대한 접근성을 더욱 쉽게 해 주어 '사회공헌'을 목표로 하는 뮤지컬을 뜻한다. M팀은 2016년에 설립되어 대표 및 연출가 2명과 고정 회원 5명으로 구성되어 있으며, 일반회원은 고등학생부터 49세까지 상시모집 중이다. M팀은 배우뿐만 아니라 관객에게도 뮤지컬이 즐거운 경험이자 삶의 활력이 될 수 있도록 만들고자 한다.

M팀의 뮤지컬은 무대의 구분이 불명확한 '뮤지컬 버스킹'이라고 하여, 실내 무대에서 관객과의 거리가 확보된 기존 뮤지컬의 모습보다는, 관객과 같은 눈높이를 유지하며 손만 뻗으면 배우가 잡힐 듯한 거리를 유지하는 마당극의 무대에 가깝다. 그렇게 가까워진 거리에서 배우들은 관객들에게 농담을 던지거나 관객을 무대 위로 불러오는 등 기존의 뮤지컬에서는 볼 수 없었던 광경을 연출한다. 한편 M팀이 주로 공연하는 '매쉬업'이라는 장르는 노래를 이어 붙여 연기나 춤이 없이 '뮤지컬 넘버'를 부르기만 하는 장르이다. 총체적 뮤지컬을 상상했던 관객들은 M팀의 버스킹 매쉬업 공연을 보면서 신선한 충격을 받곤 한다. 이처럼 M팀의 뮤지컬은 기존의 뮤지컬이 당연시해왔던, 총체주의적이고 극장주의적인 특징에 의문을 던지며 '경계 넘기'라는 새로운 물결을 일으키고 있다.

뮤지컬 형식상의 새로운 시도가 요구되는 지점은 뮤지컬의 대중화와 관련이 되어 있다. 우민경[2]은 무용 공연 대중화의 현실과 그 실현 방안을 지적하면서 뮤지컬에 대해서도 언급하고 있다. 이에 따르면 뮤지컬을 비롯한 무대 공연예술은 본질적으로 상업화와 예술성 사이에서 갈등을 겪고 있으며, 연출가와 투자자 그리고 관객 사이에서 대중성과 예술성을 둘러싼 첨예한 대립이 부딪히는 장이라고 할 수 있다. 또한, 우민경은 무대 공연예술이 방송으로 대표되는 미디어에 비해 대중적 파급력이 낮을 수밖에 없음을 지적하고, 뮤지컬의 경우 비싼 관람 비용으로 인해 누구나 쉽게 접할 수 있는 공연예술이 아니라는 현실을 밝히고 있다. 나아가 그는 공연예술의 대중화를 위해 관객들이 공연에 대한 접근성이 높아야 하며, 이를 위

2. 우민경. 2010. 『무용공연 대중화와 콘텐츠개발을 위한 제작자 사례분석』. 중앙대학교 석사학위논문. p.12.

해 관객이 원하는 바에 대한 끊임없는 '실험'이 필요하다는 점을 강조한다. 이처럼 뮤지컬의 대중화라는 목적은 계속해서 관객에게 다가가기 위한 실험, 그리고 형식상 새로운 시도를 추구하려는 실천들과 맞물려있다.

한편 오은영[3]은 관객 참여형 공연의 특성 연구를 통해 뮤지컬에는 다소 생소한 '관객참여'를 접목해 이해할 단서를 제공하고 있다. 그는 공연예술에서의 관객참여가 관객들을 능동적 생산자의 위치에 올라서게 하며, 관객의 개입과 관여의 폭을 넓혀 예술 자체에 대한 친밀감과 신뢰감을 높이는 장치라고 말한다. 이때 공연예술은 '현장성', 즉 '지금', '여기'에 실존하는 현장에서 배우와 관객이 소통하는 장을 만들어 관객과 예술의 심리적 거리를 좁혀낸다. 한편 오은영은 관객참여 공연의 주요한 형태로 '거리극'의 개념을 제시한다. 거리극이란 극장이란 무대가 아니라, 말 그대로 '거리'라는 공공의 공간에서의 공연을 뜻하는 것으로 지나가는 극히 사적인 타인까지도 관객이 될 수 있는 공간을 의미한다. 버스킹도 이러한 거리극의 일종이라고 볼 수 있는데, 거리극의 확장된 공간 구조는 전통적으로 유지된 관객과 배우의 경계를 해체하고, 관객의 참여성을 유도하여 소통의 가능성을 열어주는 장치이다. 마지막으로 오은영은 이러한 관객참여가 신중하게 수행되어야 한다는 점을 지적하는데, 실제 공연에서의 관객참여는 '탈구조적이면서 비선형적인 배치'를 이루기 때문이다. 현장에서 관객과의 소통과정에서 나타나는 돌발 상황과 여러 변수에 대해 각고의 연습과 리허설을 바탕으로 한 고민이 이뤄지지 않는 한, 관객의 공연 체험을 방해하는 요인이 될 수 있다는 것이다.

관객의 공연 체험에 대한 몰입도의 측면과 관련해서, 김병국[4]은 뮤지컬 관람객의 몰입 요인에 대한 분석을 한 바 있다. 뮤지컬에 대한 기대와 관객의 몰입에 주요한 요소로 작용하는 것으로 줄거리와 배우들의 역량이 꼽혔다. 특히 배우들의 역량에 대한 기대는 뮤지컬 관람 자체에 대한 기대로도 이어지는데, 만약 배우들의 실력이 부족할 경우 오히려 몰입을 크게 저해할 수 있다는 점이 지적되었다. 배우

3. 오은영. 2019.『관객 참여형 공연 유형 및 특성 연구』. 경희대학교 석사학위논문. p.17.
4. 김병국. 2008.

들이 캐릭터에 동화되지 못하거나 자질 자체가 의심스러울 때, 관객도 이를 포착해 극 전반에 대한 평 자체가 부정적으로 변할 수 있다고 말한다.

위의 연구들은 M팀이 수행하는 새로운 시도들의 단편만을 보여 준다는 점에서 전체적인 분석틀로 활용하기에 한계가 있다. 실제로 M팀은 '대중화' 외에도 여러 목적을 가지고 뮤지컬 공연에 임하고 있으며, 이를 새로운 형식에 대한 도전의 발판으로 삼고 있다. 또한, M팀은 형식적 측면에 있어서 관객참여뿐만이 아니라 버스킹을 비롯한 다양한 형식적 시도가 내포하는 한계에 대한 분석이 필요하다. 따라서 본 연구는 개별 사례연구를 통해서 '목적'과 '형식'들이 실제 수행에서 어떤 한계를 마주하는지 분석하고자 한다. 즉 현실에서의 공연예술이 직면한 '경계 넘기 시도' 혹은 '실험의 딜레마' 상황을 다각도로 분석하여 기존의 분석틀에 새로운 시각을 제시해 보고자 하는 것을 주된 목표로 삼는다.

본 연구의 구체적인 연구 질문은 다음과 같다. 1) 왜 예술 공연의 대안을 추구하는 것인가? (대안적 시도의 의의 및 동인 분석) 2) '경계 넘기 시도' 과정에서 현실적으로 직면하는 어려움과 한계 상황은 무엇인가? 첫 번째 질문의 경우, M팀이 특유의 지향점을 중심으로 분석한다. M팀은 성북구를 중심으로 활동하면서 성북구 인근 어린이재단에 후원을 하고, 각종 지역행사에도 활발히 참여하고 있다. 보다 광범위하고 막연한 차원에서의 대중화를 추구한다기보다는 지역공동체를 중심으로 하여, 지역주민들이 함께 즐길 수 있고 한편으로는 그들에게 도움을 주는 것을 목적으로 한다는 점에서 M팀의 시도는 지역성 내지 공동체성을 띤다고 할 수 있다. 따라서 본 연구는 M팀의 뮤지컬 공연 연행의 측면만을 주목하기 보다는 지역공동체와의 상호작용이 미치는 영향까지를 연구 범위로 삼고자 한다.

본 연구는 총 8차례에 걸친 현지조사를 바탕으로 하였다. 뮤지컬의 예술 형식적 측면, 또는 미적 차원에 대한 서술에 편중되지 않고 각 '경계 넘기' 시도들이 문화적으로 연관되는 지점들에 대해 알아보기 위해서 참여 관찰을 중심으로 진행하였다. 또한, 뮤지컬 공연에 얽힌 여러 주체들(연출, 배우, 관객, 일반인 참여자 등)이 '경계 넘기'에 대해 생각하는 지점들을 파악하기 위해 총 3차례에 걸친 인터뷰를 함께 진행하였다. 주요 관찰 지점은 뮤지컬버스킹의 특징을 띠는 임시정부 100주년 기념식 합창 공연과 창작극 'Pick and Pay'이며 이 두 공연을 준비하기 위한 워크샵과 리허설 단계에 대한 관찰도 진행되었다.

II. M팀의 '경계넘기' 실험

1. M팀의 목표: '이중적 교정행위' 통한 지역 사회에의 기여

M팀은 사회공헌이라는 목표를 이루기 위해 '이중적 교정행위(dual redressive action)'를 시도한다. 교정행위란 터너 빅터가 제시한 사회적 드라마의 네 가지 국면 중 세 번째 단계에 해당하는 것으로, 특정 사회적 사건이나 현상에 대한 식견을 표출하는 역할을 한다.[5] 그에 따르면 모든 사회극은 갈등상황에 기반을 두며 첫 번째 단계인 '위반'이 발생하고, 두 번째로 그 위반의 긴장성이 확장되는 '위기'를 낳는다. 이후 세 번째 '교정행위'라는 경계선의 상태에서 특정 기능을 수행하고자 하고, 마지막으로 '재통합' 혹은 '분열의 합법화'가 나타난다. 특히나 교정행위의 효과를 극대화하기 위해 사회극은 미적 활동과 결합한 '퍼포먼스'를 만들어내며, 이는 M팀이 퍼포먼스를 만드는 원인에 적용할 수 있다. 특히나 그들은 '뮤지컬의 대중화'와 '사회고발'이라는 두 가지 교정행위를 목적으로 가진다는 점에서 '이중적'이라고 하는 것이다.

먼저 '뮤지컬의 대중화'로의 교정 행위적 측면에서 M팀은 더 많은 대중과 접촉하기 위해 이태원 퀴논 광장, 건대 프리마켓, 성북구 어린이 복지재단 등 다양한 지역을 찾아간 바가 있다. 기존의 뮤지컬은 비싼 관람비용 때문에 접하기 힘든 공연예술로 인식되었고 '프로'배우들만의 전유물로 여겨졌다. 이에 대한 반향으로 M팀의

5. 셰퍼드 사이먼·믹 윌리스. 2014. 정우숙 역. 『드라마, 씨어터, 퍼포먼스』. 연극과 인간. pp.167-168.

대중화 추구는 뮤지컬에 대한 접근 장벽을 허물고, 인식을 개선하기 위한 것으로 말 그대로 '일반 대중'과의 지역적 소통을 이루려는 행위이다. 특히 M팀은 "일반인 참여를 비롯한 관객 맞춤형 콘텐츠 개발을 통해 그들에게 뮤지컬을 더욱 친숙하게 느껴지는 것을 목표로 한다"고 전했다.

다음으로 '사회고발'로의 교정행위는 M팀의 공연 주제에서 나타난다. 본 연구팀이 관찰한 중구 주관 임시정부 100주년 기념공연(이하 '임정 공연')이나, 창작뮤지컬 'Pick and Pay'는 사회적인 이슈를 주제로 다뤄 공연 경험을 통한 교정행위를 시도한다. '임정 공연'의 경우 참여 계기 자체를 "일상에서 잊어버린 역사와 민족에 대한 의식을 기리는 의미 있는 행사였기 때문"이라고 밝히면서 사회고발 목적을 밝혔다. 또한 'Pick and Pay' 역시 기업의 물질주의적 행태와 비도덕을 암시하는 내용을 통해 기존의 문제적 갈등 상황에 대한 재통합을 기대하는 교정행위의 의도를 드러낸다.

2. M팀이 새로이 시도하는 형식

a. 버스킹(Busking)과 메쉬업(Mash-up)

M팀이 새롭게 시도하는 형식 중 가장 특징적인 것은 뮤지컬 버스킹이다. 뮤지컬이라 함은 극장 안에서 행해지는 것을 기본으로 하는 데 반해서, 버스킹은 '거리'로 나가 불특정 다수의 관객을 대상으로 공연을 한다는 특징을 가진다. 본 연구의 사례에서는 임시정부 100주년 기념식 공연이 뮤지컬 버스킹에 가까우며 메쉬업을 활용한 공연이라고 할 수 있다. M팀은 서울의 곳곳을 돌아다니며 거리의 무대에서 마이크를 세워두고 뮤지컬 버스킹을 하는데 이때 거리의 무대는 기존의 극장 무대와는 달리 관객과의 거리가 매우 가까우며, 단의 구분이 없어 눈높이를 함께 할 수 있는 수평적인 공간으로 구성된다. 거리의 무대는 별다른 조명이 없어, 무대와 객석이 똑같이 밝기 때문에 무대로만 시선이 쏠리지 않으며, 따라서 공연을 '관람'한다는 느낌보다는 함께 공연에 '참여'한다는 느낌을 주며 관객과의 실시간 상호작용

을 하기에 적합하다. 관객들은 배우들의 질문에 대답을 하거나 먼저 나서서 말을 건네기도 하고, 배우와 약속한 동작을 함께 따라하기도 하면서 '참여의 경험'으로써의 뮤지컬을 함께 만들어 나간다. 이처럼 거리에서, 눈높이를 맞추고 관객도 쉽게 즐길 수 있는 뮤지컬 경험을 제공함으로써 '대중화'라는 목적을 달성하고자 하는 것이다.

한편 뮤지컬 버스킹은 협소한 무대 공간과, 짧은 공연시간 등의 요인 때문에 기존의 뮤지컬과 같이 하나의 플롯과 연기를 바탕으로 연행하기에는 무리가 있다. 따라서 M팀은 연속성이 떨어지는 버스킹 공연의 단점을 보완하면서도 뮤지컬 형식의 장점을 살리기 위해 플래시몹이나 주요 뮤지컬 넘버를 메들리하는 메쉬업을 주로 공연한다.

메쉬업이란 좁은 의미에서 전달력이 높은 대중적인 가요 여러 개를 이어붙여 부르는 것을 뜻하며, 넓은 의미에서 춤, 노래 등의 '장르'를 구분하지 않고 다양하게 섞는 공연형태이다. '임정 공연'은 중구의 주관으로 '다산 어린이 공원'이라는 야외에서 버스킹의 형태로 진행되었으며 플래시몹과 '너의 꿈속에서', '민중의 노래' 등과 같은 유명 뮤지컬의 넘버를 혼합한 메쉬업을 공연하였다. 동네 어르신들과 어린아이들이 공존하고 있는 주택가 근처 공원에서 공연이 열려 다양한 연령층이 찾아왔고 무대와 거의 수평적인 객석에서 공연을 관람하였다. 연령층의 분포가 뮤지컬 장르에 익숙하지 않는 관객들도 다수 있었지만 버스킹과 메쉬업이 가지는 혼종적 성격으로 인해 다들 뮤지컬을 쉽게 받아 들였고, 함께 즐기면서 행사의 의의와 메시지가 효과적으로 전달될 수 있었다.

b. 창작극과 일반인 참여

M팀은 기존 원작을 커버하는 다른 직장인 뮤지컬팀들과 달리 직접 시나리오를 짜고 연출한 창작극을 올린다. M팀은 특히나 이러한 창작극이 "모두가 초연 배우이므로 실질적인 경력이 될 수 있다는 점"에서 메리트가 있다고 언급한다. 뿐만 아니라 창작을 통해 M팀 스스로가 극의 주제를 이끌어 감으로써 '사회 고발'과 같

은 메시지를 전달할 수 있는 중요한 전달 장치가 된다. 본 연구 사례에서는 창작극 'Pick and Pay'가 이에 해당하는데 우선 M팀은 창작극 공연을 위해 일반인 배우 모집 오디션을 시작으로 한 달 프로젝트를 진행하였다. 이후 공연팀은 일반인 배우와 M팀 소속 배우를 섞은 두 개의 팀(pick팀과 pay팀)으로 나뉘어 각 팀별로 개별 연습을 진행한 후 공연진 전체가 모인 점검 자리에서 상호 관찰·피드백을 하는 과정을 거쳤다. 여기서 일반인을 배우로 섭외한다는 것 자체도 새로운 시도로 꼽히는데, 기존의 대학로 뮤지컬은 '프로'의 전유물인 반면 직장인 혹은 일반인 뮤지컬은 뮤지컬 참여 자체의 저변을 확대하는 시도이기 때문이다. M팀은 일반인 배우를 캐스팅하는 이유에 대해서 "일반인들의 뮤지컬에 관한 관심이 그저 흥미의 수준에서 그치는 것이 아니라 실질적인 체험을 제공해 주기 위함"이라고 전한다. 일반인 배우들에게 이러한 참여 경험은 뮤지컬에 대한 관심을 높여줄 뿐만 아니라 '소심한 성격을 바꾸어 줄 수 있는' 자아 실현의 경험이 되기도 한다.

c. 관객참여

'대중화'를 위해 사용되는 형식에는 공연 과정에서의 관객 참여가 있다. 앞서 언급했듯이 배우와 관객 사이의 벽이 뚜렷하여 '무대 위의 판타지'를 선사하는 기존의 뮤지컬에선 관객 참여가 드물다. 하지만 M팀의 경우, 적극적으로 관객 참여 장치를 활용함으로써 '보는 판타지'로서의 뮤지컬이 아니라 '함께' 즐길 수 뮤지컬을 만들고, 늘어지는 극의 긴장감을 유지하면서도, 극에 보다 몰입할 수 있게 만들어 전달하고자 하는 주제를 효과적으로 전달하고자 한다. 본 연구의 사례에서도 관객 참여는 다양하게 드러나는데 우선 '임정 공연'에서는 배우들이 무대 양편에서 갑자기 뛰쳐나와 관객들에게 태극기를 나누고 함께 흔들게 함으로써 관객과 배우 모두가 3.1운동의 현장에 직접 있는 듯한 느낌을 주는 '현장성'을 제공하였다. 한편, 창작극에서는 관객들에게 말을 걸거나, 특정 대사를 연기하게 시킴으로써 관객마저 무대의 주인공을 만들고 극의 분위기 자체를 환기하기도 하였고, 관객을 야생 동물로 가정하고 관객들에게 먹이를 실제로 주는 참여 형식을 통해서 객석까지도 하나의 놀이의 장이 될 수 있음을 암시한다. 이를 통해 관객들로 하여금 뮤지컬의 장벽을 낮추고 친숙함을 느끼게 하고자 하는 것이다.

3. '경계넘기' 실험의 실패: '새로운 형식'이 내포한 위험과 실수들

M팀은 '이중적인 교정행위'라는 목표를 위해 뮤지컬 버스킹과 메쉬업, 창작극과 일반인 참여, 관객참여라는 새로운 형식을 활용한다. 이러한 형식들은 기존 한계들에 의문을 제기하는 대안적 시도라는 점에서 긍정적인 효과를 낳기도 하지만, 아직은 완성된 방식이 아니라 시행착오의 단계라고 할 수 있다. 따라서 자칫 과도함으로 이어지거나 통제되지 못할 경우 오히려 부정적 효과를 가져올 수 있는 위험요소를 내포하고 있다. 본 장에서는 M팀이 사용하는 새로운 형식이 어떤 한계를 직면하고, 그것이 실제 공연에서 어떠한 실수로 이어져 결과적으로 '경계넘기' 실험에서 시행착오들이 발생하는지 밝히고자 한다.

1) 현장성

M팀 '뮤지컬 버스킹'은 '길거리'를 필수 요소로 하는 공연이기 때문에 현장성의 영향을 크게 받는다. 현장성은 오은영의 지적과도 같이 관객과 함께하며 '지금, 여기'의 경험을 공유한다는 것을 통해 관객과의 심리적 거리를 좁히는 효과를 자아낼 수 있다. 이러한 현장성이 버스킹만의 특장점이 되어 재치있게 활용될 경우, 관객의 몰입과 흥미 유발을 극대화하는 장치로 활용될 수 있다. 하지만 '지금, 여기'에서 관객과 함께하기 때문에 현장은 예상치 못한 돌발 변수가 발생할 가능성을 언제나 가지고 있다. 공연 현장이 순간적으로 통제를 벗어나게 되면 각종 실수와 예기치 못했던 일들이 유발될 수 있다.

2019년 4월 11일, M팀은 중구 다산어린이공원에서 '임정 공연'인 '그날을 기억하며'에 참여했다. 배우들의 몸 상태가 좋지 않은 상황 속에서도 여러 번의 연습을 거쳐 어린이 공원의 구조를 파악하고 공연 동선을 완성해 놓은 상태였다. 하지만 M

〈그림 1〉 다산어린이공원 입구

팀은 공연 전날 공연 주최 측으로부터 무대 변경사항에 대해 전해 듣게 되어 원래 준비했던 것과는 다르게 급히 수정해야 하는 위기에 처했다. 남성 공동대표는 "긴급히 공연의 동선을 수정하느라 고생이었다."고 아쉬움을 토로했다. 특히 객석 가운데에서 배우가 등장하면서 3.1운동의 급박함을 재현하는 연기를 펼칠 예정이었지만, 가운데에서 서예 퍼포먼스가 행해져서 통행이 불가하다는 사실을 공연 전날 전달받게 되어 무대 옆쪽 통로에서 등장하는 것으로 동선을 긴급히 수정하였다. 이에 더해 배우들이 무대 양쪽의 동선을 차지하게 되면서 코러스들의 동선과 겹치게 되었고, 이에 대한 신속한 대처가 불가능하여 실제 공연에서 동선이 다소 겹치고, 우왕좌왕하는 모습으로 실수가 드러났다. 버스킹 자체가 극장과 같이 미리 협의가 된 무대 공간이 아니라, 공연 당일의 관객 수와 배치 등으로 시시각각 변화하는 '현장'이었기에 미리 통제가 되지 않아 문제들이 야기된 것이다.

한편 이날에도 여느 버스킹 무대와 같이 배우 대기실이 내부에 독립적으로 있는 것이 아니라 외부 설치되어 있는 천막 부스 정도의 형태였다. 버스킹의 특성 상 공연 공간이 변화하기 때문에 대기실도 즉석에서 만들어져 열악하고 개방되어 있다고 M팀 대표는 말한다. 객석 뒤의 개방 공간에서 화려한 무대 의상을 입은 배우들은 당연히 관객의 눈에 띄기 마련이고, 관객들은 공연 시작 전부터 대기실 근처에서, 혹은 대기실 안으로 들어와 배우들에게 말을 걸었다. 배우들은 이런 일이 자

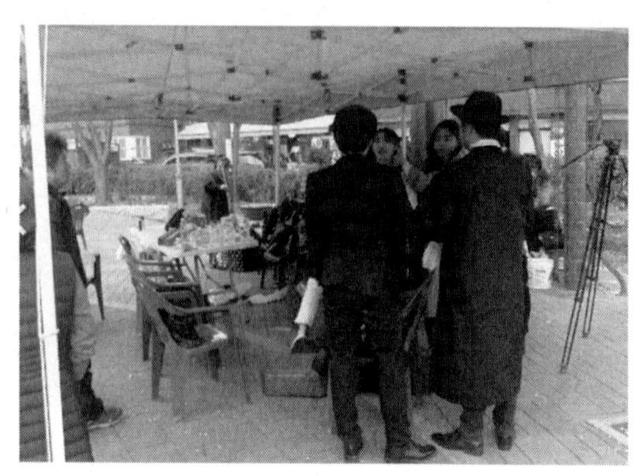

〈그림 2〉 대기실의 모습

수 있었던 것처럼 능숙하게 관객과의 대화를 이끌어갔다. 피를 뒤집어 쓴 유관순과 안중근의 복장을 보고 주제와 컨셉을 물어보는 관객이 있었고, 배우들은 유관순에 대한 공연임을 미리 알리고 관객에게 호응을 부탁하면서 관객들이 공연에 익숙해질 수 있는 기회를 제공하였다. 관객들끼리도 사전 정보를 공유하면서 공연에 대한 기대감을 드러내기도 하였다. 대기실이 관객석과 맞닿아 있다는 것 자체가 배우와 관객의 벽을 허물고, 관객(지역 주민)과 소통할 수 있다는 점에서 공연 몰입도에 긍정적으로 작용할 수 있다는 점을 시사한다. 하지만 오히려 공연 전 '웜업'을 하고 있는 배우들에게는 캐릭터에 몰입하는 것을 방해하고 여타 관리해야 할 사항들에 대해 주의를 기울일 수 없게 만드는 요인이 되기도 하였다. 실제로 M팀의 여성 대표는 본인의 분장과 캐릭터 몰입도 신경쓰고, 관객과 소통도 하고, 코러스들을 지휘하기도 하면서 정신이 없는 모습을 자주 보여 주었다.

이와 같은 버스킹 현장에서 마주하는 각종 변수들에 대해 M팀 배우들도 온전히 이를 통제하고 관리할 수 있는 여력과 시간이 없었기 때문에 예상치 못한 부분에서 실수가 발생하였다. M팀이 관객과 이야기를 나누고 동선을 긴급히 변경하면서, 음향 요소에 대한 체크가 제대로 이뤄지지 않았고 결국 실제 공연에서 마이크 사고가 발생했다. 뮤지컬 공연이며 메쉬업 장르를 중점적으로 채택하여 서사보다 음악이 중요시되는 상황에서 마이크 실수는 치명적이었다. 옥중 유관순이 등장하는 장면에서 음향 사고로 인해 유관순(여성 공동대표)의 마이크에서 소리가 나오지 않았다. 유관순 배우는 뛰쳐 나오며 노래를 했지만 이내 음향이 나오지 않는다는 것을 확인하고 관객들에게 들릴 수 있도록 발성을 크게 하여 노래를 불렀다. 하지만 객석이 야외여서 마이크가 없으면 음량이 전달되기에 좋지 않은 환경이었고 객석 맨앞에서 관람한 연구팀조차 음성을 제대로 듣지 못한 점을 고려하면, 많은 관객들이 배우의 노래를 듣지 못했다는 것을 알 수 있다. 유관순은 들리지 않는 노래를 보완하기 위해 손을 하늘로 뻗고 땅을 치는 등 온몸으로 과장해서 연기했다. 이후 김구 배우가 넘어져 노래하는 옥중의 갇힌 유관순을 일으켜 무대 위로 데리고 가는 장면이 있었다. 하지만 이 장면은 마이크가 안 나오는 상황 때문에 해당 행위가 마이크를 고쳐주러 다급하게 다가오는 것으로 보였고, 이는 관객에게 내용이 충분히 전달되지 못하고 관객이 극 중 몰입을 방해할 수 있었다. 공연 후 쿨다운 과정에서 여성 공동대표와 배우 들이 무대가 끝나자마자 음향 부스로 가서 항의를 했다. 이후 M팀에 의하면"유관순의 마이크가 작동되지 않은 것은 즉석에서 코러스의 마이크와 혼선이 일어나서 작동하지 않은 것이었다."고 한다. 리허설 과정을 거쳤음에도 즉석에서 예기치 못한 사고가 나서 공연이 제대로 완성되지 못한 것을 모두 아쉬워하였다. 특히 김구가 유관순을 도우러 가는 장면이 관객들에게 마이크를 고쳐주러 가는 것으로 보일 수도 있다는 것에 대해서 M팀 역시 의식하고 있었고, 이에 대해 아쉬움을 토로했다.

마이크가 나오지 않는 상황이었지만 즉석에서 기지를 발휘하여 몸짓으로 캐릭터의 상황을 절박하게 연기한 것은 현장에서 벌어지는 돌발 상황을 해당 배우가 즉흥적으로 적절히 활용한 것이다. 이처럼 배우의 대응력이 뒷받침되어 현장에서의 돌발 상황과의 즉흥적 조정이 이뤄질 경우 극은 짜여진 틀에서 벗어난 새로움을 얻게 된다. 변수의 개입 가능성이 적은 극장에서의 뮤지컬과는 달리, 버스킹 뮤지컬 공연은 현장과의 호흡을 맞춰가는 과정에서 관객에게 신선함을 제공하는 동시에 극에의 몰입을 더할 수 있는 것이다. 하지만 길거리라는 현장이 가지는 한계 또한 명확하다. 정해진 극장에서 사전에 합을 맞춘 음향팀과, 조명팀, 무대팀이 있다면 마이크 사고가 발생해도 빠르게 문제 상황을 해결하고 돌발 변수의 영향력을 억제할 수 있다. 하지만 M팀의 사례에서도 볼 수 있듯이, 현장에서 약속되지 않은 스태프들과의 완벽한 소통은 기대할 수 없기 때문에 무대에서의 사고도 즉석에서 통제가 불가능하다는 한계를 직면할 수 밖에 없다.

2) 통제권의 한계

M팀의 새로운 뮤지컬 형식들에는 두 가지 통제권의 한계가 드러난다. '뮤지컬 버스킹과 메쉬업'을 하기 위해선 특정 지역단체 혹은 예술 단체와 협업이 불가피한데 이들과 통제권이 분할되어 M팀이 공연에 대한 온전한 통제궈이 가지기 힘들어진다. '일반인 참여' 형식에서는 일반인 배우들을 섭외함으로써 배우에 대한 통제권이 약화된다. 일반인들이 가진 실력의 한계, 전문 배우와 비교했을 때 상대적 열정의 부족, 직장일로 인한 스케줄 조절의 어려움, 뮤지컬인이라면 기본적으로 알아야하는 사항들에의 무지와 같은 요인때문에 이들이 참여하는 공연 전 과정에 걸쳐 통제력이 약화된다.

'임정공연'에서는 공연 주최 기관에서 섭외한 실용음악전공 학생들이 코러스를 담당하여 M팀이 연출한 공연을 함께했다. 또한 주최기관에서 섭외한 배우 한 명이 주연 배우로 무대에 섰다. 문제는 M팀과 그들의 소통이 원활하지 않았다는 것이다. 식전 공연에서 하트비트라는 듀오 밴드가 나와 식전 공연의 특성상 무대 분위기를 달구고 주변 지역 주민들을 불러 모으기 위해서 신나고 대중적인 노래들을 불렀다. 코러스 배우들은 공연이 10분도 채 남지 않은 상황에서 큰 목소리로 노래를 따라 불렀고, 격동적으로 춤을 추기 시작하였다. 공연 직전에 목을 쓰고 에너지를 소비하는 것이 본인들의 공연을 진지하게 생각하지 않는 태도로 해석될 여지가 있는 행동이었다. 곧 M팀 여성 공동대표가 코러스들에게 찾아서 무대가 바로 시작할 것이라 공지했는데, 코러스들은 "정말요?"하고 화들짝 놀라며 본인의 무대 순서조차 인지하지 못하고 있었다. 공연 주최 기관에 의해서 섭외된 코러스들과 불가피하게 무대를 함께해야 하는 상황에서 M팀은 코러스들을 다그칠 수도 없고, 달

래기에도 시간이 부족한 상황에서 제대로 그들을 통제하지 못하는 모습을 보였다.

한편 코러스에 대한 통제권 약화는 공연 중에도 여실히 드러났다. M팀은 본래 코러스가 관객에게 태극기를 나눠주어 공연의 마지막에는 관객과 함께 태극기를 흔들며 관객 또한 공연에 참여하는 연출을 계획했다. 그러나 코러스 배우들은 준비가 되지 않아 태극기를 제대로 나눠주지 않고 앞좌석 소수의 관객에게 나눠주는 것에 그쳤다. 공연 준비 과정에서 M팀이 코러스에 대한 직접적이고 구체적인 동선 관리를 할 수 없었기 때문에 다소 산만한 무대연출이 있었으며 본인 공연에 대해 완전한 통제력이 없음을 인정했다.

코러스의 통제 문제를 차치하더라도, 해당 공연이 중구청의 주관으로 기획되어 지역단체와의 협업도 문제가 되었다. 상기한 마이크 실수나, 공연 동선의 문제도 공연 때마다 해당 지역과 소통을 해야하는 M팀 활동 특성상 지역단체의 의도와 계획에 공연의 많은 부분의 통제를 내어줘야했고 M팀 본인들도 지역과의 '힘 싸움' 문제는 언제나 발생할 수밖에 없다는 점을 지적하며 고정된 극장에서 하는 기존 뮤지컬과의 차이점을 인식하고 있었다.

한편 '일반인 참여' 형식에서는 일반인이라는 특성이 공연 통제력에 영향을 준다. 일반인의 가장 큰 문제는 기존 배우들에 비해 실력이 부족하다는 점이다. 연기뿐만 아니라, 노래와 무대 장악력과 같은 요소에서 기존 배우들에 비해 능숙하지 못한 모습을 보여 주었는데 이러한 실력 문제가 고스란히 무대에서의 실수로 연결되었다. 'Pick and Pay'에서 본 연구팀은 일반인 배우의 실력이 현저히 떨어지며 자잘한 실수를 다수 확인할 수 있었다. 공연 처음에 등장하는 '대표님' 역할을 맡은 배우가 흔들리는 음정과 어색한 연기를 보여 주어서 다수의 관객들이 당혹감을 감추지 못하였다. 암전이 되고 배우가 들어가면 해당 배우에 대해 귓속말로 실력의 문제를 지적하는 웅성거림이 잦았다. 공연을 하는 배우도 관객들의 표정과 반응을 의식하여 극이 진행될수록 점점 굳어가는 모습을 볼수 있었다. 애초에 배우 선발 과정 자체에 한계가 있었다는 M팀 대표의 지적도 있었다. 비록 일반인 배우 선발 오디션이 존재했지만 직장인 뮤지컬 자체의 관심도가 높지 않아, 지원자가 거의 없고 결국 실력이 뛰어난 사람을 뽑기 위한 장치로 제대로 작용하지 못한다는 것이다. 본래 M팀은 Pick and Pay 공연과 잘 맞고 실력 있는 일반인 배우를 선발하고자 하였으나 공연을 두 달 가량 앞둔 시간적인 한계 때문에 조급한 마음에 빠른 기간 내에 선발하기 위해 지원하는 사람이라면 모두 선발했다. 그렇기에 배우들의 실력을 보장할 수 있는 상황이 아니었다.

'Pick and Pay'에서는 관객과 소통하고자 하는 장치들이 많았다. 관객과 소통함으로써 무대와 관객 사이의 벽이 뚜렷했던 기존 뮤지컬과 다른 길을 택하는 M팀의 교정행위 목적이 잘 드러나는 대목이다. 하지만 일반인 배우들은 배우로서 능숙한 실력과 현장을 휘어잡는 지휘력, 상당한 순발력과 재치를 요구하는 관객 소통 부분을 제대로 수행하지 못했다. '대표님' 배우는 특정 관객을 지목해 '최근에 좋은 일이 무엇이었냐'라고 물었으나, 해당 관객은 지속해서 답변을 주저하면서 "좋은 일이 없었다."고 응답했다. 이에 '대표님'은 "그러면 내가 좋은 일 만들어줄게"라며 젤리를 주며 급히 대처하기는 했지만 당황한 기색이 역력하였고 제대로 연기를 이어나가지 못하였다. M팀의 말에 의하면, 일반인 배우에게 즉흥성을 요구하는 씬은 다양한 가능성에 대한 플랜을 만들어놓고 연습한다고 한다. 여러 가능성을 구상하여 연출로 관객참여의 대사를 맞춰 놓아서 일반인 배우가 관객의 반응에 맞게 극을 이어나갈 수 있도록 하기 위함이다. 그럼에도 불구하고 일반인 배우는 아직 관객을 능숙하게 통제할 수 있는 실력이 부족하여 관객 참여 유도 장면에서 큰 어려움을 겪었음을 인터뷰를 통해 확인할 수 있었다.

> "다행히 지인들이어서 반응해 주긴 했는데 직장인이었던 사람이 무대를 이끌어야 하니까 힘들었어요. 기존 직장인 뮤지컬은 그런 거 안 시키거든요. 어려우니까. M팀에서 직장인도 즉흥적인 연기를 할 기회를 주는 것 자체는 좋았지만 힘들긴 했어요. 예상되는 관객 반응에 따라 플랜 a, b, c를 만들어놓긴 했지만요. 당황스러운 건 어쩔 수 없었죠." 일반인 배우 A씨

오은영6이 지적한대로 관객 참여는 '탈구조적이면서 비선형적인 배치'를 따르기

때문에 능숙한 실력을 가지고 조심스럽게 다뤄지지 않는다면 언제든지 극의 흐름을 방해할 수 있다. M팀의 사례도 결국 일반인 배우들의 실력으로는 구조적이고 선형적 흐름은 따라갈 수 있지만, 관객 참여의 '탈구조적이고 비선형적인 배치' 상황에서 능수능란하게 극을 이끌어가지 못해서 극의 흐름이 끊긴 것이라 해석할 수 있다.

실력의 문제만이 아니더라도 일반인들은 직장인이 많아 야간 근무와 주말 근무 등, 근무 형태가 다양하여 연습스케줄 조차 제대로 맞추지 못하였다. 스케줄이 특히 안 맞았던 Pay팀의 경우 일주일에 한 번 모두 모일 시간을 마련하는 것조차 어려웠다고 한다. 'pick and pay'의 경우 다른 직장인 뮤지컬보다 연습기간이 더욱 짧았다고 하니 이는 실제 공연에서의 실수를 예고하는 것이었다. 실제로 공연에서 장면이 전환되기 위해 암전된 상황에서 무대 장치를 무대 뒤로 보내는 등 무대 변화가 필요했는데, 이때 대표님 역할이 무대 뒤로 가는 통로를 찾지 못하여 의자가 벽에 부딪히는 '쿵, 쿵' 소리가 무대에 울려 퍼졌다. '대표님'과 의자가 퇴장하지도 못한채 조명이 켜졌고 등장하지 않는 장면에서 '대표님'이 의자를 잡고 당황하며 서 있는 바람에 공연의 몰입이 깨졌다. 한편 배우 인원 부족으로 인해 남학생 1, 2와 여학생 1, 2는 학생 역할과 시위대 역할을 모두 담당해야 하는 1인 다역이었는데, 학생들이 나와야 하는 장면에서 시위대 복장을 하고 나오는 실수가 있었다. 상기한 실수 모두 공연 시작의 사전 준비나, 배우의 합, 동선의 문제와 같이 연습 과정에서의 계속된 시행착오를 통해 실수 요소를 확인하고 충분히 예방할 수 있었던 실수이다. 하지만 M팀 대표도 언급하였듯이 일반인들의 연습시간을 맞추는 것이 힘들어 연습 자체를 제대로 하지 못해서 막상 현장에서의 바쁜 스케줄에 당황하여 실수를 연발하게 되었다.

이외에도 M팀 측은 일반인 배우를 통제하기 힘든 이유로 '뮤지컬인이라면 기본적으로 알아야하는 사항들에의 무지'를 꼽는다. 소위 '뮤지컬을 하는 사람들' 사이

---

6. 오은영. 2010.

에서는 공연 전날 밤늦게까지 노래방에서 회식을 하며 목을 아끼지 않는다든가, 공연 연습을 위해 최대한 시간을 내지 않는 등의 행위가 몰상식한 것으로 여겨지지만 일반인들은 이러한 점을 모르거나 그만큼 진지하게 임하지 않을 수 있다는 것이다. 따라서 공연 전반을 통제하는 연출 입장에서는 '관습적으로' 통제되어오던 문제가 일반인들에게는 적용되지 않고, 그래서 시간을 들여 지적하지 못할 경우 공연 연습이 제대로 이뤄질 수 없다고 불만을 토로한다.

3) 부족한 자금력

대안적 시도는 주류 뮤지컬 시장에 편입되기 힘든 한계가 있고 이로 인한 금전적 문제는 M팀의 존속 자체를 흔들고 있다. M팀의 경우 공연을 위한 기본적인 자금 조달조차 원활하지가 않은 실정이다. M팀의 대표는 일반인 참여 창작극 'Pick and Pay'가 뮤지컬 대중화의 목적도 있었지만, 일반인 배우들이 돈을 내고 참여하기 때문에 이를 통해 자금을 확보하고자 하는 이중적인 목적이 있었다고 이야기했다.

> "직장인 뮤지컬의 경우에는 현직배우를 쓸 때와 다르게 회비를 내면서 진행해요. 직장인들은 그 기회가 흔하지 않기 때문에 그 회비를 아깝다고 생각하지 않고 공연에 올라가는 것에 의미를 두어요. 직장인들에게 기회를 줄 겸 적자도 해결할 겸 추억을 쌓고 싶은 일반인들을 섭외해서 한 거예요." M팀 대표

M팀은 일반인 참여 배우에게 각각 30만 원 상당의 참가비를 받아서 창작극 뮤지컬을 진행했다. M팀이 주로 활동하는 뮤지컬 버스킹의 수익은 회당 5~10만 원으로, "조금씩" 들어오는 방식이다. 이에 반해 창작극의 경우 한 번 올리면 티켓비로 수익을 낼 수 있을 뿐만 아니라 독특한 콘텐츠라는 이중적 메리트가 있다고 생각했다.

그러나 참가비 책정 과정부터 수익성과는 모순되었다. 여성 공동대표에 따르면 참가비 30만 원은 M팀 자체적 경험으로 산정된다. 이는 주로 연습실 비로 나가는데, 일반인 배우들이 내는 회비 30만 원은 연습실 비용만 처리하기에도 부족한 금

액이었다. 대관하는 데 약 100만 원의 비용이 들고, 다른 음향 장비 대여 문제들을 모두 고려해 보았을 때 애초에 참가비 책정 과정에서부터 수익을 창출하기에 턱없이 부족한 액수를 책정한 것이라는 분석이 가능하다.

M팀이 일반인 참여 창작극 공연을 통해 수익성을 낼 수 있을 것이라 기대했던 이유는 '티켓비' 부분이었다. 티켓비에서 큰 수익을 얻기 위해서는 홍보가 제대로 이루어져야 하고 예전 공연들의 경우 인터파크, 티몬 등의 사이트에 극을 올리고 홍보했지만, 이번에는 시간적, 금전적 한계로 홍보를 하지 못했다. 여기서 창작극과 일반인 배우 캐스팅의 딜레마가 드러난다. 보통 인터파크 등의 사이트를 통해 홍보물을 보고 대학로에 연극을 보러 오는 관객들은 유명한 뮤지컬을 보거나 프로의 실력을 기대하고 공연을 보러 온다. 하지만 M팀의 창작극은 유명하지도 않고, 일반인 배우들은 프로의 실력도 아니다. 결국 여느 직장인 뮤지컬과 마찬가지로 관객으로 동원되는 것은 배우들의 지인이다. 하지만 M팀과 일반인 배우 모두 연습 시간이 부족하여 공연의 완성도가 떨어져 "지인들에게도 보여 주기 민망해서 지인들을 많이 부를 수 없었"다고한다. 자금 충당을 위해서 일반인 배우를 캐스팅했지만, 이로 인해 지인 위주로만 관객이 구성되도록 되어버렸고 심지어, 일반인 배우들의 실력과 같은 문제들로 인해 지인들 조차 부르지 못하게 되는 아이러니한 상황에 처한 것이다. 심지어 공연의 완성도가 떨어져 홍보해봤자 공연 후기가 안 좋게 남길 것이고, 그러면 M팀 이미지에 더욱 해가 될 거라는 점을 걱정하며 인터파크와 같은 홍보 매체에 게재하지 못했다고 하며 아쉬움을 털어놓았다.

4. 도전의 역설: 공연 완성도와 관객 몰입도의 저해

앞 장에서는 현장성, 통제권의 한계, 그리고 자금의 부족을 구분하여 기술하였지만 실제로 이러한 요소들은 상호작용하며 실수를 유발하고 결과적으로 공연의 완성도와 관객의 몰입도를 저해한다. 여느 공연예술 작품은 그것을 '공연예술'이라고 부르는 데 절대적으로 필요한 '관객층'이라는 요소를 확보해야 한다는 점에서,

이러한 실수는 관객들이 극의 상황에 완전히 몰입하여 일시적 변환을 느끼는 데 걸림돌이 된다.

관객들이 공연예술 작품에 몰입감을 느껴야 하는 근본적인 이유는 공연예술은 본래 '놀이 틀'이 유지될 때 제 기능을 하기 때문이다. 놀이, 즉 'play'라는 단어는 15세기에 '퍼포밍 (performing)'과 동의어였을 만큼 공연예술과 밀접하게 연관되어 있다. 터너[7]에 의하면 놀이는 행동의 모방과 일상으로부터의 탈출을 가장 핵심적인 특성으로 가진다. 마찬가지로 퍼포먼스도 극 중의 역할과 시나리오를 활용하여 일상생활의 프레임을 재현(모방)할뿐만 아니라, 일상에서 거부당하는 허구적인 감정과 양상까지 연행(혹은 일탈)한다. 공연예술은 놀이 틀을 설정하고 그 틀을 깨지 않음으로써 작품성을 보여줌뿐만 아니라 배우와 관객 간의 상호작용을 이루는 목표를 가진다.

이러한 놀이 틀의 형성과 실현은 완성도와 몰입도가 확보 될 때 가능하다. 완성도와 몰입도는 독립변수가 아니며, 완성도를 높일수록 몰입도도 증가하는 관계라고 설명할 수 있다. 터너는 몰입의 상태를 '리미널리티(liminality)'[8]라고 제시하는데, 이는 경계성, 즉 '이도 저도 아닌' 모호한 상태를 뜻한다. 구체적으로 공연예술에서 리미널리티는 극이라는 가상에 '몰입'하면서 현실에서의 자아도 유지하는 모호한 '분리'를 뜻한다. 결국, 리미널리티는 공연에 참여하는 배우와 관객이 '변환'을 겪을 수 있는 필요조건이며, 변환은 곧 놀이 틀 성립의 성공으로 이어진다. 따라서 공연자들은 이를 지키기 위해 실감이 나는 연기, 다양한 무대적 장치, 그리고 세심하게 짜인 각본 등을 활용한다.

그러나 M팀의 공연은 창조적인 뮤지컬의 형식을 시도하면서 이러한 '놀이 틀'과 '리미널리티'를 깬다. 이를 보여 주는 대표적인 사례 중 하나는 극 중 학생들이 동산 위에 올라가 여행을 즐기는 한 장면이다. 해당 장면에서 학생들은 관객을 야생동물로 가정하고 직접 전투식량을 꺼내 동물에게 먹이를 주는 '가상'을 연출한

7. 터너 빅터. 2014. 김익두·이기우 역. 『제의에서 연극으로: 놀이의 인간적 진지성』. 민속원.
8. 터너 빅터. 2014.

다. 하지만 배우들은 이내 '동물(관객)'들에게 '이것 한 번 드셔보실 분?'이라고 존대를 하며 스스로 제공한 틀을 파괴한다. 그 순간 관객은 동물이면서 동물도 아닌 리미널리티의 단계에 돌입하지만 배우 스스로 이 몰입의 과정을 파괴한 것이다. 뿐만 아니라 앞선 장에서 제시한 여러 실수들은 가상과 현실 사이의 경계에 발을 걸치면서 몰입하고 있는 관객들의 경험에 불쑥 끼어들어 몰입을 방해하고 극의 완성도 자체를 저해한다. 구분해서 기술하기는 하였으나 실제로 현장성과 통제권의 한계, 자금의 부족과 같은 한계들은 서로 맞물려 복합적으로 작용하여 놀이틀을 파괴하고 극의 완성도와 관객의 몰입도를 저해하는 효과를 낳는 것이다. 이는 M팀에게 불가피한 딜레마이다. 새로운 시도는 언제나 구조화되어 있지 않고, 곳곳의 위험 요소들을 내포하고 있는데 이러한 시도들이 완벽히 관리되지 않는한 언제든지 공연 자체를 위협하는 칼끝이 될 수 있는 것이다.

여기서 문제는 결국 저해된 극의 완성도와 관객의 몰입도가 역으로 M팀의 복합적 교정행위 달성에 방해가 되는 역설적 상황이 펼쳐진다는 것이다. 목적을 위해 시도한 형식이 다시 방향을 바꾸어 본래의 목적을 위협하는 상황에 처하게 된 것이다. 우선 M팀이 목표하는 '뮤지컬의 대중화'는 앞서 살펴봤듯이 크게 두 가지로 나뉜다. 첫째는 관객을 대상으로, 뮤지컬과 관객의 거리를 좁혀 대중들이 뮤지컬을 가깝게 느끼게 하고 뮤지컬 장르 자체의 저변을 확대하는 것으로서의 대중화를 말한다. 이때 대중화의 핵심 요건은 역시나 해당 장르의 공연을 보고 난 후에 관객을 매료시키는 것에 있다. 대중적으로 많은 사람들이 뮤지컬을 즐기고, 뮤지컬 자체가 인기 장르가 되기 위해서 관객들이 뮤지컬 자체에 몰입하고 흥미를 느껴야 한다는 것은 자명하다. 하지만 M팀의 새로운 형식의 뮤지컬은 관객들에게 몰입감을 제공해 주지 못한다. 그들 스스로 '놀이의 틀'을 파괴하고, 관객들이 '일상에서 분리된 경험'의 세계로 들어가는 것을 방해했기 때문이다. 따라서 M팀 공연을 보고 나오는 관객들은 다들 고개를 갸우뚱하며, 몰입이 되지 않은 부분들에 대해 서로 조심스럽게 토로하면서 해당 공연이 만족스럽지 못했음을 에둘러 말한다. 버스킹이나 메쉬업과 같은 새로운 형식에 대해서는 관심을 가지지만 이내 공연의 완성도에 대해 실망감을 드러내곤 하는 것이다. 문제는 관객들은 M팀의 대안적 시도의 '의의'를 보러 오는 것이 아니라 하나의 완성된 공연을 경험하고자 온다는 것이다. 완벽히 통제되지 않고 여전히 완성되지 않은 공연은 관객의 흥미를 떨어뜨리고, 역으로 뮤지컬 장르에 대한 실망을 불러일으켜 대중화를 방해하는 악영향으로 이어질 수 있다. 특히 버스킹이나 메쉬업이라는 새로운 형식의 특성상, 기존의 극장에서 행해지던 뮤지컬과는 달리 화려한 춤이나, 무대, 의상이 없고 연기도 없는 경우가 많아서 관객들은 뮤지컬 버스킹을 뮤지컬로 여기지 않을 수 있다. 따라서 더욱 정제된 형식에 대한 고민과 완성도 있는 공연이 요구되는 단계에 M팀이 처해있다고 할 수 있다.

둘째는 일반 대중들을 뮤지컬에 배우로 참여시켜 '뮤지컬 하는 것'을 친숙하게 만드는 것으로서의 대중화를 말한다. 앞선 일반인 배우의 사례에서 볼 수 있듯이 실제로 M팀에서의 뮤지컬 경험은 배우 본인이 뮤지컬에 대한 친숙함을 제고하고, '뮤지컬의 세계'로 들어갈 수 있게끔 만들어준다. 뮤지컬에 참여한 일반인들을 뮤지컬 공연 준비와 연행의 전 과정을 거치면서 '뮤지컬 하는 것'을 경험하고, 그 경험을 통해 '영속적인 변환'을 이끌어낸다. M팀의 사례의 경우, 일반인 배우가 뮤지컬에 참여하는 경험을 통해서 과거의 소극적이었던 자신을 극복하고 남들 앞에서도 당당히 말할 수 있게 되는 변화를 겪었으며 결국에는 취업에도 성공했다고 말하였다. 뿐만 아니라 뮤지컬을 준비하는 과정 자체는 굉장히 힘든 경험이었지만, 그 과정만의 매력에 매료되어 앞으로도 뮤지컬 활동에 계속 참여할 것이라 말하며 뮤지컬에 대해 친숙해졌음을 드러냄으로써 '뮤지컬 하는 것'의 효과를 보여 준다. 하지만 일반인 배우들의 경험을 대중화의 성공과 연결짓기란 다소 무리가 있다. 우선 배우로 공연에 참여한다는 것은 더 이상 관객이 아니라는 것이다. '일반인 배우'라는 말을 사용하긴 하지만 그래도 그들은 배우이고 관객들에게 공연을 제공해야하는 역할이다. 물론 이들의 배우 경험이 확산되어 뮤지컬 전반에 대한 관심이 높아진다면 대중화로 연결될 수 있겠지만 아직까지 M팀에서의 경험은 개인의 '자아실현' 정도에 그치고 있다. 앞선 장에서 지적했던 것처럼 일반인 배우들은 부족한 실력이나, 금전적 한계, 연습 기간의 부족 등의 이유로 공연의 완성도가 떨어질 것을 예상하며, 따라서 지인들을 뮤지컬에 초대하길 꺼려한다. M팀 자체의 인지도가 낮아 관객의 대부분이 배우의 지인으로 충당되는 구조임에도 불구하고 역설적으로 공연의 완성도가 낮아 관객을 충당하지 못하게 되는 것이다. 그래서 일반인 배우의 경험은 관객을 통해 대중들로 확산되지 못하고, 그저 개인의 자아실현 정도에 머무르게 되는 것이다. 즉 역설적이게도 일반인 배우를 참여시키는 것이 오히려 대중화로 연결되는 것을 가로막게 되는 딜레마 상황에 빠지게 된다.

마지막으로, '사회적 문제에 대한 고발'이라는 목표의 달성도 아직은 시행착오의 단계에 머물러 있다. 'pick and pay'는 국민적인 참사와 관련된 주제를 다루면서 각종 선택의 순간에서의 개인과 사회의 책임감의 부재를 고발하고자 한다. 하지만 관객들은 공연의 주제 의식을 제대로 전달받지 못했다. 공연장을 나서는 관객들 일부는 공연이 무엇을 이야기하고 싶었는지 모르겠다며 아쉬움을 표했다. 극에 제대로 몰입을 할 수 없었기 때문이다. M팀이 공연에서 보여 주었던 각종 실수와 '리미널리티'의 파괴는 관객들이 극의 호흡과 흐름을 따라가면서 전체적인 주제에 몰입할 기회를 앗아간다. 공연이 끝난 후 관객들의 머릿속에 남은 것은 기억에 남는 실수나 배우의 연기력 혹은 웃기거나 깜짝 놀라는 단편적인 장면들에 그친다. 결국, 사회적 문제에 대한 고발보다는 그저 '웃긴' 공연, '재밌는' 공연으로만 남게 되는 것이다.

위의 도식에서 볼 수 있듯이, M팀의 목표와 형식 그리고 공연의 완성도와 관객

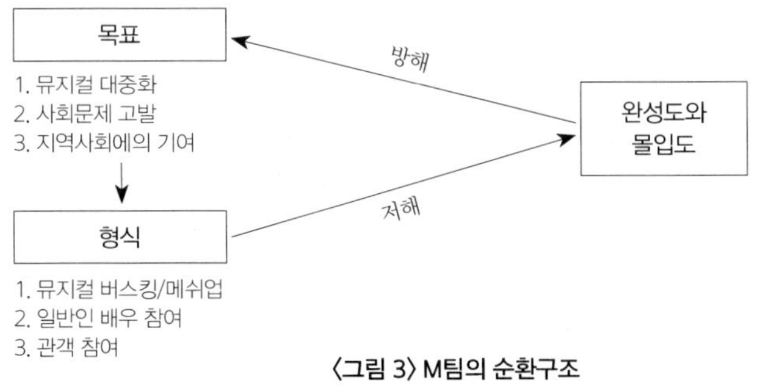

〈그림 3〉 M팀의 순환구조

의 몰입도라는 공연 자체의 평가 요소는 순환하면서 서로에게 영향을 주고 있다. 이중의 교정행위라는 목표를 이루기 위해 새로운 형식을 고안해낸 것이고, 그 새로운 형식이 가진 한계들이 관리되지 못하여 공연의 완성도와 몰입도가 저해되고, 이로 인해 결국 이중의 교정행위의 달성 자체가 방해되는 악순환이 반복될 수 있는 것이다. 이러한 순환이 반복되다보면 결국에는 본래의 목표와 대안적 시도에 대한 근본적 회의로 이어질 수 있다.

III. 결론

소셜 뮤지컬 팀 'M팀'은 '뮤지컬 대중화'와 '사회고발'이라는 이중적 교정행위를 통해 지역사회에 기여하는 것을 목표로 한다. 이를 위해 '버스킹/메쉬업', '창작극/일반인 참여', '관객참여'와 같은 새로운 뮤지컬 형식을 시도하고 있다. 본고는 M팀의 임시정부 100주년 기념 공연과 창작극 'pick and pay'의 연습과 본 공연의 사례를 통해 이들의 기존 뮤지컬의 경계를 넘나드는 시도가 어떤 결과를 낳게 되었는가를 분석하였다.

기존 뮤지컬의 조건과 달리, '소셜 뮤지컬팀'인 M팀은 버스킹, 메쉬업, 창작극, 그리고 일반인 배우와 관객참여 등의 형식을 채택하며 뮤지컬을 더욱 접근하기 쉽고 즐거운 경험으로 만들어주는 도전을 하고 있다. 따라서 그들은 소규모의 지역적 공동체를 찾아가 일반 대중과의 소통을 시도함으로써 뮤지컬의 대중화를 추구한다는 점에서 지역 참여적인 성격을 띤다. 나아가 그들이 가치 있게 여기는 메시지를 창작 작품에 담아 사회고발을 한다는 점에서 '이중적 교정행위'를 행하고 있는 것이다. 결과적으로 버스킹과 메쉬업은 대중적인 노래와 주제를 통해 관객들의 공감을 얻기가 더 쉽고, 창작극과 일반인 배우 참여는 일반인들이 뮤지컬을 단순히 감상하는 것에서 그치지 않고 자아실현의 '실질적인 체험'이 된다. 마지막으로 관객참여는 관객들을 능동적인 주체로 작품에 끌어들여 흥미를 유발하는 장치가 되기도 한다.

하지만 M팀이 이중적 교정행위를 위해 채택한 새로운 형식은 다양한 위험 요소를 내포하고 있고 공연 실수로 귀결될 수 있다는 한계가 있다. 뮤지컬 버스킹은 길거리에서 공연이 진행되어 예상치 못하는 현장 변수들이 발생할 수 있는 '현장성'이라는 특징이 두드러진다. 이러한 현장성은 마이크 실수, 갑작스러운 동선 변경이라는 부정적인 영향으로 이어질 수 있는 반면, 관객과 가까운 대기실 등 관객 친밀도가 높아질 수 있다는 긍정적인 측면도 있다. 이외에도 '통제성'에서도 한계가 있었다. '뮤지컬 버스킹과 메쉬업' 형식을 위해 특정 지역단체 및 예술단체와 협업할 수밖에 없다. 이는 코러스 등 협업단체와 관련된 집단에 대한 M팀의 통제력을 약화시켜 공연 흐름이 M팀의 구상과 다르게 흘러가는 등의 문제를 발생시킨다. '일반인 참여' 형식은 일반인의 실력적 문제, 열정 부족, 스케줄 조절의 어려움, 뮤지컬인의 기본적인 숙지 사항에의 무지 등 다양한 측면에서 통제할 수 없다. 이는 실제 공연에서의 잦은 실수로 이어져 공연 완성도를 떨어뜨리는 결과를 초래했다. M팀이 공연이 이루어지기 위한 기본적인 자금에서 어려움을 겪고 있다는 사실 역시 새로운 시도를 하는 것 자체에 대한 갈등을 빚는다. 시간적 한계, 금전적 한계는 열악한 연습환경, 연습량 부족, 나아가 공연 완성도 저해로 이어져 결국 더 심각한 적자를 겪게 하는 악순환을 일으킨다.

이러한 한계와 실수들이 반복되면 공연예술의 기본적인 역할인 '놀이 틀'과 '리미널리티'를 파괴해버리는 결과를 낳는다. 놀이 틀로서의 공연예술은 인간의 선택적인 재구성으로 그들의 욕구를 해소하는 매개가 되고, 이것은 관객들이 현실과는 분리된 어떤 일시적 변환을 느끼는 '리미널리티'가 지켜짐으로써 가능하다. 즉 놀이 틀과 리미널리티의 유지는 공연예술작품에서 필수적인 것인데 M팀의 사례는 놀이틀을 스스로 파괴해버리고 궁극적으로 작품의 완성도와 관객의 몰입도를 저해하게 된다. 그리고 결국에는 공연 자체의 평가가 부정적으로 이뤄지게 되어 본래의 목표마저 달성하지 못하게 되는 상황에 이르게 된다.

하지만 M팀은 이러한 과정 속에서도 본래 목표에 대한 회의를 겪지 않는다. 오히려 그들에게 좌절과 실패의 경험은 성공을 위한 시행착오의 단계이다. 이들이 직면하는 각종 한계 상황들은 대안적 시도에 따라나오는 필연적인 측면이라고 할 수 있다. 하지만 본 연구는 계속된 시도 속에서 M팀이 만들어나가는 극복 가능성에 주목하며 마무리하고자한다. M팀의 대표는 두 사례의 공연 피드백을 하며 실망스러웠던 점에 대해 감추지 않았지만 실패에 안주하지 않겠다는 태도로 일관하였다. 비록 새로운 형식들이 한계에 부딪혀 실패의 과정을 겪더라도 M팀에게는 더 완벽한 뮤지컬을 만들어 내기 위한 시행착오이다. '이중의 교정행위'라는 흔들리지 않는 목표를 중심으로, 그들은 계속해서 플래시몹, 클립 영상, 음원 출시 등을 새롭게 시도한다. 그리고 실수에서 터득하게 되는 노하우와 경험, 지식 등을 통해 보다 완벽한 시도를 위한 자양분을 쌓아가는 것이다. 기존 뮤지컬의 형식과 틀을 어디까지 유지할 것인지, 일반인의 참여는 어떤 정도까지 허용할 것인지, 즉흥의 영역을 통제하기 위해 어떤 구조와 방식의 참여가 이뤄져야하는지를 서서히 익혀갈 때, 한계에 직면하는 '순환 고리'에서 벗어나 새로운 길을 모색할 수 있는 가능성을 창출할 수 있는 것[9]이다. M팀의 도전은 아직 본 공연의 막을 올리지 않았다. 본 공연을 준비하는 '워크샵' 단계에 돌입한 것이다. 아직은 반구조적인 시도에 불과하지만, 시행착오 과정에서 M팀의 잠재적인 창의력이 점차 구조적 형태를 갖추어 나갈 때 비로소 '뮤지컬 버스킹'은 대중들 앞에 당당히 모습을 드러낼 것이다. 이를 통해 본 연구는 뮤지컬이라는 기존의 고급 예술 장르가 지역 참여와 대중화 시도를 통해 변화하는 과정에 주목하였고, 그 과정에 담긴 특징과 한계 그리고 가능성에 대해 탐구해 보았다. 그러나 본 연구 또한 뮤지컬이라는 장르에 국한되어 있으며, 대안적 시도가 진일보할 수 있는 탈출구에 대한 작은 실마리를 제공한 것에 그치고 있다. 따라서 문화공연예술에서 이뤄지는 실험 과정에 대한 지속적인 관심과 추가적인 연구가 필요할 것이다.

9. 손성규. 2018. " '트랜스'적인 드랙쇼: 관객 지향적 퍼포먼스의 유희성." 「비교문화연구」. 24(3): 55-92.

〈참고문헌〉

셰크너 리차드. 2004.『민족연극학: 연극과 인류학 사이』. 한국문화사.

셰퍼드 사이먼 · 월리스 믹. 2014. 정우숙 역.『드라마, 씨어터, 퍼포먼스』. 서울: 연극과 인간.

터너 빅터. 2005. 박근원 역.『의례의 과정』. 서울: 한국심리치료연구소.

터너 빅터. 2014. 김익두 · 이기우 역.『제의에서 연극으로: 놀이의 인간적 진지성』. 민속원.

김병국. 2008.『뮤지컬 관람객의 몰입(flow) 요인 분석』. 단국대학교 석사학위논문.

손성규. 2018. "'트랜스'적인 드랙쇼: 관객 지향적 퍼포먼스의 유희성." 비교문화연구 24(3): 55-92.

이수안. 2012. "유럽의 '한류'를 통해 본 문화혼종화: K-pop 열풍을 중심으로." 한독사회과학논총. 22(1): 117-146.

오은영. 2019.『관객 참여형 공연 유형 및 특성 연구』. 경희대학교 석사학위 논문.

우민경. 2010.『무용공연 대중화와 콘텐츠개발을 위한 제작자 사례분석』. 중앙대학교 석사학위논문.

[부록]

〈인터뷰 개요〉

인터뷰 대상자: M팀 공동대표 2명, M팀 소속배우 1명 참석자: 김민성, 유다형, 허예인 일시: 2019년 3월 29일 장소: 성신여대입구역 인근 카페
인터뷰 대상자: M팀 공동대표 1명 참석자: 김민성, 유다형, 허예인 일시: 2019년 5월 26일 장소: 성신여대입구역 인근 카페
인터뷰 대상자: 일반인 창작 뮤지컬의 일반인 배우 K 참석자: 김민성, 유다형, 허예인 일시: 2019년 5월 31일 장소: 낙성대입구역 인근 카페

봉천은 우리 마당, 우리 마을: 봉천놀이마당의 공동체적 활동과 공연연행을 중심으로

서울대학교 인류학과 김수정
서울대학교 조소과 손유진
서울대학교 인류학과 신원
서울대학교 경제학부 이병하

I. 서론

1. 연구주제

현대 사회에서 도시는 파편화된 개인들이 살아가고 있는 공간이다. 과거 농촌사회에서 사람들은 이웃과 친밀하고 일차적인 관계를 맺었고 이웃들로 이루어진 마을 공동체는 삶의 문제들을 함께 해결하는 중요한 집단이었다. 농사와 관련된 경제활동부터 출생과 죽음의 경조사까지 한 가정의 힘으로 해결하지 못하는 일이 발생할 때는 지역의 의례적 활동을 통하여 문제해결을 도모하기도 했다.[1] 그러나 현대 도시의 시민들은 자신이 태어나거나 거주하는 지역에서 모든 삶의 문제를 해결하지 않는다. 교통이 발달하여 거주하는 곳과 일하는 곳이 다르고, 개인이 삶을 영위할 수 있는 공간의 범위는 예전과 비교할 수 없을 만큼 넓어지고 있다. 이런 도시 속에서 이웃은 '나'의 삶의 문제를 함께 해결할 수 있는 존재가 될 수 없다. 그렇게 개인들은 모두 지역으로부터 분리되고 파편화되어 사람들과 일시적이고 형식적

1. 김주희. 1992. 『품앗이와 정의 인간관계』. 집문당.

인 관계를 맺는 데에 점차 익숙해지고 있다.

하지만 이런 현대도시에서도 '마을 공동체', '도시공동체', '마을 만들기' 등 다양한 이름을 붙이며 공동체를 회복하기 위한 움직임들이 존재한다. 한국에서는 60년대 이후 폭발적인 양적 성장을 목표로 하여 급격하게 진행된 도시개발계획이 문제를 일으키게 되면서 그에 대한 대안으로, 지역특성 및 주민참여에 기반을 둔 '마을 만들기'[2]에 관심을 갖게 되었다. '마을 만들기'는 일본의 마치즈쿠리(まちづくり)의 번역어로 90년대 국내에 소개되면서 널리 사용되었다. 90년대에는 '차 없는 거리' 조성이나 꽃길, 골목 가꾸기, 담장 허물기, '시화문화마을 만들기' 등 시민사회 단체를 중심으로 마을 만들기가 진행되었다. 그러던 것이 2000년대 지방자치가 본격화되면서, 2003년 진안군에서 마을 만들기 조례가 제정된 이후 마을 만들기가 중앙정부는 물론 지방자치단체가 나서서 추진하는 '사업'으로 확장된 것이다. 서울시의 경우, 2012년 뉴타운 사업의 하나로 마을 만들기를 제시하면서 그 관심이 급증하게 됐다. 그 외에도 여타 정부기관 및 지자체들이 법적, 제도적 체계를 갖추고 마을 만들기 사업을 적극적으로 추진하고 있는 상황이다.[3]

이처럼 도시재생 프로젝트의 일환으로의 마을 만들기는 지역의 물리적 변화에만 집중했던 기존 도시계획들이 정작 그 공간을 사용하는 사람들을 고려하지 못해 발생했던 문제들을 해결하려는 문제의식 위에 놓여있다. 즉, 마을 만들기는 물리적 환경변화를 넘어 '마을'에서의 삶의 변화이고 사람의 변화를 만드는 운동이 되고자 하는 것이다.[4] 나아가, 프로젝트는 점차 지역 거주민을 넘어서, 유동하며 그 공간을 사용하는 각종의 사람들을 하나의 공동체로 모으려는 것으로 확장되고 있다. 그에 따라, 더 많은 사람들에게 공동의 경험을 제공하고자 지역의 상징물을 이

---

2. '마을 만들기'란 용어 등장 이전에도 지역주민운동, 지역사회운동 등의 명칭으로 다양한 활동이 있었다.
3. 남원석. 이성룡. 2012. "마을만들기, 성공의 조건." 『이슈&진단』. 제47호. pp.1-25; 남성진. 2007. "길놀이의 제의적 특성과 전통."『실천민속학연구』. 제10집. pp. 85-112; 이경욱. 2018. "마을만들기를 위한 내러티브접근 연구: 칠곡인문학마을 사례를 중심으로." 『한국지역사회복지학』. 제66집. pp.1-26; 이정민·이만형. 2017. "대안적 공동체론과 관련 조례의 공동체 개념화." 『서울도시연구』. 제18집 2호.
4. 이경욱. 2018. "마을만들기를 위한 내러티브접근 연구: 칠곡인문학마을 사례를 중심으로." 『한국지역사회복지학』. 제66집. p.2.

용한 축제와 같은 이벤트들이 자주 활용되고 있다.[5] 이처럼 오늘날의 마을 만들기는 변화된 도시의 지역적 특징들을 인정하고 그를 적극적으로 반영하고 있다. 하지만 관 주도 하의 마을 만들기는 일정한 한계가 있으며, 정부 지원 사업으로는 마을 공동체를 형성하기가 쉽지 않다는 분석[6]이 존재한다. 마을 공동체의 지속성은 결국 정부 지원 사업 이전에 형성된 마을 공동체의 역량을 기반으로 하기에, 주민들의 자발적 지역 참여 양상에 주목할 필요가 있다는 것이다. 결국 마을 만들기의 성공은 주민의 공동체 의식과 참여도에 따라 좌지우지된다.

이와 같은 사회문화적 배경 하에, 본 논문은 봉천 지역에 기반을 둔 '봉천놀이마당'이라는 전통공연 동호회가 잃어버린 마을 공동체성 회복의 실마리를 제공하고 있음을 제시하고자 한다. 이때 봉천놀이마당이 지역적 공동체성을 그려내는 방법은 봉천놀이마당이 연행하는 공연 과정에서 찾아낼 수 있다. 그 과정을 두 부분으로 나누어 짚어볼 수 있는데 첫째는 봉천놀이마당 내에서의 공동체적 활동과 그 성격이다. 두 번째는 그들이 외부에서 공연예술을 연행하며 지역과 관계 맺는 방식이다. 본 논문은 봉천놀이마당의 공동체적 활동과 전통예술복원이 어떤 관계를 맺고 있는지 그리고 그들이 연행하는 공연예술과 과거 마을 공동체에서 행해지는 의례와의 관계를 짚어내며 결국 봉천놀이마당이 어떻게 마을 공동체성을 회복하는 데 기여하는지 살펴본다. 이때의 마을 공동체가 현대 도시의 변화된 모습을 어떻게 반영하고 있는지 역시 탐구할 지점이다.

2. 이론적 배경

김재석은 산대놀이와 다리밟기를 보존하는 송파민속보존회에 대한 연구를 통해 전통공연을 연행하는 집단이 경험하는 사회적 맥락과 '전통놀이'라는 장르가 현

5. 황익주. 2012. "도시 이벤트를 활용한 도시 지역 공동체 형성의 과제: 4개 도시 사례의 비교연구." 『정신문화연구』. 제35집 2호. pp.102-104.
6. 구경하. 2016. 『정부 주도 마을 만들기 활동의 지속성』. 서울대학교 석사학위논문.

대에서 가지는 독특한 위치에 따른 연행 집단의 특성 및 성격에 대해 논의하였다. "민속은 구체적 사회적 상호작용의 결과이자 특별한 동기와 목적을 지닌 행위자들의 전략이 이루어지는 복합적 필드이며, 따라서 전통 연행을 특정 방향으로의 해석한 결과인 '정본'이 존재한다면 현실에서는 그와 상이한 형태의 다양한 해석과 의미인 '이본'이 존재한다.[7] 즉 전통보존이라는 차원에서 설정된 '교과서적인 표준'은 실제로 이를 현실에서 연행하고 보존하는 행위자들에 의해, 그리고 '마당'이라는 상황 및 장르의 특수성에 의해 다양한 변이가 일어날 가능성을 내포하고 있다는 것이다.

셰크너도 마찬가지로 공연예술의 퍼포먼스는 그 자체로 새롭게 '복원된' 것들이며 이는 원본이 되는 텍스트, 상황, 기억 등을 공연의 세계 속으로 이끌어가는 과정에서 주변 맥락과의 상호작용과 함께 행위자들의 동기, 의도, 재해석으로 새롭게 구성되는 것으로 보았다.[8] 즉 공연예술은 행위자들에 의해 실천되는 매 순간 새롭게 탄생하는 즉흥성과 현장성의 특성을 가진다. 그리고 이러한 특성이 함의하는 것은 바로 행위자의 자율성이다. 무대에 올라가는 공연은 그 준비과정에서부터 공연 참가자들의 자유로운 행위에 의해 다양하게 변용되며 공연자들이 어떻게 상호작용하고 해석하느냐에 따라 실제 무대의 색깔은 매번 달라진다. 봉천놀이마당은 내부적으로 '전통보존'의 기능이 중요하지 않지만 외부와 접촉할 때 '전통보존'의 이름을 적극 활용하기도 한다. 즉, 이 공동체가 추구하는 가치는 공연 현장에서 마치 '가면'[9]처럼 위에 덧씌워질 수 있다. 그들이 낙성대공원에서 정기공연을 연행할 때 그날의 진행자가 봉천놀이마당의 공연을 과거의 유산처럼 해설하는 해설자가 되기도 하며 동시에 봉천놀이마당을 "스트레스를 풀 수 있는 동호회"로 홍보하는

7. 김재석. 1999. 『현대 한국사회에서의 전통문화의 존재 양식- 탈춤과 마당극을 중심으로』. 서울대학교 석사학위논문. p.13.

8. 셰크너 리차드. 2004(1985). 김익두 역. 『민족연극학』. 한국문화사. pp.59-61.

9. '가면'에 대해서는 고프만(2016(1959):33)이 사람(person)의 어원인 페르소나(persona)에 대해 언급하며 "사람은 저마다 언제 어디서나 다소 의식적으로 역할을 연기한다는 인식을 가리킨다. (중략) 우리는 역할을 통해 서로를 안다. 우리 스스로를 아는 것도 역할을 통해서다"라고 했다. 이 인용구에서부터 봉천놀이마당은 어떤 역할을 연기하고 있는지, 어떤 가면들을 어떤 상황에서 선택적으로 활용하는지에 대해 생각해 보았다.

홍보대사가 되기도 하는 것처럼 말이다. 그렇다면 봉천놀이마당이 복원해내는 그들만의 무대란 무엇인가?

여기에서 연구자들이 중점적으로 살펴본 것은 봉천놀이마당의 회원들에게 '지역사회'라는 무대 경험이 중요한 전환점이 된다는 것이다. 어빙 고프만은 우리가 '사회'라는 무대에서 항상 '역할'을 연기하고 이에 대한 외부평가를 요구하며 얻어내는 과정의 반복을 통해 그 '역할의 성격'을 내면화한다고 했다.[10] 본 연구에서는 고프만의 이론을 바탕으로 지역사회에서 봉천놀이마당이 연기하는 역할이 그들 스스로에게 내면화되는 과정을 해석하고자 시도한다. 나아가 봉천놀이마당이라는 공연예술 공동체가 '마을을 연기'하며 지역성을 획득하고 있는 독특한 현상을 분석하고 '마을'이라는 개념의 함의를 넓혀보고자 한다. 전통적으로 공동체는 마을을 기반을 두고 형성되었지만, 현대사회에서 마을을 대체하는 '근린'이 일상생활의 주요 무대로 기능한다.[11] 전통적으로는 '물리적 근접'이 친밀한 관계를 형성하는 전제 조건이었지만 현대사회에서는 교통과 통신 수단의 발달로 인해 원하는 사람과 다양한 매개를 활용해 관계를 맺게 되면서 전통과 다른 다양한 변이를 생산하고 있으며, 대안적 공동체론에 대한 논의를 활성화 한다.[12]

3. 연구대상과 연구방법

봉천놀이마당은 '지역의 신명을 되살린다'는 모토를 가지고 풍물과 탈춤을 좋아하는 각계각층의 다양한 지역 출신의 사람들이 모여 운영되는 봉천 지역의 아마추어 동호회이다.[13] 구성원 중에는 봉천놀이마당 창립 초기부터 활동한 회원도 있고

---

10. 어빙 고프만. 2016(1959). 진수미 역. 『자아 연출의 사회학: 일상이라는 무대에서 우리는 어떻게 연기하는가』. 현암사.
11. 이정민·이만형. 2017. "대안적 공동체론과 관련 조례의 공동체 개념화." 『서울도시연구』. 제18집 2호. p.178.
12. 이정민·이만형. 2017. p.189.
13. 자세한 봉천놀이마당의 신조는 봉천놀이마당의 공식 홈페이지에서 볼 수 있다. (홈페이지 주소: http://www.norimadang.or.kr).

각 풍물에 입문한 신입회원도 있으며 나이 또한 20대 후반의 대학원생부터 60대의 노인들까지 다양하다. 봉천놀이마당의 기원은 대학 운동권 사회에 존재하던 풍물패와 연관이 있는 것으로 보인다. 한 회원의 증언에 따르면, 80년대 후반에서 90년대 초반까지 존재하던 대학 풍물패에서 활동하던 사람들이 졸업과 동시에 '사회패'를 형성하였는데, 대부분이 풍물에 대한 관심의 부족과 자기계발에 대한 인식의 저조로 망하는 와중에 봉천놀이마당은 사라지지 않고 남아 오늘날까지 그 모습을 유지하고 있다고 한다. 즉 봉천놀이마당의 기원은 대학 풍물 문화의 사회패인 것이다. 실제로 회원 중 일부는 대학 시절에 운동권에서 활동하며 풍물을 처음 접한 이들이었다. 연습 장소는 서울대입구역에서 낙성대역으로 가는 길목에 위치[14]한 지하방이며 각종 공연도구와 소품을 함께 보관하는 창고의 역할을 겸하고 있다. 봉천놀이마당은 매년 봄과 가을에 낙성대 공원에서 정기공연을 한다. 하지만 정기공연 외에 소모임 발표 공연도 행해지고 있고 민속 박물관이나 지역 축제에서도 공연을 하는 등 공연의 횟수나 주기가 고정되어 있지 않다.

봉천놀이마당은 '굿패'와 '춤패'로 나누어진다. 굿패는 진안중평굿을 중심으로 활동을 하며 웃다리 사물놀이 모임, 밀양 오북놀이 모임 등 다양한 소모임을 운영하고 있지만 각종 공연에서 가장 중심이 되는 공연은 진안중평굿이다. 춤패는 경남 고성 지방에 내려오던 가면극인 고성오광대를 중심으로 활동을 하고 있다. 이 두 패거리는 장르와 공연 내용이 다름에도 불구하고 항상 협업을 통해 서로를 상호보완하고 있으며, 회원들 또한 한 패거리에만 충성하지 않고 양 패거리를 자유롭게 이동하며 소속을 가리지 않고 두루 친하게 지낸다. 다만 굿패가 좀 더 사람이 많고 분위기가 자유로운 반면, 춤패는 소수의 사람끼리 소규모로 친해지는 분위기가 형성되어 있다.

본 연구는 4명의 연구자들이 함께 참여관찰을 하고 토론을 통해 획득한 내용을 토대로 작성하였다. 연구자들은 매주 금요일마다 있는 춤패의 연습(3/22, 3/29,

14. 자세한 위치는 부록에 지도 참고.

4/19, 5/17, 5/24)과 수요일에 있는 굿패의 연습(4/3, 4/17) 외 기타 연습(4/16 굿패), 운영위원회 회의(4/1) 그리고 두 차례의 정기공연(4/27, 6/1)을 참관하며 현지조사를 시행하였다. 각 연습마다 연구자들은 각자 관찰한 내용을 즉석에서 메모하고 그를 토대로 참여관찰보고서를 작성하였다. 개별로 작성한 참여관찰보고서와 함께 4명의 연구자들은 서로 다르게 관찰한 내용을 공유하기 위해 참여관찰 이후에 토론을 나누고 조별 참여관찰보고서도 작성했다. 연습 과정과 회원들 간 대화 내용을 관찰하며 비공식적 인터뷰를 진행하고 실제 연습에 참여해 본 내용이 보고서 작성에 다양하게 활용되었다. 또한 뒷풀이와 공연 준비과정을 도우며 심도 있는 현지조사를 시행하였다. 그 결과 봉천놀이마당의 분위기, 집단 문화, 언어, 계층, 사회관계 등을 심층적으로 관찰할 수 있었으며 회원들과의 직접적인 교류를 통해 보다 사실감 있는 연구결과를 구성하였다.

II. 마당놀이를 통한 '마당'의 창출

1. 마당놀이의 경험과 재경험: 재구성되는 '공동체성'

현재 봉천놀이마당은 다양한 사회적, 경제적 위치에 있는 사람들이 '마당놀이'라는 하나의 공연예술 장르를 취미로 하기 위해 모인 단체이다. 개인적 흥미, 마당놀이에 대한 향수, 노년의 여가시간을 보내기 위한 등의 이유로 약 5~60명 정도의 사람들이 이 단체에 모였다. 각기 다른 이유로 모였지만 '마당놀이'라는 공연예술이 이들에게 공통점으로 작용한다. 그러나 단순히 '마당놀이'를 연행하기 위해서라면 회원들은 다른 전통공연예술단체, 혹은 문화센터의 수업을 들을 수도 있다. 실제로 일부 회원들은 타 단체에서 마당놀이를 경험한 경우들이 있었다. 그럼에도 이들이 봉천동의 '봉천놀이마당'에 모이게 된 것은 봉천놀이마당만이 가지는 특수한 단체 성격 때문이다. 각기 다른 목적을 가진 개인들이 봉천놀이마당의 회원이 되는 과정에서 이러한 '합의된 단체의 성격'이 작동한다. 단체의 성격은 단체의 규칙이나 활동 연혁, 슬로건 등을 통해서도 규명해 볼 수 있지만, 이 보고서에서는 회원들이 실제로 이러한 단체의 성격을 학습해가는 과정을 중점적으로 보고 있다. 따라서 공연예술 인류학의 틀에서 이 공동체의 공연예술과정에 초점을 맞춰 그 성격을 살펴볼 것이다. 이 과정을 '공동체적 과정'이라고 하고 II장에서는 봉천놀이마당 내부에서 마당놀이라는 공연예술이 어떤 공동체적 과정을 형성하는지 분석해 보고자 한다.

우선, 공연예술이 형성하는 공동체적 과정을 살펴보기에 앞서 연구자들은 이 단체가 어떤 회원들로 구성되었는지 분류해 보며 이들에게 세대 간의 공통점이 '유대감'으로 작용한다는 것을 발견했다. 참여 관찰 시기에 주로 활동하고 있던 회원들은 1980년대 대학교에서 학생운동을 경험한 50~60대 세대와 그 뒤로도 부흥하던 풍물패 동아리의 경험이 1990년대~ 2000년대에 있는 3,40대 그리고 이제 갓 30대에 진입하는 세대로 분류해 볼 수 있었다. 회원들 개개인의 풍물 혹은 탈춤 경험은 현재 풍물 혹은 탈춤을 다시 배우고자 하는 행위의 밑바탕이 되었다.

김재석에 따르면 마당놀이패는 공유된 기억을 바탕으로 친밀한 공동체를 형성할 수 있으며 여러 사회적 맥락과 주변 환경과의 상호작용 속에서 역동적으로 재구성된다. 즉, 세대별로 다른 맥락을 가진 '마당놀이'의 기억이 공연예술연행과정을 통해 회원들에게 '재구성된 공동체성'을 경험하게 한다. 이러한 과정은 셰크너가 얘기한 '나의 특별한 자아'를 투사한 복원행위와 맞닿아있다.[15] 회원들은 현재 풍물이나 탈춤을 연행하면서 과거에 마당놀이를 경험한 젊은 시절의 자신을 투사한다. 한 사석에서의 대화에서 회원A는 봉천놀이마당의 1990년대를 떠올리며 이렇게 얘기했다.

"그때는 놀 것도 없고 연락 수단도 마땅치 않아서 자주 심심했었다. 그래서 심심하면 혼자 마당에 갔다. 크리스마스 날에는 연락하지도 않았는데 약속이라도 한 것

15. 셰크너. 2004(1985). p.64.

처럼 사람들이 모두 모여서 이불을 덮고 놀고 있었다. 옛날에는 봉천놀이마당이 '마당'이 아니라 '놀이방'이었다. 이름도 '봉천놀이방'이어서 오해를 사기도 했다." 회원 A(19.05.07 신포차에서)[16]

회원 A는 현재 봉천놀이마당에서 활동하지는 않지만 모든 공연에 매번 참석할 정도로 애착이 있다. 중학생 시절 봉천동에 살며 봉천놀이마당을 자연스럽게 접해 풍물을 배웠던 그는 예술단에서 전문가로서 활동까지 했다. 그만큼 그의 인생은 봉천놀이마당과 깊은 인연이 있어 회원 A는 연구자들에게 과거의 봉천놀이마당에 관한 이야기를 자주 해 주었다. 그러나 회원 A 또한 현재의 봉천놀이마당의 공연과 구성원들을 과거와 비교 하면서 그리워한다. 회원 A는 과거의 자신이 놀러 오던 기억을 가지고 현재도 봉천놀이마당에 놀러 오지만, 과거에 놀러 오던 '봉천놀이방'과는 다른 '봉천놀이마당'이 된 것이다. 회원 A와 마찬가지로 다른 기억을 가진 회원들에게도 봉천놀이마당에서 행하는 마당놀이는 과거의 마당놀이 경험과 다르다. 복원행위를 행하는 주체에게 원본의 맥락은 떨어져 나와 재맥락화되는 것처럼 현재 회원들이 경험하는 봉천놀이마당의 '공동체성'은 현재의 맥락에서 재구성되었다. 오늘날의 봉천놀이마당에 회원들이 모이게 된 데에는 과거의 기억이 작용했고 그러한 흔적을 연습과정에서 찾아볼 수 있었다. 그러나 현재 봉천놀이마당의 모습을 만들어내고 있는 것은 회원들이 오늘날에 맞게 재구성한 공연예술과정이다. 회원들은 과거의 기억을 가지고 공연예술과정에 참여했고 공연예술을 복원하지만 동시에 현시대의 상황에 맞게 변화한다. 따라서 각자의 기억을 가진 개인들이 점차 회원이 되어가며 공동체성을 경험하는 과정은 이들의 공연예술과정 자체에서 확인해 볼 수 있다.

16. 인터뷰 장소와 시간, 인터뷰 참석자에 대한 자세한 정보는 부록 참고.

2. 마당놀이의 유희성

1) 연습 과정에서의 '놀이'

봉천놀이마당은 취미 동호회이면서도 지난 10년간 국립민속박물관에서 공연하던 아마추어 공연예술단체이기도 하다. 그리고 전통공연예술에 깊이 빠진 회원 일부가 전문예술단에 진출하기도 한다. '전통계승'의 취지를 어떤 공연을 하냐에 따라 가변적으로 활용하는 모습을 가진 이 단체는 공연예술 분야의 측면에서도 아마추어성과 전문성 사이의 특수한 위치에 있다. 즉, 아마추어와 전문가적 면모를 모두 갖추고 있는 이 단체는 선택적으로 그 성격을 드러낸다. 봉천놀이마당의 신입 발표회의 수료식에서 특히 이러한 점을 확인할 수 있었다.

수료증에서 회원들은 '전통계승'과 '지역의 신명을 되살린다'는 두 가지의 취지를 수행하는 이들로 명명된다. 이러한 두 가지의 취지는 그 이중적 성격의 실천을 의미한다. 그 사이에서 줄다리기를 타는 봉천놀이마당의 특별한 지위는 단체 구성원들의 이중적 역할[17] 구조와 그로 인해 발생하는 연습의 '놀이' 과정에서 관찰할 수 있었다. 일반적인 전통계승과 취미모임들의 구조적 특징은 상황에 따라 수직적이거나 수평적인 관계가 뚜렷하게 구분된다. 공인된 '전통계승'의 역할을 하는 전수원의 경우에는 전문가의 지위를 기준으로 전수자와 이수자의 수직적 구도가 성립된다. 전국에 다양하게 존재하고 있는 풍물패, 탈춤패 동호회들도 일반적으로 교육자의 지위를 특정 인물들이 가지고 있다.

그러나 봉천놀이마당에서는 정회원들 간의 연습 과정에 수직적인 구조가 존재하지 않는다. 이들은 정회원이 된 이후에는 정해진 교육자 없이 개별 정회원들의 전수 경험[18]과 기억에 의존하여 춤과 장단을 복원하고 숙련해간다. 즉, 회원들은

---

17. 셰크너 리차드의 '이중화'에 대해 셰크너. 2004(1985). p.7. 참고.

18. 봉천놀이마당은 개별적으로 원하는 회원에 한해서 연중 여름과 겨울에 1박2일의 일정으로 전수소에 전수를 받으러 간다. 춤패의 경우에는 경남 고성의 고성오광대보존회가 운영하는 전수소를 방문하고, 굿패의 경우에는 전북 진안의 진안전수관을 방문한다.

각자 필요한 때에 교육자가 되어서 자신의 춤사위와 다른 회원의 춤사위를 비교하며 상대를 지적하기도 하고 학습자가 되어 다른 회원의 의견을 수용하고 춤을 배우기도 한다. 연습 과정이 공연의 복원과 숙련을 동시에 이행하지만 그 역할이 구분되어 있지 않아서 회원들의 역할이 이중적으로 이루어지는 것이다. 여기에서 이중적 역할을 수행하는 과정을 '놀이'라고 보았다. 다음은 춤패의 정기공연 연습 과정 관찰 보고서의 일부이다. 여기에서 우리는 회원들이 춤사위를 복원하는 과정을 셰크너의 '복원행위(restored behavior)이론'을 활용해서 분석하고자 한다.[19] 셰크너는 공연예술과정을 현재의 행위자(1)가 과거의 실제 사건(원본)(3)을 현재에 비역사적, 혹은 상징적 사건(4)으로 복원하는 것이라고 설명했다.

> "이중적 놀이는 5월 17일 춤패 연습에서도 나타났다. 춤동작을 복기할 수 있는 자료가 필요했는데 최근 고성에서 찍어온 전수조교의 춤 영상이 그 자료가 되었다. 즉, 춤을 익히는 과정이 1→3→4의 과정[20]을 거치고 있었다. 그런데 여기에서 영상을 한 번 관찰한 뒤 춤동작을 되뇔 때, 동작에 명칭을 붙이는 모습을 볼 수 있었다. 예를 들어 사지를 벌리고 팔을 위아래로 흔드는 동작을 '살려주세요'라고 부르고 상체를 완전히 숙여 바닥을 부채로 3번 치는 동작을 '통곡'이라고 부르는 등 기존 자료의 동작(3)을 언어적으로 복원된 단계(5a)로 만들었다. 이 언어로 부회장이 순서를 복기하면 나머지 회원들이 그에 맞춰 동작을 떠올리고 행했다. 이 복원과정에서 회원들은 정교하게 전통을 계승하기 위해 노력하는 사람들이면서 동시에 춤을 통해 공동체의 신명을 지켜나가는 사람들로 존재하고 있었다."[21]

위의 관찰은 회원들의 이중적 역할을 분석해내고 있다. 누구나 복원하는 주체가

19. 셰크너의 복원행위이론에 대해서는 설명을 돕는 부록의 표를 참조할 것.
20. 부록의 표를 참조할 것
21. 연구자들 중 한 명이 작성한 참여관찰보고서에서 발췌한 내용으로 2019년 5월 17일 금요일 19시 30분부터 21시까지 진행되는 춤패의 소모임 공연 연습과정을 담고있다. 보고서는 연습과정을 현장에서 기록한 메모를 토대로 연구자가 셰크너 리차드의 복원행위(restored behavior) 이론을 접목시킨 것으로 A4 1매의 분량으로 작성되었다.

될 수 있고 동시에 이를 배우고 동의하는 회원으로 있을 수도 있다. 보고서의 내용에서 회원들은 현재의 행위자(1)로서 과거의 실재했던 춤동작(원본)을 전수받고(3) 그 춤동작을 다시 봉천놀이마당 연습실에서 연행(4)하는 과정을 거치고 있다. 그런데 이 과정에서 현재의 행위자는 과거의 춤동작의 형식과 그 기능을 그대로 수행하지 않는다. 행위자는 봉천놀이마당이라는 공동체가 좀 더 쉽고 재밌게 춤동작을 복기할 수 있도록 춤동작에 새로운 이름을 붙였다. 셰크너는 과거의 실제 사건(3)이 허구적 사건(5a)으로 변모될 수 있음을 지적한다. 즉, 과거의 실제 춤동작(3)이 과거에는 실제로 일어나지 않은 춤동작으로 재해석(5a)된 것이다. 정확히 말하자면 봉천놀이마당의 춤패가 전수받은 고성오광대 전수원 전수자들의 춤동작도 정말 고성오광대가 처음 공연되었던 때의 춤동작과 같지 않다. 그래서 전수받은 춤동작이라 하더라도 그부터가 이미 원본이라고 하기 어렵다. 하지만 어쨌든 봉천놀이마당의 회원들이 공식적으로 인증된 춤동작에 적극적으로 변형을 가하고 있다는 것은 분명하다. 그러면서 이들이 전수원에서 원본이라고 인정받은 춤동작을 전수받는 사람으로서의 태도와 봉천놀이마당에서 쉽고 재밌게 연습하려고 변형을 가하는 사람으로서의 태도가 이중적으로 드러나는 것이다. 이러한 이중적 역할은 공연을 만들어가는 과정을 자연스럽게 논쟁을 조정해가는 과정으로 만들었다. 동작을 암기하는 과정 사이에도 동작의 순서를 가지고 회원들이 "우리 때는 이렇게 했는데.", "선생님에 따라 동작이 다를 수밖에 없다." 같은 의견을 얘기하며 동작을 적극적으로 수정해 나갔다. 그리고 결과적으로 공연의 방향성은 봉천놀이마당 사람들에게 "익숙한대로" 따라갔다. 의견논쟁에서는 그 누구도 공인된 전문성을 가지고 있지 않다. 따라서 진위 확인도 명확하게 이루어지지 않고 신체적 기억에 의존해 이루어지는 것이다.

이러한 이중적 역할의 이행은 항상 농담을 수반하기 때문에 '놀이'가 된다. 농담을 수반하는 의견은 웃음을 유발하며 동의를 얻어내기도 하고 회원들의 의견논쟁을 무마시키기도 한다. 논쟁은 공연을 만들어내기 위한 것이지만 논쟁에 그치지 않고 친목을 다지게 하기도 하는 것이다. 따라서 회원들은 봉천놀이마당이라는 특수한 공간 안에서만 적용되는 '농담'과 '논쟁', '친목'과 '공연', 그리고 '비전문성'과 '전문성' 사이의 경계에서 놀게 된다. 이러한 놀이에 참여가 봉천놀이마당의 회원이 되는 데 중요한 과정임을 다음 관찰에서 볼 수 있다.

> "흥미로웠던 것은 이번 춤 연습에 참여했던 젊은 남성 B의 역할이었다. B는 학기 초부터 참여 관찰하는 동안 별로 모습을 보이지 않았는데, 정기공연 때 한 과장의 주인공 격 역할을 맡은 걸 보아 아주 신입도 아니고 공연 직전 우리가 보지 않은 연습에는 수차례 참여한 모양이다. 연습이 시작되면서 그가 양반춤을 꽤 아는 것으로 간주 되었다. 기억을 되살리는 과정에서 B에게 회원들이 묻기도 했고 어떤 부분에서는 주도적으로 연습을 진행하기도 했다. 그러나 그도 생각만큼 잘 기억해내지는 못했고 틀린 부분도 있었다.
> B가 개인 일정으로 인해 조금 일찍 마당에서 나갔는데 한 회원이 '쟤 때문에 더 헷갈리네'라고 투덜거리자 다른 회원이 '쟤도 오래돼서 그래'라며 옹호했다. 사실 춤을 기억해내는 과정에서의 의견 충돌은 흔한 일이고 화기애애한 분위기에서 논쟁이 있곤 한다. B에 대한 반응은 이례적이었다."[22]

위와 같은 관찰에서처럼 실력이 좋다(동작을 기억 잘한다)고 인정받는 회원들이 존재하지만 그러한 요소들은 회원이 봉천놀이마당의 일원이 되는 데 특별한 영향을 주지 않는다. 그런 회원들이 연습을 주도하는 경향은 있어도 회원들에게 '선생님'이 아닌 '실력이 좋은 회원'에 그치거나 '선배'의 역할을 할 수도 있다. '실력이 좋은 회원'에 그친 B는 이날 춤을 복기하는 데에 도움을 주려고 했으나 대화 참여에 소극적이고 춤에 몰두하는 모습을 보였다. 보다 놀이에 적극적으로 참여하는 회원들은 위의 상황처럼 다른 회원에 대한 평가도 적극적이다. 즉, 공동체 자체에 대한 영향력이 크다. 공동체에 내는 의견이 많아짐에 따라 '선배'격이 된 회원들은 다른 회원들을 적극적으로 이끌고 이중적 역할놀이에 적극 참여시키는 역할을 하게 된다.

---

22. 앞서 보고서와 같은 날(19.05.17)의 연습과정을 다른 연구자가 기록한 참여관찰보고서의 일부이다.

2) '신명'의 학습

앞서 공동체의 이중적 성격으로 인해 발생하는 춤패 연습과정에서의 놀이적 특성을 살펴보았다. 지금부터는 굿패와 신명의 문제를 다루고자한다. 춤패와 굿패는 장르적으로 춤과 음악이라는 완전히 다른 분야를 다루고 있다. 그리고 공연을 위한 연습도 각각의 패들이 공연 직전의 단체수련회에서의 리허설 전까지는 따로 운영된다. 그러나 봉천놀이마당이 행하는 공연에서 춤과 음악은 서로가 필요하다. 춤은 춤대로 음악이 고조시킨 분위기를 변주하며 이야기의 재미를 제공하고, 음악은 춤을 위한 배경음악을 제공하고 함께 춤 출수 있는 분위기를 형성한다. 이처럼 서로를 보조하며 하나의 공연을 만들어낼 수 있는 이유는 춤패와 굿패가 공동체싱을 작동시키는 원리가 다른데에 있다. 따라서 공동체성이 전체적으로 작동하는 과정을 살펴보기 위해서는 굿패가 작동하는 공동체성은 어떠한지 살펴볼 필요가 있다.

굿패가 공연하는 진안굿거리의 장르는 풍물로 연행하는 굿으로 '풍물굿'[23]이라 할 수 있다. '풍물굿'이라는 용어의 탄생은 공동체적 삶과 연관이 있다. 풍물이 어떻게 탄생하게 되었는지 살펴보면 그 본래 기능 또한 공동체적 삶에서 작동한다. 풍물은 기존에 '풍물굿'이라는 명칭으로도 불리면서 '굿', 즉 풍요를 기원하는 제의적 요소로 크게 기능해왔다. 마을 공동체에서는 크게 세 가지 양식의 굿이 전승된다. 하나는 농사철에 일꾼들이 일을 하면서 하는 일굿으로서 두레굿이 있고, 둘은 놀이철에 일꾼들이 놀이를 즐기면서 하는 놀이굿으로서 풋굿이 있으며, 셋은 정월 대보름 전후에 일꾼들이 제관을 앞세워 서낭님께 풍농과 마을의 평안을 기원하는 서낭굿으로서 보름굿이 있다.[24] 일꾼들은 과거의 마을 공동체 성원들과 일치한다.

---

23. '풍물'이라는 단어는 사전적으로 그 자체가 '풍물놀이'라는 음악장르를 지칭하기도 하지만 풍물놀이에 사용하는 꽹과리, 태평소, 소고, 북, 장구, 징 따위를 통틀어 이르는 말과 혼동되는 문제가 있다. 무굿이라는 공연예술장르에 제한되지 않고 넓은 의미로 사용되던 '굿'은 공동체적으로 함께 살아가는 총체적인 삶의 체제를 지칭하는 용어로 '풍물'과 합성되어 공동체적 삶을 담고 있는 음악 장르를 지칭하는 '풍물굿'으로 만들어졌다(김인우. 1993. "풍물굿과 공동체적 신명." 민족굿회 편. 『민족과 굿: 민족굿의 새로운 열림을 위하여』. 학민사. p.2).

24. 임재해·박혜영. 2008. "마을굿에서 풍물의 기능과 제의 양식의 변화." 『비교민속학』. 제35집. pp.239-

즉, 마을 공동체 성원들이 함께 '일하고, 놀고, 비는' 데에서 '마을 공동체 굿'으로의 풍물굿 연주가 시작된 것이다. 마을 공동체 굿은 앞서 말한 3가지의 생활양식에 따라 3가지의 장르로 구분된다. 그러나 그 기능은 공통적으로 '일하고, 놀고, 비는' 행위를 '신명나게' 하게 하는 것이다. 현재 봉천놀이마당의 마당놀이는 농사와 노동운동의 맥락에서 분리되면서 앞의 3가지 장르적 분류가 무의미해졌다. 그리고 이들의 마당놀이는 '신명'이 과거의 것이 되어버린 현대라는 새로운 맥락을 만나게 되었다. 그렇다면 현재 봉천놀이마당의 '신명'은 무엇일까. 풍물굿이 '일하고, 놀고, 비는' 행위를 함께 하지 않는 사람들에게는 어떤 기능을 하는지 분석해 보았다.

그에 따르면, '신명'은 앞서 보았던 춤패 연습 과정의 놀이에서 느낄 수 있는 유희성에서 더 나아가 숙련을 통해 학습되는 문화에 가깝다. 신명은 공연자들이 모두 공연의 내용을 숙지하고 이를 함께 연행하는 과정이 반복될 때 살아나기 때문이다. 봉천놀이마당에서는 공연의 기술적 향상에 중점을 두지 않는다. 따라서 연습에 참석한 모든 회원들에게 내용이 숙지가 되면 연습은 '공연의 전체순환'[25]을 반복한다. 공연의 순환이 반복되면서 회원들은 '신명'을 신체적으로 경험하게 된다. 굿패의 연습과정에 참여한 연구자들도 '신명'이라는 감정을 신체적으로 느낄 수 있었다. 그러나 '신명'이 일반적으로 게임을 하거나 스포츠를 관람할 때, 혹은 놀이기구를 탈 때 '신난다'고 말하는 상황에서 사용되기는 어렵다. 즉, 동일하게 신체적으로 강하게 전달되는 유희적 감정이지만 '신명'은 다른 문화적 맥락을 가진 경험인 것이다.

그렇다면 '신명'이 일반적인 공연예술의 긴장감과 어떤 연관이 있는지 살펴본다. 셰크너는 공연에서 '공연이 진행될 수 있는 분위기'에 대해서 '공연의 긴장성'이 핵심이 되며 그 긴장성이 어떻게 발생하는지 분석했다. 기본적으로 공연의 긴장성은 다수의 관중이 공연의 상황을 이해하고 그를 감상하는 상황에서 발생한다. 여기에서 공연의 상황에 몰입하게끔 하는 다양한 공연 장치들이 존재한다. 소품, 의상, 공

286.

25. 셰크너 리차드의 '총체적 흐름'에 대해 셰크너. 2004(1985). p.17. 참고.

연자의 숙련도 등이 그러한 장치들이다. 특히나 라이브(live)로 펼쳐지는 공연예술에서는 다양한 장치들이 관중의 눈앞에서 하나의 흐름으로 흘러가면서 긴장성을 만들어낸다. 다양한 장치들이 긴장성을 '축적'해가며 하나의 흐름을 빚어내고 그 공간에 함께하는 관객들에게 '집단적인 감동'을 선사하는 것이다. 이러한 공연예술의 전체적 흐름은 봉천놀이마당의 회원들이 연행하는 풍물굿이 박자가 점차 빨라졌다가 처음의 박자로 되돌아오기를 반복하는 것과 같다. 그런데 이 반복은 단순히 같은 패턴으로만 진행되지 않는다. 그 안의 미묘한 변주가 공연의 서사를 이끌어가며 관객의 '마음'을 감동시킨다. 풍물굿은 강렬한 풍물의 장단 소리에 회원들이 점차 개인의 내부적인 신체적 경험을 넘어서 모두가 함께 장단을 치고 있다는 집단적 감동을 경험하게 한다. 이 집단적 감동은 개개인의 동시다발적인 감동이 아니라 말 그대로 집단에 소속된 감동을 불러일으키는 것이다.

과거 전통적인 풍물에서는 일굿과 놀이굿, 서낭굿이 모두 농사꾼이라는 한 집단에 의해 연주되었다. 일과 놀이와 의례를 모두 같이하는 이미 통합된 공동체가 하나의 공연예술을 연행하며 공동체적 일원임을 확인하는 순서로 공동체적 과정이 작동했던 것이다. 이때의 마당놀이는 오직 지역에 소속된 마을 사람들에 의해 공연되며 마을 사람들만을 위한 제의적 형태를 띤다. 또한 그들의 마당놀이는 마을의 풍요를 기원하고 공동체성을 강화하는 뚜렷한 목적의식을 가졌다.

그러나 봉천놀이마당의 공연에서는 각자의 일과 놀이, 의례적 가치관, 그리고 지역성이 모두 분산된 사람들이 마당놀이를 연행한다. 그들은 사회적 드라마의 형태[26]에서 더 나아가 그들 스스로도 관광객일 수 있다. 혹은 과거 풍물을 연행하던 사람들의 신체적 긴장성 및 경험을 스스로를 포함한 현대인들에게 공유하는 주체일 수도 있다. 즉, 애초에 다른 지역에서 다른 지위를 가진 개인들이 오고 가는 봉천놀이마당에 '공동체'의 실체는 고정적이지 않고 그들의 공동체적 목적도 때에 따라 바뀐다. 하지만 공연예술과정의 총체적 흐름이 불러일으키는 '신명'이란 감정의

26. 셰크너. 2004(1985). p.26.

학습은 역으로 공동체성을 만들어 냈다.

3. 회원들의 지속적 변환: 공연의 연례 행사화와 의례화

봉천놀이마당의 회원들은 춤패와 굿패에서 두 공연예술장르를 학습하며 공동체 성원이 되어간다. 그들은 두 공연예술장르를 합쳐 연행하며 결과적으로 하나의 '봉천놀이마당 공동체'로 거듭난다. 그렇다면 앞서 말했던 춤패와 굿패의 협동은 어떻게 이루어지는지, 마지막으로 그 양상을 연습과정을 벗어난 공연과정을 통해 살펴보려고 한다. 공연은 신입발표회, 정기공연, 소모임공연, 그리고 지신밟기로 나누어 볼 수 있다. 이 공연들은 연행되는 주기가 각기 다르지만 매년 연행되는 공연이다. 그중에서도 이 세 가지 공연을 살펴보면 이 단체의 공연이 단순히 공연에 그치지 않고 더 나아가 공동체 행사로 이어지는 것을 관찰할 수 있다.

우선, 신입발표회는 정회원들에게는 신입회원과 정식으로 만나 함께 음식과 대화를 나눌 수 있는 축제이며 신입회원들에게 정회원이 되는 의례의 역할도 더불어 한다. 정기공연은 신입회원이 정회원의 행사를 본격적으로 경험할 수 있는 봉천놀이마당의 가장 큰 공연이다. 정기공연은 활동하는 거의 모든 회원의 참여가 이루어지고 이제는 활동하지 않는 회원들도 공연을 보러와 다시 난장굿에서 함께 춤추기도 한다. 소모임 공연은 다른 두 공연보다 소모임에서 어떤 연습을 했는지 공연을 한다는 것에 중점을 둔 공연이지만, 이 또한 서로 볼 수 없었던 소모임 참여자들과 함께 술과 음식을 나눌 수 있는 자리를 공연 후에 마련한다는 점에서 공연보다 전체 회원들 간의 만남을 형성하는 축제에 가까운 연례행사라고 볼 수 있다. 지신밟기는 봉천동 시장의 가게들을 돌면서 장사가 잘되기를 비는 마을 축제와 같다.[27]

회원들은 연습 과정의 축적과 지신밟기를 제외한 앞의 세 가지 연례행사를 경험

27. 지신밟기의 경우 지역과 연계되는 공동체성 논의와 관련하여 이후 자세히 다루도록 하겠다.

하며 자연스럽게 봉천놀이마당에 소속감을 가진다. II-2에서는 공동체 내에서 '놀이'를 통해 소속감을 형성하는 과정을 살펴보았다. 하지만 또한 소속감은 회원들이 모두 다른 지역에서 왔음에도 불구하고, '봉천'이라는 지역적 요소에서도 형성된다. 앞의 세 가지 연례행사는 봉천놀이마당의 거점이 봉천동에 위치하기 때문에 봉천 지역 안에서 이루어진다. 그리고 공연지원금도 관악구청이라는 봉천동을 관할하는 공공기관에서 받는다. 그러나 봉천놀이마당은 지역으로부터의 물질적 지지에서 더 나아가 공연 과정을 통해 지역과 공동체 의식을 공유하고 유대감을 형성하고 있다.

이러한 공연 과정이 정기적으로 행해지면서 회원들은 신입회원에서 정회원이 되어간다. 봉천놀이마당에서 정회원은 얼마든지 그만두거나 쉴 수 있다. 따라서 개인에게 일시적 변환[28]으로 그칠 수 있는 선택적인 공동체 과정을 가진다. 그래서 정회원도 모두 같은 정회원은 아니다. 정회원이 되었다 하더라도 공연예술만 즐기고자 하는 회원이 있고 그렇지 않은 회원이 있다. 역으로 정회원으로 지속적으로 활동하는 것은 단순히 정회원인 것으로 그치지 않는다. 정회원의 활동을 지속하는 것은 계속해서 다른 존재가 되는 것이다. 정기공연과 신입발표회 그리고 소모임공연과 연습을 반복하는 '봉천놀이마당 사람'은 공연예술 연행과 의례를 행하는 놀이를 동시에 하며 마당의 일원으로서, 또한 후술할 지역 공동체성을 획득하는 주체로서 지속적 변환을 한다. 이와 같은 변환을 가능토록 하는 봉천놀이마당이란 단체는 그 지역적 공간들을 단순히 공연예술을 연행하는 무대가 아니라 '마당'으로 전환시킨다.

28. 셰크너. 2004(1985). p.224.

Ⅲ. 봉천놀이마당의 공연연행을 통해 형성되는 현대 "마을 공동체"

1. 지역공연을 통해 확대되는 "공동체성"

1) 낙성대공원에서의 정기공연

봉천놀이마당은 매년 〈쉬었다, 가자〉라는 제목으로 관악구 공원들을 중심으로 정기공연을 해나간다. 올해는 지난 4월에 낙성대 공원에서 1차 정기공연을 열었다. 공연은 마당극으로 굿패의 풍물놀이와 춤패의 고성오광대 탈춤 공연으로 구성되었다. 공연장의 경계는 마당극의 소품인 긴 장대들이고, 공연연행자와 관객을 구분하는 경계는 모래바닥 위 돗자리만이 있을 뿐이다. 하지만 마당극의 그런 임의적 경계 설정은 쉽게 무너져 내린다. 소품 밖 공간(벤치, 운동기구 등)에 앉은 사람들도 박수와 함께 공연 관객이 되고, 심지어 공연장의 경계 안과 밖 관객은 모두 난장굿을 통해 공연을 함께 연행해내는 공연자가 되기도 한다.

봉천놀이마당은 관객들에게 공연 관람과 참여 이외에도 관객들 간의 교류를 도모하는 장치로 '음식'을 제공했다. 공연연행이 이루어지는 동안에 회원들이 직접 준비한 수육과 막걸리를 관객들에게 나눠주었다. 그러나 음식을 1인에게 1접시씩

〈그림 1〉 봉천놀이마당의 봄 정기공연 무대 모습

출처: 손유진 연구자가 촬영한 공연 리허설 모습(19.04.27).

주는 일은 없었다. 대부분 관객이 가족과 친구 단위로 방문한 것도 있겠지만 그들 간의 관계에 대해서 질문하는 일도 없었다. 서로 특별한 경계선 없이 길게 뻗은 돗자리에 함께 앉아있는 관객들은 생전 처음 보는 사람들과 수육과 막걸리를 함께 나눠 먹는 경험을 하게 된다. 연구자들도 이러한 과정에 포함되어 바로 옆에 앉은 관객과 함께 막걸리를 마시고 공연에 관한 이야기도 나눌 수 있었다. 이처럼 타인에 대한 경계가 희미해지는 분위기가 형성되면서 공연에 좀 더 호응하게 되는 효과도 있다. 관객들 간의 공동체성을 형성하고 호응을 이끌어내기 위한 요소들이 많은 만큼 마당놀이에서 관객은 중요한 역할을 한다.

봉천놀이마당의 흥이 점점 고조되며 마지막으로 연행되는 난장굿에서는 마지막까지 남은 관객들이 함께 일어나 덩실덩실 춤을 추는 경험을 하게 된다. 공연에 추임새를 넣으며 적극적으로 참여하던 일부 관객들은 자발적으로 무대에 들어가 춤을 추거나 직접 악기를 받아다 치며 함께한다. 또한 마당 회원들은 무대에 들어오지 못하는 소극적인 관객들의 손을 잡고 무대로 이끌어 삼삼오오 원을 만들고 함께 춤을 추도록 유도한다. 점점 무대의 열기는 참여하는 모두에게 전염되어 신명을 나누는 장이 형성된다. 이런 공연연행 속에서 관객들은 각자 개인적인 이유로 낙성대공원에 모인 '개인'에서 봉천이라는 지역적 연고 하나만으로 함께 모이게 된 '봉천동주민 공동체 일원'이 된다.

2) 도림천에서 소모임 발표 공연

봉천놀이마당의 정기공연 〈쉬었다, 가자〉는 1년 동안 3번의 공연으로 구성되어 있다. 4월 낙성대공원, 9월-10월 낙성대공원에서의 마당극을 제외하고도 한 번의 공연이 더 있다. 바로 소모임 발표공연이다. 사실상 〈쉬었다, 가자〉의 2차 정기공연으로서 다른 공연들과 그 위상은 비슷하지만 그 안의 내용은 춤패와 굿패의 정식 연습내용들이 아닌 소모임들의 연습 발표로 이루어져있다. 소모임이란 춤패와 굿패, 주부패 등에 속해 있는 회원 중 희망하는 사람들끼리 모여 고성오광대와 진안중평굿 외의 진도북놀이, 소고, 민요 월산가 등 기타 민속예술을 연습하는 모임을 말한다. 2019년에는 6월 1일에 신대방역 근처 도림천 산책로에서 소모임공연이 진행되었다.

소모임 공연에서는 봉천놀이마당이 관객과 공연연행자 그리고 관객과 관객 간의 관계를 어떻게 설정해내고자 하는지 그 의도를 더 명확히 확인할 수 있었다. 2018년까지만 해도 봉천놀이마당은 소모임 공연을 항상 신림역 수변 무대에서 해왔지만 2019년에는 관악구청과 봉천놀이마당 운영진과의 의사소통 과정에서 실수가 있어 신대방역 근처 도림천 산책로에서 하게 되었다. 봉천놀이마당 회원들은 당일 짐을 싣고 신대방역으로 이동을 한 뒤에서야 공연공간이 어떻게 생겼는지를 확인하였다. 그리고 공연공간을 결정하였는데, 후보는 두 군데였다. 자전거 길을 사이에 두고 도림천 방향으로 일반적인 무대처럼 생긴 공간과 반대로 자전거길에서 도림천을 마주 보는 방향으로 무대라고 전혀 볼 수 없는 테니스장이었다. 테니스장이 선택되었다. 회원들의 결정 과정에 있어서 가장 중요하게 언급된 요소는 관객들이 넓게 둘러앉을 수 있는 공간이었다. 이는 공연자와 관객이 완전히 분리되어 '무대'를 관조해야 하는 공연장이 아닌 공연자와 관객의 자유로운 이동으로 언제든지 그들 간의 경계가 무너질 수 있는 '마당'이 필요했기 때문이다. 그리고 관객들도 그저 서로의 뒤통수밖에 볼 수 없는 구조로 앉아 정면만을 응시해야 하는 익명과 익명의 관계가 아니라 둘러앉는 구조에서 서로를 마주 보며 감정을 공유할

〈그림 2〉 봉천놀이마당의 소모임 공연 무대 모습

출처: 이병하 연구자가 촬영한 민요반의 공연 모습(19.06.01).

수 있는 관계를 이루게 된다.

봉천놀이마당의 소모임 공연은 서로 다른 세대 간의 존재를 확인하고 세대 간의 공감을 이끌어내는 장이 되었다. 도림천 산책로는 상점과 주택이 인접해 있고, 산책과 운동하는 곳으로서 낙성대 공원보다 일상과 가까운 공간이기 때문인지 관객 구성은 연령대 면에서 꽤 다양했다. 그중 혼자 산책을 나온 젊은 여성, 혼자 자전거를 타러 온 70대 남성, 친구들과 항상 오후부터 저녁까지 공원에서 수다를 하러 나온다는 60대 여성과 조금 더 심층적인 인터뷰를 시도해 보았다. 인터뷰 과정에서 굉장히 특이한 점을 발견할 수 있었는데, '나이'와 관련된 질문이 전혀 없었음에도 모두 대답을 하는 과정에서 자연스럽게 '다른 세대'에 대해 언급했다는 것이다. 60대 여성은 자신이 젊었을 때 춤을 좀 췄었고, 그때 생각이 참 많이 난다는 이야기를 해 주었고, 70대 남성은 "저분들(봉천놀이마당 회원들)의 연령대가 어떻게 되냐." 물어보면서 "젊은 사람들이 좋은 일 하네."라는 말을 덧붙였다. 그리고 30대 여성은 "어르신들이 매우 즐거워하시는 거 같다. 나보다는 어르신들에게 여쭤보면 좋아할 거 같다."는 답변을 주기도 했다. 이는 봉천놀이마당의 공연이 세대 간의 공감 또는 서로 다른 세대 간의 존재감이 완전히 지워진 현대 도시에서, 비슷한 지역에 살고 있음에도 서로 전혀 다른 생활양식을 갖고 살아가던 이들이 만나고 서로의 존재를 인식하고, 서로의 감정을 공유할 수 있는 장을 만들어준 것이다.

3) 낙성대시장 골목에서 지신밟기 공연

봉천놀이마당은 정기공연뿐만 아니라 특정 절기마다 실제 풍물패가 행했던 의례 활동 또한 행한다. 예를 들어, 정월대보름에 지신밟기를 서울대입구역 2번 출구부터 서울 인헌초등학교 사이에 위치한 낙성대시장을 중심으로 행한다. 지신밟기는 다른 공연들과 다르게 길을 따라 움직이며 공연을 한다. 그들의 동선은 사전에 신청을 받은 가게들에 따라 정해진다. 신청한 가게 앞에서는 '지신(地神)의 기운을 밟는' 의례를 하면서 안 좋은 기운을 없애고 좋은 일을 기원하는 공연을 멈추어서 연행한다.[28] 그리고 그들은 가게와 가게를 이동하는 과정에서도 공연을 연행한다.

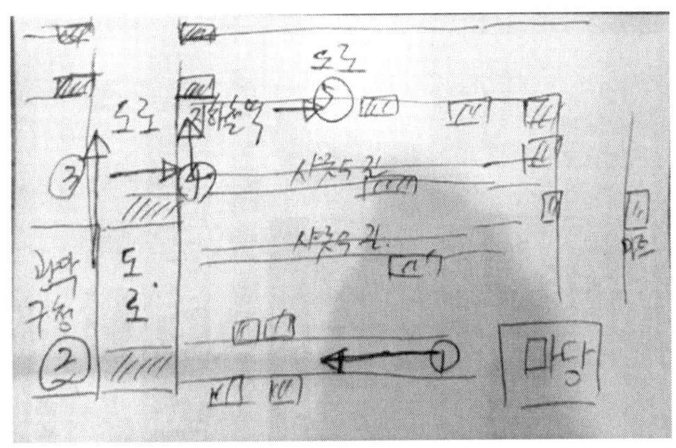

〈그림 3〉 굿패장이 그린 지신밟기 공연 동선

출처: 봉천놀이마당 굿패장의 문자메세지(19.06.18).
색이 칠해진 네모 표시는 2019년 2월에 진행된 지신밟기 공연에 참여한 가게의 위치를 표시한 것이다.

그러다 서울대입구역 같은 거점에서는 한동안 멈춰 서서 준비된 공연을 연행한다. 공원이나 광장이 아닌 길거리 한복판에서 울리는 봉천놀이마당의 풍물소리는 사람들의 이목을 집중시키고, 그러한 굉장히 낯선 풍경은 사람들에게 새로운 경험을 제공한다.

지신밟기의 역사를 보면 지신밟기는 개별가정을 돌지만 그뿐만 아니라 “마을”이라는 실재하는 공동체 전체를 축원하는 의례였다고 한다.[30] 그러나 마을 공동체가 소멸된 현대에서 봉천놀이마당이 시도하는 지신밟기는 새로운 개념의 “마을 공동체”를 형성해낸다. 봉천놀이마당에서 신청 받은 지신밟기 집들은 정확하게 행정구역상 봉천동에만 해당하는 곳은 아니다. 그리고 서울대입구역의 행인 중 다수가 다른 지역의 주민들이다. 그럼에도 그들은 직장이 근처이거나 서울대학교를 다니는 학생들로서 ‘봉천’에서 생활을 영위한다. 과거 농촌사회에서는 자고 먹고 일을 하는 모든 생계활동을 ‘집’이 있는 지역 안에서 해결했다. 그렇기 때문에 그것을 함

29. 정미영. 1995. 「지신밟기계 민속놀이 연구」. 이화여자대학교 석사학위논문. p.5.
30. 김철회·하혜수. 2016. “성미산 마을 공동체 형성의 성공요인에 대한 분석: Woolcook의 사회자본 분석틀을 중심으로.” 「국정관리연구」. pp.80-82.

께 해결하는 공동체가 '마을 공동체'였다. 그러나 현대사회에서는 거주지와 일, 학업, 연애 등 다양한 일상을 이루어가는 공간들이 뿔뿔이 흩어져 있고, 일상의 문제들을 함께 해결해 나가는 사람들 역시 다 각자 다른 지역주민들이다.

그렇게 지역적 연고가 뚜렷하지 않고 서로에게 무관심한 그들에게도 공연이 연행되는 순간만큼은 그들에게 일상생활에서 느끼지 못했던 '공동체성'을 경험하게 한다. 여기서의 '공동체성'은 행정구역상 '봉천동'의 주민들뿐만 아닌 봉천을 근거지로 하여 일상을 꾸려나가는 사람들을 모두 포함해내는 것이다. 그리고 그들은 지신밟기의 의례적 공연이 진행되는 동안만큼은 함께 봉천의 액운을 막고 번영을 빌며 지역을 중심으로 일상을 공유하고 있는 서로를 인식하고 '동질성'을 지니게 된다. 결국, '봉천놀이마당'은 과거의 농촌마을에서 행하던 의례를 현대 도시에서 복원하면서 현대도시인구의 유동성, 단발성, 포괄성 등이 반영된 새로운 형태의 '마을 공동체'를 형성해낸다. 마을 공동체로서 봉천 놀이마당은 매 모임에서 전통의 완벽한 복원을 궁극적으로 추구하는 것이 아니라 서로 간의 인간적 소통과 경험을 더 중시하는 모습을 보인다. 거의 모든 모임에서 막걸리와 소주는 빠짐없이 등장하며 이를 함께 마시고 즐기는 시간은 전체 연습 시간 중에 상당량을 차지한다. 뿐만 아니라 연습 이후에는 항상 봉천동 지역에 있는 술집을 찾아가 뒤풀이를 하는데, 방문하는 집이 매번 2-3곳으로 정해져 있어 가게의 주인과도 친밀한 관계를 형성하고 있다. 즉 봉천동의 주민들과 일차적인 상호교류 관계를 형성하고 있는 것이다.

2. 공연과 의례의 긴장 속에서 연기(act)하는 "마을"

위에서 봉천놀이마당이 현대도시에서 어떻게 "마을 공동체"를 형성해내는지를 살펴보았다. 그렇다면 봉천놀이마당은 과거 농촌마을에서 행하던 의례들을 완전하게 복원해내고 있는 것인가? 또한 그들은 과거의 풍물패와 동일한 역할을 수행하고 있는 것인가?

봉천놀이마당은 마을의 문제들을 공동체적으로 해결해나가면서 실제로 과거 농촌마을에서 행하던 의례의 실질적인 기능을 유사하게 해내고 있다. 가장 대표적으로 연구자들이 직접 관찰한 낙성대공원 정기공연에서의 난장굿 장면에 대한 분석이 있다.

"난장굿은 공연자와 비공연자가 무대 중앙에 마구 섞여서 춤을 추며 실제로 '노는 것'이었다. 징과 꽹과리가 원의 중앙에서 놀이의 흥이 가라앉지 않게 연주를 하고, 무대 중앙의 공연자들은 춤을 개인적으로 추기도 했지만 관객과 손을 잡고 도는 '놀이'와 같은 움직임도 하면서 흥에 취한 감정을 공유했다. 공연자에 의해 무대로 유도된 관객들은 무대에서 형성된 자타 구분 없는 흥의 물결에 휩쓸려 처음에는 어색한 몸짓을 취하다가 나중에는 자연스레 어깨를 들썩걸기 시작했다. 흥에 취했기 때문에 서로 알지 못하는 관객들이 춤추는 것을 민망해하지 않았고 다 같이 춤을 추며 그 흥이 한층 고조되었다. 이러한 난장굿을 통한 신명은 진행자의 "스트레스가 확 풀리시죠"와 같은 멘트에서도 알 수 있듯이 서로 모르고 지냈던 주민들이 모여 각자가 지닌 삶의 스트레스를 함께 해소할 수 있는 놀이의 장을 만들어 준 것이다."**31**

그러나 봉천놀이마당의 이러한 공연 장면이 과연 과거 농촌마을에서 행해진 의례와 동일한 역사적 사건으로서의 "의례"가 될 수 있는 것일까? 공연을 이루는 가장 기본적인 행위의 구조는 행위의 복원이다. 공연연행은 과거에 있었던(창조된) 또는 있었다고 가정되는 무언가를 재현하는 행위이기 때문이다. 앞서 이야기했던 셰크너의 복원행위이론에 따르면 행위의 복원은 대부분 비역사적 사건을 복원하게 된다고 한다. 여기서 비역사적 사건이란 실제로 있었던 일이 아닌 상상으로 구성된 또는 창조된 행위 또는 일(이야기) 등을 의미한다. 아무리 과거의 풍물을 똑같은 형태로 기록해내고 그것을 한 치의 오차도 없이 연주하기 위해 노력한다고 해도

---

31. 연구자들이 참여관찰 이후 함께 토론한 뒤 작성한 모둠참여관찰보고서에서 발췌한 내용으로 2019년 4월 27일 토요일 13시부터 18시 30분까지 진행된 정기공연과정을 담고 있다. 앞서의 개별 참여관찰보고서와 마찬가지로 연구자들이 각자 현장을 참여관찰하고 메모한 것들을 토대로 한다.

역사적 사건의 비역사적 사건화는 피하기 어렵다. 왜냐하면 완벽하게 자료를 보존하여 과거 공연연행을 기록해낸다고 하여도 그것은 영상이든 문서든 무형의 자료로서 존재하고 우리는 무형의 자료를 바탕으로 재현을 구성해내기 때문이다. 공연연행은 유형으로서 전승될 수 없는 것이다.

이렇듯 봉천놀이마당의 풍물과 탈춤의 공연연행들은 과거의 의례와 동일한 역사적 사건이기 어렵다. 위 사례를 더 구체적으로 살펴보자. 낙성대공원에서 정기공연을 시작하기 전 사람들은 길놀이를 하였다. 길놀이는 탈춤을 연행하기 전에 풍물패가 마을의 거리들을 돌면서 공연을 하여 사람들을 탈춤 연행 장소로 모아오는 공연을 말한다.[32] 봉천놀이마당은 낙성대공원에서 공원 옆 공터까지만 행렬을 이었고 바로 공원으로 돌아와 공연을 시작하였다. 이는 굉장히 간이적이고 형식적인 형태를 취한 것이다. 또한, 지신밟기 역시 과거 농촌과는 다르게 희망하는 집을 신청을 받아 지역 내에 몇 명 집에서만 의례적 공연을 한다는 차이가 있다. 그리고 무엇보다 봉천놀이마당 회원 중에는 봉천에 지역적 연고가 전혀 없는 사람들도 있다. 경제활동을 비롯한 여타의 일상과 봉천이 전혀 관련 없음에도 전통예술에 관심이 있어 봉천놀이마당을 찾아온 사람들도 꽤 많다. 이렇게 구성된 봉천놀이마당은 과거의 마을에서 놀이/의례를 행하며 중요한 역할을 해오던 굿패와 동일할 수 없는 것이다.

그러면 어떻게 해서 봉천놀이마당의 공연연행 활동들이 "마을 공동체"를 형성해낼 수 있는 것인가? 바로, 봉천놀이마당 회원들의 지속적 변환을 통해 그들이 "마을"을 연기해내고 있기 때문이다. 지속적 변환은 어떠한 행위, 과정, 실천을 통해 주체의 변화가 근본적, 본질적으로 변화하는 것이다. 이와 대비되는 개념인 일시적 변환은 전이과정을 통한 변화가 연행 전후로 지속되지 않고 단지 그 순간에만 특정 맥락에 존재하는 것을 말한다. 하지만 일시적 변환이 다회에 거쳐 실천, 경험되다 보면 궁극적으로 지속적 변환이 발생하게 되고 이는 연행의 반복이 공연자와

32. 남성진. 2007. "길놀이의 제의적 특성과 전통." 『실천민속학연구』. 제10집. p.85.

관객에게 새로운 존재로 거듭날 수 있는 기회를 제공한다는 것을 의미한다.

다시 말하자면, 그들의 연습과정은 성공적인 공연을 올리는 것을 목표로 하기보다는 그들이 놀이하는 그 과정 자체를 중요하게 여기고 있었다. 그리고 그러한 놀이는 놀이에 참여하는 공동체를 확장해내는 정기공연을 하면서 완성된다. 이러한 과정이 연례화되면서 그들은 스스로를 봉천에 나눔을 하는 사람들, 즉 봉천이라는 지역에 신명을 불러일으키는 중요한 역할을 하는 이들로서 지속적 변환을 겪고 있어서 그들은 공연할 때 봉천동 거주민이 아님에도 불구하고 마치 '마을'이 있는 것처럼, 또 자신이 '마을 사람'인 것처럼 연기하게 되는 것이다. 공연은 연행적 실재, 즉 일상적인 세계와 구분되는 공연 속에서의 중간적이고 혼란스러우며 새로운 질서가 실천되는 장을 구축해 낼 수 있다. 봉천놀이마당의 공연은 공연을 하면서 과거의 실제 의례로서의 기능을 현재의 일상에 불러일으키고, 마을이 실재하지 않는 현재 봉천이라는 공간에 마을의례를 연기하며 마을이 있는 듯한 감상을 가능케 한다. 그 속에서 관객들과 공연자들은 마을이 아닌 공간에서 마을을 가상적으로 경험하며 새로운 질서를 실천하고자 하는, 마을에 기여하고자 하는 개인으로 변화한다. 그러면서 이들 간에 현대적 "마을 공동체"가 생성될 수 있는 것이다.

Ⅳ. 결론

봉천놀이마당은 30여 년간 같은 공연을 반복해 온 동호회이다. 그들은 전통 계승과 공연예술 연행의 두 가지 목적을 함께 가져가며 특수한 성격을 확보하고 있다. 요컨대 봉천놀이마당은 공연을 선보이기 위한 수단으로 조직된 단체가 아니며 탄탄한 역사적 기반을 토대로 형성된 특유의 공동체성을 가지고 있다. 여기에 마당놀이의 특성이 크게 작용하는데, 유희적 연습과정과 특유의 신명을 관찰하며 오히려 공연보다도 공동체 과정에 방점이 찍혀 있음을 확인할 수 있다. 그들에게 공연은 마치 축제와 같이 기능한다. 공연 과정은 공동체의 '놀이'이며 유희적 맥락에서 연행된다.

봉천놀이마당이 만들어온 공동체성은 연행 현실을 통해 지역 사회로 외연을 확장한다. 그들이 공연하는 풍물과 탈춤이 가진 특유의 신명과 더불어 마당의 특성은 관객들로 하여금 봉천놀이마당 공연의 일부가 될 수 있도록 한다. 또한 수십 년간 같은 지역에서 공연하며 전통 연희의 경험을 향유하는 세대들에게 정기적으로 지역 축제와 같은 경험을 제공한다. 나아가 마을의 풍요를 기원하는 풍물굿 등의 공연은 과거 농악이 수행하던 마을 의례의 기능을 (부분적으로) 가지고 있는 것이다. 하지만 현대 사회의 엄밀한 맥락에서 봉천놀이마당 연행의 의례적 기능에는 명백한 한계가 있다. 또한 의례를 수행하는 회원들은 봉천동에서의 정기적 모임과 공연을 통해 봉천동 주민인 것처럼 행동할 뿐 대부분 타 지역의 사람들이다.

이러한 지점을 고려할 때, 봉천놀이마당의 지역성을 이해하려면 이들이 특정 역할을 '연기'한다는 사실을 살펴보아야 한다. 집단에서 특정 역할을 수행하는 것은 곧 해당 역할에 기대되는 모습을 연기하며 그에 따른 지위를 획득하는 과정이다.[33] 또한 연극을 비롯한 공연에서는 기존 사회적 역할과는 다른, 일시적으로 부여된 역할을 수행한다. 이와 같은 관점에서 봉천놀이마당이 만들어내는 마을과 지역 의례는 이중적인 지위를 가진다. 그들의 공연에서는 '실제로 마을 주민이 아닌 사람들이', '파편화된 물리적 공간에서', 마을 의례를 연행함으로써 마을을 상상해낸다. 이 모습은 일시적 변환을 통해 연기된 것이지만 완전히 거짓된 역할이라 할 수도 없다. 그들이 공연예술 과정을 통해 지역과 공동체 의식을 공유하며 지역성을 적극적으로 획득하고 있기 때문이다. 공연에서의 일시적 변환을 통해 만들어진 무대로서의 '상상된 마을'과 연기된 '마을 의례'는 실재한 것이 된다.

즉, 봉천놀이마당의 공연은 의례가 아니지만 의례가 아닌 것도 아니며, 이때 상상되는 마을은 마을이 아니지만 마을이 아닌 것도 아니다. 주목할 만한 지점은 현대의 봉천동이 주민들 간의 적극적 상호작용의 장으로서 마을의 기능을 대부분 상

33. 고프만. 2016(1959).

실했지만 봉천놀이마당의 연행을 통해 마을이 복원되는 물리적인 공간이 된다는 점이다. 공연예술의 무대가 그로 인해 복원되는 마을을 실재하게끔 하는 사회적 무대가 되는 것이다. 여기서 마을은 실재하지 않는 연극적 차원에서 '연기'되고 실재하는 차원의 역할 수행으로서 '연기'되는 이중적 형태의 중간에 위치한다.

이 과정에서 형성되는 '연기된' 마을은 현대 한국사회에서 대안적 지역공동체의 가능성을 보여 준다. 이 공동체 과정은 공연예술의 유희성에 기반을 두고 있기에 전통적인 인간관계에 의거한 마을과 명백히 다르다. 그러나 전통적 마을 공동체가 삶의 단위로서 기능을 상실해가는 현실에서 역설적으로 '연기된' 마을이 그 기능을 어느 정도 대체하고 있는 것이다. 현대의 지역사회는 공동체 과정을 통해 연출될 수 있으며 우리는 그 과정에서 공연예술이 갖는 역할에 지속적으로 주목할 필요가 있다. 그에 따라, 본 연구는 관 주도가 아닌 일반 시민들의 참여로, 특히 공연예술을 통해 새로이 창출되는 현대적인 지역기반 공동체의 모습을 조명함과 동시에 '마을' 개념의 확장에 실마리를 제공하고자 했다.

〈참고문헌〉

구경하. 2016.『정부 주도 마을 만들기 활동의 지속성』. 서울대학교 석사학위논문.

김재석. 1999.『현대 한국사회에서의 전통문화의 존재 양식: 탈춤과 마당극을 중심으로』. 서울대학교 석사학위논문.

김인우. 1993. "풍물굿과 공동체적 신명." 민족굿회 편.『민족과 굿: 민족굿의 새로운 열림을 위하여』. 학민사.

김철회·하혜수. 2016. "성미산 마을 공동체 형성의 성공요인에 대한 분석: Woolcook의 사회자본 분석틀을 중심으로."『국정관리연구』. 11권 1호.

남성진. 2007. "길놀이의 제의적 특성과 전통."『실천민속학연구』. 제10집.

남원석·이성룡. 2012. "마을만들기, 성공의 조건."『이슈&진단』제47호.

셰크너 리차드. 2004(1985). 김익두 역.『민족연극학』. 한국문화사.

고프만 어빙. 2016(1959). 진수미 역.『자아 연출의 사회학: 일상이라는 무대에서 우리는 어떻게 연기하는가』. 현암사.

이경욱. 2018. “마을만들기를 위한 내러티브접근 연구: 칠곡인문학마을 사례를 중심으로.” 『한국지역사회복지학』. 제66집.

이정민·이만형. 2017. “대안적 공동체론과 관련 조례의 공동체 개념화.” 『서울도시연구』, 제18집 2호.

임재해·박혜영. 2008. “마을굿에서 풍물의 기능과 제의 양식의 변화.” 『비교민속학』. 제35집.

정미영. 1995. 『지신밟기계 민속놀이 연구』. 이화여자대학교 석사학위논문.

황익주. 2012. “도시 이벤트를 활용한 도시 지역 공동체 형성의 과제-4개 도시 사례의 비교연구.” 『정신문화연구』. 35(2).

황익주·정규호·신명호·신중진·양영균. 2016. 『한국의 도시 지역공동체는 어떻게 형성되는가』. 서울대학교출판문화원.

[부록]

〈인터뷰 개요〉

인터뷰 대상자: 봉천놀이마당 회원 A, 봉천놀이마당 굿패장
참석자: 손유진, 이병하
일시: 19.05.07
장소: 샤로수길 신포차

〈참고 그림〉

〈그림 4〉 봉천놀이마당의 위치

출처: 네이버 지도 "봉천놀이마당" 검색
봉천놀이마당의 위치는 서울대입구역과 낙성대공원으로 가는 길목의 중앙이다. 이러한 위치는 낙성대공원에서의 정기공연과 현재는 '샤로수길'이라는 이름이 붙은 '봉천7동 낙성대 골목시장'을 중심으로 하는 지신밟기 공연과 관련 있어 보인다.

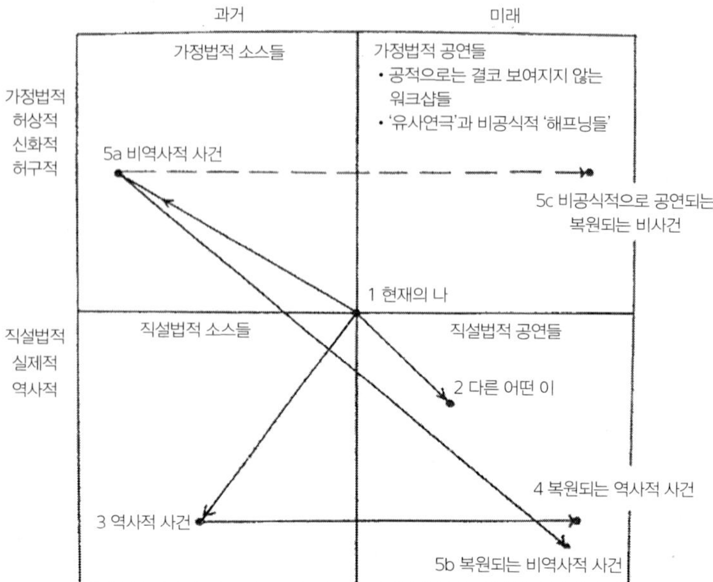

〈그림 5〉 셰크너의 복원행위 과정

출처: 셰크너 리차드, 2004(1985), 김익두 역, 『민족연극학』, 한국문화사, p.66.
(정향진 주) 위 번역본에 실린 표에서는 2번 항(원문: Someone else)이 "또 다른 어떤 공연자"로 되어 있으나 다른 사람을 연기하는 상태를 가리키므로 여기에서 "다른 어떤 이"로 수정해서 제시한다.

사회복지학과 지역사회복지론

수업명	사회복지학과 〈지역사회복지론〉		
교수자명	박정민	수강 인원	15명
수업 유형	전공선택	연계 지역/기관	서울특별시

수업 목적

지역사회에 대한 기본적 이해를 바탕으로 현실의 지역사회를 실제 분석해보고, 지역사회를 기반으로 이루어지는 사회복지정책과 실천 그리고 사회서비스에 대해 학습할 기회를 제공한다.

주요 교재

*백종만 · 감정기 · 김찬우 (2015)「지역사회복지론」(개정2판), 나남
*오정수 · 류진석 (2016)「지역사회복지론」(5판), 학지사
*관계부처 합동 (2018). 지역사회통합돌봄 기본계획.
*Hardcastle, D. A., Powers, O. R., & Wenoker, S. (2011). Community practice: Theories and skills for social workers (3rd Ed.), Oxford University Press.
*Netting et al., (2011). Social work macro practice (5th Ed.), Pearson.

수업 일정

1주. 수업 개요
2주. 지역사회복지의 개념과 역사: 연구주제 선정
3주. 지역사회복지실천의 관점과 이론: 연구과제 팀 편성
4주. 지역사회복지실천의 모델: 1차 연구계획서 제출 및 발표(연구대상 & 목적)
5주. 지역사회복지실천 과정: 1차 연구계획서 수정
6주. 지역사회복지실천 기술: 욕구사정, 기획과 평가 등:
7주. 지역사회 권력구조와 네트워크:
8주. 중간고사:

9주. 직접 서비스 기관 지역사회통합돌봄(전문가 특강): 2차 연구계획서 제출(연구대상, 목적, 문헌고찰, 연구방법, 참고문헌 포함)
10주. 주민조직화 및 지역사회복지운동: 2차 연구계획서 수정
11주. 사회적 경제와 지역사회:
12주. 소셜임팩트 활동과 지역사회 변화(전문가 특강):
13주. Field research: 보고서 초안 제출
14주. 연구보고서 발표:
15주. 연구보고서 발표: 연구보고서 최종본 제출

팀/개인 프로젝트 개요

프로젝트 개요: 지역사회에 대한 이해 및 지역사회복지의 개념, 이론, 실천모델에 관한 지식을 기반으로 실제 지역사회의 현안을 분석하고 문제해결 방안을 제시한다.

프로젝트 결과: 이 수업의 수강생들은 관심 있는 연구대상과 주제를 바탕으로 총 5개 팀을 구성하였다. 각 팀은 선정한 주제에 관한 문헌고찰, 통계 등을 통한 현황 분석, 지역사회 방문 및 관찰, 지역사회 구성원 및 전문가 인터뷰 등을 실시하였다. 구체적인 연구주제와 결과물은 다음과 같다.

1. 천호 성매매 집결지의 「성매매 피해자 등의 자활지원 조례」 제정을 둘러싼 세력관계와 입법과정 분석
2. 학교 부실 석면제거공사에 대한 학부모 조직과 지역사회의 대응과 함의: 인헌초, 신정초, 선린초의 사례를 중심으로
3. 대학교 연계에 기반한 캠퍼스타운의 지역사회복지실천 강화 방안: 관악구 대학동 사례
4. 지역사회 내 장애인복지기관 간 네트워크 현황 진단 및 개선방안 제안: 관악구를 중심으로
5. 영등포구 중도입국 청소년의 현황과 지원체계 개선방안

지역사회복지론

서울대학교 사회복지학과 교수 박정민
서울대학교 강사 염태산

'지역사회복지론'은 수강생들이 지역사회복지 이론과 실천에 대한 지식을 갖추고 다양한 지역사회복지의 현실을 이해하는 것을 목표로 한다. 또한 수업에서의 지식을 바탕으로 실제 지역사회를 분석하고, 지역사회를 기반으로 이루어지는 사회복지정책과 실천 그리고 사회서비스 등에 대해 탐구할 기회를 제공한다.

구체적으로, 수강생들은 이 강의를 통해 1) 지역사회복지의 개념, 역사, 관점, 이론을 고찰하고, 2) 지역사회복지 실천모델과 실천과정에 관한 이해를 높이며, 3) 최근 지역사회복지 동향과 주요 쟁점을 파악하고, 4) 지역사회의 실제 이슈를 분석하고 해결책을 제시하는 능력을 기른다.

지역사회복지는 사회복지실천의 대표적인 영역의 하나이다. 이는 개인, 가족, 집단과 직접 접촉하면서 서비스를 전달하고 문제의 해결을 추구하는 미시적 실천과 차이가 있고, 사회정책이나 제도 또는 전달체계의 변화를 추구하는 거시적 실천과도 구별된다. 지역사회복지는 지역사회 내의 집단, 조직, 제도 등을 변화시키거나, 이들의 관계나 구성원 간 상호작용의 변화를 추구한다. 물론 여타의 사회복지실천과 마찬가지로, 지역사회복지는 지역구성원이 지니고 있는 구체적인 문제를 해결하는 데 초점을 둔다는 점, 이를 위해 스스로 문제를 해결할 수 있는 능력을 높이고 제도와 환경을 개선해 나가는 노력을 병행한다.

인문사회과학의 여러 개념과 같이 지역사회 역시 개념을 통해 파악하고자 하는 현실이 포괄적이고, 복잡하며, 시공간에 따라 가변적이다. 따라서 이 수업은 지리적 공간의 공유, 구성원간 상호작용과 동질성, 소속감과 응집력 등 지역사회를 구성하는 다양한 요소들은 무엇이고 그 역할과 중요성에 대한 논의를 포함한다. 지역사회복지는 사회복지의 주된 초점이라 할 수 있는 지역사회현안, 구체적으로는 지역사회문제에도 주목한다. 이를 해결하는 것이 지역 구성원의 인간다운 삶을 실현하는 길이기 때문이다. 물론 특정한 지역사회문제가 해결된다면 지역사회복지는 증진된 것이다. 그러나 문제해결보다 중요한 것은 문제해결 역량을 지역구성원과 지역조직이 보유하고 스스로 해결해 나가는 것이다. 지역사회의 역량을 강화하는 것, 이것이 지역사회복지를 실천하는 사회복지사가 하는 주된 일이다.

이를 위해, 이 수업에서는 지역사회문제 해결 및 변화를 위한 다양한 관점과 접근법을 다룬다. 구체적으로 지역사회복지를 추구하면서 세운 목표와 변화를 위한 방법이 어떠해야 하는지 구체적으로 논의한다. 이를 테면, 가장 대표적인 관점의 차이는 문제중심 관점과 강점 관점이 될 수 있다. 문제중심관점은 사람들의 취약점, 문제점, 기능장애, 부적응 등에 초점을 두고, 전문가를 중심으로 이를 교정하려 한다. 반면, 강점관점은 모든 지역사회구성원이 능력, 경험, 의지, 가능성을 지닌 주체이자 자기 삶의 전문가라는 점에 주목한다. 강점관점에서는, 지역사회구성원이 강점과 자원을 스스로의 삶과 환경에서 찾아내어 발휘할 수 있도록 도움을 주는 것이 중요하다고 본다. 지역사회복지와 더불어 사회복지실천에서는 강점관점을 기본적인 관점으로 수용하고 있으며, 지역사회현안을 다루는 연구보고서도 그러한 관점에서 다루도록 지도되었다. 지역사회 강점에 중심을 둔 실천모델은 지역자산모델, 지역역량증진모델, 풀뿌리실천, 임파워먼트실천 등을 들 수 있다.

다양한 관점들은 상이한 실천적 함의를 지니며 각기 다른 실천방법과 연결된다. 예를 들어, 지역사회복지 증진을 위해 공무원이나 사회복지사 등 전문가를 중심으로 세워진 계획에 따라 계획된 변화를 일으켜 과업목표 달성을 강조하는 접근법[사회계획(social planning)], 지역사회 구성원이 스스로 문제를 정의하고 공동의 관심사를 토론하고 참여하며 해결방법을 찾아나가는 과정(참여, 협력, 합의, 자조 등)을 향상시키는 것을 강조하는 접근법[지역사회개발(community development)], 지역사회의 소외된 구성원들이 적극적으로 자신들의 권리를 대변하고 문제해결을 추구해 나가면서 지역사회 내 제도 변화, 권력구조와 의사결정 과정 및 자원배분의 변화를 중시하는 접근법[사회행동(social action)] 등이 있다. 물론 현실에서는 이들 접근법들이 중복되고 혼합되거나 부분적으로 나타난다.

구체적인 실천계획의 수립과 실행을 위해 필요한 여러 사항들도 다룬다. 주체(지역사회의 변화를 추구하는 집단과 구성원 또는 수혜집단)가 누구이고 대상(변화의 대상과 목표)이 무엇인지를 파악하는 것, 활용할 수 있는 자원과 극복해야 할 장애물을 확인하는 것, 다양한 전략과 전술(예, 협력, 경쟁, 캠페인, 협상, 교육, 설득, 대중매체와 SNS 활용, 집회 등) 중 무엇을 활용할지 결정하는 것 등이 여기에 포함된다.

지역사회복지실천의 형태는 매우 다양하다. 대표적으로 지역사회복지관, 장애인복지관, 노인복지관과 같은 전통적인 복지서비스 제공기관의 프로그램, 시군구와 읍면동 단위의 지방자치단체를 기반으로 한 공공서비스, 마을만들기와 도시재생, 주민조직화와 옹호활동, 사회적 경제 및 소셜임팩트 활동을 들 수 있다.

이 수업에서는 지역사회복지의 이론과 실천과정에 대한 지식을 바탕으로 지역사회의 분석과 개선을 위해 실제로 적용하는 기회를 갖는다. 이는 한 학기 전 기간 동안 연구보고서를 작성하는 방식으로 진행되고, 모든 보고서는 특정 지역사회에서 해결 또는 개선이 필요한 문제를 선정하고 그 해결의 필요성과 중요성을 명시하였다. 보고서 작성을 위해 참고할 수 있는 가이드라인은 다음과 같이 주어졌다.

첫째, 지역사회복지 실천모형 제시형.

- 개입의 주요목표를 설정한다
- 문제해결 또는 변화추구와 관련된 지역사회 내 주체들을 파악한다
- 목표달성을 위해 가용할 수 있는 자원과 주요 장애물을 파악한다
- 실천모형을 선정하고 그 내용과 장단점을 기술한다

둘째, 지역사회 의사결정과정/권력관계 분석형.

– 지역사회의 현안 관련 정책과 법안 등에 영향을 미칠 수 있는 주요 의사결정자와 이익집단을 파악한다

– 각 의사결정자와 이익집단의 해당 이슈에 대한 입장, 권력의 기반, 이슈에 대한 관심과 동기, 이익집단 간 상호관계(예: 협력, 갈등) 등을 살펴본다

– 해당 이슈, 관련 정책과 법안 등에 영향을 미칠 수 있는 정치적, 경제적, 문화적 및 기타 이슈들을 탐색한다

– 의사결정과정에 영향을 끼칠 수 있는 전략과 전술을 살펴본다

셋째, 지역사회복지 실천사례 분석 및 개선방안 제시형.

– 지역사회복지 실천을 수행하고 있는 기관 또는 관련 프로그램을 선정한다

– 대상 기관 또는 프로그램이 기반하고 있는 관점, 실천모형, 실천과정과 기술 등을 분석한다

– 분석 대상의 성과와 한계, 그리고 개선방안을 제시한다

연구결과물을 살펴보면, 〈천호 성매매 집결지의 「성매매 피해자 등의 자활지원 조례」 제정을 둘러싼 세력관계와 입법과정 분석〉은 '지역사회 의사결정과정/권력관계 분석형' 과제, 〈학교 부실 석면제거공사에 대한 학부모 조직과 지역사회의 대응과 함의: 인헌초, 신정초, 선린초의 사례를 중심으로〉, 〈관악구 장애인복지기관 간 네트워크 현황과 강화방안〉, 〈영등포구 중도입국 청소년 지원현황과 지원체계 개선방안 분석〉은 '지역사회복지 실천사례 분석 및 개선방안 제시형' 과제, 〈관악구 대학동의 대학교 연계에 기반한 지역사회복지실천 방안〉은 '지역사회복지 실천모형 제시형' 과제로 분류할 수 있겠다.

이 수업에서는 연구보고서 작성을 위해 총 5개 팀(2명–5명)이 구성되었다. 각 팀마다 상술한 것처럼 여러 주제를 다루었는데, 대상 지역사회와 방법론 역시 다양하였다. 보고서는 각 주제에 대한 일반적이고 포괄적으로 분석하는 것이 아니라, 특정 지역사회를 구체적으로 선정하고 그 지역에서의 문제와 해결방안을 중

심으로 기술하도록 하였다. 대상 지역사회는 관악구 대학동, 관악구 전역, 강동구 천호동, 영등포구, 강서구를 포함하였다. 모든 팀은 대상 지역사회를 여러 차례 직접 방문하였다. 현황 분석과 자료 수집을 위해 모든 팀이 지방자치단체, 관련 서비스기관과 비영리단체, 전문가, 지역사회 구성원 등과의 면접을 수행하였고, 온라인 서베이를 실시한 팀도 있다. 학생들은 면접 결과를 녹취한 후 나온 주제들을 범주화하여 정리하거나, 빈도 분석 등의 기초적 통계를 활용하여 논의의 근거로 삼았다. 학생들은 교수와 조교와 함께 연구주제들을 논의하며 자신들의 논의를 보다 설득력있게 다듬었다.

우수 연구보고서로 선정된 〈천호 성매매 집결지의 「성매매 피해자 등의 자활지원 조례」 제정을 둘러싼 세력관계와 입법과정 분석〉은 천호동 성매매 여성의 자립지원을 위하여 '천호동 성매매 피해여성 자활지원 조례' 제정을 둘러싼 이해관계자들 사이의 세력장을 분석하고, 타지역 조례제정의 사례를 천호동의 상황과 비교하여 입법과정을 분석한 연구이다. 세력장 분석을 통하여 변화장애세력(업주, 강동구청, 반대기초의원, 지역주민, 언론 및 여론)과 변화주도세력(성매매여성, 내외부 지원단체, 토지 및 건물주, 찬성기초의원)으로 구분하여, 변화가 이루어질 국면에서 각 행위자가 어떻게 행동할 것인지 현실적인 예측을 하였다. 또한 타지역의 조례제정에서 세력관계가 어떻게 작용했는지를 살펴보면서, 향후 천호동에서 조례제정 경로와 난관을 미리 전망해보았다. 이를 통하여 조례제정을 추진하는 여성단체가 취할 수 있는 행동전략을 제시하였다. 이 연구의 강점은 성매매 집결지 폐쇄를 둘러싸고 벌어지는 성매매 여성에 대한 지원에 대한 지역구성원들의 입장차이를 분명하게 드러냈다는 점이다. 이 팀의 생각은 성실한 인터뷰, 자료조사를 통해 체계적으로 뒷받침되었으며, 실현가능한 제언으로 이어질 수 있었다. 이들의 분석틀은 사회적 약자를 위해 옹호하는 사회행동실천가에게 매우 유용한 기준이 될 수 있을 것이라 생각된다.

우수 연구보고서로 함께 선정된 〈학교 부실 석면제거공사에 대한 학부모 조직과 지역사회의 대응과 함의: 인헌초, 신정초, 선린초의 사례를 중심으로〉은 부실하게 진행된 석면제거공사로 인해 벌어진 학생건강과 교육공백에 대한 학부모들의 대응을 다룬 연구이다. 각 학교의 학부모들은 부실석면공사에 대해 '비상대책위원회'를 세우고 각기 전략과 전술을 세우고 자원을 활용하여 교육당국을 대하였다. 그리고 그 결과는 서로 다르게 나타났는데, 그 차이가 어디에서 나타났는지는 학생들의 보고서를 참조하기를 바란다. 이 연구의 강점은 인터뷰 및 서류 자료를 성실하게 정리했다는 점, 적절한 인용을 통해 주장하는 바를 효과적으로 부각시켰다는 점이다. 나아가 이 팀은 자료를 조사하면서 얻은 교훈을 바탕으로, '석면 해체·제거공사 학교 학부모 가이드라인'을 제시하였는데, 여기에는 앞으로 공사가 예정된 학교의 학부모들이 유념해볼 만한 실질적인 내용이 담겨 있다.

천호 성매매 집결지의 「성매매 피해자 등의 자활지원 조례」 제정을 둘러싼 세력관계와 입법과정 분석

서울대학교 사회복지학과 박지희, 여성원

I. 서론

「윤락행위등방지법」이 제정된 이후부터, 성매매 집결지는 단속의 대상이었지만 국가의 묵인 아래 공공연하게 성행해왔다. 물론 최근 집결지는 재개발 과정에서 폐쇄의 과정을 거치고 있다. 그러나 성매매 여성이 직면한 문제들을 어떻게 해결할 것인지에 대한 논의는 거의 이루어지지 않았고, 성매매 여성들이 의사결정 과정에서 배제되어 왔기 때문에 이들의 인권과 생존권은 침해되고 있다. 더욱이 집결지의 재개발 과정에서 성매매 여성들이 소외되면, 집결지에서 쫓겨나더라도 성매매를 벗어나지 못하고 다른 성매매 산업으로 유입되는 경우가 많다. 이러한 경우에는 집결지가 폐쇄되었다고 하더라도, 성매매 집결지의 문제를 지역사회에서 제대로 해결하였다고 보기 힘들다.

천호동도 현재 재개발 계획이 신속하게 추진되고 있지만, 성매매 여성에 대한 대책은 제대로 논의되지 않고 있는 실정이다. 성매매 여성들에 대한 지원은 지역사회 차원에서 성매매 집결지에 대한 책임을 인정하고 해결하고자 하는 노력의 결과이다. 여성인권상담소 '소냐의 집'과의 면담을 바탕으로, 현재 천호 성매매 집결지에서 성매매 여성에 대한 지역사회 차원의 대책을 세우기 위해서 가장 시급하게 이루어져야 하는 목표가 성매매 집결지의 「성매매 피해자 등의 자활지원 조례」(이하 '자활지원조례'라고 칭한다) 제정임을 확인할 수 있었다.

따라서 본 연구는 조례를 둘러싼 세력요인들의 입장 차이를 파악하고, 세력장분석 기법을 활용함으로써 지역사회 세력분포를 사정하고자 한다. 또한 타 지역들의 조례 입법 과정을 분석하고 이를 천호동 지역과 비교함으로써, 천호 성매매 집결지의 입법과정을 검토하고 전망하고자 한다. 이를 바탕으로 '소냐의 집'이 자활지원조례 제정이라는 목표를 달성하기 위해 어떠한 개입과 행동전략을 취해야 하는지, 그 방향에 대해 제안하고자 한다.

II. 연구 배경 및 방법

1. 집결지 성매매 여성에 대한 지원 필요성

1) 집결지 성매매 여성에 대한 지원과 「성매매 피해자 등의 자활지원 조례」

1961년 「윤락행위등방지법」 제정 이후, 성매매는 법적으로 금지되었다. 2004년 「성매매방지및피해자보호등에관한법률」(이하 '성매매방지법'이라고 칭한다)과 「성매매알선등행위의처벌에관한법률」(이하 '성매매처벌법'이라고 칭한다)이 제정되면서 성매매 집결지에 대한 단속이 강화되었지만, 여전히 성매매 집결지는 존재하고 있다. 「성매매방지법」은 탈성매매를 지원하기 위해 국가 및 지방자치단체에게 재정적 조치를 마련하도록 규정하고는 있지만, 재원을 어떻게 조달할지에 대한 구체적인 방안은 명시되어 있지 않다. 따라서 성매매 여성의 자활을 위한 안정적인 주거 및 생계비 지원이 규정되어 있지만 실제 지원은 매우 부족한 현실이다.[1] 그러나 「성매매방지법」은 국가 차원에서 성매매 여성을 보호하고 자활을 지원하는 법적

1. 최정일. 2015. "성매매 규제 및 성매매여성의 탈성매매를 위한 법제도적 지원 방안에 대한 연구." 『보호관찰』. Vol.18 No.1. pp.151-155.

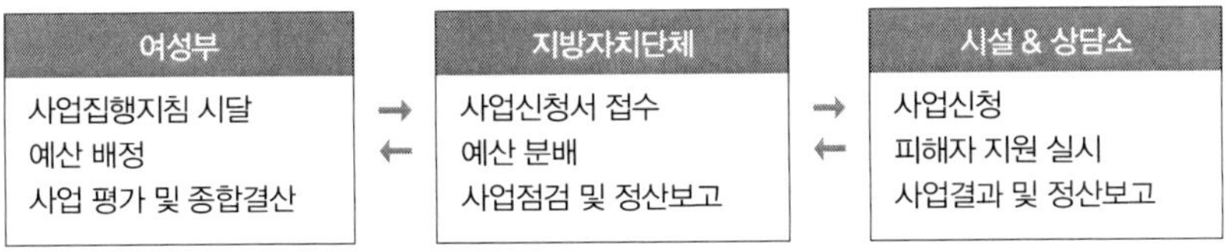

여성부		지방자치단체		시설 & 상담소
사업집행지침 시달 예산 배정 사업 평가 및 종합결산	→ ←	사업신청서 접수 예산 분배 사업점검 및 정산보고	→ ←	사업신청 피해자 지원 실시 사업결과 및 정산보고

〈그림 1〉 성매매 여성 구조 및 지원사업의 사업추진체계도

근거가 된다는 점에서 의의를 가지고 있다. 성매매 여성과 관련된 사업으로는 집결지 성매매 여성의 탈성매매 사업, 성매매 여성을 위한 상담소 신규 설치 및 운영 지원, 성매매 현장 활동가 및 시설종사자 인력 양성, 성매매 여성 신용 회복 지원 사업 등이 있다.[2] 이러한 사업들은 여성가족부 소관으로, 시설 및 상담소가 지방자치단체와 협력해 사업들을 진행한다. 〈그림 1〉[3]은 여성가족부와 지방자치단체, 시설 및 상담소의 역할과 관계를 보여 준다.

지방자치단체들은 성매매 방지가 평가항목에 포함되는 것[4]을 계기로 다양한 지역사회 차원의 성매매 여성 지원사업을 진행하고 있다. 그런데 지방자치단체에서 성매매 여성에 대한 자체적인 지원사업을 추진하기 위해선 자치법규제정이 선행되어야 한다. 「성매매방지법」에 따르면 성매매 집결지의 여성에게 국가차원의 자활지원사업인 의료, 법률, 주거, 직업훈련지원만이 가능하기 때문이다. 따라서 이를 제외한 추가적인 지원을 하기 위해서는 지자체 차원에서 별도의 법적 근거인 「성매매집결지피해자등의자활지원조례」를 마련해야 한다. 춘천시의 난초촌 사례를 시작으로 전국의 성매매 집결지에서 여성의 탈성매매를 지원하기 위해 「성매매방지법」 제3조의 범위 안에서 조례와 시행규칙을 제정하고, 이를 근거로 지원사

2. 민주식. 2008. "성매매피해자 자활을 위한 지방자치단체의 역할증대 방안에 관한 연구-경기도를 중심으로." 경기대학교 행정대학원. pp.44-50.
3. 정수연. 2006. "탈성매매여성 자활지원정책 분석 연구-탈성매매여성의 자활과정을 중심으로-." 서울여자대학교 석사학위논문. p.58.
4. 여성가족부는 지방자치단체들의 성매매 방지에 대한 관심과 적극적 행동을 유도하기 위해 '지방자치단체 성매매방지정책 이행평가'를 2006부터 실시했고, 현재는 행정안전부의 '지자체 합동평가'에 포함되어 운영되고 있다. 평가 내용으로는 '지자체 집결지 폐쇄 및 성매매 단속 등 성매매 방지 분야 우수사례' 뿐만 아니라 '성매매피해자의 건강한 사회 복귀에 기여한 사례 등'도 포함되어 있다. (변혜정, 앞의 책. pp.16-21.)

업들을 추진하고 있는 상황이다.

2) 성매매 집결지 재개발 과정에서 성매매 여성의 소외

최근 지역사회 차원의 성매매 집결지 여성 지원이 활발해진 이유는 그 동안 성매매 집결지가 폐쇄되고 재개발되는 과정에서 성매매 여성에 대한 논의가 이루어지지 않았고, 이들의 인권과 생존권 침해 문제가 제기되었기 때문이다. 「성매매방지법」이 제정된 이후 지방자치단체들은 성매매 집결지를 폐쇄하는 대안으로 도시재개발사업을 활용하고 있다. 이때, 건물주와 토지주, 일부 업주들은 재개발 조합원이 되어서 보상을 받아 개발이익을 나누어 가지고, 지역주민들과 지방정부는 재개발로 주거환경이 개선되고 지역이 활성화되어 이익을 얻는다. 그러나 그 과정과 논의에서 성매매 여성의 이해는 간과되어왔다. 특히, 초기에 재개발이 이루어진 청량리 588과 용산역 집결지의 재개발 과정에서는 토지주와 건물주, 심지어 업주에 대한 보상도 논의되었지만, 성매매 여성들은 어떠한 보상도 받지 못한 채로 일터인 집결지에서 쫓겨나야 했다. 다수의 성매매 여성들은 집결지에서 일을 하면서 동시에 건물 위층에 거주하기도 하기 때문에, 성매매 집결지를 폐쇄한다는 것은 성매매 여성들에게 단순한 일터뿐만 아니라 삶의 터전까지 사라진다는 의미이다. 그런데 대부분의 성매매 여성들은 경제적으로 열악한 위치에 있기 때문에 집결지에서 쫓겨나면 집을 구하거나 정상적으로 생활을 영위하기가 어려워, 결국 다른 성매매 산업으로 유입되곤 한다.

따라서 이러한 문제를 해결하지 않은 상황에서, 단지 성매매 집결지가 폐쇄되었다고 성매매 집결지 문제가 해결하였다고 바라보기는 어렵다. 이는 그 동안 지역사회의 묵인 속에서 이루어진 성매매에 대한 지역사회 차원의 책임을 다시 성매매 여성들에게 전가하는 것이다. 성매매 여성들은 더욱 비가시화되기 때문에 겉으로는 성매매 문제를 해결한 것처럼 보이더라도, 결국 진정한 의미의 성매매 문제해결은 이루어지지 않았다고 볼 수 있다. 성매매 여성의 생계와 생활의 문제를 해결하지 못한 가운데 성매매 집결지를 폐쇄하는 것은 쉽지 않아, 성매매 여성은 업소

를 떠나지 못해 재개발 자체도 난관에 봉착한다. 여성단체들은 이러한 재개발 과정의 문제점을 계속해서 지적해 왔고, 최근에는 이러한 문제를 해결하기 위해 성매매 여성들이 자활할 수 있도록 지원하면서 집결지의 업소들을 폐쇄하는 방향으로 논의가 활발해지고 있다.

2. 천호 성매매 집결지

1) 천호 성매매 집결지의 역사

천호동 410번지의 성매매 집결지는, 1960년대 군부대 인근에서 막걸리를 팔며 성매매를 겸하는 '방석집'들이 모여 형성되기 시작하였다.[5] 이후 1980년대 군사정권이 3S(Sports, Screen, Sex) 정책을 추진하자 밤새 연달아 성구매자를 받는 방식으로 바뀌었고, 1층에 유리로 된 문을 설치하는 '유리방' 영업이 생겨나기 시작했다.[6] 서울시 내 무허가 유흥업소 폐쇄계획이 1990년에 시행되었지만, 업소 수가 200개가 넘어 실질적인 강제 폐쇄조치를 하지 못하였다.[7] 2001년부터는 훨씬 높은 강도의 단속을 실시했지만, 이 시기 경찰들의 단속이 무척 비인도적이었다는 문제가 제기되었다. 이후 경찰은 단속을 느슨하게 하는 동시에 48개의 업소에 각각 번호를 부여함으로써 업소들이 늘어나지 않으면서도 사실상 유지될 수 있도록 관리하였다.[8] 2004년 「성매매방지법」으로 인해 성매매가 공식적으로 불법이 되었음에도, '삐끼'들이 골목에 서있는 것에 지역주민들이 항의하자 '삐끼'를 없애는 대신 단속을 하지 않는 조건으로 파출소와 합의가 되어, 천호 성매매 집결지는 아직까지도 존재하고 있다.

이러한 천호 성매매 집결지의 유래와 단속의 역사는 성매매 집결지가 공권력의

5. 홍성철. 2007. 『유곽의 역사』. 서울: 페이퍼로드; 박혜정. 위의 책. p.77.
6. 위의 책. pp.108-111.
7. 위의 책. p.127.
8. 위의 책. pp.180-188.

방관과 지역사회의 무관심 속에 암묵적으로 묵인되고 외면되었음을 보여 준다. 집결지는 성매매가 불법행위로 간주되기 이전까지 인신매매, 폭행, 성폭력 등 불법행위들이 공공연하게 발생하면서도 용인되는 도시 내의 '치외법권'처럼 인식되어 왔다. 게다가 과거 천호 성매매 집결지에 성매매 여성들은 주로 인신매매를 통하거나 가출한 청소년들을 유혹한 후, 감금 및 폭행 등을 통해 유입되었다. 일련의 단속정책으로 집결지가 점차 축소되는 듯했으나, 경찰과 행정기관이 지속적으로 업주들과 '타협'하며 집결지가 고착화되었고, 그 과정 속에 주민들의 문제의식도 옅어지면서 성매매 여성들의 처지와 상황은 사회의 관심에서 멀어져 갔다. 그러나 천호동 집결지의 역사가 성매매와 여성 종사자에 대한 지역사회의 무관심과 냉대 속에서 전개된 것을 돌아보면, 성매매 집결지의 문제, 여기에 종사하는 여성들에 대한 대책 마련이 지역사회의 책임영역이라는 점을 확인할 수 있다.

2) 천호 성매매 집결지의 현황

본 연구팀이 진행한 현장답사 결과, 2019년 5월 17일 기준으로 언론을 통해 '폐쇄'되었다고 알려진 천호동은 여전히 영업 중이었다. 423번지를 중심으로 뻗어나가는 세 갈래의 길, 그리고 작은 골목들을 따라 '유리방'들이 늘어서 있고, 집결지의 생활을 위한 마트, 미용실 등 시설들이 위치해 있었다. '소냐의 집'에 문의한 결과 45개의 업소가 남아있었는데, 4월 마지막 주에 2구역에 있던 6개 업소가 영업을 중단하고 나가서 39개 업소가 남아있다는 사실을 확인할 수 있었다.

최근 천호 성매매 집결지는 '천호 성매매 집결지 화재사건'을 계기로 상황이 급박하게 변화하고 있다. 2018년 12월 22일, 천호동의 한 성매매 업소에서 화재가 발생하여 두 명의 여성과 업주로 알려진 박(50)씨 총 3명이 이 화재로 숨졌는데,[9] 이 업소가 천호2구역에 위치한 재개발 대상지역에 위치하고 있어 논란이 되었다. 강동구는 천호동 일대를 재정비촉진지구로 지정하여 재개발을 추진하고 있었는

9. 이유진 외. "천호동 성매매집결지에서 불–2명 사망–2명 중상." 『한겨레』 (2018.12.22).

데,[10] 2015년 이후 몇 년간 진전이 없던 이곳의 재개발이 화재사건을 계기로 지역사회의 관심을 받게 되었다. 이러한 관심을 기회삼아 재개발조합은 업소들을 철거하도록 압력을 가하고 있고, 현장답사결과 이곳 2지구에 위치해있던 6개 업소들은 사건발생 4달 만인 2019년 4월 말에 모두 폐쇄되었음을 확인할 수 있었다. '소냐의 집'을 비롯한 100여 개의 여성단체들은 '천호 성매매 집결지 화재사건 공동대책위원회(이하 천호 성매매 집결지 화재 공대위)'를 조직하여 활동하고 있다.

3. 연구 방법

1) 자료조사 방법

연구방법으로는 문헌 고찰, 대면 및 서면 면담과 전화, 현장답사 등을 활용했다. 성매매 집결지의 특성상 정확한 정보를 확인하기가 어려워서 소냐의 집에 자료를 요청해, "소냐의 집 자료집(박경애, 2007)", "천호동 423번지, 그 시간을 밝히다(박경애 외, 2008)" 등 전문적인 자료들을 참고하였다. 권력관계를 파악하기 위해서는 기사, 보도자료 등 다양한 문헌자료를 활용할 뿐만 아니라 당사자들을 여러 방식으로 접촉해 의견을 확인하고자 했다. 공식 자료에서는 확인하기 힘든 천호 성매매 집결지의 성매매 현황을 직접 확인해 보기 위해서는 2019년 5월 17일 현장답사를 하였다.

2) 세력장분석 기법

세력장분석 기법(force-field analysis, FFA)은 사회심리학자 레빈(Lewin)의 시도에서 유래한 방법이다. 세력장분석은 특정 조직이나 상황을 분석하기 위해 목표를 이루는 데 '도움이 되는 힘'과 '방해되는 힘'으로 구분지어 영향관계를 살펴 전반적인 이해를 한다는 아이디어이다. 천호동 집결지의 성매매 여성을 지원하기 위한

10. 강동구청. "재정비촉진기구." (2019.04.30).

조례입법이 목표라면 여기에 도움이 되는 힘과 방해되는 힘이 있다. 이를 둘러싼 이해관계 집단의 현실을 파악하기 위해 세력장분석 기법이 적합하다고 판단된다.

사실 천호동의 집결지의 상황은, 각 집단의 욕구가 어느 정도 파악되었으나 서로의 입장을 조정하거나 설득하는 노력이 충분하지 않은 초기 상태이다. 이 상황에 조례입법을 둘러싼 각 이해집단들의 영향력과 욕구, 로비활동의 대상을 파악하기 위해서 세력장분석 기법이 활용될 수 있다. 우선 '천호 성매매 집결지의 「피해자 등의 자활지원조례」 제정'을 목표로 설정하고, 여러 관계 집단들을 장애세력(방해되는 힘) 및 주도세력(도움이 되는 힘)으로 분류하였다. 나아가 각 세력들이 핵심세력과 주변세력인지를 구분하여 도식에 표현한 뒤, 각 세력들의 잠재성, 지속성 및 가변성을 H(High), M(Middle), L(Low), U(Uncertain)으로 평가하였다. 각 기준에 대한 조작적 정의는 브레이저(Brager)와 할러웨이(Holloway)[11]를 참고해 다음과 같이 정리하였다.

① 핵심주체(critical actors)란 공식적 혹은 비공식적으로 변화를 허가하거나 거절할 권력이 있는 세력을 의미하며, 본 연구에서는 의결권 및 공권력을 직접, 혹은 간접적으로 가진 세력을 핵심주체로 분류하였다. 주변자(주변세력, facilitating actors)는 핵심세력들이 결정전에 승인을 얻어야 하는 세력으로, 의사결정과정에 의견이 고려되어야 하는 세력들을 의미한다. 본 연구에서는 이해관계자들 중 핵심주체만큼은 아니더라도 문제에 관심이 있거나 고려되어야 될 집단을 주변자로 분류하였다.

② 잠재성(potency)이란 세력요인들이 잠재적으로, 또는 실재적으로 변화장애나 달성에 영향을 미치는 지를 의미한다. 즉, 특정 세력이 목표에 얼마나 큰 영향력을 행사할 수 있는지를 기준으로 잠재성을 판단했다.

③ 가변성(amenability)은 개입이 이루어졌을 때, 조례 제정을 위한 방향으로 설득이 용이한가를 기준으로 판단하였다. 면담 등을 통해 수집한 각 세력들의 입장을 바탕으로 예상 반응과 반발 정도 등을 추정하여, 특정 세력이 주도세력이라면 강

11. G. Brager & Holloway. 1993. "Assessing Prospects for Organizational Change: The Uses of Force Field Analysis." *Administration in Social Work*. Vol.16.

화되고 장애세력이라면 약화되는 변화[12]를 행위자가 유도할 수 있는가를 평가하였다.

④ 지속성은 각 요인들이 일관적인 입장을 유지하는가를 의미한다. 조례 내용 등 변화의 세부적인 사항에 따라 입장을 쉽게 철회하거나 변경하는지를 살펴보았다. 가변성이 설득이나 중재 등 행위자의 개입이 있었을 때 각 집단의 입장이 변화할 수 있는가를 의미한다면, 지속성은 특별한 개입이 없다면 현 상태를 유지하는 정도를 나타낸다. 특히 지속성의 경우, 입장을 표출하지 않으면 알 수 없기 때문에 U로 표시되는 집단들이 있었다.

3) 입법과정분석 기법

타 지역의 집결지 여성들을 위한 자활지원조례가 제정된 과정을 분석하고 천호동의 상황과 비교하기 위해 입법과정분석을 활용했다. 입법과정분석이란 법안이나 정책들이 최종 결정되는 과정을 분석해 지역사회의 권력 또는 의사결정 구조를 이해하고자 수행하는 연구기법이다.[13] 입법과정분석에는 입법과정에서 누가 무엇을 하는지 검토하고, 이익집단의 현재 상황과 입장에 대한 분석이 포함된다. 본 연구에서는 전주, 대구, 원주, 인천 네 지역에서 성매매 집결지가 폐쇄되는 과정에서 「성매매 피해자 등의 자활지원 조례」가 제정되었던 과정에 대해 조사하였다. 여러 사례들 중 네 지역을 선정한 이유는 각 지역마다 집결지 폐쇄 맥락과 조례 제정을 추진한 중심세력이 달랐기 때문이다. 조례 제정 당시의 언론기사, 여성단체들의 기록물, 의결이 이루어지던 기초의회의 회의록 등을 검토하여 입법과정분석을 수행하였다.

12. G. Brager & Holloway. 1993. pp.20-21.

13. 백종만 외. 2015. 『지역사회복지론』. 서울: 나남출판사. pp.225-228.

Ⅲ. 「성매매 피해자 등의 자활지원 조례」를 둘러싼 세력관계 분석

이 장에서는 「성매매 피해자 등의 자활지원 조례」를 둘러싼 지역사회 세력요인들과 각 세력요인들의 입장을 분석해 보고자 한다. 세력요인들은 다음과 같이 파악할 수 있다. 우선, 천호 성매매 집결지 내부의 행위자인 성매매 피해여성과 업주 그리고 토지주, 건물주가 있고, 피해여성을 옹호하는 소냐의 집이 있다. 또한, 조례 입법과정과 관련된 정치세력으로는 지방정부인 강동구청과 지방의회인 강동구의회, 서울시의회가 있다. 이 외에는 천호 성매매 집결지 주변의 지역 주민과 상인들이 있고, 천호동 외부로는 외부 여성단체들과 외부 언론 및 여론을 세력요인으로 파악하였다. 다음은 세력장분석 기법을 표로 나타난 결과이다.

문제 상황: 천호 성매매 집결지 재개발 과정에서 성매매 피해여성에 대한 대책이 없다.

욕구: 천호 성매매 집결지 재개발은 성매매 피해여성에 대한 지원을 전제로 진행돼야 한다.

하위 목표: 천호 성매매 집결지의 「성매매 피해자 등의 자활지원 조례」를 제정한다.

〈표 1〉 세력장 분석결과

• H(High), M(Middle), L(Low), U(Uncertain)

변화장애세력					→		←	변화장애세력				
M	H	L	주변	1	업주		성매매 피해여성	1	주변	H	U	L
H	L	M	핵심	2	강동구청		소냐의 집	2	핵심	L	H	M
H	L	H	핵심	3	반대 기초의원		외부 여성단체	3	주변	L	H	H
H	U	M	주변	4	지역주민		토지주, 건물주	4	주변	H	U	M
H	L	M	주변	5	언론, 여론		찬성 기초의원	5	핵심	H	L	H
잠재성	지속성	가변성	활동주체						활동주체	잠재성	지속성	가변성

1. 성매매 여성

현재 성매매 여성 당사자들은 의사결정 과정에 참여하기 힘든 상황이다. 처벌을 받을 수 있다는 위험과 부정적인 사회적 편견으로 인해 직접적으로 의사결정과정에 참여하기 어렵기 때문이다. 게다가 업주들의 감시 속에서는 자유로운 의견 표출조차 힘들다. 또한 이들은 극소수이며 대부분 경제적으로 어려운 상황에 있기 때문에 조례 입법주체인 강동구청이나 기초의원에 대한 제공자원이나 접근 수단이 많지 않다. 특히 천호 성매매 집결지 성매매 여성들은 조직화도 거의 되어 있지 않기 때문에 집단으로서 목소리를 내기가 힘든 상황이다. 따라서 성매매 여성은 자활지원조례의 당사자임에도 불구하고, 핵심주체가 아닌 주변자이다.

이처럼 성매매 여성들의 권력기반이 약하기 때문에, 현재 천호 성매매 집결지 재개발 과정에서도 여성들의 상황과 입장은 잘 고려되지 않고 있다. 최근 천호동 재개발은 성매매 여성에 대한 논의나 대책 없이 빠르게 진행되고 있다. 재개발 계획이 앞당겨지자 여성들이 탈성매매에 대한 욕구가 증가하고 있지만, 업소가 폐쇄되기까지의 시간이 너무 짧아 대응할 여력이 부족한 상황이기 때문에 성매매 여성들은 조례 제정에 긍정적일 것 이라고 예측해 볼 수 있다. 조례는 성매매 여성들이 탈성매매와 자활을 위해 지역정부에게서 더 많은 지원을 받을 수 있는 근거가 되기 때문이다. 또, 현재 조례 입법을 추진하고 있는 소냐의 집이 집결지 여성들과 지속적으로 상호작용하며 입장을 대변하고 있다는 점도 근거로 들 수 있다. 다만, 과거 다른 지역의 성매매 여성들이 조례에 반대한 경우도 있어 부정적인 입장일 가능성도 배제할 수 없다. 그러나 천호 성매매 집결지의 피해여성들은 다른 지역들에 비해 소냐의 집과 라포가 무척 높게 형성되어 있기 때문에 일부 여성들이 조례에 대해 부정적이더라도, 소냐의 집이 그 동안의 쌓아놓은 관계를 바탕으로 설득했을 때 입장을 바꿀 가능성이 크다. 따라서 성매매 피해여성의 **가변성**은 높다고 파악하였다.

그런데, 천호 성매매 집결지의 피해여성은 아직까지 조례 제정과 관련한 특별한 행동이나 전략을 취하고 있지 않다. 즉, 피해여성들이 어느 정도의 의지를 가지고 있는지, 현재의 입장을 어느 정도로 유지할지에 대해서 파악하기 어렵기 때문에 지속성은 파악하기 어렵다. 물론 이는 앞의 내용처럼 집단적인 행동이 어려워서일 수도 있다. 그럼에도 천호 성매매 집결지의 여성들은 조금이라도 의견을 표출했었던 다른 지역의 여성들과 비교하였을 때, 당사자로서 나서기를 꺼려하는 성향이고, 조직화가 거의 이루어져 있지 않다고 볼 수 있다. 따라서 피해여성들이 직접 나서서 현재 다른 세력요인들에게도 영향을 끼칠 가능성이 낮고, 이들의 **잠재성** 또한 낮다고 판단할 수 있다.

2. 성매매 여성 옹호세력: 여성인권상담소 '소냐의 집'과 외부 여성단체들

1) 여성인권상담소 '소냐의 집'

소냐의 집은 조례 제정을 가장 적극적으로 추진하고 있는 **핵심주체**이다. 소냐의 집은 천호 성매매 집결지 근처에 존재하는 유일한 여성단체로, 천호 성매매 집결지와 관련한 문제에 대해서는 가장 현황을 정확히 파악하고 있고 전문성이 높은 세력요인이기 때문이다. 또한, 소냐의 집은 집결지 여성들의 유일한 대변 창구이다. 특히 소냐의 집은 오랜 기간 동안 지속적인 아웃리치를 통해 여성들과 탄탄한 라포를 쌓아왔고, 이는 소냐의 집이 성매매 여성들의 입장을 대변할 때 정당성의 근거가 된다. 이를 바탕으로 소냐의 집은 강동구청과 강동구의회 및 시의회에 자활지원조례 제정에 대해 요구하고 있다. 이처럼 여성들의 입장을 옹호하는 것이 소냐의 집의 정체성인 만큼 입장을 바꿀 가능성이 극히 낮으므로 **지속성**은 높고 **가변성**은 낮다고 판단하였다.

자활지원조례 제정을 위해 소냐의 집은 강동구청, 강동구의회, 서울시의회 등 입법 과정에서 핵심적인 세력요인들과 지속적으로 접촉하며 적극적인 로비활동을 펼치고 있다. 강동구청에게 지속적으로 조례제정 요구를 해왔지만 계속해서 요구가 받아들여지지 않자, 최근에는 로비 대상을 서울시의회로까지 넓혔다. 소냐의 집은 강동구의회 상임위원회와 함께 성매매 여성들의 자활지원과 관련한 간담회 등을 열면서, 이들이 직면한 문제에 대해 설명하며 구의회와 구청을 설득하기 위해 노력해왔다. 그럼에도 불구하고 현재까지 다른 세력요인들이 행동을 취할 정도로 높은 영향을 주고 있다고 보기는 힘들기 때문에 소냐의 집의 잠재성은 중간 정도로 파악할 수 있다. 잠재성이 낮지 않은 이유는 성매매 피해여성들에게 그 동안 쌓아온 라포를 토대로 직접적인 영향을 끼칠 수 있기 때문이다. 소냐의 집에서는 문제 해결을 위해 외부의 다양한 여성단체들과 연대하여 활동하고 있지만, 언론과 접촉하는 것에는 상당히 소극적이다. 소냐의 집은 언론이 특히 여성들의 문제를 배제시키고 업주들과 개발업자들의 이익을 대변하는 경우가 많다고 파악하고 있기 때문이다.

2) 외부 여성단체들

천호 성매매 집결지 화재사건 이후 소냐의 집을 포함한 100여 개 여성단체들은 '천호동 화재사건 공동대책위원회'를 조직하여 활동하고 있다. 이러한 외부 여성단체들은 소냐의 집과 협조노력관계를 맺고, 천호 성매매 집결지의 피해여성들의 인권을 보호하기 위해 공동의 목소리를 내고 있다. 외부 여성단체들은 전국 단위이거나 다른 지역에 존재하므로 조례입법과정에 적극적으로 참여하기는 힘들고 참여할 권한도 없어 **주변자**로 분류하였다. 하지만, 이들은 전국에 있는 여성단체들이 조직화했다는 점에서 소냐의 집이 개별적으로 행동하는 것보다 많은 지지자들에게 영향력을 미치고 있고, 정당성이 높아 강동구청과 기초의원들, 언론에 압력을 가할 수 있기 때문에 **잠재성**이 높다고 파악할 수 있다.

이러한 외부 여성단체들은 소냐의 집과 마찬가지로 성매매 피해여성들을 옹호하고자 하기 때문에 조례 제정에 대해서 매우 긍정적이고 적극적인 입장이다. 또한 피해여성들의 인권을 보호하고 옹호하는 것이 단체의 정체성이므로 입장이 변화할 가능성이 거의 없기 때문에 높은 **지속성**과 낮은 **가변성**을 가지고 있다고 판단하였다. 최근 공대위에서는 강동구청과 강동구의회와 면담을 하면서 자활지원

조례 제정을 촉구하였다. 이에 대해 소냐의 집의 요구에는 잘 응답하지 않았던 강동구청으로부터 '검토해 보겠다'는 답변을 얻었다.[14]

3. 토지주 및 건물주

성매매 집결지에 있는 토지나 건물의 주인은 재개발이 이루어질 때, 재개발 조합원이 되어 재개발 조합 내 의사결정에 참여할 수 있다. 현재 재개발 계획이 가장 활발하게 추진되고 있는 지역은 천호1구역으로, 2012년부터 도시환경정비사업조합이 설립되어 재개발을 추진하고 있다. 천호2구역과 천호3구역도 각각 재건축조합이 설립되어 있다. 재개발 조합에서는 재개발 방향과 시기, 보상금 등에 대해 결정권을 가지고 있다. 또한, 재개발 조합장을 중심으로 조직화가 잘 되어 있고, 투표 등 공식적인 의사결정절차를 거쳐 집단의 대표성을 확보한 입장을 결정하기 때문에, 재개발 과정에 큰 영향력을 행사할 수 있다. 하지만, 조례 입법 과정 자체에서는 의사결정과정에 공식적으로 참여하기 힘들고, 관심이 적어 참여하려고도 하지 않는다. 따라서 토지주와 건물주는 **주변자**이지만, 그래도 여전히 재개발 조합의 입장 자체는 조례 입법 방향에 영향을 끼칠 수 있다. 이는 재개발조합이 조직화가 잘 되어 있고, 토지주와 건물주인 동시에 지역주민이기도 하기에 강동구청과 강동구의회에게 영향력을 미칠 수 있기 때문이다. 하지만, 이를 제외한 집결지 내부 행위자들이나 다른 지역주민들에게는 거의 영향력을 미치지 않기 때문에 **잠재성**이 높다고 보기는 어려워 중간 정도라고 파악하였다.

토지주와 건물주는 재개발에만 관심이 있기 때문에 성매매 피해여성에 대한 지원이나 조례 제정 자체에는 큰 관심을 가지고 있진 않다. 현재까지 천호 성매매 집결지의 토지주와 건물주들은 조례 제정에 대한 반대 의견도 찬성 의견도 표현하지 않았다. 따라서 이들의 지속성은 판단하기 어렵다. 다만, 재개발조합에게 재개발

---

14. 김예리. "성매매 집결지 화재, 기자들은 포주 입만 바라봤다." 『미디어오늘』 (2019.05.14).

이 최대한 신속하게 이루어지는 것이 이익인 상황에서, 조례 제정이 성매매 피해여성의 탈성매매를 도와 업소 폐쇄를 유도하고 재개발이 보다 원활하게 진행되는데 도움이 될 수 있다. 따라서 조례 제정이 토지주와 건물주에게 이익이 될 수 있다는 부분에서 설득가능성이 높아 **가변성**도 높다고 파악하였다.

4. 업주

업주의 상황은 조금 다르다. 토지주나 건물주와 달리 조합원이 될 수 없기에 재개발 의사결정 과정에서 배제되기 때문이다. 조례입법과정에서도 공식적으로 참여하기 어려우므로 주변자로 분류된다. 하지만, 성매매 집결지 업주들은 '한터전국연합회'[15]나 '상인회'등을 조직하고 있다는 점에서 집단행동을 하기가 용이하다. 성매매 업소들이 모여 있다는 집결지의 특징 때문에 업주들은 보다 쉽게 조직화하여 집단의 목소리를 낼 수 있다. 또한, 업주들은 성매매 여성에게 개별적으로 강압적 권력이나 보상적 권력을 행사할 수 있는 위치에 있다. 성매매 여성에 대한 권한이 모두 업주에게 있고 성매매 여성에게 가까이서 정보를 제공할 수 있기 때문에, 성매매 여성들의 의견에 많은 영향을 끼칠 수 있다. 그러나 피해여성을 제외한 다른 세력 요인들에게는 영향력이 거의 없기 때문에 **잠재성**은 중간 정도라고 판단하였다.

"업주들과 성매매 피해여성 간의 관계는 갑과 을의 관계입니다. 우선 자본주의에 의해 '돈'이라는 매개로 맺어진 관계 안에서 업주들은 보통 여성들에게 선불금을 지불하고 업소에서 일을 시킵니다. 물론 선불금이 없는 여성들도 있지만, 장소를 제공한다는 의미에서 을의 입장일 수밖에 없습니다. 예를 들어, 업소에 구매자가 올 경우, 여성들은 돈을 벌어 일수나 선불금을 갚아야 하는 상황에 너도 나도 선택받기 원하지요. 하지만 업주나 마담들은 이러한 여성들의 절박함을 이용합니다."

---

15. 한터전국연합회는 대학민국의 성매매집결지 운영자 모임, 즉 업주들의 단체이다.

소냐의 집 현장아웃리치 담당자

업주들은 재개발과정에서 이주보상비를 많이 받기 위해 재개발 조합과 강동구청과 대립한다. 재개발 조합과 강동구청은 재개발이 신속하게 이루어질수록 이익이기 때문에, 최대한 빨리 업주들과 합의해서 재개발을 진행하고자 한다. 따라서 업주들은 이주를 하지 않고 업소를 계속 운영하면서 이주보상비를 많이 받고자 한다. 하지만, 성매매 업소는 그 자체가 불법이기 때문에 법적으로 보상금을 받을 수 없다. 이러한 상황에서 업주들은 재개발에 반대하거나 이주보상비를 요구하면서, 강제로 쫓아낼 수 없다는 점을 이용해 업소 운영을 지속하고 있다. 따라서 조례 제정이 업주들에게 명백한 불이익을 가져오기 때문에 업주들이 조례에 대한 입장을 바꿀 것이라고 기대하기는 힘듦으로, **가변성**이 낮고 **지속성**이 높다고 파악하였다.

이러한 상황에서, 업주들은 조례 제정에 부정적인 입장일 것이라고 판단할 수 있다. 업주들에겐 성매매 여성들이 계속 일을 해야, 나가기 전까지 최대한 업소를 운영하면서 돈을 벌 수 있기에, 조례가 제정이 되어 성매매 여성들이 성매매를 벗어나 업소에서 일을 하지 않으려고 하면 분명한 불이익이 있기 때문이다. 하지만 천호 성매매 집결지 업주들은 다른 지역에 비해 집회 등 뚜렷한 집단행동을 취하고 있지는 않다.

5. 지방정부: 강동구청

강동구의 지방자치단체는 강동구청으로, **핵심주체**이다. 조례와 관련해서 자치단체장인 강동구청장은 강동구의회나 서울시의회에 조례를 발의할 수 있는 권한을 가지기에 의사결정과정에 직접적으로 참여할 수 있기 때문이다. 또한, 지방의회에서 조례가 부결되었을 경우, 지방의회에 해당 조례에 대한 재의를 요구할 수 있는 권한을 가지고 있다. 조례가 제정된 이후에는 법령이나 조례가 위임한 범위 내에서 규칙을 제정하거나[16] 구체적인 계획을 수립하고 실행하는 행정력을 포괄하고 있다. 게다가, 강동구청은 기초의원들과 지역주민들에게 접근하기 쉽고, 지방정부로서의 위치로 인해 공식적인 입장 표현만으로도 지역주민들에게 영향력을 행사할 수 있기 때문에 **잠재성**이 높다. 그러나 지방자치단체에서 성매매 피해여성에 대한 지원사업을 추진하기에는 많은 어려움이 있다.

자치단체장에게 집결지 여성은 극소수의 소외계층에 거주지가 불분명하고 주거지역의 이동이 매우 잦은 집단에 불과하다. 따라서 자치단체장의 입장에서는 많은 예산이 투입되고, 지역 주민들의 의견이 논쟁적이고, 다른 취약계층들과의 형평성 문제가 발생하는 성매매 여성들을 지원하는 사업을 추진하는 것을 꺼릴 수밖에 없다.[17] 따라서 강동구청도 소냐의 집에 위탁하는 여성가족부 사업 외에 자체적인 사업은 진행하지 않고 있다. 이와 관련한 공약이나 계획, 추가적인 예산배정도 없다. 이는 자치구가 서울시에 비해 권한은 있으나 가용예산이 적기 때문에, 강동구만의 사업을 진행하기가 어렵다는 특성 때문이기도 하다. 현재 급속하게 진행되고 있는 재개발 사업과 관련해서도, 강동구청장은 성매매 여성에 대한 구체적인 계획을 가지고 있지 않다. 서면 인터뷰 답변으로도

> "탈성매매를 희망하는 여성들에게 가장 중요한 부분이 생계를 위한 일자리를 해결하는 부분이라고 생각합니다. 이를 해결하기 위해선 국가차원에서 권역 별로 자활센터(공동작업장)를 건립해 각종 인턴십 제도와 기술, 공예, 애견미용사 관련 자격증 프로그램 등을 제공하여 여성들의 자립을 돕는다면 성매매 피해여성의 자립에 많은 도움이 될 것으로 기대합니다."

(강동구청장)라며, 강동구청의 자체적인 사업보다 국가적인 지원을 더 강조하는 태도를 보였다.

반면에 재개발 자체에 대해서는 매우 많은 관심을 가지고 있기 때문에, 강동구청은 조례 제정에 적극적이지 않은 입장이고 변화주도세력보다는 **변화장애세력**

---

16. 지방자치법 제23조.
17. 민주식, 앞의 책. pp.89-90.

에 더 적합하다고 판단할 수 있다. 또한, 소냐의 집 면담을 통해, 소냐의 집이 꾸준히 강동구청에게 조례와 관련된 요구를 해왔지만, 긍정적인 답변을 주지 않아왔다는 사실을 파악할 수 있었다는 점을 근거로 들 수 있다. 따라서 강동구청의 **가변성**을 높다고 판단하기는 힘들지만, 중간 정도라고 파악하였다. 최근 천호 성매매 집결지 화재사건으로 인해 천호 성매매 피해여성들에 대한 언론과 지역주민들의 관심이 증가하면서 성매매 피해여성에 대한 대책을 마련하도록 강동구청에 압력이 가해지고 있기에, 소냐의 집이 강동구청을 설득할 여지가 증가하였다고 볼 수 있기 때문이다. 또한, 강동구청은 조례와 관련하여 구청 고유의 이해관계를 가지고 있지 않고, 따라서 주변 관련된 세력요인들, 특히 지역주민의 입장 변화에 따라 구청도 입장이 바뀔 가능성이 높으므로, 강동구청의 **지속성**은 낮다.

6. 지방의회: 강동구의회와 서울시의회

강동구의회와 서울시의회는 매우 비슷한 특징을 가지고 있기 때문에, 정치세력으로 함께 검토하였다. 정치세력 중에는 조례 입법에 긍정적인 강동구의원과 서울시의원은 '추진 기초의원'으로, 부정적인 강동구의원과 서울시의원은 '반대 기초의원'으로 분류하였다. 강동구의회와 서울시의회는 지방의회로서 조례와 관련한 가장 핵심적이고 합법적인 권한을 가지고 있으므로 **핵심주체**이다. 의원들은 조례를 발의할 수 있고, 발의된 조례는 지방의회에서 의결 혹은 재의결을 거쳐 제정 여부가 판단된다. 또한, 기초의원들은 지역주민들에게 접근하고 설득할 수 있는 자원을 가지고 있으며, 강동구청에게도 직접적인 영향력을 행사할 수 있기 때문에 **잠재성**이 높다. 강동구가 자치구로서의 권한이 있는 동시에 서울시에 소속되어 있다는 점은 강동구의회와 서울시의회가 모두 표적체계에 포함되어 서로 책임을 미룰 수 있다는 한계로 이어진다.

현역 강동구의원은 총 18명으로, 조례가 제정되기 위해서는 최대 9명에서 최소 5명의 동의가 필요하다. 따라서 의원들 각각의 의견을 파악하는 것이 중요하지만,

현재 조례와 관련된 논의가 초기단계인데다, 사안 자체의 민감성으로 인해 개별적으로 의견을 파악하지는 못하였다. 다만, 서면 답변[18]을 통해 비공식적인 논의가 진행되고 있다는 사실을 확인할 수 있었다. 아직 공식적인 회의나 안건이 상정되지는 않았지만, "*여성의원들을 중심으로 조례안에 대한 논의*"가 이루어지고 있고, 성매매 여성 지원에 대한 지역 주민들 간의 입장 차가 크기 때문에 현재 여론을 파악하고 있는 상황이라고 답변했다. 또한 소냐의 집 면담 답변을 바탕으로 지난 의회에서 조례 동의를 받기로 예정이 되어 있었는데, 내부적인 정치적 문제로 결렬된 적이 있고, 때문에 다시 설득 중에 있다는 점을 확인할 수 있었다. 이처럼 기초의원들은 지역주민과 여론, 언론의 입장, 정치상황에 민감하게 영향을 받기 때문에 입장이 변화할 가능성이 높으므로 **지속성**은 낮다.

천호 성매매 집결지 화재사건 이후 외부 언론들의 관심이 증가하면서, 구의원들이 조례 제정을 추진할 유인이 증가하였다고 판단할 수 있다. 소냐의 집은 최근 한 서울시의원과 서울시의회를 통한 조례 제정을 준비하고 있다고 답변했다. 기본적으로 천호 성매매 집결지는 강동구에 한정되어 있는 문제이기에 서울시의원들이 많은 관심을 가지고 있지는 않지만, 소냐의 집을 통해 최근에 이에 관심을 가지는 특정 시의원들을 통해 조례와 관련된 논의가 시작되고 있음을 확인할 수 있었다. 게다가 지속성이 낮은 만큼 설득할 수 있는 가능성이 높다고도 볼 수 있다. 지역주민들, 언론 등을 활용하거나, 피해여성의 인권 문제를 강조함으로써 평소 이와 관련해 관심이 있던 기초의원들의 입장을 바꾸어볼 수 있을 것이므로, 기초의원들의 **가변성**은 높다고 파악할 수 있다.

7. 지역 주민 및 상인

지역주민들의 의견은 강동구청장과 강동구의원에게 투표라는 자원을 통해 강력

18. 강동구의회 의장에게 서면 인터뷰를 요청했고, 행정복지위원회 전문위원으로부터 답변 받음.

한 영향력을 행사할 수 있기에, 지역주민들의 **잠재성**은 높다. 하지만, 아직 천호동의 지역주민들은 성매매 집결지 문제와 관련하여 조직화된 움직임을 전개하고 있지는 않아 **지속성**을 판단하기는 어렵다. 지역 주민들은 조례 제정에 큰 관심을 갖지 않고 조례제정과정에 참여하고 있지 않은 주변자이기 때문이다. 공동의 목소리는 아직 나오지 않고 있지만, 지역주민들의 산발적인 의견의 흐름을 파악해 볼 수 있다. 소냐의 집에 따르면, 지역 주민들은 보통 성매매 집결지를 '별로 상관하고 싶지 않은 사람들이 사는 지역'이라고 인식하고 있다.[19]

> "천호동 뉴타운등 집창촌 주변 아이들: 사고 이후에도 아직도 영업하는데 아침저녁으로 우리 학생들 어린이들이 지나다니네요??? 대책 안 세우나요?? 뭘 보고 배울까??"[20]

위의 사례처럼 지역주민들에게 집결지는 성매매 피해여성이 생활하는 공간이 아니라 사라져야 할 불법의 공간으로 인식되기 때문이다. 지역 경관을 해지고, 지역 발전을 저해하고, 자녀들에게 부정적인 영향을 끼치기 공간이기에 성매매 집결지 재개발에 대해서는 높은 지지를 보내고 있다. 반면에, 성매매 여성의 구체적인 상황에 대해서는 관심이 적은 상황이다. 성매매 여성의 지원에 대해서도 지역주민들의 의견은 매우 논쟁적이다. 이와 관련한 설문이나 조사가 진행되지는 않았지만, 성매매 집결지와 관련된 주민들의 의견이 재개발에만 집중되어 있다는 점, 다른 지역에서도 성매매 여성에 대한 지원은 지역주민들의 반대가 심했다는 점을 고려했을 때, 조례 제정에 부정적인 의견이 많을 것이라고 추측할 수 있다. 다만, 최근 천호 성매매 집결지 화재사건 이후에 성매매 집결지 내부 상황과 여성에 대한 지역주민들의 관심이 조금 높아졌다는 변화가 있다. 이를 바탕으로 다양한 개입이 이루어진다면 지역주민들을 설득할 수 있는 가능성이 있고, 현재까지 명백하거나 강력한 반대 의견을 표출한 적이 없다는 점에서 설득 가능성이 낮지는 않아, 지역

---

19. 박경애. 2007. 『소냐의 집 자료집』 (재)성프란치스코수녀회 소냐의 집. pp.20-22.
20. 강동구 온라인 구청장실. "구청장에게 바란다 게시물." (2019.05.15).

주민의 **가변성**을 중간 정도라고 판단하였다.

8. 언론 및 여론

언론은 조례 입법과정에 참여할 수 있는 권한이 없고, 현재 조례 제정에 관심이 별로 없기에 주변자이지만, 주요 행위 당사자들은 모두 자신의 입장을 홍보하고 동조하는 여론을 형성하기 위해 언론을 이용하고 있다. '성매매 집결지'라는 폐쇄적인 공간을 두고 발생하는 일에 대해 다른 세력요인들이 관련 정보를 얻을 수 있는 거의 유일한 방법은 언론이기 때문에, 언론이 소식을 전하는 논조에 따라 외부의 여론이 결정된다고 봐도 무방하다. 즉, 언론의 입장은 지역주민들이 조례 제정에 대한 관심을 유발하고 이에 대한 견해를 형성할 때 큰 영향을 미칠 수 있으며, 이러한 영향력은 강동구청과 기초의원들에게까지 연결되기 때문에 언론의 **잠재성**은 높다. 천호 성매매 집결지와 관련해서는 지역 언론보다 지역 외부의 언론이 더 파급력이 크다고 볼 수 있다. 강동구의 대표적인 지역신문사인 강동신문은 일간지는 전혀 발행하지 않고 주간지만 발행하는데, 이마저도 부수가 적기 때문이다.[21] 이처럼 지역 언론이 지역주민들에게 영향력이 미미한 상황에서는 외부언론이 정보전달의 역할을 하게 되므로, 지역 언론뿐만 아니라 외부언론도 세력요인으로 파악하였다. 언론은 조례 제정과 관련하여 고유한 이해관계를 가지고 있지 않고, 그때그때 논란이 되는 이슈가 무엇이냐에 따라 얼마든지 논조를 바꿀 수 있기 때문에 **지속성**은 낮다고 파악이 가능하다. 이러한 맥락에서 언론과 접촉하며 설득을 할 경우, 특별한 반대 입장을 가지고 있지 않아 입장을 바꿀 가능성이 어느 정도 존재한다고 생각하여 언론의 **가변성**은 중간 정도라고 판단하였다.

강동신문의 입장은 성매매 여성에 대한 관심이 적다고 파악할 수 있다. '천호동',

21. 2018년 ABC협회 조사 자료에 따르면, 강동신문사에서 인쇄매체로 발행하는 주간강동신문은 연간 2061부가 발행되었다. 이중 유료부수는 0부였다. (ABC 협회. "2018년도(2017년도분) 주간신문 발행부수 유료부수 인증결과." 2018.12.07).

‘천호동 성매매’, ‘천호동 집창촌’ 등의 키워드를 입력해 기사를 찾아보았을 때, 상위에 노출되는 기사들은 천호동 개발에 관한 소식만을 전하고 있었기 때문이다. 반대로 ‘성매매 자활’ ‘성매매 피해여성’이라는 키워드로 기사를 검색했을 때는 아무 결과도 찾을 수 없었다. 외부 언론은 성매매 여성들의 자활지원에 대해 강동신문보다는 다양한 이해관계자들의 입장들을 제시하였다. 여성단체들의 간담회나 기자회견 발언을 요약해서 전하거나, 업주들과의 인터뷰 내용이나 시의원, 구청관계자 등 행정기관의 입장을 전하는 기사도 찾을 수 있었다. 그러나 ‘성매매피해자 자활지원’이라고 검색했을 때 상위에 노출되는 헤드라인의 기사들(“*‘성매매 피해자’ 자활 지원에 혐오 쏟아낸 남성 커뮤니티*”[22], “*국가유공자 5만 원 주면서 성매매 여성엔 2000만 원*”[23])은 여성들의 자활지원을 둘러싼 논쟁과 남여갈등에 주목하는 기사들이 많았다. ‘천호동 성매매 집결지 화재사건 공대위’ 등 여성단체들의 입장을 전달하는 기사들은 있었으나, 실질적으로 ‘조례 제정’에 관한 언급은 찾을 수 없었다.

다만, 본론1에서도 언급했듯이 천호 성매매 집결지 화재사건은 잔존하는 도심 내 집결지의 상황과 피해여성들의 처지에 관한 대중의 관심을 불러일으키는 계기가 되었다. 실제로 여러 언론에서 화재사건 이후 성매매 집결지 내부의 상황을 알려주는 기사들을 작성하였다. 그러나 이러한 보도들도 화재사건 이후에 조금 노출되었을 뿐, 어느 정도의 시간이 지난 현재는 이런 기사들조차 찾기 어렵다. 공대위의 활동에 대한 보도는 조금 이루어지고 있으나, 대중의 관심을 끌지는 못하고 있고, 무엇보다 화재사건 진상 조사 이상의, 탈성매매 지원에 관한 언급은 찾을 수 없다는 것이 결정적 한계이다.

22. 이유진. “성매매 피해자’ 자활 지원에 혐오 쏟아낸 남성 커뮤니티.” 「한겨레」

23. 김상기. “국가유공자 5만 원 주면서 성매매여성엔 2000만 원.” 「국민일보」 (2019.03.24).

Ⅳ. 타 지역 사례의 조례 입법과정분석

천호 성매매 집결지의 조례입법과정을 분석하기에 앞서, 이미 자활지원조례가 제정된 다른 지역들에서 어떤 과정을 거쳐 조례가 제정되었는지 살펴보았다. 천호 성매매 집결지에서는 아직 조례와 관한 논의가 초기단계이기 때문에, 다른 지역들을 통해 입법과정의 흐름을 파악하여야 현재 천호 지역사회의 상황에 대해 정확히 분석할 수 있을 것이기 때문이다.

1. 전주시 선미촌

전주시청은 2014년 경찰, 주민, 여성단체 등이 모인 '전주선미촌민관협의회'를 조직했다. 이는 지역사회개발모델에 따라 협력전략을 활용한 시도로 이해할 수 있다. 이 과정에서 「성매매방지법」에 따른 지원만으로는 성매매 여성의 실질적인 자립이 어렵다는 문제점을 파악했고,[24] 이를 해결하기 위해 별도의 조례를 제정해 성매매 여성의 지원에 대한 토대 마련을 꾀했다. 1년간의 합의 후, 성매매 여성 인권에 관심을 가지고 있는 한 전주시의원을 중심으로 '전주시성매매피해자등의자활지원조례'를 발의했다. 조례안은 만장일치로 가결되어 2017년 4월에 제정되었다. 이후 전주시청에서 구체적인 지원내용을 담은 시행규칙을 제정했다. 이를 바탕으로 지원이 보다 활발하게 이루어지면서, 성매매 집결지에서 종사하는 여성의 수가 49개소 88명에서 21개소 30명으로 감소하였다.[25]

전주시에서는 민관협의회를 통해 오래 시간 동안 꾸준히 합의 구축 전술, 설득 전술을 펼쳐 다양한 입장을 포괄하려는 노력을 해왔다. 그러나 민관협의회도 결국 전주시청의 주도로 진행되다 보니, 성매매 여성 당사자들의 의견이 잘 반영되지

---

24. 심규석. "전주시, 성매매집결지 '선미촌' 문화재생사업 본격화." 「국제뉴스」 (2016.05.16).
25. 최정규 "전주 선미촌 재생프로젝트 중간점검 (중) 실태 홍보 안 돼 공원, 가게 썰렁… 성매매도 여전." 「전북일보」 (2019.05.23).

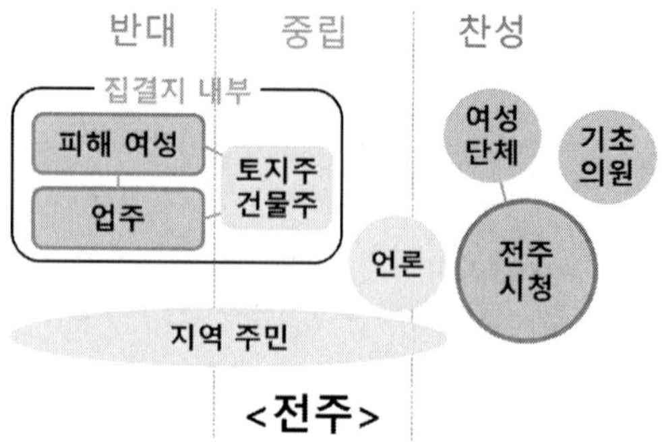

〈그림 2〉 선미촌의 자활지원조례 제정을 둘러싼 세력관계

못했다는 한계를 지닌다. 업주들의 모임인 '선미촌 진흥위원회'와 '한터전국연합 전북지부'는 성매매 여성들의 입장을 대변한다고 주장하면서 전주시의 조례 제정에 반대해왔다. 문제는 이러한 업주들의 반대에 성매매 여성들도 동참했다는 점이다.[26] 따라서 성매매 여성 당사자들이 조례에 반대하지 않도록 조례제정과정에서 이들을 설득하는 과정이 더 중시되었어야 한다는 점을 파악할 수 있다.

2. 대구광역시 자갈마당

대구시가 '자갈마당' 폐쇄와 관련해 성매매피해자 자활지원 조례를 제정한 것은 여러 사례 중에서도 여성단체가 중심이 되어 변화를 이끌어낸 대표적인 사례로 손꼽힌다. 2014년 자갈마당 일대의 가치가 증가하며 개발이 시작되자 자갈마당의 업주들과 건물주들은 여성들의 '생존권'을 내세워 자신들의 이권을 지키려고 했다. 이러한 상황에서 여성들의 인권을 최우선으로 수호하고자, 60여 개의 대구지역 시민사회단체가 연대하여 '대구 성매매 집결지 '자갈마당' 폐쇄를 위한 시민연대'를 결성하였다. 2015년, 시민연대는 여론을 모으기 위한 캠페인 활동을 진행했고, 전문 리서치업체에 의뢰하여 시민 1000명을 대상으로 설문조사를 전개했다. 설문결

26. 전주 선미촌 철거 반대 집회에 성매매 피해여성들도 직접 참여하였다. 「연합뉴스」 (2017.07.21).

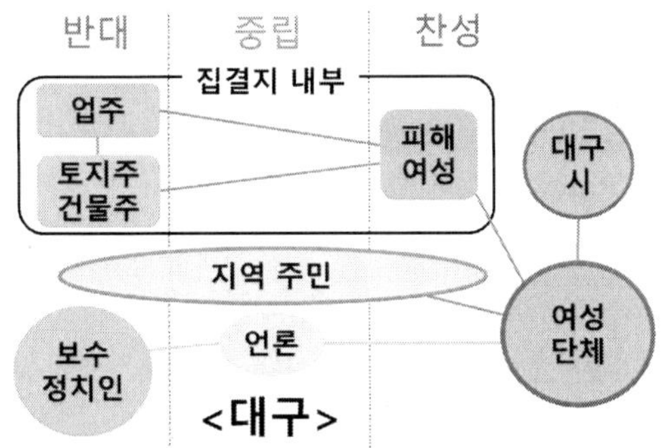

〈그림 3〉 자갈마당의 자활지원조례 제정을 둘러싼 세력관계

과 사회정착을 위한 지원금이나 이주비와 일정기간의 생계비 등 여러 수준의 지원이 필요하다고 보는 비율이 92%에 달했다.[27] 이러한 요구들을 바탕으로 대구시는 전국연대가 그동안 준비해온 제안서들을 참고해 조례안을 발의하였다.

대구시의 사례에서 주목해야 할 점은 두 가지이다. ①민간에서 연대를 조직하여 개발과정에서 여성들의 자활이 고려되도록 충분한 여론의 공감대를 형성하고, 이를 관에 전달하여 고려되도록 한 점, ②시 차원에서 공공의 책임을 인정하고 능동적 지원 체계를 마련한 점이다. 이는 민간단체에서 취약계층을 대변하여 입법옹호 활동을 펼친 사례로 볼 수 있다. 시민단체에서 오랜 기간 실질적 조사와 준비를 수행하고 있었기에, 관청에서 움직이려는 차에 여성들의 자활지원이 법제화될 수 있었던 것이다. 그러나 이 조례는 자활 지원을 비자발적 성매매 여성만 그 대상으로 하고 있다는 점에서 문제가 있다. 또한 낮은 자활 신청자 수, 선정기준의 불투명성 등으로 그 실효성에 대해서도 논란이 끊이지 않고 있다.[28] 게다가 사전에 충분한 여론조사와 캠페인이 진행되었음에도 불구하고 정치세력 사이에서도 '혈세낭비'라며 분열이 있었고,[29] 이에 동조한 여론의 반발도 적지 않았다.

27. 신박진영. 2017. "대구 성매매집결지 '자갈마당' 폐쇄를 위한 자활지원 조례 제정까지의 이야기." 『여성과 인권』. pp.58-67.
28. 최정일. 2015. p.152.
29. 김소연. "불법 성매매 여성 지원은 혈세 낭비" "홍준연 대구 중구의원, 이번에도." 『한국경제』 (2019.03.01).

3. 원주시 희매촌

집결지 폐쇄과정에서 관청이 자발적으로 여성들에 대한 지원조례의 필요성을 인식하고 제정한 것은 이례적인 일이다. 타 지역에서는 내외부의 여성단체들의 캠페인과 로비활동이 있었지만, 원주시에서는 그런 과정 없이 뉴딜사업 추진지역으로 선정된 지 2개월만인 2018년 10월에 「원주시 성매매 피해자등의 자활지원 조례」가 입법 예고되었고, 2019년 1월 29일 시의회 본회의에서 의결되었다. 이러한 특수성은 같은 관내이고 인근인 강원도 춘천 '난초촌'에서 조례 제정을 통해 집결지 폐쇄가 성공적으로 이루어진 전례가 있기 때문이다. 또한 원주시가 여성들의 탈성매매가 이루어지지 않으면 여성들이 재유입되거나 업소가 다시 형성되어 희매촌의 완전한 폐쇄를 달성하기 어렵다고 인식한 점도 중요한 요인이었다. 게다가, 업주들의 집단적 반발이 있었는데,[30] 이러한 반발을 최소화할 방법으로 조례 제정을 통해 실질적 지원체계를 마련하고자 한 것이다.

원주의 사례는 도시재개발 사업이 지자체 차원에서 진행되었고, 지자체에서 피해여성의 자활지원의 필요성을 인식했기 때문에 관청의 강력한 의지로 조례제정이 추진될 수 있었다. 또한 원주시의 사례는 토지주, 건물주의 지지를 받았다는 특징이 있다. 이는 공동화가 심하게 진행되어 경제적 가치가 없었던 지역이기 때문

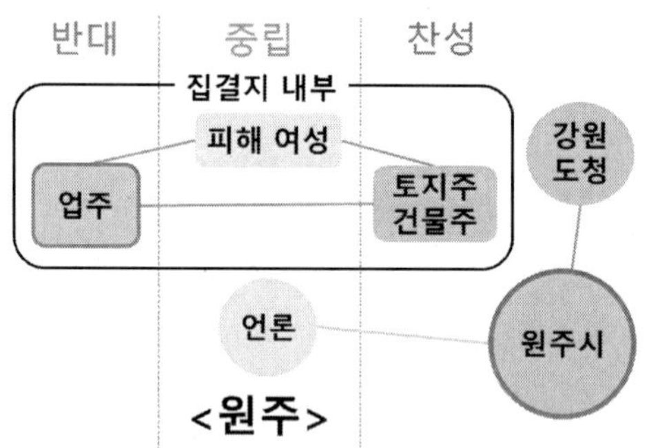

〈그림 4〉 희매촌의 자활지원조례 제정을 둘러싼 세력관계

30. 박태순. "원주 학성동 집창촌 종사자들 시청 항의 방문… 한바탕 소동." 『일요신문』(2018.05.11).

이라는 이유도 있겠지만, 재개발 과정에서 탈성매매가 필수적이라는 원주시청의 의지가 효과적으로 전달되었던 점도 기여한 것으로 보인다. 하지만, ① 조례제정이 급하게 추진되면서 실태파악과 사전조사가 거의 이루어지지 못했다는 점, ② 그 지원이 도시재생 뉴딜사업기간인 2022년까지로 한시적이라는 한계가 지적된다. 사전조사의 미흡은 관련해서 활동하는 민간단체가 없는 탓도 있다.

4. 인천광역시 미추홀구 옐로하우스

미추홀구청은 옐로하우스를 재개발하는 과정에서 성매매 피해여성들의 격렬한 반대[31]로 인해 재개발이 진행되지 않아 어려움을 겪고 있었다. 이에 미추홀구청은 여성아동복지과를 중심으로 이를 해결하기 위해 조례 제정을 추진하였다. 미추홀구청은 조례를 제정하기 위해 '희희낙락상담소'와 같은 지역 여성단체뿐만 아니라 외부단체인 '성매매문제해결을위한전국연대'와 협력하여 조례에 담길 내용을 상의했다. 또한, 이 사안에 많은 관심을 가지고 있는 구의원들을 설득하였고, 이에 부의장을 중심으로 10명의 구의원들이 함께 조례안을 발의하였다.

하지만, 발의된 자활지원 조례안은 다른 지역들과 다르게 쉽게 의결되지 못하였다. 미추홀구의회는 결정을 내리기 전에 '숭의동 탈성매매피해자 자활지원 대책마련 간담회'를 개최하는 등[32] 조례의 실효성과 조례 시행으로 발생할 수 있는 문제점에 대해 다각적으로 검토하였다. 이러한 과정을 거쳤음에도 불구하고, 결국 복지건설위원회는 조례안을 유보했다.[33] 그러나 복지건설위원회 구의원들은 이미 조례가 시행 중인 전주와 아산의 현장을 직접 방문한 것을 계기로 조례를 적극적으로 추진하였다. 예산이 생각보다 많이 들지 않고 성매매 여성들의 탈성매매에

---

31. 2004년 옐로하우스를 강제 폐쇄하려는 시도가 있었지만, 성매매 피해여성들이 몸에 기름을 붓고 불을 붙이겠다고 반발하여 무산되었다. (출처: 전성무. "인천 성매매 집결지 '옐로우하우스'" "올해는 폐쇄될까." 「노컷뉴스」(2018.03.21).
32. 윤용해. "탈성매매 피해자 지원 남구의회, 간담회 개최." 「경기신문」 (2018.01.31).
33. 이정용. "인천 남구의회, 탈성매매 피해여성 자립지원 조례 제동" 「중부일보」 (2018.02.08).

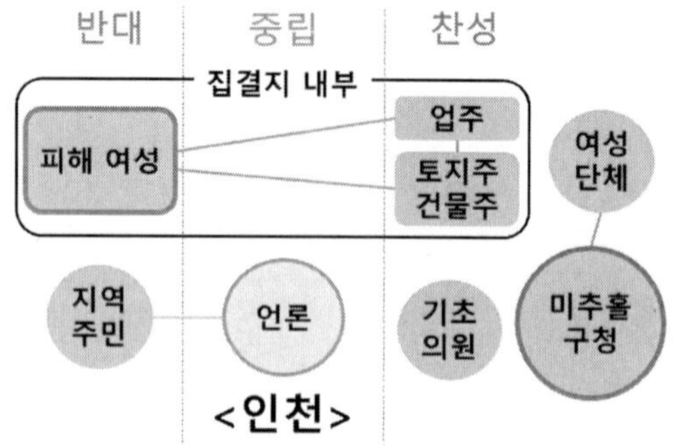

〈그림 5〉 옐로하우스의 자활지원조례 제정을 둘러싼 세력관계

실질적인 도움이 되는 것을 보고, 구의원들은 대부분 조례에 대해 긍정적인 입장으로 바뀌었고, 이에 다음 본 회의에서는 만장일치로 조례안이 가결될 수 있었다.

그러나 옐로하우스의 조례 제정과정에는 심각한 한계가 두 가지 있다. ① 첫 번째는 조례에 따른 지원의 대상자인 성매매 여성들의 목소리는 의사결정과정에서 완전히 배제되었다는 점이다. 이로 인해 성매매 피해여성들이 조례에 따른 지원을 받지 않고, 오히려 강력히 반대하는 상황에 처하게 되었다.[34] 옐로하우스의 성매매 여성들은 다른 지역들에 비해 '옐로하우스 이주대책위원회'를 통해 조직화가 잘 되어 있고, 집회, 1인 시위, 기자회견, 천막농성, 탄원서 제출 등 다양한 집단행동을 통해 조례에 대해 반대하고 있다. ② 두 번째는 지역사회의 동의와 합의를 이끌어내지 못했다는 점이다. 이러한 상황이 된 이유에는 언론이 조례에 따른 지원을 1인당 최대 지원 금액인 '2,260만 원'을 강조해 보도한 것도 일조했다고 볼 수 있다. 성매매 여성에 대한 이해가 부족한 상황에서, 최대 지원금액만을 강조한 기사를 접한 많은 주민들은 세금을 낭비하는 것이라며 조례에 대해 반대하였다. 청와대 국민청원 게시판에는 인천의 자활지원조례에 대해 반대하는 글이 10여 개 올라왔고, "*인천 집창촌 성매매 여성들의 지원을 반대합니다*"[35]라는 게시글은 168명의 동의를 받았다.

---

34. 정호진. "옐로하우스 종사자들, 성매매 여성 비범죄화/이주 보상 촉구." 「파이낸셜 뉴스」 (2019.03.05).
35. 청와대 국민청원. 2018. "인천 집창촌 성매매 여성들의 지원을 반대합니다."

V. 결론

1. 천호 성매매 집결지의 조례 입법과정분석

1) 천호 성매매 집결지의 조례 입법과정 특징

앞서 살펴본 다른 지역들의 입법 과정 분석을 바탕으로, 다른 지역들과 천호 성매매 집결지의 입법과정의 공통점과 차이점을 살펴보면서, 천호 성 매매 집결지의 입법과정 특징을 분석해 보고자 한다.

① 첫째, 조례 제정을 가장 주도적으로 추진하는 주체가 여성단체인 소냐의 집이다. 이는 여성단체가 활발하게 활동했던 대구 자갈마당의 사례와 비슷하다. 하지만, 전주, 원주, 인천의 사례에서는 각각 전주시청, 원주시청, 미추홀구청인 지방정부가 주도적이었다.

② 둘째, 지방정부인 강동구청이 조례 제정에 대한 의지가 약하다. 조례가 제정된 다른 지역들은 모두 지방정부가 의지를 가지고 추진하면서 조례가 제정이 되었다. 전주와 원주는 지방정부가 나서서 조례 제정을 추진했고, 대구 자갈마당도 대구시의 적극적인 추진력에 힘입어 여성단체의 조례제정 요구가 반영될 수 있었다. 인천은 여성단체가 지속적으로 조례 제정을 요구해왔지만 제정되지 못하다가, 미추홀구청에서 의지를 가지고 나서야 조례 제정이 추진되기 시작했다. 이처럼 지방

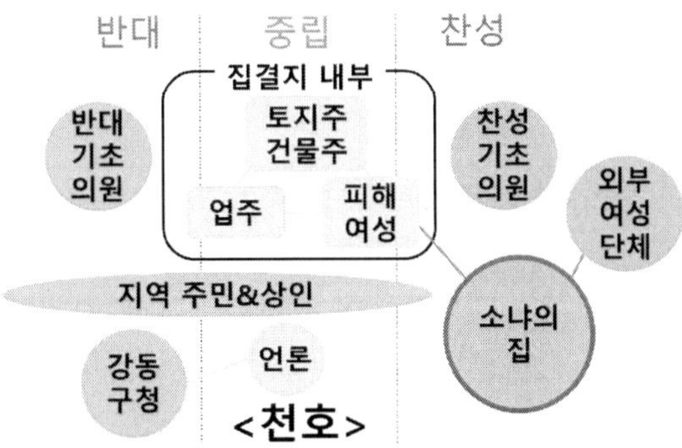

〈그림 6〉 천호동의 자활지원조례 제정을 둘러싼 세력관계

정부가 조례에 관심을 가지는 것이 조례 제정에 핵심적인데, 현재 강동구청은 아직도 조례 제정에 대한 공식적인 입장을 밝히지 않았다.

③ 셋째, 천호동은 지자체의 책임이 분산되고 있다. 천호동은 사업주체가 불분명하여 서울시와 강동구청이 서로 책임을 회피하고 있다. 이와 비슷한 상황인 인천에서는 인천 미추홀구청이, 대구에서는 대구시가 사업을 주도했다. 원주와 전주는 광역시가 아니기 때문에 처음부터 책임주체가 각각 원주시와 전주시로 분명했다.

④ 넷째, 언론이 영향력이 미미하다. 본론 2에서 확인했듯이 언론에서 조례 제정에 대한 언급이 전혀 되고 있지 않다. 소냐의 집에서는 언론에 관련 이슈가 노출되면 오히려 조례 제정에 방해가 될 수 있다고 설명하지만, 대구시의 사례에서는 시민단체가 성명문이나 기자회견 등을 통해 언론을 적극적으로 활용했음을 확인할 수 있었다. 조례제정 사실이 알려지면 타 지역의 성매매 여성들이 유입될 것을 우려하는 목소리도 있으나, 타 지역에서는 지원대상자 선정과정에 거주사실 확인서를 요구하는 등의 방책을 마련해 이런 악용을 막을 수 있다. 현재 천호 성매매 집결지에서는 조례 제정과 관련하여 언론의 언급이 적을 뿐만 아니라 다른 지역에 비해 여성단체인 소냐의 집이 언론노출에 매우 소극적인 상황이다.

⑤ 다섯째, 지역사회에서 활발한 논의가 이루어지지 않고 있다. 현재 지역주민들은 성매매 집결지에 대한 관심도 그렇게 많지 않고, 그나마도 재개발에 초점이 맞춰져 있고, 성매매 여성에 대한 이해는 적은 상황이다. 지역주민을 대상으로 한 소냐의 집의 옹호활동이나 캠페인도 적은 편이여서, 다른 지역에 비해 지역주민들 사이에서 성매매 여성에 대한 논의가 적은 편이고 조례제정에 관한 관심이 적다. 대구시의 경우 설문조사를 통해 여론을 확인했고, 지역 내의 학교 등에서 캠페인 활동을 펼치면서 지역주민들의 관심을 이끌어냈다. 반면에, 천호 지역주민들은 아직 조례 자체에 대해서 잘 알지 못하고 있는 상황이다. 이는 아직 조례 제정과 관련된 논의가 초기 단계에 불과하기 때문일 수도 있다.

⑥ 여섯째, 업주나 성매매 여성의 입장 표출이 적다. 천호동은 업주나 성매매 여성이 나서서 재개발이나 조례 제정에 대해 반대의 목소리를 낸 경험이 거의 없다.

조례 제정은 아직 논의 단계에 있기 때문이라고도 볼 수 있지만, 재개발과 관련해서는 현재 재개발 계획이 신속하게 추진되고 있는데도 이와 관련한 업주나 성매매 여성의 공식적인 의견 표현을 찾아보기 힘들었다. 전주, 대구, 원주에서는 업주들이, 인천에서는 성매매 여성들이 집회, 시위 등 여러 집단행동들을 통해 반대 의견을 표출했었다. 그러나 천호에서는 이러한 업주나 여성의 행동이 거의 나타나지 않았다.

⑦ 마지막으로, 천호동의 재개발 맥락은 대구시와 비슷한 부분이 많다. 대구시와 천호동은 공통적으로 도심이 확장되며 일대의 지대가 상승해 자연스럽게 재개발이 추진되기 시작했다. 그에 반해 전주와 원주는 지방정부에서 도시재생을 추진한 사례로, 일대를 문화예술인들에 대한 지원으로 활용하고자 했다. 그 이유는 그 지역이 재개발을 하기에 적합하지 않아, 재개발을 통해 이익을 얻기가 힘들었기 때문이다. 이로 인해 업주나 토지주, 건물주와 인근지역주민들의 입장에도 두 유형 간에 차이가 있다. 원주와 전주의 사례처럼, 집결지가 재개발을 할 만큼 좋은 위치가 아니어서 조합과 시장원리가 중심이 되는 재개발이 이루어진 것이 아니라 관청이 공공의 목적으로 사용하려 한 경우에 토지주와 건물주의 반발이 적었음을 알 수 있었다.

2) 제언: 앞으로의 행동 전략

지금까지 본론1에서 천호 성매매 집결지를 둘러싼 역사적 맥락과 현황을 확인했고, 본론2에서 세력장분석을 활용해 세력요인들의 입장 및 세력분포를 파악했다. 또한 본론 3-1에서 타 지역의 조례제정과정을 분석하여 천호동과 비교해 보았다. 이를 바탕으로 천호동에서 자활지원 조례를 제정하려는 움직임의 중심에 있는 소냐의 집에서 활용해야 할 전략을 제안하고자 한다. 소냐의 집은 성매매 피해여성들을 대변하며 '사회행동모델'에 기초한 경쟁/캠페인전략을 펼쳐야 한다.

① 먼저 천호동은 특히 관청의 추진의지가 부족함이 문제로 지적되었다. 강동구청은 핵심주체로서 의사결정권을 가지고 있고, 잠재성이 높아 큰 영향력을 행사할

수 있다. 게다가, 지역 내 여러 행위자 중에서도 가변성이 중간 정도이고 지속성이 낮은 것으로 파악되므로 비교적 변화를 이끌어내기 쉬울 것으로 사료된다. 때문에 소냐의 집에서는 강동구청의 관계자들과 지속적으로 접촉하고 로비활동을 펼쳐 조례제정을 적극적으로 추진하게끔 해야 한다. 또한 서울시와 강동구청 간의 모호한 책임소재를 분명히 하기 위해 양측을 중재하고 두 기관이 협력하여 조례제정을 강력하게 추진하도록 정치적 캠페인을 벌여야 한다.

② 두 번째로, 지역 내에서 조례 제정과 관련한 충분한 논의가 이루어지지 않고 있으며, 소냐의 집은 언론을 활용하는 데 소극적인 상황이다. 언론은 지속성이 낮고 어느 정도의 가변성이 있기 때문에 조례제정의 정당성과 필요성을 홍보하는 효과적 통로로 충분히 활용 가능하다. 또한 잠재성이 높아 특히 지역주민 등 다른 행위자의 의견 형성에 많은 영향을 미칠 수 있다. 또한, 지역주민들을 대상으로 한 캠페인 및 여론수렴이 충분히 이루어지지 못하고 있는 상황인데, 언론을 활용하면 파급력 있는 캠페인 활동을 전개할 수 있으리라 예상된다. 언론사 산하의 여론조사 기관이나 전문 리서치기관을 이용하여 주민들을 대상으로 서베이를 한다면, 홍보와 주민조직화라는 두 가지 효과를 노릴 수 있을 것이다. 세금으로 피해여성들을 지원하는 데에 대한 주민들의 반발을 최소화하기 위해서는 피해여성들에 대한 사회적 책임이 발생하는 이유와 역사 등을 대중들에게 교육하는 적극적 캠페인활동도 병행되어야 한다.

③ 나아가 집결지 여성들을 조직화하여 그들이 보다 잠재성이 있는 행위자로 나설 수 있도록 도와, 조례제정에 그들의 의견이 반영될 수 있도록 해야 한다. 이들은 실질적인 지원대상이기 때문에 가변성이 높으나, 조직적인 의견표출이 이루어지지 않고, 취약계층이라는 지위로 인해 잠재성이 낮은 세력이다. 소냐의 집은 그들을 대변하며 옹호하는 데에 그치지 않고 의사결정과정에 직접 참여하고 스스로의 목소리를 낼 수 있도록 그들의 역량을 강화(empower)해야 한다. 성매매 여성들의 직접적인 목소리가 조례제정에 반영된다면, 여성들의 자존감을 신장시키고 조례 제정 이후 자활프로그램에 대한 보다 높은 참여를 기대할 수도 있어 조례 제정

의 효과를 향상시킬 수 있을 것이다.

④ 핵심주체인 기초의원들에 대한 로비활동도 지속적으로 전개해야 한다. 기초의원들은 의사결정권이 있는 핵심주체이고, 잠재성이 높기 때문에 반드시 공략해야 하는 대상인데다, 가변성이 높으나 지속성이 낮기 때문에 설득을 통해 충분히 조례제정을 옹호하는 방향으로 유도할 수 있다. 성매매 여성이라는 특정 대상의 권리신장을 위한 조례이므로 입법옹호기술을 활용할 수 있는데 이때 중요한 것이 논리적 주장과 현황과 지역사회욕구에 대한 객관적 정보이다. 실제로 타 지역에서도 현장에 대한 충분한 정보를 제공하여 반대하던 기초의원들이 찬성하도록 변화를 이끌어낸 사례가 있다. 소냐의 집은 찬성의원들의 세력을 확대하고 반대세력을 회유, 감소시키기 위한 지속적이고 논리적인 로비 및 정치적 캠페인을 벌여야 한다. 이때 공략의 대상이 되는 의원들은 보다 중립적인 의견을 가지고 있는 의원들과, 다수당의 의원이어서 보다 의원직을 유지할 가능성이 높은 의원들이 중심으로 하는 것이 적절하다.

이상의 활동들을 소냐의 집이 단독적으로 수행하는 데에는 어려움이 있다. 따라서 화재사건 이후로 100여 개 여성단체들이 모여 형성한 공동대책위원회라는 자원을 활용하여, 조례제정을 위한 시민단체 연대로 전환해 활동할 수 있도록 응집하고 동원해야 한다. 외부 여성단체들은 천호 성매매 집결지와 직접적 관련이 없기 때문에 가변성은 낮으나, 잠재성과 지속성이 큰 세력이다. 지역 외부의 여성단체들과 안정적으로 연대하여 활동한다면, 보다 적극적인 옹호활동을 펼칠 수 있으며, 타 지역의 관심을 유도해 핵심주체들에 보다 큰 압력으로 작용할 것이다.

반대 세력 중 업주들은 가변성이 낮고, 잠재성도 크지 않은 주변세력이기 때문에 소냐의 집이 직접적 표적체계로 고려해야 할 필요성이 낮다. 즉, 업주들은 설득이 거의 불가능한 상황인데다, 영향력이 높은 것은 아니기 때문에 우선순위에서 미뤄두는 것이 합리적인 전략이다. 마찬가지로 토지주, 건물주들은 지속성을 확인할 수 없고, 잠재성이 낮기 때문에 소냐의 집이 연대하여 활동하기에 적합한 세력은 아니다. 그러나 이들이 지나치게 개발우선주의적인 태도를 보이지 않게끔 경계하는 정도의 고려는 필요할 것이다.

2. 한계 및 의의

본 연구의 가장 큰 한계는 ① 성매매라는 이슈의 민감성으로 인해 관련 자료에 접근하기 고, 자활지원조례 제정에 대한 논의가 아직 초기 단계이기 때문에, 강동구의원들과 서울시의원들의 개별적인 의견을 파악할 수 없었다. ② 또한, 지역사회 세력요인들의 입장을 파악하는 과정에서 연구자의 입장이 반영될 여지가 있다는 한계가 있다.

위와 같은 한계에도 불구하고 본 연구는 다음과 같은 의의를 가지고 있다. ① 우선, 기존의 법률적/정책적 차원의 담론에서 벗어나 본 연구에서는 지역사회 차원에서 성매매 문제를 분석하고 해결방안을 모색하였다. ② 다음으로, 국내 사회과학 연구에서 잘 활용되지 않았던 세력장분석 기법을 처음 활용했다는 점에서 의의가 있다. 이러한 시도는 앞으로 다른 지역사회문제들을 해결하기 위해 관련된 세력관계를 세력장분석 기법을 활용해 분석할 때, 바탕이 될 수 있을 것이라 기대된다. ③ 마지막으로, 자활지원조례 입법과 관련된 모든 세력요인들을 파악하고, 이들 간의 관계를 분석해 도식으로 표현하고자 했다는 의미가 있다. 지역사회 문제를 둘러싼 세력관계를 도식으로 표현함으로써 지역 의사결정구조의 역동성을 파악할 뿐만 아니라, 지역 간 세력관계의 공통점과 차이를 비교할 때 보다 용이하도록 하였다.

이러한 의의가 있는 본 연구가 앞으로 천호 성매매 집결지뿐만 아니라 여전히 남아있는 다른 지역들의 성매매 집결지 문제를 해결하는 데 도움이 되길 바란다. 앞으로도 성매매 집결지를 폐쇄하고 재개발하는 과정에서 성매매 피해여성이 겪고 있는 문제들을 지역사회 차원에서 접근하고 해결하려는 시도는 계속될 것이다. 그 과정에서 천호동의 사례가 피해여성들과 지역주민들의 의견이 잘 반영되어, 지역사회의 합의를 이끌어 낸 성공적인 전례가 되기를 바란다.

〈참고문헌〉

강동구 온라인 구청장실. "구청장에게 바란다" https://mayor.gangdong.go.kr/web/mayor2018_3/eip/mayorwant/uiView.do?minwonSeq=16050¤tPage=0&searchOption=minwonTitle&searchWord=%EC%B2%9C%ED%98%B8%EB%8F%99. (2019.05.15).

강동구청. "재정비촉진기구". https://www.gangdong.go.kr/site/contents/ko/html03/html00/html02/realign1.html. (2019.04.30).

강동신문. "강동구 천호동 일대, 도시재생 밑그림 그린다." (2018.04.02).

강동신문. "강동구, 집창촌 없어지고 40층 주상복합단지 조성" (2019.02.11).

김경호. "누가 그녀들을 죽였는가… 폴리스라인 처진 '천호동 텍사스촌'의 비극" 『세계일보』 (2018.12.25).

김상기. "국가유공자 5만 원 주면서 성매매여성엔 2000만 원." 『국민일보』(2019.03.24.)

김소연. "불법 성매매 여성 지원은 혈세 낭비… 홍준연 대구 중구의원, 이번에도." 『한국경제』 (2019.03.01).

민주식. 2008. "성매매피해자 자활을 위한 지방자치단체의 역할증대 방안에 관한 연구-경기도를 중심으로." 경기대학교 행정대학원.

박태순. "원주 학성동 집창촌 종사자들 시청 항의 방문… 한바탕 소동." 『일요신문』(2018.05.11).

백종만 외. 2015. 『지역사회복지론』. 서울: 나남출판사.

신박진영. 2017. "대구 성매매집결지 '자갈마당' 폐쇄를 위한 자활지원 조례 제정까지의 이야기." 『여성과 인권』.

심규석. "전주시, 성매매집결지 '선미촌' 문화재생사업 본격화." 『국제뉴스』(2016.05.16.).

윤용해. "탈성매매 피해자 지원 남구의회, 간담회 개최." 『경기신문』(2018.01.31.).

이가영. "철거되는 '텍사스촌'사람들, 대안만 있다면 벗어나고파." 『중앙일보』(2018.12.25).

이유진. "성매매 피해자' 자활 지원에 혐오 쏟아낸 남성 커뮤니티." 『한겨레』. (2018.08.15).

이정용. "인천 남구의회, 탈성매매 피해여성 자립지원 조례 제동." 『중부일보』(2018.02.08.).

전성무. "인천 성매매 집결지 '옐로우하우스' 올해는 폐쇄될까." 『노컷뉴스』(2018.03.21).

정호진. "옐로하우스' 종사자들, 성매매 여성 비범죄화/이주 보상 촉구." 『파이낸셜 뉴스』(2019.03.05).

청와대 국민청원 게시판. 2018. "인천 집창촌 성매매 여성들의 지원을 반대합니다." https://www1.president.go.kr/petitions/424557.

최정규. "[전주 선미촌 재생프로젝트 중간점검 (중) 실태] 홍보 안 돼 공원, 가게 썰렁… 성매매도 여전." 『전북일보』 (2019.05.23).
최정일 2015. "성매매 규제 및 성매매여성의 탈성매매를 위한 법제도적 지원 방안에 대한 연구." 『보호관찰』. Vol.18 No.1.
홍성철. 2007. 『유곽의 역사』. 서울: 페이퍼로드.
G. Brager, Holloway. 1993. "Assessing Prospects for Organizational Change: The Uses of Force Field Analysis." *Administration in Social Work*. Vol.16.

학교 부실 석면제거공사에 대한 학부모 조직과 지역사회의 대응과 함의 - 인헌초, 신정초, 선린초 사례를 중심으로 -

서울대학교 사회복지학과 김선재, 김진경, 정진우, 최한림

I. 서론

1. 연구의 필요성

철저하고 엄격한 석면제거공사 시행을 약속한 학교 측의 약속은 지켜지지 않았다. 보다 못한 학부모들이 직접 문제 해결에 나섰고, 부실 공사를 방관하고 있던 당국은 마지못해 학부모들의 요구를 점차적으로 수용해 나갔다. 처음부터 엄격한 감독 아래 시행되었어야 할 공사는, 학부모들의 압력 행사 이후에나 비로소 '정상적'으로 진행된 것이다.

석면은 내구성이 좋고 단열에 좋다는 특성 때문에 주로 건물의 천장재, 보온단열재에 활용되었다. 그러나 석면은 원발성 중피종, 석면폐증 등의 질병을 일으키는 위험한 물질로 잠복기가 최장 30년에 이르기 때문에, 1987년 세계보건기구(WHO) 산하 국제암연구소(IARC)에서 1급 발암물질로 지정되었다. 우리나라도 1990년에 사용허가 대상 유해물질에 석면을 추가하였고, 본격적인 석면 사용 규제에 들어간 것은 2007년으로 서구 선진국에 비해 늦다.

석면의 위해성이 밝혀지기 전, 학교 건축물에서도 석면 자재는 널리 활용되었

다. 이를 제거하기 위한 후속 대책으로, 박근혜 정부는 2016년 연간 2,000억 원을 투입하여 전국의 모든 유치원·초·중등학교 석면제거 작업을 2033년까지 완료한다는 계획을 수립했다. 이후 문재인 정부는 기존 예산에 연간 1,047억 원을 추가로 투입하여 석면 제거 기한을 2027년까지로 앞당기기로 결정하였고, 일부 교육청은 이를 2022년까지 완료한다는 계획을 수립했다.

석면은 주로 건축물을 해체·수리할 때 공기 중으로 비산되어 인체에 침투하기 때문에, 건축물 공사 시에 보다 세심한 주의가 요구된다. 하지만 잇따른 부실공사와 미흡한 후속 조치에 대한 논란이 제기되고 있으며, 정부도 지속적으로 추가대책을 내놓고 있지만 부실공사에 대한 우려는 해소되지 않고 있다. 학교 운영 상 공사 기간이 방학으로 제한되어 있으며, 국내 석면해체·제거업체의 수준이 부실하다는 점에서 더욱 그러하다. 2018년 여름방학에는 석면 해체·제거 작업을 614개 학교에서 진행하였다. 이 학교들 중 안전성 평가에서 A등급('우수' 등급) 이상을 받은 업체가 공사를 진행한 학교는 74개교로 전체의 12%에 불과했다(금태섭 의원실, 2018). 즉 70%에 가까운 학교가 공사 능력이 미흡하거나 검증되지 않은 업체의 손에 맡겨진 것이다. 실제 해체·제거 작업에 대한 현황을 조사한 결과에서도 음압기와 위생설비를 제대로 설치하지 않거나 적절히 가동하지 않는 경우가 많은 것으로 나타났다(조용진, 2012).

부실 석면공사 문제는 현재 상황이 유지되는 한 앞으로도 되풀이될 것이다. 현장의 실상을 명확하게 알지 못하는 중앙 부처에서 어떠한 보완책을 내놓든, 일방적인 'Top-down' 방식으로 정책이 집행되는 한 근본적인 문제 해결은 요원하다.

〈표 1〉 2018년 여름방학 공사 담당 석면해체·제거업체 학교별 현황

(단위: 교, %)

S등급(매우 우수)	A등급(우수)	B등급(보통)	C등급(미흡)	D등급(매우 미흡)	미평가**	등급만료***
22 (3.6)	52 (8.5)	122 (19.9)	57 (9.3)	83 (13.5)	250 (40.7)	28 (4.6)

* 국회 금태섭 의원실

** 2015년 이후 평가를 받지 않은 업체가 공사를 진행한 학교

*** 평가 주기 만료에 따라 재평가를 받아야 하지만 받지 않은 업체가 공사를 진행한 학교
(A등급: 4개교, B등급: 1개교, C등급: 7개교, D등급: 16개교)

이 문제를 파악하기 위해서는 공사 시행의 질적 측면 이외에도 다양한 측면을 고려해야 한다. 특히 학교가 지역사회에서 담당하는 기능을 고려한다면, 공사를 진행할 학교가 위치한 지역사회는 방학 기간을 전후하여 잠재적인 문제 발생 가능성을 내포한다. 공사 기간 중 학교 건물 이용이 불가능하여 돌봄 공백이 발생하고, 부실 공사로 공사 기간이 학기 중으로 연장되면 교육과정 운영에 차질을 빚게 된다. 또한 부실 공사로 석면이 학교 건물 외부로 비산될 가능성이 높아 학교 구성원과 전체 지역사회 주민들이 석면에 노출될 수 있다. 중앙부처의 정책이 학생뿐만 아니라 전체 지역사회에 큰 문제를 야기할 수 있는 것이다. 따라서 부실 공사 논란은 현재 진행형이며, 지역사회에 미칠 파급효과가 상당하기 때문에 시의성이 큰 문제로 사료된다.

본 연구팀은 석면제거공사를 둘러싼 지역사회에의 영향과 대응방식에 초점을 두어 연구를 진행하며, 관악구 소재 인헌초, 강서구 소재 신정초, 강동구 소재 선린초의 사례를 중점적으로 분석하고자 한다. 이를 통해 부실 석면제거공사 문제에 대해 세 학교가 비교적 원활히 대응할 수 있었던 배경을 지역사회 조직화 과정(community organizing process)에 입각해 이해하고자 한다. 제시한 세 학교에 주목한 이유는 다음과 같다. 석면 공사의 후속대책과 관련하여 1) 언론에 가장 많이 노출되어 연구자와 독자가 이해하기 쉽고, 2) 각 학교 별로 해결 과정에 있어 공교육 공백 해결을 위한 대체 프로그램을 학부모 조직에서 기획하였고, 3) 지역 선출직 공직자들의 역할이 컸으며, 4) 언론 등 다양한 수단을 동원하여 문제 해결을 촉구했기 때문이다. 본 연구는 세 학교의 지역사회 조직화 과정에 초점을 둔 분석을 통해, 다른 학교에서 유사한 문제가 발생할 경우 해당 지역사회가 대응할 수 있는 방안을 제시하고자 한다. 나아가 위 사안과 대응방식이 지역공동체에 미치는 함의를 고찰하고자 한다.

2. 연구 주제

사전 조사를 통해 부실공사의 해결과 교육 공백 문제 해결을 가능하게 했던 중요한 주체는 '학부모'라는 점을 확인했다. 또한 부실 공사 문제는 학생과 학부모를 포함한 지역 주민 전체에게 영향을 미친다고 볼 수 있었다. 이때 학부모 사회를 기능적 지역사회, 학부모들과 학교를 포함한 인근 지역을 지리적 지역사회라 볼 수 있기에, 이러한 공동체를 다루는 지역사회복지론의 관점은 매우 유용하다. 부실 석면제거공사 문제를 단순히 공사 과정상의 기술적인 문제로 볼 수는 없다. 다양한 지역사회의 구성원이 영향을 받는 지역사회의 문제로 인식하고 접근해야 하는 것이다. 이에 본 연구는 지역사회복지론에서 중요시하는 개념인 조직화, 권력구조, 실천과정, 지역사회자원 활용 등의 관점에서 다음과 같은 잠정적인 연구 질문을 도출해내었다.

연구주제 1: 부실 공사 문제에 대해 학부모들은 어떠한 방식으로 교육 당국의 변화를 이끌어 내었는가?

연구주제 2: 부실 공사 문제를 해결하는 과정에서 어떤 지역사회 자원들을 활용했고, 어떻게 활용했는가?

연구주제 3: 향후 다른 지역사회에서 동일한 사안이 문제가 되었을 때, 학부모 집단의 적절한 대처 방식은 무엇이며 어떠한 여건을 조성해야 하는가?

II. 기존 문헌 고찰

본 장에서는 본격적인 사례 분석에 앞서 지역사회복지론 교과에 나타난 지역사회 조직화 이론과 더불어 실천모델과 기법, 구성원과 협력에 대한 내용을 소개하고자 한다. 추후 본론에서 이러한 이론들을 활용하여 각 지역사회의 부실 석면제거공사 문제 해결 과정을 분석할 것이다.

1. 조직화

지역사회 문제에 대한 행동은 구성원이 '문제를 인식하는 단계'에서 시작된다. 구성원은 문제를 공론화하는 주체로서 활동하게 된다(이마리아·이경은, 2017). 지역사회 문제가 구성원들의 공감을 얻게 되면, 이에 대응하기 위해 '조직화 단계'에 접어들 수 있다. '문제해결을 위해 함께 연대하겠다'는 공감대를 지닌 구성원들은 내부 자원으로 기틀을 마련하고 외부 자원 활용을 통해 주민 조직화를 달성하게 된다. 물론 조직화 과정, 대응 방안 마련 등의 과정에서 불가피하게 갈등이 발생할 수 있는데, 이는 지역사회의 역량을 구축하고 원활한 의사소통이 가능한 결정체계를 형성함으로써 해결될 수 있다. 한편 지역사회가 한 번이라도 조직화된 경험이 존재한다면, 이전의 경험을 바탕으로 지속적으로 이슈를 공유하며 '문제인식'에서 '문제대응' 단계까지의 이행이 수월하다. 따라서 특정 문제를 인식한 구성원들이 바람직한 지역사회 조직화를 이루어 문제에 효과적으로 대응할 수 있다면, 단편적인 성과를 넘어 안정적인 공동체의 기반을 마련할 수 있게 된다(이마리아·이경은, 2017).

본 연구에서 주로 살펴볼 조직은 학부모 조직이다. 로스(1967; 백종만 외, 2015에서 재인용)의 개념 구분에 따르면 학부모 조직은 지리적 지역사회와 기능적 지역사회의 요소를 모두 가지고 있다. 학부모들은 지리적으로 같은 공간을 공유하면서, 지역사회에서 자녀의 건강과 교육과 관련된 기능적 필요를 채우기 위한 욕구를 동시에 가지고 있기 때문이다. 이들은 부모인 동시에 해당 지역사회의 일원으로서 활발하게 상호작용해 나간다. 지역사회복지를 지역사회의 변화를 통해 구성원들의 개별적이고 집합적인 욕구를 충족시키는 사회복지실천의 방법으로 본다면, 본 연구는 실천 단위로서의 학부모조직이 지역사회의 조건을 어떻게 변화시켜 나가는지에 관심을 가지는 연구로 볼 수 있다.

2. 실천모델 및 전략 전술

지역사회 문제 해결 과정에는 행동체계와 표적체계가 존재한다. 행동체계는 사회변화를 추구하며 지역사회의 문제를 해결하기 위해 필요한 조치나 행동을 취하는 집단의 구성원을 의미한다. 표적체계는 행동체계가 변화의 표적으로 삼는 체계이다. 일반적으로 사회복지 개입의 대상 또는 서비스 수혜집단만이 아니라 정책에 영향을 끼치는 집단, 개인을 뜻한다. 선출직 공무원, 관료, 지역기관의 대표 등이 이에 해당한다. 지역사회 변화를 추구하는 행동체계는 사전에 표적체계를 면밀히 사정하여 요구하는 행동이 표적체계 의사 결정자의 권한을 초월하는 것인지를 파악해야 한다(Connaway. 1988: 조휘일. 2003에서 재인용). 한편 행동체계와 표적체계는 경우에 따라 겹치거나 구분될 수 있다. 이때 양자 간 관계에 따라 취하는 전략은 달라진다.

지역사회의 행동체계와 표적체계에 대한 파악이 이루어졌다면 적합한 실천 모델을 취하여 효과적인 문제 해결 방법을 모색해 나가야 한다. 실천 모델은 지역사회 문제의 규정, 문제에 대한 실천계획 수립에 있어 일종의 가이드라인을 제공한다. 즉 사회복지 개입과 문제 해결의 기본 틀로서 중요한 역할을 하는데, 로스만은 이러한 실천모델을 지역사회개발·사회계획·사회행동 모델 세 가지로 구분해 제시한다. 지역사회개발 모델은 전체 지역사회의 합의를 통한 지역사회역량 강화를 강조하며, 하위 모델에는 대표적으로 지역자산 모델이 있다. 한편 사회계획 모델은 전문가가 계획을 수립해 문제를 해결하는 것을 강조한다. 사회행동 모델은 지역사회의 권력관계와 자원동원 구조를 변화시키는 것을 목표로 한다. 즉 지역사회 내 영향력이 약한 계층의 목소리까지 대변될 수 있도록 지역사회의 자원, 권력, 의사결정 구조를 재분배하는 과정에 초점을 둔다.

지역사회 내에서 목표한 변화를 도모하기 위해서는 실천모델에 맞추어 선택한 전략과 전술을 실행해 나가야 한다. 사회행동 모델은 경쟁 또는 대항 전략을 주로 활용한다. 양 진영이 행동체계와 표적체계로 명확히 구분될 때 사회행동 모델을 사용하는 경우가 많기 때문에 경쟁 또는 대항 전략의 전술은 상대 진영에 대한 갈등 행동을 포함한다. 구체적으로는 반대진영과의 대면회동, 의사결정 과정에서 반대진영 배제와 같은 소극적 수준에서 시위나 파업 등의 적극적 수준에 이르는 다양한 방안들이 포함된다. 한편 사회행동의 하위 모델로 '풀뿌리 실천'을 제시하며, 로비와 자원동원을 적절한 전술로 소개하는 경우도 있다. 이는 몬드로스와 윌슨(1994: 백종만 외, 2015에서 재인용)에 의해 제시된 바 있는데, 풀뿌리 실천은 기존의 의사결정 구조에 대항할 수 있는 조직을 구성하는 등 주민들의 정치적 역량을 키우는 임파워먼트에 초점을 맞춘 방법이다. 정책결정과정에 영향력을 행사하고자 하는 로비와 함께, 미디어나 대중교육을 활용해 정치 과정에서 배제된 집단의 참여와 연대를 독려하는 자원동원 실천도 소개된 방법 중 하나이다.

3. 지역사회자원 활용: 협력관계

지역사회 문제에 개입할 때 개인들은 보다 큰 영향력을 행사하기 위해 같은 입장을 지닌 지역사회 내 타 구성원과 집단을 형성하고, 나아가 타 집단과 연대하여 행동해간다. 특히 한 집단의 힘만으로 풀기 어려운 문제는 지자체나 전문가의 도움 또는 타 단체와의 네트워크를 통해 해결하게 된다(이마리아·이경은, 2017). 이는 지역사회의 인적 자원 활용으로 이해될 수 있다.

다른 집단과 협력관계를 구축하여 행동을 전개할 때, 협력의 유형은 관계의 정도나 지속성에 따라 협조노력, 연합, 동맹의 세 가지로 분류된다. 협조노력은 둘 이상의 집단이 공통의 관심사나 이슈를 해결하기 위해 맺는 기초적 협력관계로, 유사한 목적을 가진 조직들이 일시적으로 협조하는 관계이다. 즉 효과적인 행동을 위한 실천전략을 공유하며 함께 행동하지만 일방에 의해 언제든 종결될 수 있는 느슨하고 일시적인 협력관계이다. 연합은 공동위원회에서 공통 이슈와 전략을 합동으로 선택하는 등 보다 지속적이고 조직적인 협력관계를 일컫는다. 마지막으로 동맹은 가장 강력한 협력 체제를 말한다. 연합이 협력에 참여하는 집단이 각자의 자율성을 유지하는 관계였다면, 동맹에서는 집단의 자율성보다 공통목표의 달성이 우선된다.

Ⅲ. 분석대상 및 연구방법

1. 분석대상

앞서 언급한 바와 같이 본 연구에서는 관악구 소재 인헌초, 강서구 소재 신정초, 강동구 소재 선린초의 사례를 중점적으로 분석하고자 한다. 해당 학교들은 부실공사로 학부모 조직이 만들어지고 활동이 전개되면서 나타날 수 있는 양상들을 모두 포괄하고 있어 다중사례연구의 비교분석 대상으로서 가치가 크다. 학교별 구체적인 타임라인은 아래 표와 같다. 인헌초와 선린초는 4주 정도의 개학 연기를 감수하는 대신 재공사를 할 필요가 없는 학교이다. 신정초의 경우 공사를 취소하여 개학 일정에 큰 변동이 생기지 않았으나, 추후에 공사 일정을 재편성해야 한다.

〈표 2〉 3개교 타임라인

인헌초	신정초	선린초
2018.1.5.: 공사 시작 2.19: 민원에 따른 공사 중단 2.23: 부실 석면공사 언론 보도 – 개학 연기 – 3.5~30: 나홀로 학생 대상 돌봄 프로그램 실시 3.15: 석면 검출에 따른 정밀 청소 실시 3.22: 공사 후 대응 조치에 따른 항의 집회 3.26: 교육지원청 설명회 개최 3.26~4.1: 전체 학생 대상 연계 교육 프로그램 4.2: 개학	2018.6.16: 공사 시작 7.4: 모니터링단의 문제 인식에 따른 공청회 개최 및 비대위 조직 7.12~13: 학부모 대상 공사 중단 여부 투표 실시(결과: 공사 중단 63.4%) 7.16: 강서양천교육지원청 추가 설명회 – 공사 중단 결정 8.6: 등교 및 전학고려 서명록(546명 서명) 교육청에 제출 – 정상 개학 – 8.10: 교육청 앞 집회 및 등교거부(학부모 681명 참가)	2019.1.10: 공사 시작 1.31: 모니터링단의 문제 제기로 공사 중단 2.13: 공사 재개 2.15: 최종 합의 회의 – 업체 측에 가이드라인 준수 요청 – 개학 연기 – 3.4~29: 학교 휴업일 – 대상자 한정 돌봄 교실 운영(성일교회) 3월 中 6회: 현장체험학습 실시(수업일수 인정) 4.1: 개학

2018년 겨울방학 부실 석면제거공사로 개학이 미뤄진 학교 중, 인헌초는 대체 교육 프로그램을 만든 유일한 학교이다. 학부모들이 선제적으로 지역 사회와 연계하는 교육프로그램을 서울시 교육청에 제안했고, 특별 예산을 지원 받았다. 이에 따라 교육 TF가 꾸려져 교육프로그램을 마련하여 수업일수로 인정되었다. 지역사회 내의 시설들을 활용하여 서울대 규장각, 관악 영어마을, 인헌고 실내체육관 등에서 대체 프로그램을 진행하였다(최민영, 2018). 선린초도 인헌초의 선례를 참고하여 개학 연기에 따른 공교육 공백을 방지하기 위해 대체 교육프로그램을 마련하였다. 반면 신정초는 공사를 재개하지 않고 중단했다는 점에서 두 학교들과 차이를 보이는데, 이 과정에서 지역 선출직 공직자의 역할이 상대적으로 크게 나타났다는 특징이 있다.

2. 연구방법

세 학교의 분석을 위해 각 학교별 문제해결과정에 직·간접적으로 참여했던 비상대책위원회(이하 비대위) 구성원들을 대상으로 대면 인터뷰를 진행하였다. 또한 학교 석면 문제 수습을 계기로 만들어진 전국학교석면학부모네트워크의 대표(관문초 비대위원장 역임)와도 인터뷰를 진행하여 지역사회 문제 해결에 있어 시민단체가 미치는 영향을 살폈다.

인터뷰에 앞서 교육청, 언론의 보도 자료로 각 학교별 사안의 특징을 파악한 후, 서면 자료로는 충분히 설명되지 않는 부분을 당사자들의 생생한 이야기를 통해 확인했다. 비대위의 학부모들을 대상으로 한 인터뷰에서는 공통 설문지와 개별 설문지를 활용하여 각 학교별 대응 양상에서 어떠한 차이점이 있었는지 파악하고자 하였다. 신정초의 경우 문제 해결 과정에 지역 정치인과의 협력이 두드러지게 나타났기 때문에, 지역 국회의원실 관계자와 지역 구의원과의 인터뷰를 추가적으로 진행했다. 면담은 대체적으로 2시간을 전후하여 이루어졌으며, 이후 면담의 내용과 사실 관계를 종합하여 세 학교 간의 대응 양상을 비교·분석하였다.

〈표 3〉 면담자 목록

성명 및 소속	면담 방식	면담 일자
한○○ 대표(관문초 비상대책위원회, 전국학교석면 학부모네트워크)	대면 인터뷰	2019. 5.9
방○○ 위원장(인헌초 비상대책위원회)		2019. 5.13
윤○○ 위원장(신정초 비상대책위원회)		2019. 5.13
손○○ 前 위원장 외 1인(선린초 비상대책위원회)		2019. 5.16
이백휴 보좌관(강서갑 국회의원 금태섭 의원실)		2019. 5.13
윤유선 의원(강서 가선거구, 강서구의회)		2019. 5.24

IV. 사례 분석

1. 조직화

부실 공사를 원활히 수습할 수 있었던 데에는 '비상대책위원회'로 대표되는 학부모 조직의 역할이 컸다. 학부모 개개인은 학교나 교육청 등 의사결정자에 비해 정치적 힘이 상대적으로 작다. 하지만 학부모들은 조직화를 통해 '비대위'라는 이익집단을 형성하여 자신의 의사를 표출하여 이해를 관철시켰다. 이렇듯 개개인의 개별 활동은 이익집단의 활동보다 영향력이 미미하기에 개인들은 공통의 관심사, 가치를 중심으로 집단을 형성해 정치적 역량을 강화할 수 있다(백종만 외, 2015). 학부모들은 자녀들을 안전한 환경에서 교육시키고자 하는 공통의 이해, 가치를 공유하고 있었다. 이러한 공통의 욕구를 바탕으로 학부모들은 스스로의 기술과 자원을 공동의 노력으로 연결하였고(백종만 외, 2015), 이러한 조직화를 통해 지역사회 임파워먼트를 구축하였다.

1) 조직화 이전

"아무래도 학부모운영위원회 같은 곳은 순수봉사직이라 기피하는 경향은 있었죠, 형식적으로 이름만 올리는 식이었기도 하고… 그리고 큰 결정권도 없었고요." 선린초 前 비상대책위원회 위원장

분석한 세 초등학교의 학부모 조직 모두 부실 석면제거공사 문제가 부각되기 이전에는 조직화 수준이 명목적인 수준에 그쳤다. 인헌초의 경우 기존 학부모 조직은 학교 측의 결정에 대체적으로 협조, 순응하는 방식으로 운영되었다. 신정초 또한 석면 공사 이전부터 학부모회 및 운영위원회 기구는 모두 조직되어 있었으나, 그 영향력은 미미했다. 선린초 역시 학부모 조직은 존재했지만 형식적 조직에 불과했다. 지역사회복지론에서는 조직화 과정에서 지역사회의 기존 구조를 활용하는 것이 효율적이라는 것을 전제한다(백종만 외. 2015). 하지만 기존 조직이라 할 수 있는 학부모회와 운영위원회는 비상대책위원회 구성에 있어 적절한 기반이 되지 못하였다. 이들은 학교와의 관계에서 순응하는 조직으로서의 관성을 지니고 있었기 때문에, 비상대책위원회를 별도로 구성하는 것이 불가피했다.

기존 학부모 조직이 그동안 학교가 추진하는 사업에 이견을 내지 않았던 만큼, 학교 측의 공사 사전 설명회 과정에서도 석면 제거 공사에 대해 큰 문제의식을 갖지 않았다. 석면에 대한 인식도 부족했기에, 학교와 교육지원청의 부실한 설명을 그대로 수용하는 경우가 많았다. 일례로 선린초의 경우 학교 측은 석면 공사가 창호 공사 이전에 필요한 간단한 공사라는 당위성만을 강조하며 구체적인 정보를 고지하지 않았다. 학부모들은 교육청의 설명을 신뢰했고, 전체 학부모의 85.3%가 석면제거공사에 무비판적으로 찬성하는 결과를 낳았다.

2) 조직화 과정

"감독을 하러 갔었는데 너무 경악했죠… 공사 직원 분들은 청소도 제대로 안 해두

고 가시고, 음압기 같은 것들도 아무데나 놓여 있고…" 선린초 前 비상대책위원회 위원장

인헌초 학부모들의 경우, 자발적으로 석면 자료 검색 및 공유를 통해 석면제거 공사의 위험성에 대해 인지한 후 현장 감독의 필요성을 느꼈다. 이들은 공식적인 감독 권한을 학교와 교육지원청에 요청을 하였으나 교육 당국의 비협조로 번번이 무산되었다. 이에 학부모들은 적극적으로 관련 정부 지침에 대해 조사한 끝에 명예 감독관 제도의 존재를 알아내어 이를 근거로 감독 권한을 부여받았다. 신정초와 선린초에서는 석면모니터링단에 학부모들이 참여하였다. 석면모니터링단은 교육부·환경부·고용노동부 3개 부처의 합동 가이드라인에 따라 이루어진 조직으로, 인헌초의 학부모 명예 감독관 활동이 본보기가 되었다. 모니터링단 참여를 계기로 해당 학교의 학부모들은 부실한 석면 공사의 실태에 대해 인지하기 시작했고, 이는 비대위 발족으로 이어졌다.

종합하자면 해당 학교들의 기존 학부모 조직의 응집력이 낮았던 것은 사실이나, 석면제거공사에 대해 관심을 가진 학부모들이 전무했던 것은 아니었다. 학부모들은 각 학교의 명예 감독관(인헌초), 혹은 석면모니터링단(신정초·선린초)으로 활동하면서 석면제거공사를 감독했다. 해당 감독 조직이 공사 과정상 문제를 발견한 후, 비상대책위원회가 공론화의 과정을 거쳐 꾸려졌다.

〈그림 1〉 신정초 모니터링단의 현장 감독 사진

"비대위를 형성할 때 학교 측은 정말 도와주지 않았어요. 학부모 연락처는 끝까지 안 주더라고요. 결국 저희가 알음알음 조직해갔죠. 아는 사람이 또 아는 사람을 소개해 주는 식으로. 학교가 협조했다면, 아니면 학부모회가 잘 조직되어 있었다면 훨씬 효율적으로 할 수 있었을 텐데" 인헌초 비상대책위원회 위원장

인헌초 비대위는 주로 명예 감독관들이 주축이 되어 만들어졌다. 비대위 구성 과정에서 학교 에서 학부모 연락처를 공개하지 않아, 비대위 구성에 상당히 오랜 시간이 걸렸다. 이는 학부모간 기초적인 네트워킹의 중요성을 방증한다. 한편 신정초에서는 모니터링 결과 교육부의 석면 작업 가이드라인에 따라 공사를 진행하지 않는 것을 파악하여 학부모들이 간담회를 개최하였고, 지역의 구의원과 국회의원실에서도 간담회에 참석하였다. 간담회를 통해 문제의식을 공유한 학부모들이 비대위 발족에 동의하였고, 비대위의 단체 카카오톡 채팅방이 만들어지게 되었다. 선린초 비대위는 기존 석면 모니터링단 일부에 더해 일반 학부모들이 함께 참여하였으며, 부실공사를 강행하는 교육당국에 조직적으로 대응하기 위해 조직되었다. 이때 기존 석면 모니터링단에는 석면 문제에 관심이 있는 학부모들이 충분히 참여하지 못하는 등의 문제가 있었다. 따라서 비대위는 기존 모니터링단을 새롭게 개편하여 문제 해결에 열의가 있는 학부모들이 참여할 수 있도록 하였다. 비대위에 적극적으로 참여한 학부모들은 대체로 10명 내외로, 규모 면에서 적절한 수준이었다고 평가할 수 있다(백종만 외. 2015).

학부모들은 자녀들이 석면 부실 공사라는 지역사회 문제의 피해자가 될 수 있다는 인식에서 출발하여 비대위 출범에 이르게 된 것으로, 일종의 '의식의 향상'을 경험했다. 오정수(2009)는 개인적 차원의 임파워먼트를 구축하는 단계를 세 가지로 구분하였는데, '의식의 향상'은 그중 첫 번째 단계에 해당한다. 일례로 신정초에서는 시공사가 공사의 원활한 진행을 방해하는 원인으로 비대위를 지목하였지만, 비대위에서는 업체 측의 음압기 설치 부족으로 구청의 허가를 받지 못하여 공사가 지연되고 있다는 것을 밝혀낸 바 있다.

이렇게 작지 않은 규모의 학부모들을 조직화하는 데에 있어 중요하게 작용했던 것은 인터넷을 기반으로 한 소셜네트워크 서비스(SNS)의 활용이었다. 사회운동이론가들은 사회운동의 성공을 자원동원이론으로 설명하는데, 자원동원 이론에 의하면 사회운동 조직들은 공적 홍보뿐 아니라 지인들이나 사회적 네트워크를 통해 회원을 모집한다(백종만 외. 2015). 이러한 관점에서 인터넷을 기반으로 하는 SNS는 자본의 확보, 운동조직의 결성, 정보의 수집과 공유 그리고 행동동원 등을 달성하는 데 있어 매우 유용한 도구로 활용될 수 있다(김용철 외. 2011).

> "전체 카톡방에는 구의원, 기자들도 있었고요. (중략) 공사에 찬성하는 학부모들도 본인들의 의견을 자유롭게 이야기할 수 있었어요. 그리고 이렇게 다 의견 표시를 해야 나중에 불필요한 오해의 소지도 생기지 않는 것이고…." 신정초 비상대책위원회 위원장

세 학교 모두 정보 고지, 투표 등의 다양한 의사소통이 '단체 카톡방' 혹은 '네이버 밴드'를 통해 활발하게 이루어졌다. 이는 이후에 진행한 집회 등의 사회행동을 용이하게 하는 기반이 되기도 했다. 조직 과정에서 학교 측이 학부모들의 연락처를 제공하지 않는 등 비협조적인 모습을 보였지만, 학부모들은 지인의 소개가 이어지는 '연계망 활용'의 기술(백종만 외. 2015)을 이용해 종국에는 대부분의 학부모들이 단체 네트워크에 참여하게 되었다. 인헌초, 선린초는 부실 석면제거공사로 인한 문제에 대처하기 위하여 개학이 연기되었다. 그러나 두 학교 모두 돌봄이 시급한 맞벌이 학부모들을 중심으로 개학 연기에 대한 반대 의견이 단체 카톡방에서 제기되었다. 이러한 반대 의견이 개진되자, 비대위는 기민하게 대응하여 개학 연기 기간 동안 학교 교육을 대체할 수 있는 돌봄서비스를 마련하였다. 즉, 평등하고 자유로운 의사표현이 가능한 '단체 카톡방'이라는 소통 창구는 상대적으로 소수였던 반대 의견이 묵살되는 것을 지양하고 자유로운 토론을 통해 절충안이 마련될 수 있는 환경을 조성하였다. 학부모 조직을 비롯한 풀뿌리 조직에서는 강력한 리더가 의사결정을 독점할 수 없다는 점에서, SNS는 조직 내에서 의견 조율과 집단

결정이라는 숙의의 과정을 가능케 하는 플랫폼이 되어 준 셈이다.

3) 조직화 이후

"진짜 가만히 있으면 안 되겠다는 생각을 하게 된 거죠. 그 이후로 가정통신문도 좀 유심히 보고, 애매한 게 있으면 학교 측에 물어보기도 하고." 선린초 비상대책위원회 위원장

석면 공사 이전과 비교했을 때 세 학교의 학부모들은 석면에 대한 정보를 수집하며 '집단적 계몽'을 이루어냈다. 이는 학부모조직에 대한 참여의식을 드높이고 학교 측의 행동을 예의주시하는 원동력으로 작용하였다. 인헌초와 선린초의 학부모들은 돌봄과 현장체험학습을 주도적으로 계획하는 등 공사로 인한 개학 연기 이후의 문제에 대해서도 적극적으로 참여하였다. 과거 학부모 조직들은 기존 학교의 결정을 형식적으로 추인하는 등 그 역할이 제한적이었기에, 학부모 주도의 대응은 학부모 사회의 역량이 강화되었다는 질적 변화의 증거라고 볼 수 있다. 지역사회역량이란 지역의 현재 및 잠재적 발전 가능성을 의미한다(백종만 외, 2015). 지은구(2006)에 따르면, 자발적 문제의식의 성장과 참여는 지역사회 역량강화를 위한 선행 조건이 된다. 부실 석면제거공사라는 일련의 사건을 겪으며 질적으로 변화된 학부모들은, 이후 유사한 사건이 발생해도 강화된 역량을 바탕으로 이전과는 다른 대응 양상을 보일 것이다.

세 학교에서 조직된 비대위는 일시적인 문제해결 수단에 그치지 않았다. 신정초의 경우 석면 비대위에서 활동했던 학부모들이 현재 운영위원회에서 활동하는 만큼, 여타의 교내 안전 문제에도 더 큰 영향력을 행사할 수 있게 되었다. 즉 상명하달식(top-down)으로 형성된 거시적인 정책 실행의 부실에 대하여, 하의상달식(bottom-up)의 조직과 대응 과정을 창출한 것이다.

이때 만들어진 SNS 의사소통 창구는 이후의 추가적인 조직화를 용이하게 할 수 있다. 일례로 신정초에서 조직된 600여 명이 넘는 카카오톡 단체방 및 네이버 밴드

조직은 석면 공사 문제가 일단락된 후에도 유지되고 있는 의사소통 채널이다. 이 조직은 학부모뿐만 아니라 지역 주민 모두가 참여할 수 있는 개방형 채널이라는 점에서 향후 장기적인 지역사회 의사소통의 장으로 발전해나갈 수 있는 가능성을 가지고 있다. 추후 다른 문제가 발생하더라도 이 채널을 통해 보다 효과적으로 의견을 수렴하고 공동의 대응 방안을 계획할 수 있을 것이다.

"공사 끝나고 여름방학 때, 다시 석면이 학교 화장실에서 발견됐었는데 저희 눈치를 보셨는지 학교 측에서 부랴부랴 관련 정보도 다 공개하고 업체도 우수한 곳으로 선정해 제거공사를 하더라고요. 사실 저희도 좀 놀랐어요 그런 모습을 보고." 인헌초 비상대책위원회 위원장

학부모들의 조직화는 학교가 선제적으로 석면 문제를 검토·관리하는 분위기를 조성하기도 했다. 일례로 인헌초에서는 석면 공사 이후 학교 화장실에서 석면 물질인 반나이트가 발견되었다. 이때 학교 측은 이전과는 달리, 학부모 조직의 요구가 제시되기도 전에 미리 전자현미경을 사용하고 엄격한 기준을 준수하는 청소업체를 이용해 석면 잔재물을 제거하고자 한 것이다.

"여기 지역 사람들 다 서로 아니까 문제가 안 생기도록 같이 도와야죠. (중략) 애들 졸업하고 나면 응집력이 잠시 약해질 순 있어도 쉽게 사라지지는 않아요." 신정초 비상대책위원회 위원장

끝으로 조직화를 통해 증진된 지역사회 역량은 인근 학교에서 유사한 문제가 발생할 때에도 활용될 수 있다. 면담한 학부모들은 차후 일어날 수 있는 다른 학교의 석면 공사 문제에 대해서도 적극적으로 협력할 의향을 표했다. 자신의 자녀가 직접적으로 영향을 받는 문제가 아닐지라도, '가족과 다름없는 이웃공동체'의 문제이기 때문이다. 이는 학부모들이 석면 부실 공사 문제를 자녀가 재학 중인 학교의 문제를 넘어 지역사회 단위의 문제로 인식한 것을 보여 준다.

이렇듯 석면 공사를 계기로 형성된 학부모들 간의 커뮤니티와 성공경험은 하나

의 지역사회 자산이 되어 본래 조직화가 의도한 것 이상의 효과를 거두었다. 이렇듯 '역량 구축'에 초점을 두어 지역사회 자산을 증진시키는 방식은 지역사회 개입의 성공 가능성을 높일 수 있다(백종만 외, 2015).

2. 실천모델 및 전략 전술

1) 행동체계와 표적체계

부실 석면제거공사에 주된 목소리를 내고 변화를 추구했던 것은 조직화된 학부모들이었다. 학부모들이 이 사안의 행동체계에 해당한다면, 결정에 영향을 끼칠 수 있는 표적체계에는 학교, 구청, 교육지원청, 교육청이 포함된다. 이 중 학교, 구청, 교육지원청은 3개 학교 문제 해결에 있어 초기에는 소극적인 대응으로 일관했다.

구체적으로 학교 측은 주로 학사행정을 이유로 요구사항을 회피했다. 세 학교 모두 공통적으로 교장, 행정실장 등 학교 고위 관계자들이 사안의 심각성을 인식하지 못하고 연락을 피하는 등 학부모들의 요구에 비협조적이었다. 일례로 신정초에서는 학교 측이 비대위를 공식적 주체로 인정하지 않았다. 구청 역시 교육 관련 사안은 교육청 소관이라는 이유로 책임을 회피하는 모습을 보였다. 교육지원청은 표면적으로 예산 부족을 이유로 학부모들의 요구를 회피하였다. 하지만 합의 번복을 일삼는 등 단순 비협조를 넘어 비상식적인 행동도 나타났다. 부실 석면제거공사의 초기 국면에서 문제를 키우지 않기 위해 의사결정에 큰 영향력을 미칠 수 있는 공권력에서 비롯되는 강압적 권력(French & Craven, 1968: 백종만 외, 2015에서 재인용)과 정보비대칭성에서 비롯된 정보성 권력(이성·정지웅, 2002: 백종만 외, 2015에서 재인용)을 사용해 가며 대처한 것이다. 한편 교육청-교육지원청으로 이루어진 상하구조의 행정체계 하에서 교육지원청이 협조적인 태도를 보이지 않았기 때문에 교육청에서도 문제의 심각성을 인지하지 못했다. 그러나 학부모 조직이 다양한 압력행사방식을 동원한 후 교육 당국은 점차 변화된 태도를 보였다. 구체적인 양상은 이후의 절에서 서술하기로 한다.

2) 문제해결양상

행동체계가 취하는 전략은 행동체계와 표적체계의 관계에 따라 달라지는데, 이 사안에서 두 체계는 중복되지 않고 상대진영으로 명확히 대별된다. 이러한 상황에서 학부모들이 표적체계에 영향력을 행사한 방식은 사회행동 모델로 설명될 수 있다. 실제 문제해결과정에서는 지역사회복지 관련 이론에서 논의하는 하나의 모델만이 적용되지는 않고 여러 모델들이 복합적으로 적용되는 것이 일반적이다. 이는 이론적 모델이 학술적 편의를 위해 최대한 단순화되었다는 점에 기인한다. 본 절에서는 사회행동 모델에 기반을 두어 문제해결양상을 서술한다. 하지만 특성 보넬에 얽매인 지나친 단순화는 지양하고자 하기에, 이후의 절에서는 다른 사회복지실천 모델도 적용하여 분석하고자 한다.

> "처음엔 조용히 해결하고 싶었죠. 아무래도 싸우고 싶지는 않으니까. 그런데 아무리 말로 설득을 하고 민원을 넣어도 학교랑 교육청 사람들이 듣지를 않더라고요. 그래서 저희도 '아 안 되겠구나' 싶어서 시위도 하고 적극적으로 나서게 된 거예요."
> 인헌초 비상대책위원회 위원장

초기에 학부모들은 원만한 해결을 추구하였으나, 교육당국과 의사소통이 원활하게 이뤄질 수 없다는 것을 인식한 후 '대항' 전략을 취하기 시작했다. 이 전략은 특정 정책을 결정하도록 의사결정자들에게 압력을 가할 때 사용되는 것으로, 대면 회동에서 피켓팅에 이르는 광범위한 행동을 포함한다(백종만 외, 2015). 특히 학부모들이 비대위라는 조직을 구성한 것은 기존의 학교와 교육지원청 중심으로 이루어지던 행정 관료 위주의 의사결정 구조에 대항했다는 점에서 사회행동 모델의 하위 모델인 풀뿌리 실천의 모습이 나타났다고 볼 수 있다.

오정수(2009)는 개인적 임파워먼트의 구축을 크게 '의식의 향상', '자기주장', '자기주장이 통하지 않을 때의 추가적 압력행사'의 세 단계로 구분해 설명한다. 개인적 임파워먼트 구축을 위해 '문제의식'을 가진 학부모 조직은, 표적체계에 집단의 욕구를 담은 '자기주장' 단계로 나아갔다. 학부모 조직 내에서 조율된 의사를 학교 및 교육지원청에 전달하였지만, 비협조적인 표적체계로 인해 상급기관인 교육청에 영향력을 행사하기에 어려움이 있었다. 이와 같은 상황에서 그들이 수행할 조치는 추가적 압력행사였다. 즉 부실 석면제거공사를 둘러싼 건강·돌봄·교육 문제가 공공의 의제가 되게 하고, 이를 공공 데모나 캠페인을 통하여 사람들에게 알리는 것이었다. 이를 위해 학부모조직이 사용한 구체적인 전술로는 1인 시위, 피켓팅, 언론, 선출직 공직자 활용 등이 있다.

"학교, 교육지원청, 서울시교육청 앞에서까지 시위했었는데, 학교 측도 교육청은 무시할 수 없었나 봐요. (중략) 생각보다 정말 많은 분들이 참가해 주셨어요. 뒤에서 서포트해 주신 분들도 많았고. 먼저 기자가 오지는 않았어요. 언론에서도 시위하는 시점부터 주목해 주더라고요." 인헌초 비상대책위원회 위원장

'1인 시위'와 '피켓팅'은 대표적인 전술 중 하나였다. 인헌초는 1인 시위 이후 단체 집회의 방식을 취해 22일 동작관악교육지원청, 23일 서울시교육청 앞에서 집회를 진행했다. 신정초 또한 공사 취소 결정 후 공사 수습과 관련하여 서울시교육청 앞 집회와 학교 앞 릴레이 피켓팅을 실시하였다. 학교 주변에서의 피켓팅은 일반 지역 주민들과 문제의식을 공유하고 석면 비산의 위험성을 주민들이 제대로 인식하게 하기 위한 측면도 있었다. 대체로 이러한 가시적인 압력행사 방식은 언론의 관심을 끌기 용이하여 관련된 보도가 다수 이루어졌다. 언론보도 이후 학교 측의 저항이 일시적으로 더욱 강해졌으나, 결국 여론의 힘에 의해 태도를 전환해 학부모들의 요구안에 보다 협조하게 되었다.

"언론이 솔직히 가장 도움이 많이 됐죠. 신문에도 실리고 방송에도 보도가 되니까 학교나 교육청 쪽도 함부로 못하고 다른 분들도 더 관심을 가져주시고."
선린초 前 비상대책위원회 위원장

〈그림 2〉 인헌초 비대위의 시위 모습

세 학교 학부모 모두, 언론 활용을 가장 효과적인 표적체계 압박 전술로 평가하였다. 언론 제보 혹은 비대위 내부의 자체적인 채널을 통해 이루어진 언론 취재와 언론 보도는 이후 관계자들의 관심을 고조시키는 데에 크게 기여했다. 공사를 직접 시행하는 현장 공사인력들의 양심고백이 이어지며 부실공사 문제가 더욱 공론화되기도 했다. 특히 인헌초 학부모들은 언론과 협조하여 서울시교육청 앞에서 기자회견을 하였고, 교육감과의 면담을 성사시키고 문제 해결에 필요한 예산을 확보하는 등의 성과를 거두기도 했다.

"국회의원이 관심을 가지면 관련 기관들에서도 더 적극적으로 관심을 갖게 되는 것이죠." 강서(갑) 금태섭 의원실 이백휴 보좌관

"윤유선 구의원이 적극적으로 도와줬고, 이야기도 많이 경청했죠. (중략) 교육당국은 정보 공유를 아예 안하려 했는데, 교육청과의 통로도 만들어줬고요." 신정초 비상대책위원회 위원장

"주민들이 움직이는 데에 있어서 정보 공개, 논의 과정에서 충분한 이야기가 이루어져야 하는데, 이런 답답함을 느끼는 부분을 해결해 주려 했습니다. (중략) 금태섭 의원과도 정책 간담회를 두 번 진행해서, 이 간담회 논의 결과가 환경부와 교육부에 전달되기도 했고요." 강서 가선거구 윤유선 구의원

'지역 내 선출직 공직자들을 활용'하는 것도 효과적인 방안이었다. 구의원, 시의원, 국회의원 등 선출직 공직자들은 유권자인 지역주민들과의 접촉을 통해 파악한 문제점들에 대해 주어진 권한 내에서 문제 해결을 위한 영향력을 행사할 수 있다(조휘일, 2003). 또한 문제해결에 소극적인 교육지원청도 보다 상위기관인 국회의원실에서 개입하면 태도를 바꾸는 것으로 나타났다. 일례로 과천 관문초 문제 해결 과정에서도 기자회견장과 시공사와의 간담회에 지역 국회의원실에서 참석하여 주민들의 요구 사항이 반영될 수 있었다. 신정초의 경우, 모니터링단이 부실공사 실태를 밝히는 간담회에 지역 구의원 2인과 국회의원실의 보좌진이 참석하였다.

문제해결과정에서 선출직 공직자들의 역할이 다른 학교에 비해 두드러지게 나타난 학교가 신정초이다. 해당 지역의 구의원은 공사 시행 이전부터 설명회에 참석하여 관심을 가졌으며, 부실 공사가 드러난 후 학부모들의 요청으로 문제 해결 과정에 보다 적극적으로 참여하게 되었다. 다만 비대위의 입장만을 대변하는 것이 아니라, 문제가 원만히 해결될 수 있도록 최선의 방안을 수립하는 중재자의 역할을 수행하였다. 학부모들이 원하는 구체적인 자료를 제공하였으며, 지역 국회의원실과의 정책 간담회를 통해 신정초의 문제를 중앙 부처인 환경부와 교육부에 전달할 수 있었다. 또한 학부모들의 불신을 해결하고자 학부모 대상 설명회를 수차례 개최하여 학부모들이 충분한 논의를 할 수 있는 장을 마련하였으며, 교육부에서 실시하는 '전문가 현장지원단' 파견을 요청하여 지원단의 컨설턴트가 설명회에서 자문할 수 있는 기회도 제공하였다. 이는 구의원(강서 가선거구 윤유선 의원)과 국회의원(강서갑 금태섭 의원)이 학부모들의 요구 사항을 적극적으로 청취하고 반영하고자 노력한 데에 기인한다.

일련의 과정을 통해 신정초 문제가 일단락 된 후, 교육지원청은 이후 관내 학교에서 이루어지는 석면제거공사에서 공사 진행 학교 학부모들의 요구 사항을 전체적으로 수용, 공사에 반영하였다. 즉 신정초 문제를 계기로 교육지원청이라는 표적체계의 변화를 이끌어 낼 수 있었던 것이다. 이렇듯 지역의 선출직 공직자들은 갈등 해결에 기여할 수 있는데, 지역사회 구성원과 선출직 공직자 간의 지속적인 유대관계가 선행된다면 사회행동은 더욱 효과적일 것으로 기대된다.

"보건대학원의 백(도명) 교수님 도움을 많이 받았어요. 저희가 직접 분석을 의뢰했고, 받은 분석 결과를 기자회견에서 터뜨렸죠." 인헌초 비상대책위원회 위원장

이러한 압력행사에 선행되었던 것은 전반적인 부실 공사 상태를 파악하기 위한 자료수집이었다. 세 개 학교 비대위는 공통적으로 교실 내 석면 비산정도와 시료 채취를 통한 검사를 교육지원청에 요구하며 전반적인 자료수집에 힘썼다. 전형적인 사회계획 모델에서는 정확한 자료수집과 분석을 실천가가 행하지만, 부실 석면 제거공사에 대해서는 학부모조직이 이러한 역할을 수행했다. 즉 학부모조직은 자료 수집을 통해 압력행사로 나아가기까지의 과정을 자생적으로 수행한 것이다. 이는 해당 조직들이 조직화를 통해 스스로 문제를 해결하며 외부의 도움을 요하지 않을 정도로 역량이 강화되었음을 시사한다.

사회행동 모델에서는 시민권 행사에 의한 지역사회 의사결정 구조 참여와 관련된 여건의 개선 및 재구조화라는 과업중심 목적이 기본적 지향점이 되나, 지속적 의사결정력 행사를 위한 임파워먼트라는 과정중심 목적도 동시에 강조된다(백종만 외, 2015). 석면 부실공사에 대응하는 학부모들의 사회행동은 모니터링단 등의 감독을 통해 공사 과정에 관여하고 공사를 중단시키고 재공사 요구를 관철시키는 등의 과업중심 목적과, 이 과정을 통한 학부모들의 의식 고취 및 조직화 강화 등의 과정중심 목적을 모두 달성한 사례라고 볼 수 있다.

3. 지역사회자원 활용

본 절에서는 지역사회의 가용 자원에 따라 상이하게 나타난 학교별 대응 양상에 주목해 볼 것이다. 곧 해당 지역사회가 지닌 고유한 특성이 직접적으로 반영되어 드러나는 것이다. 지역사회와 학교의 네트워크 형성은 크게 인적 교류, 사업 연계 및 협력, 정보 공유, 공간 교류 등 4가지 영역에서 이뤄질 수 있다. 네트워크를 형성

하면 보다 종합적인 프로그램을 제공할 수 있으며 지역사회의 시설을 합리적이고 효율적으로 활용할 수 있다(최돈민. 2013). 본 절에서는 4가지 영역 중 공간의 교류와 인적 교류, 즉 지역사회기관의 활용과 인적 자원의 활용에 초점을 맞추어 세 학교의 사례를 분석하고자 한다.

1) 지역사회기관 활용

부실 석면제거공사로 인해 개학이 미뤄진 인헌초와 선린초의 경우, 개학 연기 기간 동안의 공교육 공백 문제와 이에 따른 수업일수 미인정으로 인한 이후 여름 방학 단축 문제가 발생했다. 반면 신정초는 위 학교들과는 달리 공사를 재개하지 않고 취소하였으므로 개학이 일주일 이상 연기되지 않아 이러한 문제가 발생하지 않았다. 맞벌이 부부가 전체 부부의 절반에 육박하는 상황에서 돌봄 서비스 및 공교육의 공백은 지역사회 전반에도 큰 파급효과를 미친다. 따라서 이와 같은 문제를 해결하기 위해 인헌초와 선린초는 지역사회의 기관을 활용해 돌봄이 필요한 학생 대상 프로그램과, 수업일수로 인정받는 전 학년 대상의 대체프로그램을 구성하고자 했다. 하지만 인헌초와 선린초는 프로그램 구성 과정에서 사뭇 다른 양상을 보이는데, 이는 지역사회에 존재하는 기관의 종류와 기관으로의 접근성 차이에 기인한다.

"저희는 영어마을 없었으면 큰 일 났어요. 그 많은 인원을 수용할 교실이 있는 게 쉬운 일이 아닌데. (중략) 학부모 주도로 시작이 되었고, (중략) 하지만 기대한 만큼은 아니었어요. 지역사회로부터 특별히 큰 도움을 받지는 못했다는 느낌? 결국은 다 돈 문제니까…" 인헌초 비상대책위원회 위원장

"거리가 먼 곳은 버스 대절 같은 문제 때문에 이용을 못하는데, 오면서 보셨으면 알겠지만 주변에는 이용할 만한 공공기관이 거의 없어요. 있는 곳조차 되게 비협조적이었고. (중략) 결국 이용했던 교회도 처음에는 꺼리시다가 저희가 간절히 부탁해서 받아주셨어요." 선린초 비상대책위원회 위원장

인헌초의 경우 교육과 돌봄 공백을 해결하기 위한 교육TF를 구성했다는 것이 큰 특징이다. 교육TF는 기자회견 결과 성사된 교육청과의 협상을 통해 예산을 획득하였으며, 프로그램을 구상하고 시행하기까지의 전반적인 작업을 수행했다. 이는 지역사회자원을 효과적으로 동원하고 활용한 것으로, 언론에 보도가 될 정도로 전례가 없는 일이었다. 인헌초의 경우 학교 인근에 관악영어마을, 서울과학전시관, 서울대 등 활용할 수 있는 기관이 다수 존재했다. 비교적 저렴한 가격으로 양질의 서비스를 제공할 뿐 아니라 지리적 접근성 역시 좋은 교육 기관들이 지역사회 내에 존재했기에, 인헌초가 교육 공백을 해소해가는 과정은 비교적 수월했다.

반면 선린초는 인헌초에 비해 이용할 수 있는 지역사회기관의 수가 현저히 적었다. 교육청과의 협상을 통해 확보한 예산은 전 학년 대상 프로그램을 진행하기에 턱없이 부족한 금액이었기 때문에, 비교적 저렴한 가격 혹은 무료로 이용할 수 있는 공공기관이 절실했다. 하지만 지역사회 내 학생들이 이용할 수 있는 공공기관이 부족했고, 존재하는 기관들도 책임지기를 꺼려하며 원활히 협조하지 않았다. 그렇기에 인헌초의 돌봄 서비스는 다양한 기관에서 이루어졌던 반면 선린초의 돌봄 서비스는 인근 교회에 한정되어 이루어질 수밖에 없었다.

하지만 두 학교에서 공통적으로 발견할 수 있는 문제는 단순히 비용을 지불하고 기관을 이용하는 것 이상의 협력 양상은 보이지 않았다는 점이다. 인헌초의 해결 과정은 상대적으로 원활했지만, 여전히 경제적 이해관계에만 입각한 자원 동원이었다는 한계가 있었다.

방학기간 중 돌봄 공백과 부실 공사에 따른 개학 연기로 인한 공교육 공백은 앞으로 석면공사를 시행할 다른 학교에서도 얼마든지 반복될 수 있는 문제이기 때문에, 지역사회기관의 확충과 접근성 확대가 요구된다. 또한 지역사회 기관이 실제로 존재하는지의 여부도 중요하지만, 학생과 학부모가 지역 사회에 존재하는 자원에 대한 충분한 정보를 제공받지 못하여 어려움을 겪게 되기도 한다. 따라서 지역사회자원 활용의 목적과 용도에 따라 학교 현장에서 활용하기 쉽고 상세한 정보가 제공될 필요가 있다(최돈민, 2013).

2) 인적 자원 활용

"프로그램도 학부모 주도로 만들어졌지만 시행과정에서도 학부모들이 많이 참여해 주셨어요." 인헌초 비상대책위원회 위원장

지역사회기관 등 물적 자원 이외에도 지역사회 구성원들의 강점, 즉 인적 자원을 활용하는 것 또한 유용하다. 인헌초는 학부모들이 다양한 직군에 종사하고 있었다. 이는 부실 석면제거공사 문제에 대응하는 과정에서 강점으로 작용하였다. 유통업에 종사하는 학부모를 통해 시위와 피켓팅에 필요한 물품들을 무료로 제공받았고, 학부모인 서울대 이현정 교수를 교육TF의 위원장으로 위촉하여 서울대와의 접촉을 용이하게 하였다. 전문성 권력을 갖춘 국립대학 교수를 전면에 내세움으로써 공교육 공백 우려를 해소할 수 있는 프로그램을 구성할 수 있었다. 또한 실제 운영 과정에 있어 예산의 상당 부분을 차지했던 교통비 또한 학교 녹색어머니회와 자가용을 소유한 학부모들의 기여로 최소화할 수 있었다. 대체 교육 프로그램을 위한 기관과 집을 오가는 통학 문제에서도 학부모들의 도움이 컸다. 교통정리를 통해 아이들의 안전을 확보하고, 카풀을 통해 등하교 문제를 해결하는 등 돌봄 프로그램이 차질 없이 진행될 수 있도록 한 것이다.

신정초의 경우, 학부모들이 공사의 심각성을 자각하고 차후 진행된 간담회에서 객관적인 문제 진단이 가능했던 배경에는 건설업에 종사하는 학부모들의 역할이 컸다. 이후 석면 잔재물 청소 방안을 비대위에서 논의하는 과정에서도 이들은 청소 과정이 면밀하게 진행되도록 검증하는 데 자신들의 전문성을 발휘하였다. 뿐만 아니라 언론계 종사 학부모들은 인적 네트워크를 활용하여 효과적인 언론에의 접촉을 도왔다.

이와는 대조적으로 선린초에서는 인적자원의 활용양상이 두드러지게 나타나지 않았다. 전문적인 TF가 별도로 구성되지 않았고, 비대위가 석면 부실공사 문제뿐만 아니라 공교육 공백 문제 해결에도 관여를 해야 했다. 프로그램 구성에 있어서도 학교 측의 협조 없이 비대위가 독자적으로 프로그램을 구성해야 하는 어려움을

경험했다.

지역사회 문제 해결을 위한 기존의 접근이 약점을 최소화하는 것에 초점을 맞추었다면, 최근 각광을 받고 있는 강점 관점은 자산, 기술, 자원 등의 긍정적 강점을 극대화하는 것에 초점을 맞춘다(백종만 외. 2015). 이러한 접근방식은 지역자산(community asset) 모델로도 설명될 수 있다. 지역자산 모델은 지역사회 기관 간 비공식적 네트워크를 구축하고 지역주민 스스로 개개인의 강점과 기술을 인지하여 이웃 간 기술과 자원을 효과적으로 교환시켜 나갈 수 있는 기제를 개발하는 데 중점을 둔다(Kretzman & Mcknight. 1993: 백종만 외. 2015에서 재인용). 위 사례에서 각 학교의 학부모들은 주변에 위치한 기관과 구성원들이 지닌 강점을 활용하여 당면한 문제를 해결하고자 하였다. 이처럼 지역사회가 보유한 인적, 물적 자원의 종류와 자원을 어떻게 발굴하고 활용하느냐에 따라 지역사회문제의 해결 양상은 크게 달라질 수 있다.

3) 타 집단과의 협력관계

"이건 네트워크가 만들어지기 전인데, 인헌초에서 저희 아이 학교로 전학을 온 학부모가 있었어요. 그 학부모가 인헌초가 지금 석면 공사 문제로 힘들다고, 제 연락처를 줘도 되냐고 해서 흔쾌히 승낙했죠. 그렇게 해서 연락이 닿았던 거고… (중략) 신정초와도 컨택이 되었고요." 전국학교석면학부모네트워크 대표

"(전국학교석면학부모네트워크가) 정보도 많이 공유해 주시고 어찌 대응해야 할지 조언도 해 주시고, (중략) 앞으로도 이런 시민단체의 역할이 확대되면 좋겠어요." 선린초 前 비상대책위원회 위원장

지역사회 내의 다양한 이익집단들은 의사결정과정에 영향력을 행사하기 위해 독자적으로 행동하기도 하지만, 타 집단과 연대하여 행동하기도 한다(백종만 외. 2015). 이러한 연대는 인적 자원 활용이 효과적으로 나타난 결과이다. 부실 석면공사 문제를 초기에 겪은 관문초 학부모들은 기자회견을 열어 사회적 관심을 고조시

키는 과정에서 시민단체인 환경시민센터와 연계했다. 이후 관문초 학부모들은 인헌초의 문제해결과정에 도움을 주었고, 인헌초는 신정초에 석면공사와 관련된 정보를 제공했다. 부실 석면제거공사로 일어나는 문제를 해결하기 위한 공통의 목적을 가진 조직들은, 이러한 일시적인 '협조노력'을 통해 문제에 보다 효과적으로 대처할 수 있었다. 이 단계까지는 목적 달성을 위한 일시적 협력일 뿐 공동위원회가 존재하거나 지속적으로 연결된 협력관계는 아니었기에 '협조노력'으로 설명하는 것이 적절하다.

이러한 협조노력은 '전국학교석면학부모네트워크'라는 시민단체의 발족으로 강화된다. 시민단체가 전개하는 지역사회복지운동은 크게 서비스 제공, 옹호 활동, 당사자 동원, 조직화의 네 차원으로 볼 수 있다(Kahn. 1991; 이인재. 2002에서 재인용). 전국학교석면학부모네트워크는 문제가 발생한 각 학교에 정보를 제공하고 학부모들의 조직화 과정을 도왔다. 특히 네트워크 출범 이후 공사가 진행되었던 선린초는 문제 해결 과정에서 네트워크로부터 실질적인 도움을 받을 수 있었다. 또한 이 단체는 2019년 2월 국회 공청회를 주최했고, 7월에는 석면 피해자 간담회를 개최하는 등 개인을 대신해 현실과 정책의 변화를 추구하는 옹호 활동 역시 수행하고 있다. 각 학교는 이 단체를 중심으로 하나의 네트워크로 연결되는데, 이 단체는 일종의 공동위원회로 기능하며 각 학교의 자율성이 보장되는 방식으로 운영된다. 이 단체는 설립된 지 1년이 지나지 않아 아직 그 협력의 유형을 논하기는 이르지

〈그림 3〉 전국학교석면학부모네트워크의 국회 기자회견

만, 향후 결속력이 강해져 학교 안팎의 석면 문제에 대해 장기적인 행동을 도모하는 단계로 나아간다면 협력의 정도를 '연합'으로 설명할 수 있을 것이다. 이러한 연합을 기반으로 인적, 물적 자원을 더욱 원활히 확보하여 공공선택 의사결정 모델에서 논하는 제공자원이 있는 이익집단으로 발전한다면, 현실적 의사결정 과정에 더 큰 영향력을 행사할 수 있을 것이다.

〈표 4〉 사례 분석 결과 정리

		인헌초	신정초	선린초
조직화 과정	기존 학부모 조직화 정도	학부모들의 관심과 실질적 영향력 미약		
	공사 감독 조직	명예 감독관	학부모 모니터링단	
	의사소통 채널	단체 카톡방, 네이버 밴드		
	이후 역량 구축	★ 학교 측의 태도 변화: 엄격한 추가 공사 실시	★ 학부모 운영위 참여	○
	향후 타 학교 협력 의향	○ '이웃공동체'의 문제로 인식		
전략·전술	표적체계 초기 태도	학교·교육지원청·구청: 소극적, 비협조적		
	1인 시위 피켓팅	★ 교육 TF 예산 확보	○	○
	언론 동원	○	○	○
	선출직 공직자 활용	○	★ 구의원의 중재자 역할 수행	○
자원활용	시민단체	전국학교석면학부모네트워크 출범 이전 협력 '협조노력' – 네트워크 출범 기반 형성		출범 이후 협력 '연합'
	지역사회기관 활용	★ 지리적 접근성 우수	–	○
	인적 자원 활용	★	★	△

* ★: 특징적 양상이 나타난 경우

V. 제언

1. 학부모 대상 조직화: 가이드라인

학교 건물에 대한 석면 철거는 2027년까지 전국적으로 지속될 사업이다. 인프라가 완벽하게 구축되지 않은 현재 상황에서 교육부가 당초 계획대로 사업을 추진할 경우, 많은 학교에서 부실 공사 문제가 되풀이될 것이 자명하다. 표적체계인 교육청과 학교 당국은 공사 과정상 문제가 발생하더라도 학부모들의 조직적인 문제 제기가 없는 한 기민하게 대응하지 않고 당초 계획대로 공사를 마감시키려 한다. 따라서 학부모 조직 역량이 문제 해결의 성패를 좌우하게 된다.

본 절에서는 앞서 세 학교와 유사한 상황이 다른 학교에도 발생할 것을 대비하여 학부모들이 체계적으로 대응할 수 있는 가이드라인을 제시하고자 한다. 표적체계에 비해 상대적으로 적은 힘을 가진 학부모들이 효과적으로 대응하기 위해서는 앞서 언급했듯이 '조직화'가 필수적이다. 자생적인 조직화를 달성하기 위해서는 명확한 '문제인식'이 선행되어야 한다. 세 학교는 공통적으로 초기에는 학부모들이 석면에 대해 상당히 무지했지만 심각성을 인지한 일부 학부모를 시작으로 문제 인식이 확산되며 비대위 등의 조직화를 이루었음을 발견할 수 있었다. 정보의 부재는 전국의 모든 학교에 해당되는 문제이지만, 지방의 경우 관련 정보와 인프라의 차이로 그 문제가 더욱 심각하게 나타난다. 전국학교석면학부모네트워크 면담 결과 수도권 이외 지방의 학교와 학부모들이 갖고 있는 정보는 상당히 부족한 것으로 나타났다. 석면의 유해성에 대해서만 막연하게 인식하고 있을 뿐, 바람직한 석면 공사 방향에 대해서는 정확히 인지하지 못하고 있었다. 학교 건물 내 석면 비산 정도를 측정할 수 있는 설비조차 수도권 교육청과 지방 교육청 간 차이가 있기 때문에, 지방의 학부모들은 공사 진행 과정에서 학교 건물 내 석면 비산 정도에 대한 정확한 정보를 갖고 있지 못할 수 있다.

문제 인식은 조직화의 선행 조건이지만, 문제 인식 자체가 조직화로 직결되는

〈석면 해체·제거공사 학교 학부모 가이드라인〉*

▣ 공사 이전

ㅇ가정통신문을 통해 배부된 공사 일정을 정확히 확인하고, 사전 설명회에 필히 참석

→ 학부모가 이 문제에 관심을 갖고 있으며 공사 과정 전반에 관여할 의지가 있음을 보여 줘야 함

ㅇ설명회 참석 이전 기본적인 학교 석면제거 공사 전반에 대한 정보 확인

→ 정보 검색이 막연한 경우: 국회도서관 접속 → "교내 완전한 석면제거를 위한 해법은?" 국회 정책토론회 자료집 → 34~74쪽을 참조할 것

ㅇ설명회에서 석면의 유해성만을 강조하여 공사의 필요성을 지나치게 설득하거나, 공사 진행 과정상의 준수사항을 막연하게 이야기하는 등 학부모들을 안정시키려 하는 경우 보다 객관적이고 구체적인 설명 요구

→ 학교 당국의 석면 교육 및 설명회에서 지나치게 공사상의 안전을 강조하는 경우가 대다수

ㅇ지역 기초, 광역 의원도 설명회에 동석하도록 하여 향후 문제 발생 시 긴밀하게 연계할 수 있는 창구 마련

ㅇ시공업체 및 감리업체의 평가등급 등 업체 관련 기본적인 정보 확인

→ 고용노동부 홈페이지의 '석면해체·제거업체 안전성평가 결과 명단' 참조

→ 명단에 누락되어 있는 경우도 다수 있어, 누락된 경우 학교 또는 교육지원청에 별도의 입찰 정보 공개를 요청해야 함

ㅇ석면 모니터링단 발족 시 해당 사안에 관심이 있고 적극적 활동의 열의가 있는 학부모들로 구성

→ 전체 학부모 대상으로 가정통신문 등 연락망을 활용하여 참여의사를 명확히 물어야 하며, 기존 학부모회·운영위원회 구성원 위주의 형식적 구성에 그치는 것을 방지해야 함

ㅇ지역 내 학교 중 석면 공사를 이미 시행한 학교가 있다면, 지역 내 인적 네트워크를 활용하여 해당 학교 학부모의 경험을 청취하는 것도 효과적

→ 파악이 어려운 경우 지역의 선출직 공직자에게 지역 내 공사 완료 학교에 대해 문의할 것

▣ 공사 기간 중

ㅇ학교 측에 정확하고 자세한 정기적 정보고지 요구: 학교 홈페이지 관련 정보 게시, 정기적 가정통신문 발송 등을 통해 모든 학부모가 관련 정보에 용이하게 접근할 수 있도록 조치

---

* 본 연구진은 2019년 7월 현재 전국학교석면학부모네트워크와 가이드라인 내용 전반에 대한 협의를 거쳤으며, 추후 홈페이지에 가이드라인을 게시하는 등 학부모들이 실질적으로 해당 가이드라인을 활용할 수 있는 통로를 마련하고자 한다. 상위 조직이라 할 수 있는 환경보건시민센터와의 추가적인 협의를 통해 가이드라인의 일부 내용은 수정될 수 있다.

→ 예) 집기류 이동, 청소상태 점검 내용, 비닐 보양상태, 잔재물 조사현황 등 구체적인 정보를 요청함

○ 모니터링단 참여 학부모는 교육부·환경부·고용부 발표 가이드라인 숙지

→ 숙지 후 가이드라인 준수 사항을 시공사에 지속적으로 요구함

○ 단톡방 혹은 밴드를 구성하여 전체 학부모에게 투명한 정보 공유

→ 투명하고 지속적으로 정보가 공유되어야 회의 등에 참여하지 않는 학부모까지 이 조직의 일원이라는 것을 인지할 수 있음

→ 학부모 간 연락망이 구축되지 않은 경우 모든 정보를 가지고 있는 학교 측에 연락처 정보를 사전에 요구할 것

→ 학교 측이 거부하는 경우 학부모 간 연계망을 활용해 점진적인 네트워크를 구축해야 함

○ 공사업체나 학교, 교육청 등에 공사 과정 관련 의견 전달 시 전체 학부모 의견을 수렴해 공동의 의견으로 전달

→ 개인일 때보다 조직화해서 집단을 이루면 힘이 커짐

○ 일부 학교의 경우 학교 당국, 시공사 및 감리업체와 원활한 소통이 이루어지지 않은 경우도 있으니 유의

▣ 공사 기간 중 문제 발생 인식 후

○ 문제 발생 인식 후, 교육당국에 요구한 개선 사안이 받아들여지지 않는 경우 비대위 등 해당 문제 대응을 주목적으로 하는 학부모 조직 결성 필요

→ 비대위는 일반적으로 10명 내외 규모로 구성하는 것이 적절함

→ 전문가들은 12명이 넘는 집단에서는 좋은 의사결정이 이루어지지 않는다고 지적함

○ 현 문제를 정확하게 진단하고 정리하여 일반 학부모들에게 설명할 수 있는 공청회 개최

→ 공청회에 지역 선출직 공직자 참석을 권고하고 긴밀한 연락망 구축하는 것이 바람직함

○ 문제가 장기화되는 경우 지역 언론을 이용하여 지역사회 내 관심을 고취시킬 수 있어야

○ 문제가 발생한 곳은 지역사회라는 점을 감안하여 자극적이고 민감한 대응은 지양하는 것이 바람직

○ 지역 내 인근 학교 중 석면 부실 공사를 해결한 경험이 있는 학교가 있는 경우 도움 요청

→ 없는 경우 전국학교석면학부모네트워크와의 연계망 구축하는 것이 바람직함

○ 재공사가 장기화될 경우: 개학 연기 가능성을 고려하여 학교 측과 수업일수를 인정하는 대체프로그램 구성에 대한 논의 시작

▣ 문제 해결 후

○ 조직 자체적인 평가와 외부 전문가를 동원한 평가를 실시

→ 평가 내용을 공유하여 향후 지역 내 다른 학교에서 유사한 문제가 발생 시에 바람직한 해결책 구상에 도움이 됨

것은 아니다. 앞선 세 학교를 비롯하여 소수의 학교들만이 문제 해결에 열의를 가진 학부모들의 주도로 조직화를 이루었고, 이러한 학교들에서 문제가 비교적 원만하게 종결되었다. 하지만 조직화가 일어나지 않거나 대응 조직이 외형적으로만 형성된 학교들에서는 교육지원청 등 교육 당국의 변화를 이끌어내지 못한 채 부실공사가 진행된 교실에서 개학을 맞이하였다. 특히 자녀가 중고등학생일 때보다 초등학생일 때 학부모들이 자녀에게 더 많은 관심을 갖고 학교활동에 활발하게 참여한다는 사실을 고려한다면(김소영·진미정. 2015), 조직화는 상급 학교에서 보다 달성되기 어려운 문제임을 알 수 있다. 이와 같은 일련의 사항들을 고려할 때, 본 연구는 문제인식 향상, 대응을 위한 조직화를 중점적으로 안내하는 가이드라인을 소개하여 지역 간 정보 불균형을 해소하고 체계적 조직화를 통한 효과적인 문제해결을 도모하고자 한다.

위 가이드라인은 조직화되지 않은 학부모들에게 문제 인식의 시발점이 될 것이다. 학부모들이 석면의 위험성과 학교 석면제거 공사와 관련된 정보는 인터넷을 통해 충분히 접할 수 있는 상황이므로, 가이드라인에 쉽게 접근할 수 있는 창구가 마련된다면 보편적인 문제 인식에 이를 수 있을 것으로 보인다. 가이드라인에서 고용노동부, 국회도서관 등 정보를 얻을 수 있는 구체적인 온라인 경로를 명시하였으므로, 지역별 정보 격차에 대한 우려도 해소할 수 있다. 물론 이는 일괄적인 가이드라인이므로 구체적인 개별 지역사회의 특성을 모두 포괄하기에는 무리가 있는 것이 사실이다. 지역사회별로 기존 조직화 정도, 이용할 수 있는 지역사회자원의 종류에 따라 다양한 상황에 직면할 수 있기 때문이다. 그러나 가이드라인은 일반적인 정보를 제공함으로써, 각 지역사회가 지역사회의 개별 특성을 반영하여 해결책을 찾는 데 이정표가 될 수 있다.

한편 학부모들의 자녀 교육에 대한 무관심, 지역사회 조직의 파편화 등으로 자생적인 조직화가 어려운 경우가 있을 수 있다. 이러한 경우까지 포괄하지 못한 것은 각 학교와 지역사회의 특징을 모두 일반화할 수 없기에 비롯된, 본 가이드라인의 필연적인 한계라 할 수 있다. 그러나 시민단체를 중심으로 지역사회의 협력을 강화하고 조직적인 압력 행사를 통해 지역사회의 석면제거공사와 관련된 문제를 해결해 나갈 수 있을 것이다. 현재 다양한 시민단체가 이 문제에 관심을 갖고 있고, 특히 전국석면학부모네트워크는 관련 지역사회 문제 해결 과정에서 출범하였기에 이들 단체가 하나의 지역사회 실천조직으로 기능할 수 있다. 또한 해당 단체들이 정책의 변화를 추구하는 옹호 활동도 수행하고 있는 바, 취약 지역에 대해서는 지방 정부가 별도의 지원 방안을 마련하도록 요구할 수 있다.

2. 지역사회역량 구축: 조직 간 협력 및 연계망 형성

석면제거공사가 부실하게 진행되었을 경우, 단기적으로는 앞서 제시한 가이드라인을 통한 학부모의 조직화가 먼저 이루어져야 한다. 문제를 인식하고 조직적으로 문제에 대응하는 능력의 강화, 즉 개인적 임파워먼트가 우선 달성되어야 하는 것이다. 더 나아가 부실 공사 수습에 그치지 않고 공사로 인해 파생되는 교육 및 돌봄 공백 문제의 해결을 위해서는 추가적으로 '조직 간 협력과 연계망의 구축'이 필요하다. 이는 굿맨(1998: 백종만 외. 2015에서 재인용)이 제시하는 지역사회역량의 영역 중 하나로, 이를 통해 지역사회역량이 보다 강화될 수 있을 것이다.

인헌초와 선린초의 공교육 공백 문제 해결 과정에서 알 수 있듯이 '조직 간 협력'의 부재는 문제 해결에 큰 어려움을 야기한다. 이는 지역사회 내에 동원될 수 있는 인적, 물적 자원의 부족을 초래하고, 기존 자원에 대한 접근성을 낮추어 원활한 문제 해결에 걸림돌로 작용했다. 인헌초는 교육 TF를 조직하여 인근의 다양한 교육 시설을 이용한 현장학습 프로그램을 구성하였다. 하지만 획득한 예산을 활용해 지역 내의 시설자원을 이용한 과정은 단순히 시장에서 재화를 구매하는 것과 다르지 않았다는 점에서 진정한 의미의 지역사회 자원 활용이라고 보기 어렵다. 교육 TF는 관악 영어마을과 서울 과학전시관을 대여하여 개학 전 학생들의 새로운 학급 적응을 도모하려고 하였지만, 준비된 예산과 해당 시설에서 요구하는 금액의 차이로 인해 5일간의 대체 프로그램으로 만족해야 했다. 또한 예산상 제약으로 전교생이 아닌 맞벌이 가정의 나홀로 자녀들에게만 돌봄 서비스를 제공할 수 있었다. 교육 TF가 자체적으로 조직되어 프로그램을 구성한 것은 괄목할 만한 성과임이 분명하다. 하지만 사회적 자본을 바탕으로 지역사회 내 자원을 공유하지 못하고 단순히 금전적 요소에 의해서만 자원을 이용했다는 한계가 존재한다.

선린초는 인헌초에 비해 상황이 보다 심각했다. 학생들을 수용할 수 있는 공공기관이 부족하였고 인근 학교마저 대여에 비협조적이었다. 이처럼 지역사회 내에 동원할 수 있는 적절한 시설이 확보되지 못한 상황에서 교육청으로부터 확보한 예산을 효과적으로 집행하는 데에는 어려움이 있었다. 즉 낮은 지역사회역량이 문제해결에 부정적으로 작용하였던 선린초 사례는 '조직 간 협력 및 연계망 구축'이 보다 시급했던 경우였다. 학생들이 이용할 수 있는 지역사회 기관이 확충되고, 기관들과 학교 간 연계망이 구축되었다면 보다 효과적인 대안 마련이 가능했을 것이다.

따라서 연계망 형성을 통한 역량 구축 과정에서 상업 자본의 개념과 다른 층위의 사회적 자본을 활용해 나가는 것이 필요하다(백종만 외, 2015). 오정수(2009) 또한 집합적인 활동과 과업 수행으로 구성원이 지역사회 능력에 대한 확신을 얻은 뒤, 미래 행동을 위한 자원으로서 사회적 자본을 만들어나가는 집합적 임파워먼트 과정을 강조했다. 곧 사회적 자본은 긴밀한 조직 간 관계망에 의해 형성될 수 있으며, 이를 바탕으로 지역사회 역량도 강화될 수 있는 것이다.

지역사회문제를 해결하기 위해서는 금전적인 자원이 필수적이다. 다만, 한정된 자원을 효율적으로 활용하기 위해서는 지역사회 내의 공유가능한 자원에 대한 접근성 향상이 동반되어야 할 것이다. 즉 갑작스럽게 발생한 부실 석면제거공사라는 문제 상황에 대해 시장 논리에 국한되지 않는 지역사회 차원의 협력이 이루어지는 것이 바람직하다. 중앙정부 차원의 거시적인 정책적 접근과 지역사회 단위의 접근은 달라야 한다는 의미이다. 중앙정부 차원의 정책 집행은 주로 예산의 규모에 따라 그 사업의 방향과 규모가 결정된다. 하지만 지역사회 문제 해결에서 단순히 예산 확보 차원의 접근은 지양해야 한다. 지역사회는 이웃과 이웃이 살아가는 공간이며 공동체의 의미를 지니는 단위체계이기에 협력에 바탕을 둔 지역사회역량의 중요성이 더욱 강조된다.

집합적 임파워먼트를 통해 지역사회 모든 구성원들이 스스로를 지역사회 내 문제에 책임감을 가진 존재로서 인식한다면 지역사회 자원을 폭넓게 활용할 수 있는 기제가 마련될 수 있다. 이를 통해 궁극적으로 지역사회복지의 중요한 광의적 목표인 지역사회역량 강화에 이를 수 있을 것이다. 델가도(Delgado. 2000: 백종만 외. 2015에서 재인용)의 지역역량 증진 모델은 지역사회의 사업들이 지역주민과 기관 간의 협력에 의해 이루어져야 함을 강조하며 강화된 지역사회역량은 여러 지역사회 문제 해결에 중요한 힘으로 작용할 수 있다고 주장한다. 위 사례에서도 지역사회 역량이 강화된다면, 이후 지역주민들은 석면 부실 공사 사안 이외의 다양한 문제에도 보다 효과적으로 대처할 수 있을 것으로 기대된다.

VI. 결론

본 연구는 부실 석면제거공사에 대처하는 인헌초, 신정초, 선린초의 양상을 심층적으로 분석하였다. 이를 통해 지역사회복지론, 특히 사회행동 모델에 비추어서 개별 지역 사회가 하나의 사안을 해결하는 과정을 전체적으로 조망하였다. 나아가 차후 다른 지역사회에서 일어날 수 있는 석면 부실공사 문제에서 참고할 수 있는 가이드라인을 구성하고, 지역사회 역량 강화의 측면에서 발전할 수 있는 방향을 제시하였다.

학부모들의 대응 양상을 살펴본 연구주제 1에서는, 학부모들의 조직화가 교육당국을 변화시킬 수 있는 핵심 원동력으로 인식하고, 전반적인 조직화 과정을 시계열 순으로 분석하였다. 기존 학부모 조직의 조직화는 미약했으나, 문제의 심각성을 인식한 학부모들은 비대위라는 새로운 학부모 조직을 마련하였다. 학부모 조직은 시위, 언론 동원, 선출직 공직자 활용 등의 전략과 전술을 활용하는 등 사회행동 모델의 관점에서 설명될 수 있는 양상을 보였다. 학부모들의 지역사회 자원

활용을 다룬 연구주제 2에서는, 지역사회자원을 기관 활용과 인적자원 활용으로 나누어 분석하였다. 지역사회별 기관에의 접근성에 따라 기관 활용 양상은 상이하게 나타나며, 효과적인 인적 자원 활용이 문제 해결에 크게 기여한다는 사실을 파악했다. 본 연구는 이에 그치지 않고 효과적인 자원 활용을 위해 지역사회 내 보다 밀도 있는 '조직 간 협력 및 연계망 구축'의 필요성과 방안을 간략하게 제안하였다. 연구주제 3에서는, 시민단체로 대표되는 전국학교학부모석면네트워크의 역할과 더불어 지역사회 차원의 대처방안을 모색하였다. 나아가 본 연구에서 얻은 실천적 함의를 종합하여 '석면 해체 · 제거공사 학교 학부모 가이드라인'을 제안하였다. 향후 네트워크와 각 학교 간 협력관계가 강화되고, 가이드라인이 각 학교에 배포된다면 보다 용이한 해결을 기대할 수 있을 것이나.

한해 정부 전체 예산의 약 0.063%에 불과한 석면 제거 정책이 개별 지역 사회에 크나큰 영향을 미치고 있다. 중앙정부 정책의 유의미한 변화를 단기간 내에 기대하기 어렵기 때문에, 결국 정책의 부작용을 지역사회가 당장 짊어져야 하는 상황이다. 따라서 본 연구진은 지역사회복지의 관점에서 해결 양상을 분석하고 향후 문제 해결에도 도움이 될 구체적인 방안들을 도출하고자 했다. 부실 석면제거공사라는 당면한 문제에 대해 거시적인 정책의 접근과는 다른 방식인 지역사회 차원의 접근을 통해, 향후 반복될 문제에 효과적으로 대처할 수 있기를 기대한다.

〈참고문헌〉

백종만 · 감정기 · 김찬우. 2015.『지역사회복지론』. 나남.

오정수 · 류진석. 2016.『지역사회복지론』5판. 학지사.

김소영 · 진미정. 2015.『가족과 문화』. 27(2).

김용철 · 윤성이. 2011. "온라인 사회운동의 연구동향."『정보화정책』. 18(2).

김은영 · 권순범 · 이강이. 2018. "초 · 중학교 학부모의 학부모회 인지도 및 참여 관련요인 분석."『학습자중심교과교육연구』. 18(16).

김종일. 2019. '지역협력 네트워크 거버넌스에 대한 고찰'.『한양법학』. 30(1).

이마리아·이경은. 2017. “지역사회조직화 성공경험에 관한 질적 메타분석.”『지역사회연구』. 25(1).

이인재. 2002. “지역복지운동의 의의와 지역복지운동단체의 역할.”『사회이론』. 22.

정민수. 2007. “지역사회역량의 측면에서 접근한 사회자본과 집합적 건강수준의 관계.” 서울대학교 석사논문.

조용진. 2012. “석면 해체·제거 작업의 공기 중 석면농도 및 보건관리실태에 관한 연구.” 고려대학교 석사논문.

지은구. 2006. “지역사회 역량강화방안에 관한 연구.”『한국지역사회복지학』. 19.

조휘일. 2003. “지역사회취약계층 클라이언트를 위한 옹호(Advocacy) 활동전략 및 과정에 관한 연구.”『한국지역사회복지학』. 13.

최돈민. 2013. “학교와 지역사회의 네트워크 구축 방안.”『교육종합연구』. 11(4).

금태섭 의원실. 2018. 보도자료 “학교 석면 제거 공사, 68%가 C(미흡)등급 이하 업체.”

임재훈 의원실. 2019. “교내 완전한 석면제거를 위한 해법은?” 국회의원 임재훈 정책토론회.

최민영. 2018. “석면으로 연기된 개학, 아이들은 신나요.”『한겨레』. http://www.hani.co.kr/arti/society/society_general/837710.html. (검색일: 2019.04.29.).

사회학과
사회학 연구실습

수업명	서울대학교 사회학과 〈사회학 연구실습〉		
교수자명	추지현	수강 인원	39명
수업 유형	전공선택	연계 지역/기관	강화군청, 강화도시재생센터, 강화성당, 조양방직 카페, 사업추진위원회 , 전쟁없는세상, 민주사회를 위한 변호사모임, 참여연대평화군축센터

수업 목적

- 조사방법론 기초와 사회통계를 선수강 한 학생들을 대상으로 사회조사과정을 종합적으로 이해하도록 함
- 조사 과정에서 발생하는 문제들을 해결하고 해석해 나가는 능력 배양

주요 교재

[단행본]

김귀옥 외. 2006.『젠더연구의 방법과 사회분석』. 도서출판 다해.
얼 바비. 2013[2007].『사회조사방법론』. 이성용 외 역. 그린.
이용숙 외. 2012.『인류학 민족지 연구 어떻게 할 것인가』. 일조각.
조흥식 외. 2015.『질적 연구방법론: 다섯가지 접근』. 학지사.

[참고자료]

김경희 외. 2019.『새로운 세대의 의식과 태도: 2030세대 젠더 및 사회의식 조사결과』.
김세직. 2014. "경제성장과 교육의 공정경쟁".『경제논집』. 제53권 1호. pp.3-20.
김홍주 2018. "도시재생 선도지역의 도시재생지원센터거버넌스 특성 및 향후 운영방안".『공간과사회』. 제28권 3호. pp.140-165.
김홍중. 2015. "서바이벌, 생존주의, 그리고 청년 세대- 마음의 사회학의 관점에서".『한국사회학』. 제49집 1호. pp.179-212.
대통령직속 정책기획위원회·전국청년정책네트워크. 2019.『포용국가와 청년정책: 젠더갈등을 넘어 공존의 모색』. 기획토론회 자료집.
박명규 외. 2018.『꿈의 사회학』. 다산출판사.

배은경. 2015. "'청년 세대' 담론의 젠더화를 위한 시론: 남성성 개념을 중심으로". 「젠더와 문화」. 제8권 1호. pp.7-41.
서울청년정책네트워크 외. 2018. 「서울청년학회, 배우고 떠들자」, 기획컨퍼런스 자료집
왕재억. 2017. 「귀촌 영향요인에 따른 정주의식에 관한 연구: 귀촌정책과 사회적 관계를 중심으로」. 강원대학교 대학원.
청년자치정부 추진위원회. 2018. 「청년자치정부와 새로운 규칙포럼」. 자료집
황익주 외. 2016. 「한국의 도시 지역공동체는 어떻게 형성되는가: 현실·운동·과제」. 서울대학교출판문화원.
김경희 외. 2019. 「새로운 세대의 의식과 태도: 2030세대 젠더 및 사회의식 조사결과」.
김귀옥 외. 2006. 「젠더연구의 방법과 사회분석」, 도서출판 다해.
김세직. 2014. "경제성장과 교육의 공정경쟁". 「경제논집」. 제53권 1호. p.3-20.
김홍주 2018. "도시재생 선도지역의 도시재생지원센터거버넌스 특성 및 향후 운영방안", 「공간과사회」. 제28권 3호. p.140-165.
김홍중. 2015. "서바이벌, 생존주의, 그리고 청년 세대- 마음의 사회학의 관점에서". 「한국사회학」. 제49집 1호. p.179-212.
대통령직속 정책기획위원회·전국청년정책네트워크. 2019. 「포용국가와 청년정책: 젠더갈등을 넘어 공존의 모색」. 기획토론회 자료집.
박명규 외. 2018. 「꿈의 사회학」, 다산출판사.
배은경. 2015. "'청년 세대' 담론의 젠더화를 위한 시론: 남성성 개념을 중심으로". 「젠더와 문화」. 제8권 1호. p.7-41.
서울청년정책네트워크 외. 2018. 「서울청년학회, 배우고 떠들자」, 기획컨퍼런스 자료집
얼 바비. 2013[2007].「사회조사방법론」. 이성용 외 역. 그린.
왕재억. 2017. 「귀촌 영향요인에 따른 정주의식에 관한 연구: 귀촌정책과 사회적 관계를 중심으로」. 강원대학교 대학원.
이용숙 외. 2012.「인류학 민족지 연구 어떻게 할 것인가」. 일조각.
조흥식 외. 2015. 「질적 연구방법론: 다섯가지 접근」. 학지사.
청년자치정부 추진위원회. 2018. 「청년자치정부와 새로운 규칙포럼」. 자료집
황익주 외. 2016. 「한국의 도시 지역공동체는 어떻게 형성되는가: 현실·운동·과제」. 서울대학교출판문화원.

수업 일정

1주. 주제, 대상, 질문
2주. ※ 개인별 주제 제출, 팀 구성
 정근식, "강화지역사회 연구방법론과 냉전경관연구: 산이포와 조강포"
 류연미, "비정규직 정규직화와 서울시 청년수당 사례 분석"
3주. 연구 질문 구체화, 방법 및 현장에 대한 아이디어
 ※팀별 토론 후 주제 선정, 현장답사 시작
4주. 선행연구 검토 및 연구계획서 작성 ※ 연구계획서 제출
5주. 연구계획 검토 및 발표
6주. 준비, 현장 들어가기, 연구노트 작성방법 ※ 본조사 시작
7주. 기록과 해석
8주. 예비 조사 결과 검토 및 자료 코딩
9주. 기록 및 자료 해석
9주. 팀별 진행 과정 검토 및 조사 설계 변경
10주. 중간발표: 진행 과정 및 고민 공유
11주. 팀별 진행 과정 검토 및 조사 설계 변경
12주. 자료 정리 및 분석
13주. 자료 정리 및 분석

14주. 보고서 쓰기
15주. 보고서 쓰기

팀/개인 프로젝트 개요

프로젝트 개요: "강화, 지역공동체의 변화와 미래", "20대가 찾는 '공정사회'의 불/가능성"이라는 두 가지 대주제 안에서 조사를 직접 수행하도록 함. 학생들은 연구의 세부 주제와 대상, 질문을 구체화 하고 설명에 적합한 방법, 현장을 찾아 팀 단위의 공동연구를 수행. 수업은 담당교수의 강의, 학생발표, 토론, 조별면담, 실습으로 진행되었으며, 연구 현장에 대한 이해와 연구 질문 구체화를 돕기 위한 특강이 병행됨.

프로젝트 결과: 12개 팀이 다양한 세부 주제를 잡고, 연구 질문에 적절히 응답할 수 있는 방법으로 현장연구, 생애구술, 담론분석, 통계분석 등을 통해 연구를 수행함.

"강화, 지역공동체의 변화와 미래"

- '본토배기'의 의미와 지역공동체: 강화도 ○○리의 주민갈등을 중심으로
- 강화 직물공장과 여성의 노동경험: 두 여성 노동자의 생애사를 중심으로
- 새뜰 사업은 그들에게 어떤 의미였는가?: 강화도 ○○마을의 두 주민 사례

"20대가 찾는 '공정사회'의 불/가능성"

- 블라인드 채용의 배신
- '흔들려도 괜찮아': 학벌주의의 경계를 넘나드는 청년들의 이야기
- 교대생들은 왜 기간제교사 정규직화를 불공정하다고 판단하는가?
- 난민 거부, 그들안의 불안: '난민대책 국민행동' 커뮤니티를 중심으로
- 국민연금에 대한 청년들의 인식 결정 요인
- 공정성 관점에서 바라 본 서울시 주민참여예산제도의 실태와 개선방안
- 불매운동이 여성주의 인권운동이 되려면: 2017년 '생리대 파동'과 그 이후
- 연세대학교 총여학생회는 어떻게 폐지되었는가: 대학생들의 '정치'에 대한 이해와 대응 전략
- 대체복무 제도화 국면의 병역거부 운동 연구

사회학 연구실습

서울대학교 사회학과 교수 추지현
조교 정수연

사회학 연구실습은 사회조사방법론, 사회통계와 함께 사회학과에 개설된 사회학 방법론 모듈의 마지막 강좌로 수업에 참여한 대다수의 학생에게는 전공필수 수업에 해당한다(19학년 입학생번부터 전공선택으로 변경됨). 이 수업은 조사방법론 기초와 사회통계를 수강한 학생들이 연구 설계에서부터 조사, 자료 분석, 해석, 보고서 작성에 이르기까지 사회조사의 전 과정을 실습함으로써 사회조사과정을 종합적으로 이해하고 그 과정에서 발생하는 문제에 대한 해결을 모색할 수 있는 능력을 갖추도록 하는 것을 목적으로 한다.

문헌이나 통계자료에 대한 분석과 달리 사람과 공간을 직접 만나고 연구 질문을 만들어 내는 과정이 충분히 제공되지 못하고 있는 교과 현실과 현장 연구에 대한 학생들의 경험이 부족한 점을 고려하여 팀 단위의 공동연구를 실행할 수 있도록 연구의 대주제를 “강화, 지역공동체의 변화와 미래”, “20대가 찾는 ‘공정사회’의 불/가능성”이라는 두 가지로 제시하고, 학생들이 팀원들과 연구의 세부 주제와 대상, 질문의 구체화, 질문에 적합한 방법, 현장을 찾아 나가도록 했다. 위의 두 주제는 다음과 같은 이유에서 선정되었다.

첫째, 강화지역은 개강 직전인 2019년 1월, 교수와 학생이 함께 참여하는 사회학과의 학사협의회를 통해 현지 답사가 진행된 바 있었다. 당시 오랜 기간 지역 환경

운동에 참여해 온 한 활동가를 통해 강화도 주민의 정체성을 형성하고 있는 특수한 문화와 역사적 경험 등에 대한 이야기를 들을 수 있었고, 한반도의 정세 및 공간 변화와 함께 관광, 귀촌, 개발, 이주, 도시재생사업 등이 주민들의 삶과 마을공동체에 미치는 영향에 관한 다양한 사회학적 주제들을 발견할 수 있었다. 이에 지역연구의 전문가인 사회학과 정근식 교수와 학생들이 현장을 방문, 강화의 도시재생사업 실태를 파악하여 '평화 시대'를 대비한 지역발전 계획 수립에 어떠한 점들이 고려되어야 할 것인지, 그 효과가 무엇일지를 전망하는 연구를 설계했다. 이후 학생들은 현지 조사 및 인터뷰 과정을 통해 세부 주제를 수정해 나갔고, 지역 주민들에게 '마을공동체'란 무엇인가, 무엇이 그것을 불/가능하게 만들고 있는가, 강화에서의 노조 참여와 같은 집합적 경험은 이후의 삶에 어떻게 통합되고 있는가 등을 다루게 되었다.

둘째, "20대가 찾는 '공정사회'의 불/가능성"은 청년 스스로가 그들의 삶의 조건과 양식을 설명하고 또한 상대화해 볼 수 있는 기회로서 선정된 주제이다. 주지하다시피 지난 10여 년간 '88만 원 세대' 등 '청년세대'에 대한 논의가 쏟아졌다. 이들이 한국 사회의 구조적 모순을 간파하면서도 그 변화를 꾀하려 하기보다는 생존을

〈그림 1〉 2019년 5월 방문 당시 마을재생 사업 일부가 진행된 강화 ○○마을 모습

〈그림 2〉 2019년 4월, 강화 ○○리에서 '외지인'과 '내지인' 사이 분쟁중인 사도

위한 노력, 개인화된 해법을 찾고 있고 또한 자신들이 그 과정에 투여한 시간과 고통, 사회적 부담의 동등함을 '공정성'으로 인식하며 제한된 기회를 누려 온 이들에 대한 적극적 조치나 복지 확대 등을 '역차별' 혹은 '피해'로 인식하고 있다는 진단도 이어졌다. 하지만 많은 연구들이 이들의 목소리나 경험보다는 연구자들의 제한된 관점에서 이루어져 온 점, 청년 집단 내부의 이질성이 고려되지 못한 채 배타적으로 세대 차이가 부각되어 온 점 등에 대한 문제가 제기되고 있는 만큼, 학생들이 다양한 위치에 놓인 청년들을 만나 그 경험을 들어보고, 이들의 '공정성'에 대한 인식을 특정한 방식으로 주조하는 힘을 설명할 수 있도록 하였다. 물론 연구 대상에는 페미니즘을 경유하여 다양한 사회운동을 실천하고 있는 20대 여성들뿐만 아니라, 20대 남성 청년들 사이에서 가장 공정하지 못한 제도 중 하나로 지시되고 있는 징병제와 관련해 평화운동의 관점에서 해법을 찾고 있는 (다른 세대) 활동가들도 포함된다.

강좌는 1)강의실 수업을 통한 강의 및 팀별 연구 계획 등 발표, 2)현장조사(참여관찰 및 면담) 혹은 이와 병행된 통계 분석 및 문헌 조사 실습, 3)조별 면담을 통한 자료 해석 및 연구 수정 등 교수의 피드백으로 구성되었다. 강좌의 전반부에는 교수가 직접 수행한 연구들을 사례로 연구 질문과 조사 설계 방법, 현장 조사시 유의할 점과 연구윤리, 자료의 기록 및 해석에 있어서의 쟁점 등에 대한 강의가 이뤄졌다. 이 시기에는 연구 대상과 질문을 구체화하기 위한 예비조사가 병행되었다. 예비조사 후 연구 설계 과정을 조별로 발표하게 하였고, 이를 지켜본 다른 팀의 학생들이 조사 설계에서 놓치고 있는 지점에 대한 코멘트나 그 문제를 해결한 자신들의 방법을 공유하고, 해당 주제와 관련된 자신과 지인들의 경험을 이야기 하거나 적절한 인터뷰이 모집 방법을 조언해 주기도 했다. 강좌의 후반부에는 조별 면담을 통해 매주 조사의 진행 상황 및 연구 설계 과정의 문제점들을 점검하고, 자료를 해석하는 과정에서 부딪힌 고민들을 공유하는 시간이 이뤄졌다. 학생들은 매주 연구일지를 작성하여 사전에 제출하고 정해진 시간에 담당교수와 만나 피드백을 받는 시간을 가졌다. 이때 담당교수는 학생들이 취하고 있는 조사나 분석 방법의 예시가 되는 선행 연구들을 소개하고, 이들의 발견이 어떠한 이론적 함의를 가지는지를 설명하면서 연구 질문이 구체화 될 수 있도록 했다. 학생들은 현장 조사 및 자료 수집 과정만큼이나 조사 이후 새롭게 제기된 질문, 고민, 생산된 자료의 공동 해석을 위한 팀워크에 상당한 시간을 할애하였다.

연구 진행 초기, 학생들은 자신들이 대면한 현실을 매끄럽게 설명할 수 있는 하나의 이론이 부재하다는 것에 상당한 부담을 갖고 혼란스러워했다. 이론은 사회 현상을 설명하고 바라볼 수 있게 해 주는 하나의 프레임일 뿐이라는 것, 이론에 부합하는 현상을 일부 떼어내거나 선별하여 응집력 있는 보고서를 쓰는 것을 지양해야 함을 설명하고, 현실 혹은 타인의 경험을 해석하고 있는 자신의 위치를 성찰하며 해석하기를 주문했다. 이론적 기여에 대한 압력을 떨친 이후 학생들은 보다 자유롭게 사람들을 만나고 인터뷰를 진행하는 모습을 보였다. 기말보고서는 자신들이 연구를 진행한 과정, 그 과정에서의 고민과 변화를 드러내는 방식으로 요구했다. 면담과정에서는 학생들은 누군가의 삶과 이야기를 해석해 내는 것에 대한 부담을 크게 가지고 있었지만 바로 그러한 태도를 통해 자신들과는 다른 생애 경험, 계급적 특성, 대응 전략을 취하고 있는 이들을 겸손한 자세로 대면할 수 있었다. 또한 사회 구조로 환원될 수 없는 개인들의 행위, 욕망, 감정 등을 발견하고 그것으로부터 변화의 가능성과 힘을 읽어내기도 했다.

1. 강화, 지역공동체의 변화와 미래

학생들은 지역 연구 전문가인 정근식 교수의 실제 연구 사례 및 강화도의 변화 과정에 대한 특강을 듣고 주제를 선택한 후, 정근식 교수와 함께 3월 말부터 강화 북부지역의 현장 예비조사를 시작했다. 강화군청, 강화도시재생센터, 사업추진위원회, 강화성당 등의 관계자들을 만나고, 교동대교 및 초지대교 개통 및 남북관계의 변화에 따른 도로, 카페, 마을 분리 등 공간 변화를 직접 목도했다. 이후 학생들은 팀별 주제에 따라 자료 조사 후 연구 지역을 구체화 하고 개별적으로 현장 답사와 인터뷰를 진행했다.

〈강화로 감리다〉팀은 당초 강화군에서 많은 비중을 차지하는 감리교회가 지역 공동체에 어떤 영향을 미치는지에 대한 관심을 갖고 연구를 시작했으나, 예비 조사 단계에서 만난 이들의 공통된 화제가 강화 '토박이'로서의 자부심과 외지인과의 갈등을 중심으로 전개되고 있음에 주목, 강화에 다양한 형태의 주거 공간을 갖고 있는 이들 15명을 만나 이들간의 상호작용이 어떠한 형태의 마을공동체를 만들어 내고 있는지 설명하고자 했다. '토박이'인 내지인과 외지인의 정체성이 구거와 사도의 사용, 계층적 차이와 마을 찬조, 주민들과의 교류 형태와 상이한 라이프스타일 등을 통해 나타나고 있음을 발견하고, 그 갈등은 혈연을 기반으로 한 연고주의의 효과로 일축될 수 없으며, 다양한 사회적 삶의 방식과 개인들의 사회적 지위가 경합하고 있음을 설명했다. 귀농, 귀촌이 늘고 있는 상황에서 이 갈등을 조율하고 함께 살아가기 위해 필요한 것이 무엇인지에 대한 질문에 답하고 있다. 〈새뜰사업〉 팀은 3월 말, 강화군 도시재생센터장과 함께 ○○마을을 답사하고 이후 도시재생사업이 마을 주민들에게는 어떻게 경험되고 있는지, 이때 이들이 갖고 있는 마을에 대한 기대와 의미가 어떤 영향을 미치는지를 설명하고자 했다. 마을의 인구 변동에 대한 사전 자료 조사를 통해 저소득의 노령 인구가 집중된 상황에 주목했고 이들의 마을에 대한 '동상이몽'을 발견했다. 한편에서는 그러한 마을의 상황이 경제 활성화와 발전을 목표로 한 물리적 환경개선에 집중하도록 추동했고, 다른 한편에서는 자신의 추억이 깃든 마을에서 여생을 평온하게 마무리 하고 싶어 하는 꿈으로 나타나기도 했다. 과연 국가가 추진하고 있는 '마을 만들기' 사업은 사람들 사이의 연결을 고려한 '공동체' 지향을 갖고 있는지에 대한 비판으로 이어진다. 〈강화 직물노조〉팀은 여성들에게 노동과 노조가입이 어떻게 경험되었는지를 좇아갔다. 해방 이후부터 60년대까지 강화의 직물산업은 꾸준히 성장했고 이 노동의 다수는 여성들이었으며, 여성 노동자들이 중심이 되는 노조가 결성되기도 했다. 이 팀은 여성들의 생애 구술을 통해 이들이 강화에서 직물 노동에 종사하게 된 과정을 한국 사회의 변동 속에서 이해하고, 여성이자 노동자로서의 경험이 그들의 삶에 어떻게 의미화 되고 있으며 이후의 삶의 방식에 어떤 영향을 미쳤는지를 이해하려 했다.

2. 20대가 찾는 '공정사회'의 불/가능성

청년 운동에 참여해 온 현장 활동가인 류연미의 특강, 그 밖에 최근 발표된 청년세대에 대한 주요 보고서들을 통해 학생들이 관심을 갖는 주제를 기재하여 제출토록 했고, 유사한 문제의식을 가진 이들을 한 팀으로 구성하여 연구를 진행토록 했다. 학생들은 국민연금 개편, 기간제 교사의 정규직화, 블라인드 채용, 난민 입국 등에 반대하는 청년들의 목소리에 대한 평가를 멈추고, 국회의 포럼, 집회 및 시위 현장, 활동 단체들의 좁은 사무실을 직접 방문하고 인터넷 커뮤니티 카페의 게시글 전수나 녹취록을 직접 읽고 해석하면서 사람들 사이로 들어갔다. 그리고 연구 전후 그들 자신은 물론 연구의 모습은 변화해 있었다.

〈난민반대〉 연구팀은 온라인 게시판에 쏟아진 혐오의 글들을 보면서, 다른 한편으로는 그 글을 쓰고 있는 이들이 아이의 안전을 걱정하는 부모, 인종차별의 경험자들, 하청 노동자 등 보통의 사람들이라는 것에 힘들어했다. 이 연구팀은 이들이 생존에 대한 불안을 호소하며 난민 입국을 반대하는 모습을 보면서 그들의 불안을 만들어내는 사회적 조건들을 짚어내고자 했다. 〈국민연금〉팀은 국민연금 확대에 대한 갈등이 청년세대와 기존 세대의 갈등으로 비춰지고 있는 상황에서 실제 청년들이 이 문제를 어떻게 바라보고 있는지를 설명하고자 했다. 양적 연구를 통해서는 고용 상태나 미래에 대한 불안이 국민연금 확대에 대한 태도에 차이를 가져오고 있음을 확인했지만, 질적 연구를 통해서는 이들이 연금제도에 대하여 '알지 못하고 알고 싶지도 않아' 하는 모습을 발견하기도 하면서 과제를 제시한다. 〈교직 비정규직〉 팀은 무기직 교원들의 정규직화를 반대하는 교대생들을 직접 만나 그들의 이와 같은 태도 형성에 영향을 미치고 있는 요인이 신자유주의로 환원될 수 없는 것임을 지적한다. 즉 임용고시를 준비하는 자신처럼 고통의 시간을 보내지 않은 이들에게 교사로서의 자격을 부여해 주지 않으려는 모습뿐만 아니라, 그들이 그와 같은 태도를 형성하게 되는데 현재의 교원 임용 선발체계가 가진 문제점, 지역의 불균등한 발전, 여성들에게 제한된 기회, 교육대학의 폐쇄성과 교육과정의 문제점 등을 읽어냈다. 〈블라인드 채용〉팀은 경쟁의 공정성 강화를 목표로 도입된 블라인드 채용이 청년들에게는 어떻게 이해되고 있는지를 질문했다. 자신의 학력과 스펙이 직무 능력과 연관되지 않는다는 것을 알고 있지만, 그럼에도 불구하고 이를 위해 '노력'한 것이 채용 과정에 반영되는 것을 공정함으로 이해하는 이들도 있었다. 그 '노력'에 대한 객관적 지표가 학력이 될 수 있기 때문에 오히려 그 학력을 볼 수 없도록 만드는 블라인드 채용은 공정하지 않은 것으로 여겨지기도 했다. 자신보다 좋은 학벌, 높은 학력을 가진 이들이 채용되는 것은 어쩔 수 없지만, 행여 그렇지 않은 이들이 나보다 우선 선발될 수 있는 가능성에 대한 불안이 블라인드 채용에 반대하도록 추동하고 있었다. 〈학벌주의 경계〉팀은 학벌이 학력으로 등치되고 생존의 조건이 되는 상황에서 다른 삶을 추구하고 있는 이들을 찾아 나섰다. 하지만 이들 역시 학벌주의의 완전한 외부에 놓인 것이라 평가할 수는 없었는데, 이 연구에서는 그 '구심력과 원심력'을 만들어 내는 힘들을 이들의 생애 경험으로부터 읽어내고자 했다. 부모의 성공에 대한 기대, 이와 거리를 둘 수 있었던 가족관계의 특성, 학벌을 직무수행 능력과 결부시키지 않고 오히려 장애 요인으로 진단하는 업계의 분위기, 사회적 인정을 성취하기 위한 다른 수단의 여부 등이 학벌주의 안팎을 넘나드는 이들의 욕망과 실천에 영향을 미치고 있었다. 〈총여학생회 폐지〉팀은 이를 위한 움직임을 단순히 페미니즘에 대한 반격으로만 규정하지 않고, 그들이 구사하는 논리와 사고의 회로, 그 배경을 찾고자 했다. 이를 위해 대학 내 총여학생회 폐지에 반대하거나 혹은 묵인하는 등 다양한 방식으로 관여했던 이들을 만났다. 이 연구에서는 상이한 입장에도 불구하고 청년들의 '정치'에 대한 이해와 실천 방식에 관통하는 공통점을 발견했는데, 자신에 미칠 단기적인 손익 계산과 이에 대한 '정치적인 것'의 판단, 낮은 정치적 효능감, 그리고 변화 가능성에 대한 불신 등이 그것이다. '정치'에 대한 서로 다른 입장을 들어보고 타인의 삶의 경험을 공유할 수 있는 경험과 공론장이 부재한 채, 각자의 주장을 드러내기 용이한 분리된 온라인 공간에서 논쟁과 결집을 반복하는 상황이 지속되었음을 지적하며 그 공론장의 마련을 과제로 제시하고 있다.

능력에 따른 보상, 개인의 책임을 강조하는 청년세대 주류의 '공정성' 의미에 저항하고 있는 이들을 좇아간 이들도 있었다. 〈생리대 불매운동〉팀은 이 운동을 주도한 활동가들과의 라포 형성을 행사에 참여하여 면 생리대를 직접 만들며 다양한 여성들과 이야기를 나누었다. 또한 연구 진행 과정에서 팀원들 사이에서도 자신들의 생리 경험을 토로하고 공유하기 시작했다. 이들은 이것이 단순한 소비자 불매운동이 아니라 여성주의 건강권 운동으로 확장되기 위해서는 문제의식을 고양하고 참여를 지속할 수 있게 만드는 사회적 관계망 및 대체용품, 소송 등 운동 단체의 인력과 자원 등의 문제가 선결 과제임을 주장한다. 〈병역거부운동〉팀은 징병제가 청년 남성들 사이에서 가장 공정하지 못한 제도로 꼽히고 있는 상황이 오히려 징병제의 변화를 꾀할 수 있는 에너지로 전환되기를 기대하면서 그 방안을 모색하고자 했다. 이에 평화운동을 지속해 온 활동가들의 만남을 통해, 양심적 병역거부에 대한 합헌 선언 이후 운동에 남은 과제와 가능한 전략이 무엇인지를 듣고자 했다. 이들은 주어진 상황에 적응하며 살아온 '청년' 자신과 달리 변화를 구상하면서 그 성과가 더딜지언정 십수 년의 운동을 지속해온 이들의 헌신과 에너지를 마주한 것을 연구 과정에서의 큰 경험으로 이야기하기도 했다.

"20대가 찾는 '공정사회'의 불/가능성"이라는 주제로 다양한 연구들이 진행되었지만, 관통하는 쟁점이 있었다. 청년들은 자신들이 놓여 있는 삶의 불안정성이나 미래 불확실성을 만들어내는 신자유주의의 모순을 이미 간파하고 있다는 것, 그럼에도 불구하고 낮은 정치적 효능감, 변화 가능성에 대한 회의, '능력' 이외에 다른 게임의 룰이 없는 상황이 자기 손익과 능력 중심의 '공정'함에 대한 감각을 추동하고 있다는 것이었다. 물론 이것은 가족 및 (대학을 포함한) 교육 제도, 타인과의 소통을 가능하게 하는 오프라인 상의 사회적 관계망의 부재, 타인의 인정에 취약한 낮은 자존감 등을 통해 강화되고 있었고 또한 그 차이가 청년 내부의 이질성과 대안적 삶에 대한 욕망을 만들어 내기도 했다. 학생들은 연구 과정에서 국민연금, 총여학생회, 정규직 전환 등의 이슈에 목소리를 내고 있는 이들을 단순히 각자도생의 원리를 '공정성'으로만 이해하는 편협하고 이기적인 존재라고 볼 수 없다는 것을 느꼈고 이 때문에 당초 설계한 연구 방향, 문제 진단 및 가설과 부합하지 않는 현실을 목도하면서 힘들어 하기도 했다. 하지만 특정한 입장과 실천을 고수하는 개인에 대한 '쉬운' 규범적 평가 대신 자신과 다른 조건을 살아나간 또래, 혹은 다른 세대의 사람들을 만나며 이들의 행동, 감정, 생각을 이끄는 힘이 무엇인지를 좇아가려 애썼다. 이 과정에서 타자의 삶과 경험을 마주하고 이해하고 설명한다는 것이 얼마나 어려운 것인지를 깨닫고 고민하는 과정도 지속되었다. 이와 같이 연구자의 위치와 인식론적 한계를 성찰하는 것에서부터 질적 연구와 타인의 삶에 대한 '이해'가 가능하다는 것을 체험하는 것이 본 강좌의 큰 목표 중 하나이며, 이는 시민 윤리나 정치적 올바름에 대한 강단의 가르침만으로는 달성하기 힘든 것이기도 하다.

'본토배기'의 의미와 지역공동체: 강화도 ○○리의 주민갈등을 중심으로

서울대학교 사회학과 지정윤, 윤지혜, 김민기
서울대학교 경제학부 이재용

I. 서론

1. 연구의 필요성 및 연구질문

한국사회에서 귀농·귀촌은 일반적인 현상으로 자리잡았다. 특히, 2000년대 이후 도시를 떠나 전원생활을 지향하는 사회적 분위기와 함께 베이비부머 세대의 은퇴가 맞물리면서 귀농·귀촌가구는 지속적으로 증가하였다.[1] 2001년 880가구에 불과했던 귀농·귀촌가구는 2011년 기준 1만 가구를 넘어섰으며 최근에는 농촌 이주 인구가 50만 명을 초과한 것으로 집계되었다.[2] 이 중 수도권 귀농·귀촌 인구의 유입은 인접 지역을 중심으로 이루어지는 경향을 보인다.[3] 한편, 귀농·귀촌 인구의 급격한 증가는 내지인과 외지인 간의 갈등을 심화시키고 있다. 2018년 경북 봉화에서 수도 사용 문제를 둘러싼 갈등 끝에 70대 노인이 엽총을 쏴 공무원 2명이

1. 이재모·손능수. 2013. "베이비부머 은퇴 후 귀농정착 방안." 『한국노인복지학회 학술발표논문집』. 3(2). p.122-142.
2. 농림축산식품부. 2018. "귀농·귀촌 실태조사"; 농림축산식품부. 2015. "귀농·귀촌인 통계." www.mafra.go.kr.
3. 정일홍·이성우. 2010. "농촌이주 도시민의 특성과 공간적 선호." 『농촌사회』. 20(2). p.163-190.

숨지고 주민 1명이 다친 사건이 있었다.[4] 이 사건 외에도 농촌에서 발생하는 내·외지인의 갈등은 꽤나 만연한 것으로 짐작할 수 있다.

본 연구는 인접지역을 중심으로 한 귀농·귀촌이 증가함에 따라 내-외지인 간의 갈등이 심화되는 농촌 현실을 고려하여 수도권 근교 지역 주요 이주지인 강화도에도 새롭게 유입된 외지인들과 기존 내지인들 간의 갈등이 어떠한 양상으로 전개되고 있는지를 설명하고자 했다. 특히, 다양한 갈등의 쟁점들을 통해 내지인들이 공유하고 있는 '본토배기'로서의 인식과 그 의미가 무엇인지를 확인하고, 이를 둘러싼 행위자들의 대응방식을 살펴보고자 한다. 이는 이질적 행위자들이 지역공동체를 형성한다는 것이 과연 무엇을 의미하는지, 어떤 조건하에서 가능할 것인지를 모색하기 위한 시도이기도 하다. 이 본 연구의 구체적인 연구 질문은 다음과 같다.

Q1. 강화도 연구지의 내지인과 외지인의 갈등양상은 어떠한가?
Q2. 갈등이 '본토배기'라는 내지인의 집단의식과는 어떻게 관련되는가?
Q3. 갈등 상황에서 내지인과 외지인은 각각 어떻게 대응하고 있는가?

2. 선행연구 검토

귀농·귀촌 인구의 증가에 따라 농촌사회에서의 갈등이 다원화되고 있는 배경으로 인해 농촌사회의 정체성, 즉 '농촌성'에 대한 연구가 다수 이루어져 왔다. 특히, 대부분의 연구가 한국사회에서 형성된 농촌성을 확인하고 외부에서 유입되는 귀농·귀촌 인구의 가치관을 탐구하는 데 초점이 맞춰져 있다.

진양명숙은 도시민의 농촌이주 현상을 통해 '농촌성'(Rurality)을 분석하였다.[5] 농촌 이주 동기와 정착 경험에서 나타난 일상의 담론을 중심으로 주민사회에서 보이

4. 우성덕. 2018년 8월 23일. "경북 봉화서 엽총 쏜 70대 귀농인 구속...'이웃갈등·민원 불만에 앙심'." 『매일경제』.
5. 진양명숙·김주영. 2014. "도시민 농촌 이주에 나타난 농촌성 담론 분석." 농촌사회』. 24(2). p.123-160.

는 경합을 탐구하였으며, 인류학적 연구방법을 사용하여 주관적으로 표상된 '농촌성'의 의미를 도출하였다. 즉, 농촌성의 실천으로부터 일어나는 주민들 간의 경합과 이를 통한 텃세 등에 대한 인식과 인정을 확인하기 위한 연구를 실시하였다. 박대식은 다양한 측면에서 귀농·귀촌의 현황을 파악하고 정책적 시사점을 연구하였다.[6] 이 연구는 귀농·귀촌인이 체감하는 농촌사회의 문제와, 귀농·귀촌인구와 마을 주민 간 갈등을 파악하고 사회통합을 위한 정책적 제언을 도출하였다.

선행연구들은 귀농·귀촌으로 인한 갈등의 존재를 밝히고, 그 원인을 농촌성에서 찾는다. 하지만 기존 연구들이 농촌사회에서 이루어진 내지인 의식에 대해서 '텃세'와 같은 말로만 다소 피상적으로 포착하고 있다는 점에서 이를 구체적으로 확인하고 서술할 필요성이 요구된다. 따라서 본 연구는 내-외지인과의 인디뷰를 진행하면서 발견한 내지인의 의식을 드러내는 '본토배기'라는 정체성에 주목하여 그것이 갈등의 양상에 어떠한 영향을 미치고 있는지 파악하고자 한다.

3. 연구대상 및 연구방법

1) 연구대상

서울과 대략 50km 정도 떨어져 있고 지리적 접근성이 양호한 강화도는 수도권 귀농·귀촌자들의 주요 이주대상지로 여겨진다. 2001년 초지대교의 계통과 함께 화도면 등을 중심으로 인구의 순이동이 음(-)에서 양(+)으로 전환되었고, 2017년에는 순이동 인구가 (+)1,282명을 기록하였다.[7] 주택건축의 경우 1980년대에는 신규주택 허가건수가 연평균 240여 건에 불과하였지만, 2000년에 들어서는 연평균 370여건, 2010년대 이후에는 최저 587건(2013년), 최대 826건(2011년)으로 집계되는 등 지속적인 인구유입이 이뤄지고 있는 상황이다.[8]

본 연구에서 설정한 연구지는 강화도 남부지역에 속한 법정리 중 하나인 '○○

---

6. 박대식·안석·김남훈·임지은. 2018. 『농촌의 사회통합 실태와 정책 개선방안』. 한국농촌경제연구원.
7. 통계청. KOSIS. http://kosis.kr/.

〈표 1〉 참여자의 일반적 특성

사례	이름	인터뷰 일자	연령대	분류	비고
1	강○○	19.04.07	60대	내지인	
2	강○○	19.04.07	50대	외지인	부부관계
3	이○○	19.04.07	60대	외지인	
4	이○○	19.04.07	50대	내지인	
5	정○○	19.04.14	50대	내지인	
6	김○○	19.04.14	60대	내지인	
7	유○○	19.04.14	60대	내지인	
8	김○○	19.04.27	50대	외지인	
9	박○○	19.04.27	70대	내지인	
10	김○○	19.04.28	60대	외지인	
11	김○○	19.04.28	50대	외지인	
12	남○○	19.04.28	70대	외지인	
13	김○○	19.04.28	60대	내지인	
14	유○○	19.04.28	70대	내지인	부부관계
15	김○○	19.04.28	70대	내지인	

리'이다.[9] 초지대교의 개통으로 인한 인구유입은 강화 중에서도 특히 강화 '남부지역'에서 두드러지게 나타났다. 연구지인 ○○리는 2003년 이후 최저치에 비해 약 60여 명의 인구증가가 이루어졌다. 해당 지역에 아동이 거의 없다는 것을 감안한다면, 인구의 순증가 대부분이 연구지 외부로부터의 인구유입인 것으로 해석할 수 있다.[10]

본 연구는 강화도 연구지에 거주 중인 내지인과 외지인을 대상으로 한다. 외지인 연구대상자의 경우, 해당 지역에 정주하고 있는 대상들을 중심으로 하였으나

8. 강화군 건축연도별 주택 (KOSIS)

연도	90's	00-04	05-09	10	11	12	13	14	15	16	17
건수	6,159	3,797	2,620	632	826	693	587	627	728	741	706

9. 본 연구에서 언급되는 강화도 남부지역은 법정 행정구역상 강화군 불은면, 길상면, 화도면, 양도면 등을 가리킨다.

10. 해당 데이터의 경우, 연구지의 면사무소를 통해 제공받은 자료로 2003년부터 주민등록 시스템이 구축되어 과거의 데이터와 구체적인 비교가 불가능하다는 한계를 가진다. 하지만 과거와의 비교는 공무원과 내지인과의 인터뷰를 통해 일부 보완할 수 있었다.

해당 지역 외 거주지를 가지고 전원생활을 하는 대상들 또한 일부 포함되었다. 내지인 대상자는 9명이며, 외지인 대상자는 6명이다. 이들은 모두 모두 50-70대로 강화도 평균연령에 속하며, 이들 중 부부관계인 경우도 존재한다. 연구윤리에 따른 익명성 보장을 위해 이들의 발언을 인용할 시에는 사례 번호 표시로 대체하였으며, 해당 연구지와 관계없이 연구에 참고용으로 활용된 경우 분류에서 제외하였다.

2) 연구과정 및 방법

'본토배기'의 의미를 중심으로 농촌 지역에서 발생한 내-외지인 간 갈등을 탐구하고자 먼저 농촌에서의 갈등에 대한 선행연구를 검토한 후, 강화지역에 대한 사전조사를 실시하였다. 2019년 3월 6일부터 6월 18일까지 5번의 답사 동안 강화도의 ○○리 일원에서 총 15명과 인터뷰가 진행되었다.

초기 답사에서는 강화도 전반의 현황파악에 중점을 두었다. 특히, 강화군청의 협조로 이루어진 관련 공무원들과의 인터뷰를 통해 다소 추상적인 연구 질문들을 구체화하고 강화군과 관련된 다양한 질문들을 할 수 있는 기회를 가졌다. 또한, 군청, 조양방직, 성공회성당, 청년몰 등을 방문하여 전반적인 강화도의 분위기와 내, 외지인에 대한 이야기를 다수 들어볼 수 있었다.[11] 결과적으로 이러한 예비 조사는 추후 연구지 선정과 인터뷰 진행을 위한 눈덩이 표집 등에서 유의미한 성과로 이어졌다.

연구지의 경우, 초기 개관답사에서의 인터뷰 내용과 통계청 자료 등을 고려해 개괄적으로나마 강화 '남부지역'으로 대상지를 한정시켰다. 먼저 해당 지역 면사무소들을 통해 구체적인 법정리의 인구변화에 대한 데이터 등을 수집한 뒤 특정 면을 선정할 수 있었다.[12] 법정리를 선정한 것은 1차 방문(19.04.07) 때이다. 지역에

11. 사전인터뷰의 내용은 본 연구의 서술에 포함시키지 않았다. 해당 인터뷰는 강화도에 대한 전반적인 이해를 도모하는 데 의의가 있었다.

12. 해당 데이터들은 2003년부터 2019년까지의 법정리별 인구변동에 대한 내용이다.

대한 풍부한 지식을 가지고 있는 전 기초지자체의원과 현직 목사를 대상으로 진행한 1차 인터뷰에서는 구체적인 법정리에 대한 현황파악과 눈덩이 표집의 기반을 형성할 수 있었다. 특히, 외지인 목사와의 인터뷰를 통해 '본토배기'에 대한 언급을 처음으로 확인하였다.

인터뷰에서 활용한 면접법은 단순한 일상 대화가 아닌 학술을 목적으로 하여 연구자와 연구 참여자인 면접 대상자와의 의도된 상호작용으로 연구자가 연구목적을 수행하기 위하여 그로부터 일정한 정보를 취득하는 과정이다.[13] 인터뷰는 연구지의 특성을 고려해 직접면접 방식으로 이루어졌으며, 객관성 측면에서의 취약점을 고려해 사전에 면접대상자들에 대한 공통질문을 마련하고 세부질문들을 구성하는 식으로 한계를 보완하였다. 인터뷰 중에는 녹취와 속기를 실시하여 면접내용을 객관적으로 분석하고 검토할 수 있도록 하였다. 속기의 경우 참여자의 심리를 불편하게 할 수 있는 경우에는 자제하기도 하였다.

II. 갈등의 양상: '본토배기'의 의미

인터뷰를 진행하면서 내-외지인 간 갈등이 존재함을 확인하였고, 이를 일정한 유형으로 나눌 수 있었다. 연구지에서 발생하는 외지인과 내지인의 갈등은 ①사유지에 대한 권한 주장을 둘러싼 갈등, ②계층차이로 인한 상호 구별 짓기와 찬조 요구로 인한 갈등, ③정주의식의 차이에서 비롯된 갈등, ④친밀 공동체의 수용조건으로서 혈연이 작동하여 발생하는 배제로 인한 갈등으로 구분할 수 있다.

한편 인터뷰를 통해 내-외지인들이 내지인의 집단의식을 '본토배기'라는 단어로 표현하고, 내지인들의 경우 이 용어를 자신들을 외지인들과 구분하는 언어로 차용하고 있음을 알 수 있었다. '본토배기'는 두 집단 간 물질적 조건과 문화, 생각

13. Kvale, S. 1996. *Interview – An introduction to qualitative research interviewing*. London.

의 실질적 차이와 완전히 무관하지는 않으나 이들에 의해 구성된 관념으로, 갈등을 인식하는 틀로 기능하면서 갈등의 전개 양상에 영향을 준다.

1. 소유: 구거와 사도

내지인과 외지인의 갈등은 사유지에 대한 권한 주장에서 가장 두드러지게 표면화되었다. 이 갈등은 소유에 대한 인식의 차이로 인해 상호 불만을 갖게 되는 층위와 사도와 구거를 둘러싸고 실질적으로 법적으로 충돌을 하는 층위로 대별된다. 우선, 외지인과 내지인의 소유에 대한 관점이 충돌하여 상호 불만을 토로하는 양상을 확인할 수 있었다. 전통적으로 소유권에 대한 뚜렷한 인식 없이 서로 사도나 구거 시설과 관련된 토지를 공유하였던 내지인들은 외지인들이 유입되면서 토지를 자유롭게 공동으로 이용하는 문화가 사라졌다고 불만을 토로했다. "네 길 내 길 없이 자유"로운 분위기에서 융통성 있게 토지를 이용할 수 있게 했던 시골 문화와 달리 외지인들은 자신의 사유재산을 확실히 구분한다는 것이다.

> "외지인들이 들어오면서 집 짓고 펜스치고 부터는 딱 펜스 쳐 놓고 울타리 쳐놓고 여긴 내 땅이니까 다니지 말라. 그런게 많아요. 그 전에 시골에서 뭐 그냥 응? 니길인지 내길인지 할 수, 이런 거 없이 그냥 다 져 놓으니까는 그냥 막 다녔는데." 사례 7

> "그냥 옛날에는 그냥 뭐, 아무 때때고 파고 그냥 뭐 묻고 그냥, 아니 저, 저, 거 좀 친하면 야 좀 묻자, 하고 여리 묻고 그랬는데." 사례 12

한편 도시에서의 재산관념을 견지한 외지인들은, 자신의 땅을 측량하는 데 있어 이 재산관념이 없는 내지인들이 반대하여 갈등이 빚어졌다고 말한다.

> "(그런데 처음 여기 측량하시고 들어오기 시작하면, 그 때 마을 분들이 반대하거나 그런거는?) 여기도 그런 거 많았어요. 여기 뒷집도 마찬가지고. 저기 저 사람도 인천에서 의사하시는 분인데 다 마찬가지. (그러면 14년 전에 들어오실 때도?) <u>네 그</u>

〈그림 1〉 실제 분쟁 중인 사도

런 분쟁도 있고 소송도 걸고." 사례 11

연구지의 지가(地價)가 오르고 재산권과 관련된 이해(利害)에 대한 인식이 확산되면서 이러한 갈등은 구거와 사도를 둘러싼 법적 분쟁을 낳기도 했다. 연구지의 지가는 2000년도에 평당 20만 원 선에서 현재는 100만 원 정도로 올랐다고 한다.[14] 내지인들은 과거에는 허용되었던 비교적 자유로운 통행과 토지 이용에 대해 비용을 부과하기 시작했다. 부동산을 대상으로 한 법적 분쟁으로 심화되기도 하였다.

외지인에게도 구거와 사도에 대한 비용을 지불할 것이 추가적으로 요구되면서 갈등이 빚어지기도 했다. 인터뷰 상으로는 명확하게 확인할 수 없었으나 내지인들 간에도 토지 이용 관행이 변화하면서 갈등이 발생했을 가능성을 배제할 수 없다.

"지금 이제 시대가 바뀌었으니까, 주인이 안 바뀌어도, 그럼 돈을 얼마 더 내라, 몇 천원 더 내라, 말 같은 소리해라, 니가 그 때 도장 찍었지 않느냐, 이렇게 싸우고 안 해 주고 안 하는 사람도 있고." 사례 12

'본토배기'는 "시골" 문화를 경험하고 실천하는 사람이라는 의미를 가지고 있다. 이 문화란 친분을 바탕으로 서로 자신의 땅의 일부를 이용할 수 있게 편의를 봐주는 관행을 의미한다. 이런 관행은 현실과 얼마간의 차이가 있을지라도, '본토배기'인

14. "여기 땅값이 2000년도가 평당, 20만 원 선 하다가, 지금은 뭐, 최하 백만 원이 넘게 이제 평가에는 이제 그렇게 올라가고," 사례12.

내지인들의 성질이라고 담론화되고 있었으며 외지인들과 내지인을 구분짓는 도구로 사용되고 있었다.

2. 계층: 구별 짓기와 찬조

한편 내지인과 외지인의 갈등은 서로를 다른 종류의 사람들로 구별 짓고, 서로를 부정적으로 평가하는 말들에서도 확인할 수 있었다. 이러한 구별 짓기의 근간에는 계층의 차이에 대한 인식이 있었다.[15] 내지인과 외지인은 경제적 수준뿐 아니라, 직업, 교육수준, 언어의 사용 면에서 차이를 언급했다. 우선 내지인들은 대부분 고등교육을 받지 않고, 과거에 "뱃일"을 했다는 유사한 직업적 경험을 가지고 있다. 또한 "험하"게 "쌍욕"을 사용하며 "대놓고 이야기"하는 언어적 관행을 지니고 있다는 인식을 서로 공유하고 있었다. 이들은 과거부터 현재까지 종사해왔던 뱃일보다는 지가가 상승하면서 재산을 축적한 것으로 보인다. 그럼에도 내지인들은 외지인들과 가시적인 부의 격차를 의식하고 자신의 경제적 지위를 "벤츠", "외제차"를 타는 "부자"인 외지인들보다 낮게 평가하였다. 그들은 주로 의사나 사업가, 회사원 같은 화이트칼라 직종에서 "다 한자리 하던 사람들"이며, 내지인들보다는 "수준이 높다"고 인식되고 있었으며, 언어적 측면에서도 "쌍시옷자를 잘 쓰지 않는다"고 인식되었다.

> "말하는 게 <u>쌍시옷자 잘 안 써</u>. (웃음) …(중략)… 놀러온 애들 보면 쌍시옷자 잘 안 쓰더라고. 지들끼리 쓰지도 않아 타면은." 사례 5

계층 차이를 바탕으로 한 구별짓기는 자연스럽게 서로에 대한 부정적인 평가로 이어졌다. 내지인들은 외지인들을 "교만"하다고 비난하며 자신들을 도덕적으로 우월하게 묘사하였다.한편 외지인들은 내지인들을 "무식"하다, "거칠다"며 무시

---

15. 이때의 계층은 재산, 교육, 직업 등의 여러 차원에서 사회적 지위가 거의 비슷한 사람들의 집단이라는 의미로 사용한다.

했다.

"자기네들은 뱃사람이라고 그러는데 내가 볼 때는 뱃놈이에요. (하하) 아주 무식하고, 배타적이고, 여 동네가 사돈에 팔촌으로 전부 묶여있어요. 끼리끼리 전부다 (네) 이렇게 해가지고 전부 다 사돈에 팔촌으로, 전부 무식한 놈들만 여기 있어요. 우물 안 개구리라 그러죠. (중략) 전에는 저, 여기가, 문화 생활이 한 개도 없었어요. (음) (중략) 쌀벌한 동네에요. 여기가." 사례 12

연구지에는 마을행사가 열리는 경우 마을 구성원들이 일정 금액을 "찬조"하는 관행이 있다. 내지인들은 경제적으로 풍족하다고 간주된 외지인들에게 고액의 찬조금을 요구하면서, 그들이 찬조금을 충분히 내지 않는다고 불만을 표현했다.

"많은데도 안내. 그게 저기 어떤 사람들은 집지으러 들어오면서 마을에다 인제 한 돈 백만 원씩 내고 하는 사람도 있었는데 지금들은 없어. (예전에는 그랬는데?) 응 예전에는. (인근마을) 같은 경우는 지금도 ((인근마을)?) 응, 한 200씩 그렇게 준대. 우리 동네는 없어. 딴 사람만 주나봐." 사례 9

"(답2) 우리 찬조하지- 같이 십시일반으로다가 그냥- (답1) 그래- (답2) 다모이면- 뭐 5만 원이요- 3만 원이면 3만 원 그냥 자기 내고 싶은 대로 그냥 찬조해가지고-" 사례 14, 사례 15

외지인들에게 수백만 원에 달하는 액수의 찬조금을 요구하는 것과는 대조적으로, 같은 내지인들에게는 자발적인 찬조를 받는 등 부드러운 태도를 보였다. 고액 찬조금을 둘러싼 갈등은 '본토배기'의 의미가 직종과 교육 수준, 언어습관, 재산 구성 등을 기준으로 한 특정한 계층을 가리킴을 보여 준다.

3. 거주형태와 정주의식: 소속감과 교류의지

내지인과 외지인 간의 갈등은 거주형태와 정주의식의 차이에서 비롯되기도 하였다. 거주형태에 따라 해당 마을에 갖는 심리와 마을사람들과의 관계에 대한 인식과 태도가 서로 다르다는 것을 확인할 수 있었다.[16] 내지인은 한 채의 집에서 오랫동안 살아온 거주형태를 보인 반면, 외지인은 다양한 거주지를 바탕으로 여러 채의 집을 갖고 있는 거주형태가 많았다. 특히 연구지의 집을 별장 등으로 이용하는 모습을 확인할 수 있었으며, 일반적으로 거주지 간의 이동성이 크고 단기적인 거주형태를 보였다. 벤쿠버를 포함해 최소 2개 이상의 거주지를 갖고 있는 사례 8은 거주형태가 다양한 외지인의 특징을 가장 잘 보여 주는 사례이다. 그는 현재 연구지에서 거주하고 있지만, 고정되어 있는 거주지는 없다고 밝혔다. 또한 자신을 포함한 주변 외지인들은 마을에 거의 실질적으로 정주하지 않고, "주말에만 잠시 왔다 간다"고 언급하였다. 내지인들은 외지인들이 "주밀"에 "왔다갔다"하며 연구지에서 정주하지 않는다고 묘사한다. 이를 통해 내지인은 상당 기간 동안 해당 동네에 머물러 살았다고 유추할 수 있었다.[17]

이 차이는 '개인이 그 지역사회에 속해 소속감과 애착을 가지고 지속적으로 거주하고자 하는 의식'[18]을 의미하는 정주의식의 차이로 이어졌다. 내지인은 소속감과 애착을 드러내는 단어인 "우리"를 문장 앞에 자주 언급하는 경향이 있었다. "본토인(사례 15)"과 구별되는 "우리"의 빈번한 사용은 내지인들의 강한 공동체 의식과 마을에 대한 애착에 바탕한 정주의식을 보여 준다.[19] 반면 외지인들은 해당 마을이나 내지인들을 "여기 시골 사람(사례 2)"이라는 표현으로 지칭하면서 자신과 구분지었다.

---

16. 본 연구에서 '거주 형태'는 '정주 중인 거주지의 형태'가 아닌 '거주 공간의 다양성과 분산의 정도'를 의미한다.
17. "(사장님 그럼 언제부터 교회 다니셨어요?) 3, 4대? 교회 이제 상 됐을 텐데 할아, 고조할아버지 때부터 교회를 설립한 거니까는. (그럼 설립하실 때부터 다니셨다고 봐야 되네.) 그렇죠." 사례 7
18. 왕재억. 2017. 「귀촌 영향요인에 따른 정주의식에 관한 연구: 귀촌정책과 사회적 관계를 중심으로」. 강원대학교 박사학위논문. ; 최일진·남황우. 2015. "정주의식 향상을 위한 지방자치단체의 역할에 관한 연구: 전북 고창군을 중심으로." 「도시행정학보」. 28(3). p.1-30.
19. "공동체 의식": 한 사회에 함께하고 있다는 생각과 감정, 공동의 문제 해결에 함께 참여하려는 의식., 「네이버 사전」. https://dict.naver.com/.

이에 더하여 일부 외지인은 동네에 대한 애착이 없다고 직접적으로 말하면서 낮은 정주의식을 드러내기도 했다. 이러한 정주의식의 차이는 내지인과 외지인의 마을 내 교류에 대한 태도에도 영향을 주었다. "주말"에 "잠깐", "별장"식으로 "왔다갔다"하는 외지인의 경우, 내지인들과 거의 교류하지 않는 모습을 보였다. 이 외지인들은 다른 외지인들이 마을에 이주하면서 찾아가는 이장을 찾아가지 않았다. 이들은 자신의 집을 굳이 주변 사람들과의 관계를 신경 쓸 필요 없는 "단독생활"이 이루어지는 "아파트"에 비유하기도 했다. 내지인들은 이러한 태도에 대해 반감을 가지기도 했다. 이 반감은 비록 표면화되지 않았으나, 인터뷰 동안 그들의 말투·표정에서 느낄 수 있었던 심리적 불편을 통해 짐작할 수 있었다.

정주의식을 둘러싼 갈등을 통해 확인한 '본토배기'의 의미는 다음과 같다. '본토배기'는 오랫동안 한 마을에서 살아왔고, 마을에 강한 소속감과 애착을 가지고 있으며, 이웃들과 서로 친하게 교류하는 사람을 의미한다. 즉, 해당 마을을 "우리 마을"로 인식하고, 나와 이웃들을 "우리"로 칭하며, 상부상조하는 이들이 내지인들이 말하는 '본토배기'인 것이다.

4. 혈연: 배제와 내쫓기

내지인과 외지인의 또 다른 갈등 요소로는 '친밀조건의 차이'가 있었다. 혈연과 지연에 기반한 폐쇄적인 친밀성을 구축했던 내지인들은 잠재적으로 자신들에게 불이익이 될 수 있는 외지인을 배척하는 태도를 보였다.[20] '같은 경험을 공유'한다면 친해질 수 있다고 생각하는 개방적인 친밀성의 감각을 견지하던 외지인들은 이를 "갑작스러운 것", "예상치 못한 것"으로 인식하였다.

하나의 사례로, 연구지로 이주한 지 15년이 지난 사례 10은 펜션을 짓고 들어올

20. 그들의 혈연에 대한 중시는 의식적인 부분에서 발현되기 보단 무의식적인 정서, 감정에서 기인하고 있을 가능성이 크다. "정말 어울리지 못하거든? 근데 그 사람들이 일부러 그 사람을 일부러 그래서 자기들끼리 하는 것이 아니라 그냥 뭐 그냥 그렇게 하는 거야." 사례 3

때부터 내지인들을 위한 잔치를 여는 등 신고식을 "거하게" 치렀다고 한다. 사례 10과 배우자는 각각 마을 교회에 꾸준히 참석하거나 총무로 활동하는 등 내지인 커뮤니티에 활발히 참여하여 어울리고자 노력하였으나, 사례 8과 그녀의 남편은 내지인들로부터 배척되고 말았다.

"청년회 조직을 하는데 외지인이라고 빼고 원주민들이 청년회를 장악하고 그러더라고요. 그 때 이제 아 이 사람들은 우리하고 가까이할 수 없는 사람이구나. 어울릴 수 없는 사람이라는 것을 그 때 알았어요. 완전히 티나게 총무까지 하고 하는데, 원주민 아니라 청년회 조직에서 뺀다는 것은 있을 수 없는 일인 거잖아요." 사례 10

사례 10은 자신과 자신의 남편이 배척당하는 순간 "가까이 할 수 없음"을 비로소 깨달았다고 했다. 그 이전까지는 '공통의 경험'을 통해 가까워질 수 있을 것이라고 생각했던 사례 10은 자신과 남편이 외지인이기 때문에 내지인들로부터 배척을 당했다고 생각한다. 하지만, 교회와 마을에서 중직을 맡으려 하지 않을 때는 이들이 배척당하지 않았다는 점을 고려해 본다면, 단순히 외지인이라는 조건보다는 지연과 중첩된 '혈연적 연고의 부재'가 내지인들의 배타적인 태도를 설명하기에 더 적합하다고 판단된다. 이에 대한 근거는 위에서 사례 10이 인간적으로 가까운 관계를 가졌다고 언급했던 사례 3과의 인터뷰에서 확인할 수 있다.

"(다 친척이고 하니깐 또?) 다 친척이고 하니깐. 당연히 그렇게 다 맡아서, 순서가 다 있고, 자기들 내적으로는. 그런 순서 있잖아요? 그런데 외지인들이 많아지면 그런 룰이 다 깨지니까 좀 심각해지는 거지. 그런 게 있어요. …(중략)… 그 사람들이 일부러 그 사람을 일부러 그래서 자기들끼리 하는 것이 아니라 그냥 뭐 그냥 그렇게 하는 거야. 그래서 외부인들이 섞이기가 쉽지가 않다는 거야. 배타성이 있다는 게 아니라. 물론 배타성도 있죠. 무슨 일을 할 때면 어- 우선 내 형제 친척이 먼저 해야 되고 그래야 하니깐 그런 게 배타성이 되는 거죠?" 사례 3

사례 3이 말한 바와 같이, 견고한 씨족 중심 사회였던 연구지에서는 전통적으로 마을과 교회의 주요 의사결정을 “나의 형제나 친척”인 사람들이 해왔다.[21] ‘가족이 아닌 사람’이 중요한 직위를 차지한 경험이 없었던 내지인들의 입장에서는 오래된 관습이자 고유한 권리를 외지인들이 ‘침범’한다고 느껴졌을 것으로 보인다. 행사에 필요한 음식을 준비하는 데 끼지 못하고, “그냥 가서 먹고만 왔”던 사례 10과의 인터뷰에서도 고유한 역할과 “자기 영역”을 지키고자 하는 내지인의 모습을 확인할 수 있다.

내지인들의 혈연 연고주의를 확인할 수 있는 또 다른 사례는 내지인들이 자신들의 의견을 수용·동의하지 않는 외지인들을 “쫓아내려고” 하는 것이었다. 이러한 행태는 특히 사례3에게 비일비재하게 일어났다. 연구지의 교회는 주요한 일을 목사가 아닌, 대부분의 중직을 역임하는 내지교인들에 의해 결정되어왔고, 임기가 명시되어 있지 않은 목사의 교체 여부 역시 예외는 아니었다. 내지교인들은 10년 이상 연구지에서 목사직을 수행해왔던 사례3이 외지인들을 지나치게 챙긴다며 교체하고자 하였다. 이는 내지인들의 혈연 연고에 기반한 ‘권력 지키기’의 일환으로 해석할 수 있다.

친밀조건의 차이에 기초한 갈등에서 포착할 수 있는 ‘본토배기’의 의미는 다음과 같다. ‘본토배기’는 “내 가족” 또는 “내 친척”인 사람을 의미한다. 즉, 귀속지위인 혈연에 근거한 폐쇄성을 띠고 있는 ‘본토배기’의 집단에, 외지인은 결코 합류할 수 없다.

이제까지의 논의를 정리하자면, ‘본토배기’는 ①친분을 바탕으로 서로 편의를 봐주는 “시골” 문화를 경험하고 실천하며, ②직종, 교육 수준, 언어습관, 재산을 기준으로 유사한 계층에 소속된 이들로, ③해당 마을을 이웃들과 함께 살아가는 “우리 마을”로 인식하고, ④여기서 “우리”는 혈연으로 묶여있는 씨족 구성원을 가리킨다고 볼 수 있다.

21. “(웃음) 우리네-는 이장은 그냥 본토베기들~” 사례 14.

III. '본토배기'의 갈등 대응 양상

내지인은 외지인과의 갈등에 대해 다양한 방식으로 대응하였다. 첫째, 이 갈등을 외지인의 탓으로 돌리거나, 둘째, 법적으로 해결하거나, 혹은 기존 공동체로부터 이탈하는 방식 등이 여기에 해당한다.

첫째, 내지인들은 외지인들을 탓하는 내러티브를 공유하고 있었다. 우선 연구지에 정주하는 내지인이 줄어드는 원인이 땅을 산 외지인들에게 있다는 언급을 공통적으로 관찰할 수 있었다. 땅을 파는 내지인들에 대해서는 약한 불만만을 표했다는 점에서, 이들의 주장은 외지인에 대한 거부감에서 기인한 것으로 보인다. 마을 내에서의 교류가 부족한 원인 역시 "울타리(사례 7)"를 치거나 "자기들 다니던 데로(사례 6)"만 다니면서 내지인들의 교류에 적극적이지 않은 외지인들의 태도로 간주되었다. 마을 내의 교류와 관련된 리세나 찬조의 경우에도 이를 잘 내지 않는 외지인들에 대한 불만이 있었다. 이 불만은, 찬조를 잘 하기 때문에 예외적으로 바람직하게 평가되는 외지인(사례 9), 혹은 다른 인근지역 외지인들과의 비교(사례 13)를 통해 정당화되었다. 이러한 대응는 마을 내에서 내지인이 유출되고 교류가 줄어드는 문제의 원인을 외지인들에게 돌림으로써, 내지인 집단을 공고히 하려는 목적에서 나온 것으로 여겨진다.

둘째, 내지인들은 외지인들이 펜스, 울타리를 치는 문제에 대해서 법적·제도적으로 대응하고자 했다. 이 과정에서 이들은 대통령령과 같은 법적 전문용어에 친숙해지기도 했다. 내지인들은 다른 주변 내지인들의 소송 상황을 서로 공유하고 있었다. 이들은 내지인들 사이에서도 "편을 드는" 등 외지인과의 갈등에서 동조를 하지 않으면 이에 대한 요구나 불만을 표출하기도 하였다.

셋째, 기존 커뮤니티로부터 이탈함으로써 갈등을 해결하고자 했던 내지인도 있었다. 사례 7은 외지인 목사와의 갈등으로 인해서 교회 장로에서 은퇴하는 방식을 택하였다. 내지인들은 이를 두고 '착한 교인'들이 외지인에 의해 밀려났다며 안타깝게 여기거나 교인들이 착하기 때문에 이런 일이 생겼다고 말하였다(사례 7, 사례

14, 사례 15). 내지인의 이탈은 외지인에 대한 부정적 감정을 강화하고, 내지인의 유대감을 강화하는 역할을 하는 것으로 보인다.

Ⅳ. 외지인의 '본토배기'에 대한 대응

내-외지인간 갈등에 있어 일관된 내러티브를 기반으로 공통의 대응양상을 보인 내지인과 달리 외지인의 경우 사례마다 다양한 대응양상을 보였다. 특히나 외지인들은 내지인과 구별되는 도시민의 가치관 등을 통해 문제를 해결하는 모습을 보였다. 외지인의 갈등에 대한 대응은 ①다른 집단을 찾아가거나 ②버티거나 ③전략적으로 관계를 맺거나 ④신뢰의 연쇄를 활용하는 모습으로 나타났다.

첫째, 사례 10과 같은 외지인은 다른 외지인 집단을 찾아감으로써 갈등에 대응하는 방식을 택하였다. 전술하였듯 사례 10은 처음에는 내지인들과의 좋은 관계를 맺기 위해 시도하였다. 그러나 그녀와 그녀의 남편이 각각 교회와 청년회에서 배척당하는 경험을 하면서 결과적으로 마을 사람들을 "어울릴 수 없는 사람들"로 인지한 이후에는, 연구지 교회에서 자신의 이름을 지우고 옆 동네 교회로 떠났다. 그녀는 강화읍으로 나가서 볼링장을 다니거나 서각을 배우러 다니는 등 마을 밖에서 다른 사람들과 교류하기도 했고, 아예 강화 밖으로 나가서 사람들과 등산을 하러 가기도 했다. 이러한 공동체의 전환이 가능한 이유는 이전에 도시에서 개인주의적인 도시민들의 공동체인 '친밀공동체'를 경험했기 때문에 "한 공동체에만 속할 필요가 없다"는 관념이 존재하기 때문인 것으로 보인다.[22] 이후에 그녀는 마을 사람들과 교류를 거의 하고 있지 않았다. 리세와 찬조의 경우에는 아직까지 부분적으

---

22. '친밀공동체'라는 개념는 '현대 도시의 삶에서 친밀공동체의 의의'에서 차용한 것으로 친밀성을 중심으로 구성되는 개인주의적인 도시민들의 공동체를 나타낸다. 이러한 공동체는 강제적으로 부여된 공동체에 종속되는 농촌 등에서는 쉽게 이루어지지 않기 때문에 본 연구에서는 농촌의 공동체와 비교되는 개념으로 사용된다. 정성훈. 2011. "현대 도시의 삶에서 친밀공동체의 의의." 『철학사상』. 41. pp.347-377.

로 지불하고 있었으나, 이러한 지불에 대해서 '인사치레'라고 생각하고 있었으며 마을 사람들과의 교류 차원에서는 큰 의미를 부여하고 있지는 않은 듯 했다.

둘째, 마을교회의 목사인 사례 3은 내지인의 갈등에 대해서 버티는 방식으로 대응하고 있는 외지인의 사례였다. 내지인들은 자신들의 지적에도 불구하고 교회에 머무르는 외지 출신의 목사를 "쫓아낼 수도 없"지만, "이 양반"이라고 지칭하며 거리감을 보였다. 내지인, 외지인 모두 언급한 사례 3의 경우는 '버티기'라는 대응 양식을 보여 주고 있으나, 이에 대한 본인의 언급이 부족하여 자세한 대응방식을 찾아보기는 제한적이었다. 내지교인들의 불만이 상당기간 지속되어 왔지만 사례 3이 오랜 시간 '버티기'를 해온 점을 고려할 때, 확정적으로 갈등의 심각성 등을 예단하기는 어려울 것으로 보인다.

셋째, 외지인들이 보이는 여타 대응방식들과 달리, 해당 마을에서 배척되지 않기 위해 전략적으로 내지인들과 관계를 맺는 외지인도 존재하였다. 내지인들로부터 긍정적으로 평가받았던 사례 8은 연간 마을행사에 참여하거나, 일상에서 내지인들과 마주칠 때마다 식음료를 나누는 등 내지인들과 활발하게 교류하면서도 동시에 그들에 대한 부정적인 인식을 갖고 있었다. 자신에게 도움이 되는 수준 내에서만 교류를 도모한다는 점에서 그의 대응방식을 "전략적"이라고 규정할 수 있다.[23] 그는 마을의 관행을 따르지 않을 경우 "혼자 살 수밖에 없"다며 이러한 관행들을 존중하며 이를 따를 필요가 있음을 주장하였다. 그는 관행을 따르지 않는 외지인의 태도가 단지 "돈" 문제만이 아니라 "원리원칙", "측량", "법"과 "배려의 부족" 등으로 표현되는 도시적인 관습에서 기인한다고 보면서 내지인과 유사한 인식을 드러냈지만, 동시에 내지인에 대해서도 부정적으로 평가하는 측면이 있었다. 그는 좁고 폐쇄적인 마을 커뮤니티 내에서 배척되지 않기 위해 "욕을 안 먹을 정도", "찍히지 않을 정도로" 찬조금과 기금을 내고 있었던 것이다. 전략적으로 내지

23. 이에 대한 내용은 내지인들과의 인터뷰에서 자주 확인할 수 있었다.
 - "사례8이거든? 그 분은 동네 사람들하고 잘 어울리지." 사례 7.
 - "잘해요. 잘해요. 그 양반은 최고야. (하하하) 면에서 최고 잘해." 사례 9.

인을 옹호하고 그들과 교류하는 그의 전략적인 태도가 형성되는 데에는 과거 다른 지역에서 외지인이라는 이유로 쉽게 배척당했던 그의 아버지의 경험이 작용한 것으로 보인다.

넷째, 특정한 내지인의 신뢰를 얻음으로써, 그가 긴밀한 관계를 맺고 있는 내지인 집단 전반의 신뢰를 연쇄적으로 획득하는 전략도 있었다. 어느 정도 내지인들과 "친하게 됐는데"도 여전히 내지인들이 그를 "배타적"으로 "경계를 하는" 현상을 마주했던 사례 12는 이 전략을 활용하였다. 사례 3 역시 "한 사람이 인정하고 그렇게 해 주면 다른 사람들도 다 그렇게 인정을 해"주는 마을의 문화를 인지하고 있었다. 이 전략의 목표는 내지인들의 공동체에 적극적으로 참여하여 그들 사이에서 존재하는 것과 같은 수준의 친밀성을 획득하는 것이 아니라, 단지 불신을 해소해 "자신의 말이 경청되기를 바라는 정도"의 관계를 구축하는 것이기에, 내지인들에게도 큰 거부감을 유발하지 않은 것으로 파악된다.

이처럼, 외지인들은 자신의 개인적 특성과 이주의 목적에 따라 내지인들과의 관계에서 발생할 수 있는 잠재적인 갈등에 대응하고 있었다.

Ⅴ. 결론

강화도의 인구 구성은 초지대교 개통 이후 귀촌, 귀농 인구의 유입이 증가하면서 변화하였다. 이에 따라 기존 내지인 문화와 새로 들어온 외지인 문화의 충돌이 일어났고 다양한 양상의 관계가 나타났다. 본 연구는 이 중 내지인과 외지인의 갈등에 주목하여, 이 갈등의 양상이 어떠한지를 내지인의 내러티브에서 파악되는 '본토배기'를 중심으로 살펴보았고, 이러한 갈등에 대한 내지인, 외지인의 대응방식을 알아보았다.

내지인과 외지인의 갈등은 네 가지 차원에서 발생하고 있었다. ①사유지에 대한 권한 주장을 둘러싼 갈등, ②계층차이로 인한 상호 구별짓기와 찬조 요구로 인한 갈등, ③정주의식의 차이에서 비롯된 갈등, ④혈연을 기준으로 한 배제로 인해 빚어지는 갈등이 그것이다. 내지인들은 이러한 갈등 상황에서 스스로를 '본토배기'라는 말을 통해 하나의 집단으로 정체화한다. 이는 혈연에 기반한 연고와 공동체주의뿐만 아니라 여기서 파생된 상이한 권리 개념, 계층 인식 등이 '본토배기'로서의 정체성과 갈등 인식에 영향을 미치고 있음을 의미한다. 한편 이러한 갈등에 대해 내지인들은 모든 문제를 외지인의 탓으로 돌리고 있었으며 이는 내지인 사이의 관계를 더욱 공고하게 만들었다. 또한 구거·사도의 경우 소송 등의 법적 제도적 수단을 통해 문제를 해결하고 있었다. 한편 내지인이 기존에 참여하던 공동체로부터 이탈하며 갈등을 해소하는 경우도 있었다.

외지인들은 지역 공동체와 관계 맺기의 양상에 따라 다양한 대응을 보여 주었다. 대응의 내용을 선택하는 데에는 각 개인의 이주 목적, 과거 경험, 내지인과의 교류 및 충돌 경험, 가치관 등이 복합적으로 작용하며, 이를 바탕으로 현재 가용한 방법이 최우선적으로 고려되는 것으로 보인다. 내지인들로부터의 배척 경험이 있었던 한 구술자의 경우 ①전략적인 관계맺기를 시행하고 있었으며, 내지인의 배타적 태도에 직면한 뒤 ②다른 집단을 찾아가는 경우도 있었다. 또한 갈등이 발생하고 있는 집단 내에서 계속 ③버티고 머무르는 방식으로 대응하는 경우도 있었으며, ④신뢰의 연쇄를 이용해 내지인들로부터 인정을 받아낸 구술자도 있었다. 정리하자면, 내지인들은 대부분 공통적으로 기존의 내지인 친밀 관계를 강화하며 대응한 반면 외지인들은 각자의 특성에 따라 다양한 대응 방식을 보였다.

본 연구는 새로운 인구의 유입에 따라 농촌에서 발생하는 갈등과 이에 대한 대응 양상을 '본토배기'의 의미와 그 작동을 중심으로 살펴보았다. 본 연구의 의의는 지금까지 '텃새', '혈연공동체' 등으로 피상적으로 포착되었던 기존 농촌 인구의 내집단 의식이 무엇인지 구체적으로 서술했다는 것이다. 또한 농촌 갈등에 대한 기존 연구가 주로 표면화된 구거, 사도의 문제에 초점을 맞추었던 반면, 본 연구는 표면화되지 않은 배제의 문제와 그 근저의 원인을 밝혔다는 점에서 의의가 있다. 더불어 정책의 효과를 다룬 기존의 양적 연구들과 달리, 본 연구는 질적 접근 방식을 택해 농촌 유입인구와 기존 인구의 경험을 직접적으로 들을 수 있었다는 점에서 의의가 있다.

그러나 본 연구가 지니는 한계 역시 분명히 존재한다. 첫째, 구술자 선정에서 한계가 있었다. 눈덩이 표집 방식으로 구술자를 선정하다보니, 인터뷰 대상자는 주민들 중 직책을 맡고 있는 사람들로 국한되었다. 외지인은 역시 방문 당시 접근 가능했던 사람으로 표본이 한정되었으며 연구자에 대한 거부감을 표출하여 인터뷰를 실시하지 못한 사례도 있었다. 그리고 동일 구술자와 추가적 면접을 진행하지 못해 갈등의 양상과 원인에 대해 더 구체적으로 파고들지 못했다는 한계가 있다. 라포(rapport)가 더 깊어져야 답변을 들을 수 있는 문제들에 대해서는 피상적이고 도덕에 위배되지 않는 답변들만 들을 수 있었다. 몇몇 인터뷰에서 간략하게 언급된 내지인 간의 갈등에 대해서 자세하게 살펴보지 못했다는 점, 특히 연구 기간이 한 달 남짓으로 짧아 갈등의 구체적인 전개 양상을 관찰하지 못하고 사후적으로만 분석할 수 밖에 없었다는 점 역시 아쉬움으로 남는다. 그럼에도 불구하고 내지인과 외지인 간의 갈등 발생 지점을 개관하고 그 바탕에 존재하는 '본토배기' 의식을 구성하고 있는 요인들 밝혔다는 점은 향후 지역 공동체의 형성 과정에서 주요하게 고려되어야 할 지점들이 무엇인지를 제시한다는 점에서 의미가 있다고 본다.

〈참고문헌〉

강화군. 2018. 인천광역시 강화기본통계. (검색일: 2019.04.12.).

강화군. 2019. 종교단체현황. www.ganghwa.go.kr. (검색일: 2019.04.12.).

농림축산식품부. (2015). 귀농 · 귀촌인 통계. www.mafra.go.kr. (검색일: 2019.05.03.).

농림축산식품부. (2016). 귀농 · 귀촌 실태조사. www.mafra.go.kr. (검색일: 2019.05.03.).

농림축산식품부. (2018). 귀농 · 귀촌 실태조사. www.mafra.go.kr. (검색일: 2019.05.03.).

네이버 사전. https://dict.naver.com/. (검색일: 2019.06.04.).

통계청. 2018. 「귀농어 · 귀촌인통계」통계정보보고서. http://kosis.kr/. (검색일: 2019.05.13.).

우성덕. 2018년 8월 23일. "경북 봉화서 엽총 쏜 70대 귀농인 구속…'이웃갈등 · 민원 불만에 앙심'." 『매일경제』. https://www.mk.co.kr/news/society/view/2018/08/530208/ (검색

일: 2019.06.02.).
Kvale. S. 1996. Interview – An introduction to qualitative research interviewing London.
강대구. 2010. "귀농·귀촌의 현황과 정책과제." 『농촌지도와 개발』. 17(4).
박대식·안석·김남훈·임지은. 2018. 『농촌의 사회통합 실태와 정책 개선방안』. 한국농촌경제연구원.
박병철. 2011. 『강화군 감리교의 확산과정』. 한국교원대학교 석사학위논문.
서주환·전민정. 2012. "도시민의 라이프스타일에 따른 농촌어메니티자원 선호도 분석." 『농촌계획』. 18(4).
송인하. 2016. "농촌성에 따른 귀농인과 원주민 간 갈등 내용과 갈등 해결 방식에 대한 연구." 『지역사회학』. 17(3).
옥한석. 2014. "개신교 감리교의 강화도 전래와 문화변동." 『대한지리학회지』. 49(5).
왕재억. 2017. 『귀촌 영향요인에 따른 정주의식에 관한 연구: 귀촌정책과 사회적 관계를 중심으로』. 강원대학교 대학원.
이강근. 2013. "조선후기 강화 지역 축성역에 대한 연구: – 숙종대를 중심으로." 『서울학연구』. 51.
이은용. 2007. "강화학파와 초기 기독교연구." 『한국양명학회 학술대회 논문집』. 2007(12).
이재모·손능수. 2013. "베이비부머 은퇴 후 귀농정착 방안." 『한국노인복지학회 학술발표논문집』. 3(2).
정기환. 2003. 『농촌지역 사회자본의 존재양태분석: 농촌지역의 사회자본과 지역사회 발전에 관한 1차연도연구』. 한국농촌경제연구원.
정성훈. 2011. "현대 도시의 삶에서 친밀공동체의 의의." 『철학사상』. 41.
정일홍·이성우. 2010. "농촌이주 도시민의 특성과 공간적 선호." 『농촌사회』. 20(2).
진양명숙·김주영. 2014. "도시민 농촌 이주에 나타난 농촌성 담론 분석." 『농촌사회』 24(2).
최일진·남황우. 2015. "정주의식 향상을 위한 지방자치단체의 역할에 관한 연구: 전북 고창군을 중심으로." 『도시행정학보』. 28(3).

〈인터뷰 개요〉

인터뷰 대상자: 유○○ 참석자: 김민기, 윤지혜, 이재용, 지정윤 일시: 2019년 4월 7일 일요일 11:00~12:00 장소: 길상면사무소 (정자에서)	인터뷰 대상자: 강○○ 참석자: 김민기, 윤지혜, 이재용, 지정윤 일시: 2019년 4월 7일 일요일 14:30~15:00 장소: 연구지 교회 앞
인터뷰 대상자: 이○○ 참석자: 김민기, 윤지혜, 이재용, 지정윤 일시: 2019년 4월 7일 일요일 15:00 장소: 연구지 교회 식당	인터뷰 대상자: ○○O 목사 참석자: 김민기, 윤지혜, 이재용, 지정윤 일시: 2019년 4월 7일 일요일 15:30~17:00 장소: 연구지 교회 식당
인터뷰 대상자: 정○○ 참석자: 김민기, 윤지혜, 이재용, 지정윤 일시: 2019년 4월 14일 일요일 11시~11:40 장소: 정○○의 집	인터뷰 대상자: 김○○ 참석자: 김민기, 윤지혜, 이재용, 지정윤 일시: 2019년 4월 14일 일요일 13:00~13:30 장소: 김○○의 식당
인터뷰 대상자: 유○○ 참석자: 김민기, 윤지혜, 이재용, 지정윤 일시: 2019년 4월 14일 일요일 13:00~14:00 장소: 유○○의 캠핑장	인터뷰 대상자: 김○○ 참석자: 김민기, 윤지혜, 이재용, 지정윤 일시: 2019년 4월 27일 토요일 17:00~18:00 장소: 연구지 카페
인터뷰 대상자: 박○○ 참석자: 김민기, 윤지혜, 이재용, 지정윤 일시: 2019년 4월 27일 토요일 20:00~21:00 장소: 인터뷰 대상자의 집	인터뷰 대상자: 김○○ 참석자: 김민기, 이재용 일시: 2019년 4월 28일 일요일 09:30 장소: 펜션
인터뷰 대상자: 김○○ 참석자: 김민기, 윤지혜, 이재용, 지정윤 일시: 2019년 4월 28일 일요일 11:00 장소: 집 마당	인터뷰 대상자: 남○○ 참석자: 김민기, 윤지혜, 이재용, 지정윤 일시: 2019년 4월 28일 일요일 11:30~12:30 장소: 인터뷰 대상자의 집
인터뷰 대상자: 김○○ (사례13) 참석자: 김민기, 윤지혜, 이재용, 지정윤 일시: 2019년 4월 28일 일요일 12:00~13:00 장소: 연구지 교회 식당	인터뷰 대상자: 유○○ (사례 14), 김○○(사례 15) 참석자: 김민기, 윤지혜, 이재용, 지정윤 일시: 2019년 4월 28일 일요일 13:30~14:30 장소: 유○○의 비닐하우스

흔들려도 괜찮아: 학벌주의의 경계를 넘나드는 청년들의 이야기

서울대학교 사회학과 고휘성, 박서범, 소현성, 이준호, 홍성빈

I. 한국의 학벌주의

부모 세대에게 고학벌은 성공을 위한 필수 조건으로 여겨졌고, 개인의 능력과 사회적 지위를 나타내는 가장 중요한 자본으로 생각되어 왔다. 그들은 자신의 가치관을 자연스럽게 자식들에게 투영한다. 고학벌을 얻지 못해 설움을 겪었던 부모들도, 고학벌을 통해 높은 사회·경제적 지위를 획득한 부모들도, 모두 그들 나름대로 학벌만능주의라는 가치관을 자식들에게 주입한다. 결국 학벌을 추구하는 현실은 과거에 비해 결코 나아지지 않았다. 순위가 매겨진 '좋은 대학'에 합격한 학생들 이름은 플랜카드에 걸리고, 더 좋은 성적을 얻기 위한 부모들과 학생들의 발걸음으로 대치동 학원가는 연일 문전성시를 이룬다.

경쟁적인 학벌 추구는 수많은 사회적 부작용을 낳는다. 높은 성적을 유지해온 학생들은, 그 성적을 지키기 위해 하루하루 학교와 학원을 오가며 성적 압박을 받는다. 좋은 성적을 받지 못하는 학생들도 자신의 다른 가능성을 보지 못하고 하루하루 침체되어 간다. 최근 논란이 되었던 모 고등학교의 내신 정답 유출 사건이나, 뉴스에 종종 보도되는 학생들의 극단적인 선택들은 한국 사회의 가장 씁쓸한 한 단면을 보여 준다.

그러면 극도의 경쟁을 고통스럽게 버텨 내고 대학에 들어온 대학생들의 삶은 어떠한가? 조금이라도 더 높은 학벌을 위해서, 피나는 노력을 해 온 끝에 얻은 대학이라는 타이틀은 지금 한국 사회에서 무엇을 의미하는가? 대학 이름은 여전히 한 사람의 능력과 가치를 드러내고, 남은 80년 인생을 결정짓는 가장 중요한 요소인가?

우리는 사회 다방면에서, 학벌의 최종 관문으로서의 대학이 청년들의 삶을 어떻게 옥죄고 제약시키는지 목도하고 있다. 상대적으로 낮은 학벌을 얻은 청년들은 자신의 학벌을 '콤플렉스'로 여겨 부끄러워하거나 자조하고, 스스로의 가능성을 제한하기도 한다. 상대적으로 높은 학벌을 얻은 청년들은 대학 이름이 더 이상 성공적인 삶을 보장해 주지만은 않는다는 사실을 깨닫는다. 대신 그들은 자신의 학벌에 주어지는 사회의 기대에 부응하기 위해 더욱 인정받는 직업을 향한 스펙 경쟁에 돌입하게 된다.

이렇듯 많은 청년들은 자신의 삶을 도전적으로 개척해 나가기보다는 사회의 기대라는 압박에 의해 스스로의 길을 고착시킨다. 그들은 자신이 얻은 학벌 뒤에 깔려 있는, 수많은 사람들이 따라갔던 그 길을 따라가면서, 새로운 길을 바라보는 눈을 점차 잃어버리고 만다.

그렇다면 청년들은 이렇게 학벌주의의 틀 속에 사로잡혀 수동적인 삶을 살아가는 존재가 되고 마는 것일까? 우리는 또한 학벌주의에 맞서며, 자신의 진정한 꿈을 찾아 하루하루 도전하며 살아가는 사람들의 이야기를 종종 마주한다. 하지만 누구도 쉽게 그들의 삶처럼 '진정한 자신의 삶'을 살아가겠다고 결심하지는 못한다. 그들은 다른 세상의 사람들처럼 여겨진다. 그들의 삶은 '이상'으로 여겨지지만, 동시에 오랫동안 학벌주의의 틀 속에서 살아온 '현실' 속에 얽매인 청년들은 이상은 이상으로만 남겨두기를 택하기 때문이다.

본 연구에서는 학벌주의의 경계를 넘나드는 청년들의 이야기를 통해, 학벌주의에 대응하고 도전해 나가는 사람들의 삶이 어떻게 이상에 머물지 않고 현실이 될 수 있을까에 대해 고민해 보고자 한다. 이를 위해 그들의 목소리를 통해 그들이 어떤 치열한 고민을 하고 있는지를 살펴볼 것이다. 또한 학벌주의 속에서 살아가고 있는 20대 연구진들의 눈을 통해서, 도전하는 청년들의 목소리를 생각해 볼 것이다. 이를 토대로 학벌주의 속에서 살아가고 있는 수많은 청년들에게 새로운 길을 모색할 수 있는 가능성을 제시해 보고자 한다.

1. 연구질문 및 연구방법

김부태는 학벌주의 사회를 학력과 학벌이 사회를 구성하는 핵심적인 지표로 기능하며, 또한 지위와 부를 획득하는 데 매우 중요한 자산이 되는 사회로 정의하였다.[1] 학벌주의 타파를 위한 기존의 연구들과 정책적 해결책들은 주로 거시적 관점에서 학벌주의에 대해 접근한다는 한계가 있다. 미시적 차원에서 개인의 경험들에 대한 연구들이 이루어졌지만, 그 연구 대상자들은 학벌주의의 모순을 느끼면서도 그에 순응하는 존재들이었다. 거시적 관점에서 학벌주의의 강력한 작용을 바라보면서, 그 속에서 학벌주의 가치관을 내면화하는 개인의 모습을 관찰하다 보면, 거대한 사회 구조 속에서 나약해지는 개인의 모습만이 남게 된다. 그리고 이 현실 속에서 개인은 어떠한 희망도 갖지 못하게 될 것이다.

본 연구에서는 무기력한 개인보다는 적극적이고 도전적으로 살아가는 청년들의 삶의 이야기에 주목해 보고자 한다. 이는 그들의 삶을 일반화하기 위해서라기보다는, 청년들이 각자의 삶에서 어떻게 능동적으로 꿈꾸고 가능성을 발현할 수 있는 가능성을 모색하기 위해서이다.

본 연구의 연구질문은 다음과 같다.

① 20대 개개인의 삶의 궤적에 학벌주의는 어떻게 작용해왔고 작용하고 있는가?

② 20대들을 학벌주의 안으로 끌어들이거나 밖으로 밀어낼 수 있는 조건들은 무

1. 김부태. 2011. “한국 학력·학벌주의 인식체계 분석.” 『교육학연구』. 제49집. pp.29-30.

엇인가?

③ 학벌주의에 대응하는 20대들의 노력 속에서, 우리는 어떤 가능성을 찾을 수 있는가?

이러한 연구질문에 답하기 위하여 본 연구는 학벌주의에 적극적으로 대응하려 하는 3명의 면접 대상자의 이야기를 토대로 한 생애사 연구를 진행하였다. 면접 대상자는 모두 연구자의 지인으로 선정되었다. 면접은 각 대상자마다 1차, 2차 인터뷰로 2019년 4~5월 사이에 면접장소를 협의하여 카페, 스터디룸 등에서 진행하였다.

〈표 1〉 인터뷰 사례

사례	면접일자		특성(인터뷰 당시 기준)
A	1차 2차	2019.04.19 2019.05.24	대학생, 여자, 4년제 사범대 재학
B	1차 2차	2019.05.02 2019.05.30	문화 기획 분야 종사, 여자, 4년제 간호대 자퇴
C	1차 2차	2019.05.09 2019.05.27	호텔리어, 여자, 2년제 호텔경영학과 졸업

II. '학벌'의 의미와 경험

1. 사례 A – '속물'이라는 자괴감과 '돈'이라는 현실 사이: "다들 먹고 살기 힘들 테니깐, 뭐라 말할 순 없을 것 같아요"

인터뷰이 A(이하 A)는 현재 대치동 학원가에서 강사로 활동하고 있으며, 아직 졸업하지 못해 학부 수업도 듣는 중이다. A는 학창시절 서울대학교 입학을 목표로 하는 모범생이었으며, 동시에 좋아하던 가수 신해철이 진행하던 라디오 방송을 통해 진보적인 가치관을 구축하였다. 지망하던 특목고 입학에 실패한 뒤에는 "자존심이 상한다"라는 이유로 고등학교를 1학기만 다니고 자퇴했다. 이후 검정고시를 거쳐 3수 끝에 서울대학교 체육교육과에 입학했으나, 적성에 맞지 않는 전공 수업을 전혀 듣지 않고 과 활동에도 참석하지 않았다. 국어교육과로 전과를 시도했으나 학교 규정상 불가능했고, 우연히 들은 미학과 수업에서 큰 영감을 얻어 미학과 입학을 위해 수능을 다시 보기도 했으나 아쉽게 불합격했다. 자신에게 큰 영향을 주었던 가수 신해철이 사망한 대학교 2학년 가을에는 충격을 받고 4년의 긴 휴학에 돌입한다. 이 기간에 수능을 다시 보기도 했으며, 중학생 시절부터 해온 음악 활동을 본격적으로 하기 위해 홍대 음악씬에 입성하여 작곡 및 공연 활동을 했으나 유명세에 오르지는 못했다. 휴학 마지막 해에는 대치동 학원가에서 일하기 시작해, 현재까지 국어 과목을 가르치고 있다. 현재는 학원 강사로 일하며 졸업을 위해 학부 수업을 듣고, 동시에 곡 작업도 꾸준히 병행 중이다. A는 미학과 석박사 취득을 향후 목표로 설정하였다.

1) 학벌주의 안으로

독특한 커리어를 지닌 A는 중학교 때까지 전형적인 모범생에 가까웠고, 학벌주의 안으로 편입되고자 하는 열망이 강했다. 반장은 항상 그의 몫이었고 흔히 말하는 '전교권에서 노는' 학생이었다. 아직 막연하지만 반드시 서울대학교에 입학하리라는 확신도 있었다. 그가 이러한 성향을 갖추게 된 배경에는 우선 어머니의 기대가 있었다.

"일단은 어머니가 굉장히 기대가 크셨고요. 그래서 저는 농담으로 지금도 그러거든요. 아니- 저희 집안은 서울대 나온 사람이 없어요. 보통 서울대 나온 집안들은 자식들한테 서울대 나오길 기대하잖아요. 그런데 아무도 없는데 왜 이렇게 서울대를 좋아했나. 근데 엄마도 욕심이 많은 사람이라, 본인이 못한, 저희 엄마는 교대 나오셔서, 못한 뭔가를 하고 싶으셨나 봐요. 그게 아주 어릴 때부터 가치관처럼 형성이 되니까 저도 으레 저 자신한테 거는 기대가 커졌고 (후략)" 인터뷰이 A

A 어머니와 같은 기대를 품는 것은 386세대들의 특성 중 하나이다. 가족이 유일한 생존의 기제로 작동하던 1960년대에 출생하고 성장한 이들은, 세대 간 계층 이

동을 위해 자녀 교육에 투자함으로써 학벌을 획득하는 전략을 취했다.[2] A 어머니 역시 A에게 항상 1등을 요구했고, 서울대학교 입학을 입시의 유일한 성공 기준으로 설정했다. 그 결과 A는 재수 때는 서울대학교만을 지원했다가 탈락했고, 3수 때 본인의 적성이나 진로와 전혀 무관한 체육교육과에, 흔히 말하듯 '성적 맞춰서' 진학하게 되었다. A는 어머니의 기대를 거부하지 않고 자연스럽게 내면화하여 학벌 획득을 어머니가 아닌 스스로의 목표로 설정했다. A는 서울대학교 입학에 대한 열망이 "세뇌당한 욕심"이더라도 결국 본인의 욕심이었으며, 자신을 "학벌주의 폐해를 딱 보여 주는 사례"로 표현하기도 했다. 그런 한편, 대학 입학 이후에는 경제력에 대한 필요로 학벌을 가장 적극적으로 활용하는 장(場, Field)인 대치동 학원가에 뛰어들었다.

"미학도 사실은 이렇게 말하면 웃기지만, 돈 안 되는(웃음), 학문 중의 하나잖아요. 그걸로 돈 벌 생각도 없고. 와, 웃기네요. 서울대 학벌 가지고, 강사를 하니까, 그게 가능했던 것 같아요. 돈이 있으니까, 돈이 되니까. 뭐, 저는 아직 그 수준은 아니지만, 그래도 제 또래가 벌 수 있는 것보단 많이 벌거든요. 그래서 이걸 모아둬서- 그 미래를 설계할 수 있어-지니까." 인터뷰이 A

한국 사회에서 경제적 생존을 영위하려면 자신의 현재와 미래, 자녀의 미래 생계까지 고려하며 돈을 벌어야 한다. A도 비슷한 이유로 대치동 강사 일을 시작했다. 당장 학교에 다니며 음악 활동을 하기에 무리가 없는 경제력을 보유하고 있지만, "이걸로 돈을 벌어두고 편하게 (미학과 석박사 과정을) 하자"는 생각이었다. 그가 대치동 학원가에 자리 잡은 것은 강사로서 능력이 탁월했기 때문이기도 하지만, 서울대생 타이틀이 주는 메리트가 컸다고 한다. 학벌이 뚜렷한 과정 없이 바로 경제력으로 전환된 것이다.

---

2. 장경섭. 2009.『가족 · 생애 · 정치경제(압축적 근대성의 미시적 기초)』. 창비.

2) 학벌주의 바깥으로

A는 학벌주의의 장에서 활동하고 있지만, 그의 가치관은 그를 학벌주의 바깥으로 계속해서 밀어낸다. 첫째, 고졸이지만 음악에 탁월했던 친구와의 만남은 그에게 학벌과 능력이 동치가 아니라는 사실을 확고히 하게 만들었다. 교육학·사회학 수업에서 그는 학벌주의 타파에 대한 교수님의 견해를 듣고 "내가 얼마나 학벌에 기대어 살았는지 반성하게 되고 괴로웠다"라고 말했다. 둘째, 개인적인 친분이 있었던 신해철 역시 그에게 많은 영향을 주었다. "사람을 차별해서는 안 된다"라는 원칙을 절대적으로 고수하며 그 원칙에 맞지 않는 "기존질서를 파괴하려는 원칙주의자"(A)인 신해철의 가치관을 라디오방송을 통해 접했던 A는 자신이 수혜한 서울대학교의 "특별한 교육"이 모두에게 돌아가기를 희구하며 서울대학교 폐지를 주장하는 진보적인 서울대생이 되었다. 셋째, 빈부격차가 극단적으로 심한 환경에서 학교에 다니고, 이에 따른 갈등을 목격한 경험은 신해철의 목소리를 반향하며 A의 가치관을 강화했다. 이렇게 형성된 A의 진보적 가치관은 그가 학벌을 활용하여 많은 것을 얻고 있음에도 학벌주의에 거리를 두는 원인이 되었다.

A는 본인의 가치관을 바탕으로 학벌주의를 타파하기 위해 기득권의 급진적인 개혁을 대안으로 제시하면서도, 현실적인 한계를 인정했다. 기득권 역시 나날이 높아지는 사회경제적 생존의 기준 앞에서 어려움을 겪고 있기 때문이다. 그럼에도 A는 최소한의 나눔은 기득권층에 반드시 요구된다면서, 학벌의 기득권층인 서울대생들에게 높은 기대를 하고 있었다.

> "거꾸로 그런 얘기를 들으면서 그럼 내가 도대체 할 수 있는 게 뭔가를 생각했을 때, 가졌다면 가졌다고 할 수 있는, 어쨌든 저는 사는 데에 있어서 학벌이나 경제력이 전혀 방해하지 않으니까, 가진 사람의 입장에서 가지지 않은 사람에게 끊임없이 나누려고 노력해야 한다, 밖에 결론이 없는 거예요. 비겁하지만. 그래서 그 수밖에 없는 것 같아요. 그니까 서울대 내에서 나눌 수 있는 얘기는 그게 최선이 아닐까. 서울대 내에도 빈곤한 가정에서 자란 사람들이 있겠지만, 어쨌든 그런 사람부터 시작해서 (후략)" 인터뷰이 A

나눔의 실천 방안으로 A 스스로도 〈빅이슈〉 같은 회사를 설립하여 자립 의지가 있는 사람들의 갱생을 돕고 대안학교를 설립하여 기존과 다른 방식의 교육을 시도하는 꿈을 갖고 있었다. 그러나 정작 본인도 현실의 벽 앞에서 나눔의 실천이 가능할지 의문이라고 말했다.

3) 모순과 자괴감

학벌주의에서 벗어나고자 하는 A의 신념에도 불구하고 높은 학벌을 가진 개인에게 작용하는 학벌주의의 구심력이 작동하는 상황은 그에게 모순을 부과했다. 그는 20대 중반에 만난 남자친구의 낮은 학벌이 마음에 걸려 결혼까지는 하지 못할 것이라는 생각에 잠시 이별하기도 했다. 본인의 신념보다도 한국 사회의 통념과 주변의 시선이 더 크게 작용한 것이다. 그는 학벌 때문에 이별을 고려한 자신이 괴로웠지만, 동시에 자신에게 내면화된 학벌주의를 당분간은 부수기 어려울 것 같다고 말했다. A에게 더욱 큰 자괴감을 준 요소는 학벌을 적극적으로 활용하는 그의 경제활동이었다.

> "내가 대학원을 가겠다고, 돈, 그니까 취직, 어떤 직업을 전혀 고려하지 않고 대학원을 갈 수 있게 된 건, 이 학벌의 최대 장점을 활용하고 있는, 이 강사 일을(웃음), 그래서 강사 일 덕분이구나. 저는 석사 때까지는 강사 일을 할 수 있지 않을까라고 뭐 생각하고 있는데, 일단은- 한 서른-다섯 전에는 일을, 끝낼 거거든요. 서른다섯도 제가 할 수 있는 최대한-으로 자존심 굽힌 거예요. 서른다섯까지 하고 있으면 굉장히 자괴감이 엄청날 것 같은데, 돈이 없으면 아무것도 못 하니까" 인터뷰이 A

대치동 학원 강단에 서는 일이 고통이었던 A는 자괴감을 최소화하기 위한 전략들을 가지고 있었다. 첫번째 전략은 자신의 수업을 학벌주의를 공고화하는 입시와 분리시키고 학생들에게 도움을 주는 '가르침'으로 의미화하는 것이다. 둘째, 그는 자신의 일이 생존을 위해 필수적으로 요구되는 신성한 '노동'이며 궁극적으로 이곳에서 최대한 일찍 탈출하기 위한 방법이라고 여기기도 했다. 셋째로, A는 학벌주의의 산실인 대치동에서 학생들에게 학벌주의를 "위에 가서 부수라"는 말을 하며 미래에 대한 조금의 기대와 위안을 간직하였다. 그러나 동시에, 자신을 "비겁한 속물"이라고 표현하며 무력감을 느끼기도 했다.

4) 학벌주의 바깥으로 향하는 조건?

연구진은 정치적 올바름을 추구하고 독특한 커리어를 가진 A의 이야기로부터 학벌주의의 외부를 탐색하고자 했으나, 학벌주의에 비록 순응하지는 않더라도 적극적으로 거부하지도 못했던 역시 학벌주의에서 자유롭지 못했다. 인터뷰 내내 학벌주의에 비판적이던 A도 이 모순을 극복하지 못한다면, 과연 다른 20대가 학벌주의를 거부하는 것을 기대할 수 있는가?

유년기부터 학벌주의를 내면화하며 성장한 현재의 20대는 성인이 된 후에는 학벌이 결여된 사회경제적 생존이 어려운 현실을 목도하고 있다. 이들에게 학벌주의를 타파할 여력이 있을까. 특히 높은 학벌을 갖춘 20대에게, 학벌을 획득했으니 개혁 혹은 나눔을 실천하라고 강요할 수 있을까. "다들 먹고 살기 힘들 테니깐, 뭐라 말할 순 없을 것 같아요."라는 A의 말은 기득권층과 A 자신을 비롯한 모든 20대에게 이 현실에서 '속물'이 되어 적응할지언정, 과감하게 그 외부를 지향하는 것이 불가능하다는 것을 시사한다. 그간 20대는 학벌주의를 창안한 기득권층 못지 않게 학벌주의를 재생산한다는 이유로 숱한 비판의 대상이 되어왔지만, A의 이야기는 한국 사회의 20대 대부분이 오히려 학벌주의의 피해자임을 보여 준다. 학벌의 추구가 유일한 선택지로 주어지는 상황을 부조리하다고 느끼면서도 받아들일 수 밖에 없는 대부분의 평범한 20대를 이기적이라고 비난하는 대신, 우리는 이들에게 이렇게 외치고 싶다. "흔들려도 괜찮아."

2. 사례 B – 고학벌을 버리고 계속 새롭게 도전하기: "되면 어떡하지?"

인터뷰이 B는 고등학교 1학년 때 학교를 자퇴한 뒤, 검정고시를 1년 만에 합격하고 연세대학교 간호학과에 입학했으나 병원에서 1년 만에 일하다가 자신의 적성을 추구한 사례이다. B는 병원에서 나온 후 영화 제작과 관련된 시민단체, 문화기획을 진행하는 직장으로 여러 번의 이직을 반복했다. 본 연구는 학벌이 보증해주는 전공, 학력, 안정성과 무관하게 자신의 진로를 택한 B의 삶에서, 그러한 선택의 가능 조건을 파악해 보고자 한다.

1) 학벌에 대한 가치관 형성 – 부모님의 영향과 고등학교 자퇴

"나는 내놓은 자식인가?"라고 생각할 정도로, B의 아버지의 양육 스타일은 B가 '하고 싶은 대로' 살도록 내버려두는 '방목형'이었다. 이러한 양육 방식은 B에게 주체적인 삶의 태도를 함양한 것으로 보인다. 그러나 또한 B의 아버지는, B의 어머니가 일찍 세상을 떠나면서 아버지가 안정적인 생계를 위해 요리사를 그만두고 공무원으로 직업을 바꾸면서 "밥 벌어 먹고 살기 힘든" 영화 관련 직종 대신 간호사를 추천하기도 했다. 아버지와의 약속은 B가 상위권 대학 간호학과를 졸업하여 병원에서 근무하게 된 주된 계기였다. B에게 아버지는 주체적인 삶의 가능성과 현실적인 고민을 모두 고민할 수 있게 해 주었다.

그러나 이 중 B는 경제력을 중요한 가치로 여기지 않았다. B는 돈에 대한 자신의 가치관을 "능력되는 대로만큼만 벌면서", "최소한의 숨 쉬면서 살아갈 수 있을 정도만 있으면 된다"고 표현한다. 따라서 학벌은 부를 가져다주는 도구로서의 의미보다는, 자신의 진정한 목표를 달성하기 위해 아버지와 진행한 거래의 산물에 불과했다. 기존 연구와 달리, B의 경우에는 학벌이 생존 전략의 도구라는 등식이 성립하지 않았던 것이다. 아버지는 자신과의 약속을 충실히 이행한 자식에게 더 이상 자신의 바람을 투영하지 않았다. 그는 병원을 그만두고 영화 기획과 관련된 일을 탐색하는 자녀를 만류하지 않았고 그 선택을 존중해 주었다. 학벌의 중요성에 대한 인식이 입시와 관련하여 형성되는 결정적인 시기인 고등학생 때, 자퇴를 결심한 것은 B의 학벌에 대한 가치관 형성에 큰 영향을 미쳤다고 말할 수 있다. B는 상위권 대학에 진학했지만, 이는 학벌주의적 목표의식 때문이 아니라 단지 그가

검정고시 공부에서 “재능을 찾았다고 생각”할 정도로 뛰어난 재능을 보였기 때문이다. 서울대학교 간호학과와 같이 학벌주의에 입각하여 다른 선택지를 고려하지 않았던 B는, 당시에 학벌의 중요성에 대한 인식을 결여하고 있었다.

2) 학벌에 대한 가치관 강화 – 직장 경험과 개인의 성격

지금까지 B가 학벌주의의 밖으로 나가게 된 원인들을 살펴보았다면 이제부터는 어떻게 뚜렷한 갈등 없이 그대로 학벌주의 밖에서 살아올 수 있었는지, 그 조건들에 대해 알아보도록 하겠다. 특히 B가 일했던 각각의 직장에서 드러나는 업무의 특성과 조직의 성격이 B로 하여금 어떻게 학벌에 대한 부정적인 태도를 강화시켰는지 분석해 보고자 한다.

병원에서 근무를 시작할 때 다른 이들보다 약 2년 정도 어렸던 자신에게 쏟아진 지나친 관심에 부담을 느꼈던 B는 공황장애까지 앓았고, 결국 1년 만에 병원을 그만두고 휴식을 취해야 했다. 삶에서 유일하게 학벌을 적극적으로 활용하여 들어갔던 병원에서 B가 맞닥뜨려야 했던, 자신의 적성과 무관한 업무와 조직 구성원들의 문화에 대한 부정적 경험은 이후 학벌을 자신의 삶에서 더욱 떼어내는 요인이 되었다.

B는 6개월 동안 휴식을 취한 이후에 영화 기획과 관련된 업무를 하고 싶어서 바로 미국에 본사를 두고 있는 시민단체에 면접을 보러 떠났다. 그렇게 과감한 선택을 할 수 있었던 이유는 병원에서 근무한 경험이 B에게 일종의 트라우마로 남았기 때문이다. 즉 본인이 ‘진심으로 하고 싶은 일’을 하면서도 본인에게 지나친 관심을 가지는 사람들이 구성원으로 있는 상황은 피하고 싶었을 것이다. 그러한 점에서 병원을 관둔 이후에 찾은 첫 번째 직장이 간호 관련 일이 아니라 영화 관련 일이었다는 점과 수직적인 위계질서가 중시되는 기업이 아니라 수평적인 조직 문화가 있는 시민단체였다는 점은 매우 자연스러운 선택으로 이해할 수 있다. 게다가 B가 선택한 시민단체에서는 학벌이 전혀 중요한 요소로 고려되지 않았다.

> "아- 제가 처음에 고민했던 게- 어, 어느 회사를 가도 이게 학벌을 적게 돼 있잖아요. 그게 적기 싫더라고요. 그게 왠지 모를 자존심이었어요. 그게 나로- 평가받는 게 아니라, 그, 내 학벌로 평가받는 게 너무 싫었고, 그 시민단체 '△△△'에는 너무 감사하게도 그 학벌을 적는 란이 없었어요. 아예 없었고, 그냥 내가 하고자 하는- 그-게 무엇인지만 적게끔 되어 있어서, 뭐 말 안 하고 들어갔는데 들어보내주더라고요. 어, 너무 고맙게도 아무도 묻지 않았고, 근데 이제 학교 동기가 한 명 있었어 가지고, 이게 어떻게 해서, 좀 알려지게 됐긴 했는데, 아무도 묻지 않았어요. 그 학벌이란 건 중요하지가 않았고, (후략)" 인터뷰이 B

B가 학벌주의 밖에서 전혀 어떠한 내적 갈등 없이 쭉 있을 수 있었던 가장 큰 이유는 근무했던 조직들이나 업무 영역에서 학벌이 필요하거나 유용하지 않았기 때문이다. B는 이미 '학벌로 평가받는 것'을 굉장히 꺼려한다. B는 4년 동안 일했던 직장인 시민단체에서 애초에 학벌을 물어보지도 않았다는 사실을 정확히 기억하고 있었을 뿐만 아니라 굉장히 "고맙다"고 얘기했다. 본인이 원하는 대로, 자신을 학벌로 평가하지 않은 것에 상당히 만족하는 것이었다. 그에 더해 B가 "사실상 그 기획 업무라는 게 뭐 전문 지식을 가지고 할 필요는 없는 업무여가지고"라고 말한 부분에서 학벌과 업무 간의 관련도가 낮다고 인지한다는 것을 알 수 있었다. 오히려 B는 사람들이 편하게 즐길 수 있는 분위기를 만들어줄 수 있는가와 관련된 능력 등이 문화 기획에 있어 훨씬 필요하다고 생각했다. 정리하면 수평적인 조직문화 안에서 B 자신이 원하는 업무를 할 수 있었고, 동료들이 자신에게 지나친 관심을 보이지 않았다. 병원을 그만둔 이유를 고려할 때 매우 성공적인 이직이라고 할 수 있다. 게다가 가장 중요한 것은 B의 학벌이 유용하게 사용되지 않았다는 점이다. 결국 이 시점에서 B는 자신의 전공이나 학벌을 완전히 버릴 수 있게 된 것이다.

반대로 시민단체에서 나온 이후에 들어간 회사는 학벌을 중요하게 생각하는 분위기였다. 심지어 B의 학벌을 고려하여 입사할 때부터 대리 직급을 부여했고 바로 각종 전시회를 주도하는 역할을 맡게끔 했다. B는 이를 긍정적으로 받아들이지 않았고 자신이 원하는 업무를 하지 못하게 되는 데 큰 스트레스를 받았다. 예를 들어

"제가 맡았던 업무 중에 하나가 외국인 취업박람회라는 게 있었는데, 저는 외국어를 잘하지도 못하는데, 근데 저는 그게 담당이 돼 버린 거예요."라고 말했다. 또 '서울대학교 취업박람회나 연세대학교 관련 일들'을 도맡아 해야 했다고 말하며 결국 1년 만에 그 회사를 관두었다. 자신이 이미 완전히 버린 학벌을 매개로 지속적으로 본인이 원하지 않는 업무를 억지로 맡게 된 경험은, B가 다시 한 번 학벌과 거리를 두는 계기가 되었다.

B는 결국 1년 만에 회사를 관두었고, 조직 문화가 자신과 잘 맞을 것이라고 판단한 '○○○○' 회사로 이직하였으나, "공장 식"으로 "찍어 내리는" 업무의 성격이 "프리한" 업무를 선호하는 자신과 맞지 않는다고 판단하여 1주일 만에 다시 이직을 선택했다. B에게 업무는 자신의 선호와 어긋날 경우 과감히 직장을 그만두는 원인이었다. 업무가 적당히 만족스러우면 조직의 문화나 성격, 혹은 구성원들의 가치관이 중요하게 작용하였다. 현재 B는 근무하고 있는 회사에 굉장히 만족하고 있다. 가장 중요한 이유는 조직의 리더의 가치관에 깊이 공감했고, 부서의 분위기가 좋기 때문이다. 현재의 업무 내용 역시 상당히 만족스러워 하는 것으로 보였다. 게다가 회사에서 리더가 학벌을 물어본 적이 있는데 크게 신경 쓰지는 않았다는 말을 하기도 했다.

그런데 이때 B가 보인 반응이 매우 특이한데, 이번에는 굉장히 적극적으로 학벌을 밝히지 않으려는 방어적인 태도를 보인 것이다. 병원과 시민단체에서 나온 후, 학벌이 중요하게 작용하여 들어간 첫 회사에서는 결과가 좋지 않았고, 학벌이 고려되지 않았던 나머지 세 직장에서는 학벌을 밝히지 않았다고 해서 부정적인 경험을 하지 않았다. 이 때문에 현재 다니고 있는 직장을 구할 때는 더 적극적으로 학벌을 밝히지 않으려고 했던 것이다. 만약에 B가 높은 학벌을 이용하여 실질적인 이득을 취할 수 있었던 환경에서 지속적으로 근무했다면 학벌에 대한 기존의 태도가 바뀔 가능성이 있었을 것이다. 따라서 학벌을 중요하게 따지지 않는 조직의 특성과 업무의 성격 등이 B의 학벌에 대한 기존의 태도를 유지, 강화하는 데 중요한 영향을 미쳤을 것임을 알 수 있다.

B는 어떻게 검정고시에 그렇게 빨리 합격할 수 있었냐는 질문에 "저는 좀 목표가 생기면 죽자고 달려드는 편이어서" 잘하게 되었다고 답했다. B는 삶의 중요한 시점마다 확실한 목표를 설정했다. B는 병원에서 나온 후 휴식을 취하고 있을 때, 망설임 없이 출국하여 면접을 보았던 이유 역시 목표가 뚜렷했기 때문이라고 답했다. 잦은 이직을 경험하는 B가 불안하지 않은 이유 역시도 영화감독이라는 최종적인 목표가 뚜렷하게 세워져있기 때문이다. 인생의 목표가 확립되어 있지 않을 때, 미래를 위해 학벌과 같은 안정적인 수단에 의지하는 다른 이들과 달리 뚜렷한 가치관과 목표를 견지하고 있었던 B는 학벌에 대한 욕구가 적었던 것이다. 고등학교 자퇴, 이직 등 주요한 결정을 내릴 때 미래를 걱정하기보다는 낙관하는 습관 역시 학벌주의의 전형적인 경로를 선택하지 않는 데 도움이 되었다.

3) 학벌주의 밖으로 나가는 길

학벌과 무관하게 경력을 쌓아가면서 만족을 느끼는 B의 사례는 학벌이 꼭 기존의 연구들에서 지적하였듯 '생존 전략의 도구'로 작동하지 않음을 보여 준다. 학벌보다는 공부, 경험, 목표를 통해 자신을 정의하는 B의 성향은 학벌의 중요성을 체감하기 힘들었던 성장과정, 부모님의 영향, 본인의 성격이 복합적으로 상호작용한 결과물이다. 이러한 B의 삶은 학벌이 성공을 위한 필수 조건으로 여겨지는 한국 사회에서 우리가 지향해야 할 바에 근접해있다.

3. 사례 C – 한국사회에서 저학벌자로 생존하기: "나는 욕심이 많은 사람이야"

인터뷰이 C(이하 C)는 현재 외국계 대형 호텔의 F&B(Food and Bakery) 리셉션 파트에서 일하고 있는 호텔리어다. C는 학창시절의 반장 경험, 아르바이트 경험 등을 통해 자신이 대인관계에 있어 특별한 역량과 흥미를 갖고 있음을 인지하고 고등학교 3학년 시기에 호텔리어로의 진로를 정했다. 이후 2년제 전문대학의 관련 학과를 졸업한 C는 외국계 호텔에 성공적으로 취업하여 2년차 직장인으로서 상사와 동료들에게 우수한 평가를 받고 있으며, 향후 더욱 큰 성공을 계획하는 "욕심 많은" 인물이다. 본 연구진은 진로 계획 없이 우선 '높은 수능점수'를 취득하여 '이름값'을 따져 대학에 진학하는 대다수 청소년과 달리 자신의 희망 진로에 맞춰 교육과 직종을 선택한 C의 삶이 학벌주의를 타파하는 단서를 제공할 수 있다는 기대에 입각하여 그를 연구 사례로 선정하였다.

1) 어린 시절의 경험과 학벌주의

1남 1녀 중 차녀로 태어난 C는 자신이 오빠에 비해 부모님의 관심을 덜 받았다고 술회한다. 오빠에게는 체육교사의 진로를 강하게 요구하고 또 지원했던 부모님은, C에게는 "나는 자식이 아닌가?"라고 반문하게 할 정도로 무관심한 태도를 보이거나, C의 희망을 존중해 주지 않았다. 비록 양육방식이 강압적이지는 않았으나, 자신의 진로에 적극적으로 관여하지 않았던 부모님과의 관계에서, C는 자신을 "내가 하고 싶은 대로 하는 사람", "부모님이 말해도 안 듣는 딸"로 규정하게 되었다. 이렇게 일찍이 주체적인 삶의 가능성을 인지한 C는 대학 입시를 앞두고 호텔리어로의 진로를 결정하게 된다. C는 이러한 결정에 고등학교 1학년 당시 약 8개월간의 패밀리 레스토랑 아르바이트 경험이 큰 영향을 주었다고 얘기한다.

"그게 어떻게 보면 팀플레이잖아. 왜냐면 나 혼자 개인적으로 막 컴퓨터를 뚜드리면서 하는 일이 아니니까. (중략) 그냥 난 사람을 만나고, 그냥 사람들이랑 어울리는 일을 하고 싶다고 생각했었는데, 그런 생각을 하면서- 되게 다양한 직업을 나도 생각을 했었어 그냥. 그래서 뭐, 내가 승무원을 할 수도 있을 거고, 뭐 아니면 다른- 진짜 레스토랑에서 일을 할 수도 있을 거고. 그런 걸 생각하다 보니깐- 호텔이라는 곳에 관심을 갖기 시작했지." 인터뷰이 C

C는 아르바이트를 경험하면서 팀원과 협업하면서 사람을 상대하는 직종에서 자신의 직종을 발견하였다. 적성 파악에 어려워하며 우선 학벌을 확보하고자 하는 대다수의 청소년들과 달리, C는 이 경험을 통해 학벌과 무관하게 자신의 진로

에 필요한 실무교육을 받을 수 있는 2년제 전문대학에 진학하는 결정을 내릴 수 있었다.

한편 본 연구진은 호텔리어로서의 진로를 결정하고 2년제 대학에 입학한 C의 결정이 학벌주의에서 벗어난 주체적 선택이라기보다, 오히려 저조한 학업성적과 낮은 자기효능감(Self Efficacy)으로 인해 사회의 학벌주의 구조에 자신을 끼워 맞춘 후 합리화한 결과는 아닌지 확인해 볼 필요성을 느꼈다. 그러나 이어진 질의응답에서 C는 오히려 높은 자기효능감을 지니고 있으며, 자신의 선택에 대해 강한 확신을 지닌 것으로 드러났다. 예컨대 자신은 "욕심이 많아서 초등학교 때도 무엇이든 1등을 하고 싶었다"고 표현했으며, 중고등학교 때도 "반에서 중간 정도는 갔다"고 말하여 학업성취도가 낮지 않았음을 강조했다. 또한 반장을 도맡아 하며 친구들과 선생님들에게 "인정받는 사람"이었음을 자랑스러워하고, 대학생 때도 동아리 대표를 맡는 등 자신을 "리더형 인간"으로 표현했다. 이로 미루어볼 때 C의 진로 선택은 자신의 적성과 취향을 고려한 주체적인 선택이었던 것으로 보인다. 이렇듯 C는 '부모님의 양육환경', '자신의 성향과 적성을 파악하기 위한 부단한 노력', '주변의 인정 경험을 통한 높은 자긍심' 등이 복합적으로 작용하여 사회의 구조적 학벌주의와 무관한 주체적 삶으로의 가능성을 열었다.

2) 호텔리어의 삶과 학벌주의

앞선 장에서는 C가 취업하기 이전 한 명의 딸로서, 그리고 학생으로서 주체성과 자긍심을 길러 구조적 학벌주의에서 멀어지는 양상을 다루었다. 본 장에서는 C의 직장인 호텔과 학벌주의의 관계에 대해 알아본다. 보다 구체적으로는, 학벌주의에서 벗어난 장(場)으로서 호텔의 작동방식과 호텔리어의 삶이 C를 어떻게 변화시키는지 등을 다룬다.

C는 외국계 대형 호텔의 FO(Front Office)부서로 취업했다. 호텔은 크게 FO, F&B(Food & Bakery), BO(Back Office) 세 가지 부서로 나뉜다. FO 부서는 객실과 관련된 리셉션 업무를 맡으며, F&B는 호텔의 식음료 부문을 담당한다. BO는 회

계, 인사 등의 비영업 지원업무를 의미한다. C는 FO 부서로 입사한 후, 식음료 분야에 대한 전문성을 기르기 위해 자발적으로 F&B 부서로 옮긴 상태이다.

C는 직장에서 학벌에 의한 차별을 전혀 경험하지 못했다고 말했다. FO 및 F&B 처럼 "현장 서비스를 담당하는 부서"와 "명문대 경제학과 등 엘리트 코스를 밟고 재경직으로 취업한" BO 부서 간의 경쟁구도를 묘사하긴 했으나, 오히려 직종 특성상 수익의 원천이 되는 서비스 부서도 소위 "엘리트 출신"들의 BO 부서 못지않게 영향력이 있음을 언급했다.

이러한 부서 간 경쟁의식이 존재한다는 사실은 호텔이라는 서비스업종 역시 학벌주의에서 완전히 자유롭지 못함을 시사한다. 그러나 C는 호텔 내에서도 자신의 실질적인 '업무 공간'인 FO, F&B 등의 현장부서에서는, 학벌로 인한 차별 경험이 존재하지 않는다고 만족스럽게 말하였다. 서비스 부서의 고위직 중 상당수가 "진짜 딱 나처럼 이렇게, 막내부터 시작해서 올라간" 사람들이기에, 직장 내 학벌로 인한 차별은 구조적으로도, 미시적으로도 존재하지 않는다는 것이다.

C는 자신이 종사하는 직종에서 중요한 것은 '학벌'이 아니라 '능력'임을 거듭 강조했다. 이때 C가 말하는 능력은 "눈치", "예민함" 등 사회관계적 역량을 포함한, 말 그대로 '자신의 업무를 잘 수행하는 역량'을 의미하며, 이는 출신학교나 학점 등과는 구분된다.

"호텔은- 외국계 호텔이 되게 많거든, 뭐 내가 일하는 회사도 외국계고. 그래서 그, 그냥 호텔이고, 외국계다 보니까 남녀차별도 엄청 없고, 학벌-도 되게 중요하게 생각하지 않아. 그냥 능력만 된다면, 약간 이런 식이거든? 그니까 뭐, 진짜 학벌이 나보다 좋아서 그 사람이 나보다 똑똑하고 능력이 더 많을 수도 있지만, 그게 아닐 수도 있잖아. 근데 우선은 4년제보다 내가 먼저 입사를 하는 거는 어떻게 보면 당연한, 그거. 근데- 일을 하다 보니까- 뭐, 진짜 좋은 학교에- 가서, 공부를 하고 졸업을 해서 여기를 왔고, 왔다고 하더라도- 그게 일머리로 이어지-지는 않더라고. 왜냐면 공부하는 거랑 일하는 거랑은 완전 다르고, 그리고 내가 하는 일이 약간 센스도 있어야 되고 좀 예민하기도 해야 되고. 그런 거를 좀- 갖추고 있어야 되는데,

그런 게 없다든가." 인터뷰이 C

위와 같은 기술에서 흥미로웠던 점은 C가 단순히 학벌주의로부터의 탈피를 넘어서서 해당 직종에 적응하지 못하는 '능력 없는' 고학벌(4년제 대학) 출신 호텔리어에 은근한 반감을 표시했다는 점이다. C는 호텔리어라는 직종에서 중요한 것은 업무수행 '능력'이며, 오히려 고학벌자일수록 이러한 능력주의 환경에 적응하지 못할 수 있음을 암시했다.

이러한 직장 내 '능력주의'는 입사 이후 C의 탈(脫)학벌주의 성향을 더욱 강화했다. C는 스스로를 "에이스", "인정받는 사람"으로 묘사할 뿐만 아니라, 1년 차 때 자신의 업무수행 능력을 좋게 본 상사로부터 2년 차가 맡는 일을 위임받았다는 사실을 "가장 뿌듯했던 경험"으로 꼽았다. 어려서부터 "욕심이 많고", "인정받는 것을 즐겼던" C에게 이와 같은 직장 내 평판과 환경은 그의 자기효능감을 강화하는 기제로 작용했을 것이다.

능력주의와 함께 C의 직장 내 탈(脫)학벌주의 경향을 강화하는 또 다른 원리는 바로 '위계문화'이다. C는 자신의 직장문화를 "위계가 확실한" 문화라고 묘사한다. C는 이러한 위계문화에 "묵묵히" 잘 적응하는 편이며, 적응하지 못한 사람들을 종종 봐왔음을 언급했다.

"나도 막내였을 때는 그런 게 불합리하다고 생각했는데, 좀 시간이 지나–시간이 지나고 보니까, 그게 맞는 거 같아. (중략) 그런 거를 다 알아야, 내가 이제, 내가 좀 연차가 됐을 때, 어떤 일을 하더라도 책임을 질 수 있잖아." 인터뷰이 C

호텔리어 직종에서 위계문화는 지켜야 할 가치이며, "내가 4년제까지 나왔는데"라고 생각하여 적응하지 못하는 동료들이 있다면, 그들은 소위 '능력이 없는' 직원이 된다. 이렇듯 능력주의와 위계문화는 그의 일터에서 학벌주의를 대신하는 또다른 규칙이다.

3) 저학벌과 성공

C의 사례에서 특기할 지점은 성공에 대한 그의 강한 의지이다. 너도나도 '서울 4년제 대학'을 부르짖는 한국사회는 '전문대 출신'들을 움츠러들게 한다. 세간에서 '저학벌'과 '사회적 성공'은 어울리지 않지만, 강한 성공 지향적 태도를 보이는 C의 사례는 예외적이다. 어렸을 때부터 자신을 "욕심 많은 사람"이라 규정해온 C에게 성공은 당연히 추구해야 할 목표이다. 여기서 성공은 단순히 '경제적 지위 상승'이라기보다는 '동료의 인정', '높은 직급' 등 사회관계적 가치를 망라한 커리어 상의 성공을 의미한다. 자신의 직장에서 욕심을 부려 역량을 보이고, 동료들로부터 인정받는 것이 C가 그리는 성공한 삶이다. 돈은 사회적 인정에 뒤따라 "저절로 알아서 모이는" 요소이다. 한 사람의 삶에 대한 평가와 학벌이 구분되어야 한다는 그의 가치관은 다음의 답변에서 드러난다.

"공부 잘하는 애들 보면 진짜 성격이 되게 답답하고~ 그렇게 생각했어. 그니까 편견은 아니고, 그니까 일반화시키는 건 아닌데, 그냥 그런 애들이 종종 있었어. 그래서 나는 그런 거 보면은 별로? (중략) 약간– 그니까 예를 들면은– 공부만 할 줄 알지 사회성은 없는 애들 있잖아. 그런– 거 보면은 그런 생각이 들었어. (중략) 좋은– 대학 나와서 좋은 직장 가져도 멍청한 사람들 되게 많고, 그런 사람들 보면 와 직장상사가 되게 답답해하겠다, 막 이런 생각 되게 많이 들어." 인터뷰이 C

학벌과 개인의 가치를 분리하는 그의 태도는 삶에서 마주한 여러 "똑똑하지 못한 고학벌자"로부터 비롯된 듯하다. 앞서 밝혔듯이 호텔에서 '4년제를 졸업했는데 이런 허드렛일을 해야 하는지' 고민하던 동료 역시 그에게는 '헛똑똑이'의 한 예로 각인되었다. 학벌주의가 깊숙이 배태된 한국사회에서 C와 같은 가치관을 확립하기는 쉽지 않다. 그러나 어린 시절부터 주체적인 삶의 가능성을 깨닫고 실천하여 성공했던 그의 경험은, 학벌주의의 무의미함을 이해하고 주체적 가치관을 확립함으로써 생존할 수 있다는 것을 보여 주는 하나의 사례이다.

4. 사례비교의 함의 – 학벌주의의 구심력과 원심력

연구진이 만난 인터뷰이 세 명은 모두 학벌주의의 안으로 끌어당기는 힘(구심력)과 밖으로 밀어내는 힘(원심력)에 의해 양가적인 영향을 받으며, 각자의 방식으로 이 힘들에 반응하고 학벌주의에 대해 상이한 태도를 형성했다. 연구진은 각 인터뷰를 해석한 결과를 바탕으로 어떤 조건들이 학벌주의에 대한 상이한 태도를 불러왔는지 정리해 보았다. 각 조건들은 서로 영향을 주고 받기도 했고, 반드시 인과적이라고 표현할 수는 없지만, 인터뷰이들의 삶에 일정한 영향을 미쳐왔다.

1) 가족가치와 양육방식

A는 학벌주의에 반대하는 가치관을 가지고 있으면서도 학벌주의에 편승하는 일을 하고 있다는 자괴감을 느끼며 돈을 벌기 위해 학벌을 이용하는 강사 생활을 시작했다. 반면, B에게 필요한 "상식선"의 돈은 부모님이 돌아가셨을 때 상(喪)을 치를 돈뿐이었다. 따라서 B는 상대적으로 학벌에 얽매이지 않고 자유롭게 하고 싶은 일에 몰두할 수 있었다. 이렇게 상이한 A와 B의 학벌 활용 양상은 각자의 경제력에 대한 기준 차이에서 비롯되었다. 연구진은 이 차이가 다시 불확실성에 대한 각자의 근본적인 사고방식의 차이에서 비롯되었으며, 이 차이는 결국에는 각자의 성장환경에서 기인한다고 해석했다.

386세대인 A의 어머니는 학벌이 계층 상승의 통로로 쓰이는 현실을 목격했고, 사회경제적 생존 모두에 막대한 영향을 미치는 학벌의 획득을 중요한 가치로 내면화했다. 본인이 서울대에 대한 욕심이 "세뇌당한 욕심"일 수 있다고 할 정도로 어머니의 가치관에 영향을 받은 A는, 이 과정에서 단순히 서울대에 가야 한다는 생각뿐만 아니라 그 기저에 깔린 미래에 대한 비관적인 태도 또한 체득했을 가능성이 있다. 따라서 A에게는 강사 생활을 통해 마련한 저축금 없이 대학원 석박사 과정에 뛰어드는 것은 매우 무모한 행위로 비춰졌을 것이다. 또한 성장 과정에서 주변의 가난한 아이들의 성장환경을 목격한 것 역시 학벌주의의 구심력으로 어느 정도 작용했을 수 있다.

반면 B는 "되면 어떡하지?"로 대표되는 긍정적인 사고방식으로 무장했고, 그렇기 때문에 무엇이든 일단 도전해 보고 생각하는 습관이 있었다. 연구진은 이러한 B의 사고방식 역시 성장 환경과 불가분의 관계에 있다고 해석했다. B는 스스로 "내놓은 자식"이라고 느낄 정도로 자유방임형 양육방식 아래서 상처를 받았지만, 그것을 "스스로 떨치는 방법"을 체득했다고 말했다. 이런 과정이 B의 "되면 어떡하지"라는 사고방식으로 대표되는 낙관적인 태도가 형성되는 데 도움이 되었을 수 있다.

C가 학벌주의에 매몰되지 않고 자신의 길을 흔들림 없이 추구할 수 있게 해 준 "결단력 있는 성격" 또한 부모의 자유방임형 양육방식의 영향을 받았다. 오빠에게 부모님의 기대가 쏠리자 C는 B와 마찬가지로 어릴 때에는 "나는 자식이 아닌가?"라고 생각할 정도로 상처를 받고, 가족의 인정을 갈구하지 않는 독립적이고 결단력 있는 성격이 되었다. 이 성격은 C가 2년제 대학에서 실무 교육을 받고 바로 취업한다는, 학벌주의를 전혀 신경쓰지 않고 결단력 있는 선택을 하는 데 도움을 주었다.

2) 학벌을 궁금해하지 않는 직장의 경험

각 인터뷰이들의 성인기 경험 역시 학벌주의에 대한 태도 형성에 영향을 주고 있었다. A는 대치동 학원가에서 학벌주의의 폐해를 적나라하게 목격하고, 그로 인해 학벌주의에 반대하는 가치관을 더욱 공고히 하면서도 학벌주의를 부추기고 있는 자신의 직업에 자괴감을 느끼고 있었다. 한편 학벌과 능력이 비례하지 않는 음악씬에서 활동한 경험은 학벌주의의 원심력으로 작용했다.

B에게는 문화기획 산업에 종사하며, 학벌을 신경 쓰지 않는 회사인 WCO에 4년간 다닌 경험이 이후에도 중요하게 작용했다. WCO의 지원서 양식에는 아예 학벌을 기재하는 칸이 없었고, 입사 후에도 "너무 고맙게도" 아무도 B의 학벌을 묻지 않았다. 이 결과 B는 학벌을 굳이 얘기하지 않는 이유에 대한 질문에 학벌에 "관심

이 없다"고 대답할 정도로, 학벌에 무관심해졌다. 가장 최근에 들어간 회사에서 학벌에 대한 질문을 받자, B는 "대답해야 돼요?"라고 받아쳤다. B에게는 이제 학벌은 굳이 밝힐 필요도 없을 정도로 사소한 것이었다.

C 역시 학벌보다 능력을 중시하는 외국계 호텔이라는 직장 환경의 영향을 받아 자연스럽게 능력주의적인 가치관을 체득해 나갔다.

3) 누구로부터의 '인정' 욕구인가

A에게 중요한 요소인 인정욕구는 삶의 과정에 따라 다른 방식으로 학벌주의와 상호작용했다. 청소년기의 A는 "인정"을 받기 위해 "자리 욕심"이 많아 반장, 전교회장 선거에 나가던 아이였다. 청소년기 A에게는 반장, 회장이라는 타이틀이 가져다주는 명예가 인정욕의 원천이었다.

> "저는- 네, 그런- 거에 욕심이 많았어요. 지금은 아닌데, 어릴 때는 약간- 그랬던 것 같아요. (중략) … 그냥 어릴 때 그걸 하면 인정을 받으니까, 그 재미로 했던 것 같아요. 그니까 나와서 말하는 것 자체는 좋아하니까, 사람들 앞에서. 또 선거운동이 저한테 힘든 일도 아니었고. 그랬던 것 같은데." 인터뷰이 A

이러한 인정욕구는 학벌에도 적용되었다. 그는 "서울대에 대한 집착이 굉장히 심해서" 재수 때는 서울대만 쓰고 다른 대학은 쓰지 않았다. 이때까지 A는 어머니와 반 친구들, 사회 일반으로부터 인정받고자 학벌에 집착하였다. 그러던 A는 대학에서 많은 경험을 하고, 특히 휴학하고 본격적으로 음악 활동을 시작하며 점점 사회 일반보다는 자신이 인정하는 소수, 특히 음악을 하는 주변 사람들의 인정을 중시하게 되었다. 휴학 후 A에게 인정욕구는 성장기와는 반대로 학벌주의의 원심력으로 작용했다. 더 이상 그에게 사회 일반의 인정은 의미가 없었다. 그가 중요하게 생각하는 음악씬의 사람들은 학벌에 큰 의미를 두지 않고 진보적인 사람들이 대부분이었다. 학벌에 얽매이지 않는 태도는 음악씬에서 인정받기 위한 중요 요소 중 하나였다.

반면 B에게 사회적 인정은 그다지 중요한 요소가 아닌 것으로 보였다. B는 오히려 간호사 일을 하며 어린 나이로 인해 받는 관심을 부담스러워해 1년 만에 그만두었다. B에게 잘 살고 있는지의 판단 기준은 타인의 시선보다는 본인이 집에 들어와서 "밥도 안 넘어가"는 어려움이 없는, 스스로 버틸 수 있는 생활의 가능성이었다.

C에게는 사회적 인정이 삶에 큰 비중을 차지했다. C는 초등학교부터 중학교, 고등학교까지 "인정받는 사람"인 반장을 도맡아 했다. C는 2년제 대학에서 실무 위주 교육을 받고 빠르게 취업해 착실히 일하며 능력있는 에이스로 인정받는 자신의 모습에 매우 만족하며 높은 자기효능감을 누리며 "그냥 난 항상 잘했던 것 같아"라고 말했다. C에게 학벌은 적어도 자신의 일터인 외국계 호텔에서는 인정욕구를 충족하는 데 아무런 도움이 되지 못했다. C는 "눈치", "센스" 등 사회성이 뛰어난 자신의 적성에 알맞은, 그래서 능력을 발휘해 사회적 인정을 받을 수 있는 호텔리어라는 직업을 선택해 커리어 패스를 충실히 밟아나갔다.

III. 학벌주의를 넘어서

연구진은 본 연구를 통해 학벌주의가 한국의 20대들에게 어떻게 작용하고 있는지 알아보고, 학벌주의의 원인을 탐색하는 한편 그 대안의 가능성을 모색해 보고자 했다. 이를 위해 학벌주의의 구심력과 원심력의 긴장관계 속에서 갈등하고 있는 것처럼 보이는 사람, 학벌주의에 무관심할 정도로 영향을 받지 않은 것처럼 보이는 사람 등 연구진의 문제의식에 실마리를 제공할 수 있을 듯한 사람들의 이야기를 듣고자 했다. 이들은 지금까지 학벌주의에 대한 거시적 차원의 논의들 속에서 학벌주의에 찌든 사회 속에서 예외적인 경우, 아웃라이어로 다루어져 왔다. 기존에도 학벌주의에 대한 생각을 묻는 연구는 존재하였으나, 그러한 생각이 형성되었던 조건, 즉 학벌주의의 원심력을 만들어내는 동력원까지 알아야 실마리를 찾을 수 있다고 생각하여 이들에 대한 생애사 연구를 진행하였다.

연구진은 세 명의 인터뷰이를 각각 두 번에 걸쳐 인터뷰하며 그들의 답변을 나름대로 해석했다. 그 결과 학벌주의의 구심력과 원심력을 생산하는 동력원들로 성장 과정과 직장 환경의 영향, 개인의 인정욕구 등을 추출해냈다. 이 동력원들은 학벌주의의 구심력과 원심력 중 어느 한 방향으로만 작동하지 않고, 모두 양가적인 요소를 지니고 있었다. 또한 동력원이 개인에게 미친 영향이 개인이 동력원에 영향을 주게 만들고, 그것이 다시 개인에게 영향을 미치는 양성 피드백 과정이 일어나는 등 개인에게 일방적으로 작용하는 것이 아니라 영향 받는 개인과 상호작용하는 관계에 있었다. 동력원들은 개인의 특성과 맞물려 작동하는 과정에서 심지어는 동력원의 제공자가 의도하지 않은 결과를 불러오기도 했다. 성장 과정에서 부모님의 기대에 부응하기 위해 학벌주의를 내면화하면서도, 같은 반의 가난한 아이들이 공부할 환경을 누리지 못하는 것을 보고 학벌주의에 반대하는 생각을 키워나간 인터뷰이가 있었다. 직장에서 학벌주의가 전혀 작용하지 않는 것에 영향을 받아, 다음 직장에서는 학벌을 묻는 질문에 "대답해야 돼요?"라고 반문한 인터뷰이가 있었다. 부모님의 관심이 오빠에게만 쏠린 결과 독립적인 성격을 키워나가, 어릴 때부터 다양한 경험을 한 결과 학벌주의에 신경쓰지 않고 자신의 장점을 살린 진로를 찾은 인터뷰이가 있었다.

물론 인터뷰이들의 이야기를 사회 전체에 일반화해 적용하기에는 무리가 있다. 부모가 기대를 하지 않은 것이 특정한 사람에게 독립적인 성격을 심어주었다고, 다른 사람들도 그 상처를 극복하고 독립적으로 성장할 수 있다는 보장은 없다. 그럼에도 불구하고 연구진이 찾아간 세 명의 이야기는 각자가 학벌주의의 작동 방식과 대안에 대해 나름의 실마리를 찾을 단초를 제공할 수 있을 것이다. 본 연구가 어느 날 누군가에게는 학벌주의로부터 멀어질 수 있는 원심력의 원천이 되기를 소망하며 글을 마친다.

〈참고문헌〉

김부태. 2011. "한국 학력·학벌주의 인식체계 분석." 『교육학연구』. 제49집.

장경섭. 2009. 『가족·생애·정치경제(압축적 근대성의 미시적 기초)』. 창비.

〈인터뷰 개요〉

일시: 2019. 4. 19 10:30 - 12:30 장소: 서울대학교 관정도서관 스터디룸 인터뷰어: 고휘성, 홍성빈 인터뷰이: 인터뷰이A	일시: 2019. 5. 24 10:30 - 12:30 장소: 서울대학교 관정도서관 스터디룸 인터뷰어: 고휘성 인터뷰이: 인터뷰이A
일시: 2019. 5. 02 14:00 - 15:10 장소: 홍익대학교 근처 카페 인터뷰어: 소현성, 이재은(지인) 인터뷰이: 인터뷰이B	일시: 2019. 05. 30. 19:00 - 20:00 장소: 합정역 근처 카페 인터뷰어: 소현성, 이재은(지인) 인터뷰이: 인터뷰이B
일시: 2019. 5. 09 17:45 - 19:10 장소: 대학동 카페(카페드림 대학동점) 인터뷰어: 홍성빈, 박서범 인터뷰이: 인터뷰이C	일시: 2019. 5. 27 18:05 - 19:10 장소: 대학동 카페(카페드림 대학동점) 인터뷰어: 홍성빈 인터뷰이: 인터뷰이C

언론정보학과
창의 연구 실습: 인터랙티브 보조공학기술 및 서비스의 미래

수업명	서울대학교 언론정보학과 〈창의 연구 실습: 인터랙티브 보조공학기술 및 서비스의 미래〉		
교수자명	홍화정	수강 인원	21명
수업 유형	전공필수	연계 지역/기관	두브레인, 서부장애인종합복지관, 국립정신건강센터, 서울대학교 연건캠퍼스 학생지원센터, 관악학생생활관 학생상담센터, 모즐리회복센터

수업 목적

본 수업의 목표는 최신 ICT 기술을 이용하여 우리가 겪고 있는 다양한 사회적 문제를 해결하는 데 있다. 특히 HCI(Human-Computer Interaction) 이론과 서비스 디자인의 다양한 방법론을 이용, 장애 및 건강 문제를 가지고 있는 잠재 사용자를 현장에서 직접 관찰, 면담, 탐구하여 인사이트를 도출하는 동시에 최신 인터랙티브 기술들을 활용하여 사용자가 가진 문제를 해결하는 데 적극 이용하는 데 있다.

주요 교재

Richard Ladner. *Accessibility is becoming mainstream*. Microsoft Accessibility

Kristen Shinohara, Cynthia L. Bennett, and Jacob O. Wobbrock. 2016. "How Designing for People With and Without Disabilities Shapes Student Design Thinking." In Proceedings of the ACM SIGACCESS Conference on Computers and Accessibility (ASSETS'16). ACM, New York, NY, USA.

Erin Buehler, Stacy Branham, Abdullah Ali, Jeremy J. Chang, Megan Kelly Hofmann, Amy Hurst, and Shaun K. Kane. 2015. "Sharing is Caring: Assistive Technology Designs on Thingiverse." In Proceedings of the ACM Conference on Human Factors in Computing Systems (CHI'15). ACM, New York, NY, USA, 525-534

Hwajung Hong, Jennifer G. Kim, Gregory D. Abowd, and Rosa I. Arriaga. 2012. "Designing a social network to support the independence of young adults with autism." In Proceedings of the ACM 2012 conference on Computer Supported Cooperative Work (CSCW'12). ACM, New York, NY, USA.

Alisha Pradhan, Kanika Mehta, Leah Findlater. 2018. "Accessibility Came by Accident": Use of Voice-Controlled Intelligent Personal Assistants by People with Disabilities. In Proceedings of the ACM Conference on Human Factors in Computing Systems (CHI'18). ACM, New York, NY, USA.

Crowdsourcing: Jeffrey P. Bigham, Chandrika Jayant, Hanjie Ji, Greg Little, Andrew Miller, Robert C. Miller, Robin Miller, Aubrey Tatarowicz, Brandyn White, Samual White, and Tom Yeh. 2010. "VizWiz: nearly real- time answers to visual questions." In Proceedings of the ACM symposium on User interface software and technology (UIST '10). ACM, New York, NY, USA, 333-342.

Inclusive Educational Settings: Enabling Collaboration in Learning Computer Programing Inclusive of Children with Vision Impairments. Proceedings of the 2017 Conference on Designing Interactive Systems (DIS'17). ACM, New York, NY, USA, 739-752.

Lazar, A., Koehler, C., Tanenbaum, J., & Nguyen, D. H. (2015). "Why we use and abandon smart devices." In Proceedings of the 2015 ACM International Joint Conference on Pervasive and Ubiquitous Computing (Ubicomp'15). ACM. NY, USA, 635-646.

Kristen Shinohara and Jacob O. Wobbrock. 2011. "In the shadow of misperception: assistive technology use and social interactions." Proceedings of the SIGCHI Conference on Human Factors in Computing Systems (CHI '11). ACM, New York, NY, USA

수업 일정

1주차 (3/5): 보조공학기술의 영역, 현재와 미래
- 수업 소개 및 주제 영역 탐구
- 강의 및 팀 구성

2주차 (3/12): Exploring the Landscape of Assistive Technologies
- 토론: 장애를 사회적 다양성 측면으로 바라보기, 보조공학기술 발전의 동기

3주차 (3/19): Special Users
- 토론: 일상 생활 속 자조 능력 및 독립성을 증진하기 위한 보조공학기술의 역할, 장애인 (자폐청소년, 시각장애인, 치매노인)의 독립적 생활을 위한 기술적 해결 노력과 사회적 네트워크의 구축 방안
- 스튜디오: 팀 명, 팀원 소개, 인상깊은 기존 보조공학기술 조사 발표, 팀 진행 방향 제시

4주차 (3/26): Empowering users with disabilities
- 강의: 컨셉 도출법 소개, AI, 크라우드소싱, 인터랙티브 미디어 등 최신 기술을 활용한 Inclusive design 사례 소개
- 토론: 집단지성 및 모바일 테크놀로지 기반의 장애인 보조 시스템의 활용과 한계

5주차 (4/2): Inclusive Design
- 토론: 장애인과 비장애인을 포괄하는 보조공학기술, 특수 사용자 조사 (어린이, 장애인) 전략

6주차 (4/9): 팀 컨셉 발표
- 스튜디오
  - 타겟 유저 특성 (근거 데이터)
  - 선행 연구에서 뽑아낸 디자인 요소
  - 사용될 메인 기술 분석
  - 확정한 보조공학기술/서비스 컨셉 발표

7주차 (4/16): DoBrain 최예진 대표 특강
- 관악구 저소득층 야학 봉사부터 발달장애/지연아동의 인지치료 애플리케이션 개발 업체의 대표로서의 경험 공유
- 각 팀 별 잠재 사용자 및 유관 기관 연계 지원

8주차 (4/23): 중간고사
- 각 팀 별 현장 방문, 전문가 면담, 사용자 조사 계획

9주차 (4/30): 현장 조사 수행 계획 발표
- 강의: 면담, 인터뷰 시 면담지 작성법, 현장 방문 관찰법
- 스튜디오

- 한 곳 이상의 현장(지역, 전문기관) 방문 확정
- 진행중인 컨셉에 대한 전문가 및 사용자 의견 청취 계획 및 면담지 작성

10주차(5/7): Technology Non-Use
• 토론: 보조공학기술의 사회적 수용성의 중요성, 스마트 기기 사용 중단의 이유 및 극복 방안

11주차(5/11): MVP & Prototyping Tools
• 강의: 최소존속제품(Minimum Viable Product, MVP)의 개발과 평가를 위한 프로토타이핑 개발 도구의 소개

12주차(5/21): 최종 프로젝트 컨셉 발표
• 사용자 조사 방법 및 결과 발표
• 디자인 지침 및 핵심 기능 정의
• MVP 스케치
• 프로토타이핑
• 현장 기반 사용자 평가 결과 발표

13주차(5/28): 현장 기반 사용자 평가 수행(1)
14주차(6/4): 현장 기반 사용자 평가 수행(2)
15주차(6/11): 최종 프로젝트 결과 발표

팀/개인 프로젝트 개요

프로젝트 개요: 3~4명으로 구성된 팀은 현재 본인이 속한 커뮤니티 및 지역사회의 장애/건강 문제에 대한 사회적 요구를 참여관찰을 통하여 이해하고, 최신 기술(모바일 테크놀로지, VR, 소셜네트워킹서비스, 데이터과학, AI 등)을 활용하여 효과적인 보조공학기술/서비스를 HCI와 인간중심 디자인 방법론을 활용하여 도출하고, 다시 그 효과성을 잠재 사용자를 대상으로 평가한다.

프로젝트 결과: 5개 팀이 다양한 집단의 사회/건강 문제를 발견하고 이를 해결하기 위한 기술적 접근을 도출하였음.

1. Grey Rhino 팀: "메디핸드"-보호자, 치료사, 의료진을 포괄하는 발달장애 아동의 PHR 통합 공유 플랫폼(두브레인, 국립정신건강센터, ABA 연구소, 은평성모병원)
2. 도라에몽 마법주머니 팀: "내가 키우는 마음 인형, 마음 키우기"-20대 취업 준비생과 시험 준비생의 정신 건강 개선을 돕는 ACT 심리치료 기반 캐릭터 육성 게임 어플리케이션(서울대학교 연건캠퍼스 학생지원센터)
3. Peer 팀: "Belly"- 섭식 장애를 겪는 대학생의 규칙적인 식습관 적응을 돕는 데이터 기반 서비스(모즐리회복센터)
4. 행인 팀: "삶은달걀"- 서울대학교 학생 번아웃 증후군 회복 및 예방을 위한 활동 가이드 앱(관악학생생활관 학생상담센터)
5. 59멘티드 리얼리티 팀: 인지장애 아동의 일상 생활 자조 능력을 키우기 위한 모바일 기반 인지행동치료 게임(두브레인, 서부장애인종합복지관)

다양한 사회 집단의 포용을 위한 디자인과 기술의 활용

서울대학교 언론정보학과 교수 홍화정
서울대학교 인지과학협동과정 박사과정 김태완

연합전공 정보문화학의 창의연구실습 과목은 정보문화학 졸업 필수 과목으로, 이제까지 정보문화학 연합전공 과정에서 배웠던 내용들을 바탕으로 실험성과 창의성을 가지고 최신 ICT 기술을 이용하여 특정 분야의 문제를 해결해 보는 목표를 가지고 있다. 본 수업의 목표는 HCI(Human-Computer Interaction) 이론과 서비스 디자인의 다양한 방법론을 이용하여 잠재 사용자를 현장에서 직접 탐구하여 인사이트를 도출하는 동시에 최신 기술들을 이해하여 사용자가 가진 문제를 해결하는 데 적극 이용하는 데 있다. 따라서 다양한 전공에서 진입한 학생들이 팀 프로젝트를 수행함에 있어 각자의 전문성을 발휘하면서도 동료들에게서 다양한 시각을 배워갈 수 있도록 다른 전공으로 구성된 4~5명의 학생들이 팀을 이루도록 독려하였다. 특히 이번 수업에서는 총 13개 전공[1]에서 온 학생들이 수강하였기 때문에, 사회적 문제를 해결하기 위한 기술과 서비스 디자인 융합 프로젝트를 수행하기에 최적의 환경이기도 하였다.

이번 학기에는 "인터랙티브 보조공학기술의 미래(The Future of Interactive Assistive Technologies)"라는 주제로 창의연구실습을 진행하였다. 보조공학기술(Assistive

1. 국사학과, 동물생명공학과, 미학과, 산림과학부, 서양화과, 심리학과, 언론정보학과, 언어학과, 영어영문학과, 의류학과, 자유전공학부, 정치외교학부, 철학과.

Technology: AT)이란 영구적 장애 또는 일시적 장애를 경험하는 사람들의 삶에 영향을 끼칠 수 있는 어떠한 종류의 도구, 제품 시스템, 또는 서비스를 통칭[2]한다. 예를 들어, 시각장애인의 의상 쇼핑을 도와주는 모바일 애플리케이션 기반의 서비스[3]부터 가상현실을 이용한 발표 공포증의 치료프로그램[4]까지 그 플랫폼과 쓰임새는 매우 다양하다.

기존의 AT는 사용자의 육체적/인지적 능력을 증강시키는 데 초점을 맞추었다면, 앞으로의 AT는 더 나아가 정서적 만족 및 사회 참여를 향상하기 위한 방향으로 디자인되어야 한다. 따라서, 이 기술의 잠재 사용자는 장기적 장애 및 질병을 가진 사람들(당뇨병을 앓는 청소년, 자폐 아동, 거동이 불편한 노인) 또는 영구적 장애는 없지만 상황적인 건강 문제를 겪는 사람들(활동이 부족한 지식근로자, 계절성 우울증, 섭식장애)이 될 수 있으며, 나아가 이들의 가족, 이웃, 학교, 사회까지를 포괄하는 서비스 모델이 제시되어야 한다.

본 수업에서는 현재 학생들이 속해 있는 지역사회 및 커뮤니티에서 대두되고 있는 사회적 문제를 조명하고, 직접 현장에서 해당 문제를 가진 사람들을 관찰 또는 면담 조사 하여 아직 충족되지 못한 니즈(needs)와 디자인 기회를 발굴하고자 하였다. 이어서 IoT, 유비쿼터스 모바일 센싱, 3D Printer, VR/AR, 소셜미디어, 크라우드소싱, 챗봇, 인공지능 에이전트와 같은 최신의 기술을 접목한 인터랙티브 보조공학 서비스에 대한 컨셉과 사용 시나리오를 도출하였다. 컨셉은 단순히 설명에 그치지 않고 사용자 및 전문가의 의견을 직접 구할 수 있도록 최소존속제품 (Minimum Viable Product, MVP)[5]의 형태로 구현하였다. 마지막으로 잠재 사용자 및 서비스 제공자와의 지속적인 상호 작용을 통하여 컨셉을 평가 하는 과정을 거쳐 각 팀

2. https://www.who.int/news-room/fact-sheets/detail/assistive-technology
3. Burton et al. (2012). Crowdsourcing Subjective Fashion Advice Using VizWiz: Challenges and Opportunities. In Proceeding of ACM Computing and Accessibility. ASSETS'12.
4. A Virtual-Reality Program to Conquer the Fear of Public Speaking. April 12. 2019. The New Yorker.
5. What Is A Minimum Viable Product, And Why Do Companies Need Them?. Feburary 27. 2018. Forbes.

에서 제안한 서비스의 효용성 및 파급 효과에 대하여 논의할 수 있었다.

본 수업은 매 주 강의 및 토론(1시간 30분)과 팀 프로젝트 스튜디오(1시간 30분)로 구성되었다. 각 주차마다 읽기 과제가 주어지고, 해당 읽기 과제에 대한 400단어 이내의 요약 및 논의를 수업 하루 전에 eTL에 업로드 하면, 교수자는 답변을 취합하여 발제 및 토론을 진행하였다. 스튜디오에서는 각 팀의 프로젝트 진행 상황 점검 및 교수자 및 조교의 피드백을 제공하였다. 15주차로 구성된 본 수업의 상반기 1주차~7주차에는 각 주차별 주제에 관련한 논문 및 사례를 바탕으로 강의 및 토론을 진행하였다. 보조공학기술의 정의와 발전동기, 사회적 다양성으로 장애를 정의하기, 기술의 사회적 적용 및 한계점 등 프로젝트 진행에 필요한 배경 지식 및 주안점들을 짚어나가고자 하였다. 8주차~15주차에는 프로젝트 진행에 필요한 사용자 중심 디자인 프로세스(사용자 니즈의 이해-현장관찰 및 면담을 통한 디자인 기회 발굴-사용자 페르소나와 사용 시나리오의 도출-반복적 프로토타이핑 및 평가-비디오 및 인터랙티브 미디어를 활용한 프레젠테이션)를 전달하고, 이를 수행할 수 있도록 프로젝트 스케쥴을 구성하였다(그림 1, 2, 3).

각 팀은 프로젝트 초기부터 디지털 아카이빙 툴을 사용하여 진행 상황(회의록, 관찰노트, 면담녹취록, 프로토타입 스케치 및 비디오 파일 등)을 최대한 자세하게 기록하도록 안내받았다. 본 수업의 특성상 전문가와 잠재 사용자와의 상호작용이 컨셉 도출 단계부터 평가 단계까지 긴밀하게 이루어져야 하기 때문에 프로젝트 방향이 정해지는 대로 유관기관 및 전문가와 연락을 시도하였다. 기초 조사 자료 및 전문가 및 잠재 사용자 면담을 통하여 초기 컨셉을 확정한 후 각 팀은 사용자 페르소나와 자세한 서비스 사용 시나리오를 도출하였고, 이를 통해 최소 존속 제품을 구현하였다. 구현한 서비스는 다시 전문가 및 사용자 시연과 평가를 통하여 그 파급 효과를 밝힐 수 있었으며, 한계점 및 도전점으로 밝혀진 것 일부는 서비스 개선안에 반영하였다. 팀 프로젝트 데모는 6월 20~21일 서울대학교 64동에서 열린 2019 정보문화학 봄학기 과제전에서 직접 시연하여 보다 많은 구성원들에게 본 수업의 결과를 공유할 수 있었다.

본 수업을 통하여 학생들은 '장애'라는 것에 대하여 다시 생각해 볼 수 있는 기회가 되었다고 답하였다. 장애를 바라보는 방식에 있어 1) 배제에서 포함하는 방향으로, 2) 의학적 모델에서 사회적 모델로, 3) 조정에서 보편적 설계로, 4) 표준화에서 차이로, 5) 낙인에서 정체성으로의 전환이 일어났다. 장애 역시 사용자 다양성의 한 부분이라는 인식이 생겨나면서 보조공학기술 프로젝트도 특별하고 새로운 기술을 개발하는 것이 아니라 다양한 사회 집단을 포용할 수 있도록 기존 기술을 어떻게 활용할 것인지를 고민해 볼 수 있는 계기가 되었다고 하였다. 따라서 프로젝트를 설계할 때 대상자들을 '타자(others)'가 아닌 '전체(all)'로 바라보아야 한다는 것, 대상자들과의 지속적인 상호작용이 디자인 과정에서 매우 긍정적이고 실용적인 결과를 낼 수 있을 것이라는 것, 결과적으로 제품이나 서비스에 대한 전체 사용자의 접근성을 높일 수 있는 효과적인 방안을 고민해 보아야 한다는 것이 이번 수업에서 전달하고자 하는 바였고, 학생들은 프로젝트를 통해 이를 충분히 경험하였기를 기대한다.

각 팀에서 진행한 프로젝트의 주제 및 연계기관 및 커뮤니티는 아래와 같다.

〈표 1〉 팀별 프로젝트 요약

팀	서비스 컨셉	연계기관/타겟 커뮤니티	비고
도라에몽 마법주머니	"내가 키우는 마음 인형, 마음 키우기"– 20대 취업 준비생과 시험 준비생의 정신 건강 개선을 돕는 ACT 심리치료 기반 캐릭터 육성 게임 어플리케이션	서울대학교 연건캠퍼스 학생지원센터 20대 취업/시험 준비생 12명	
Peer	"Belly"– 섭식 장애를 겪는 대학생의 규칙적인 식습관 적응을 돕는 데이터 기반 서비스	모즐리 회복센터 섭식 문제를 경험한 서울대학교 학부생 6명	프로젝트 웹페이지: http://bit.ly/창연실_피어
Grey Rhino	"메디핸드"–보호자, 치료사, 의료진을 포괄하는 발달장애 아동의 PHR 통합 공유 플랫폼	두브레인 (디지털 인지치료 기술 개발 스타트업) 국립정신건강센터 ABA 연구소 은평성모병원 발달장애아동 치료사 2명 발달장애아동의 보호자 3명	

행인	"삶은달걀"- 서울대학교 학생 번아웃 증후군 회복 및 예방을 위한 활동 가이드 앱	관악학생생활관 학생상담센터 번아웃 증후군을 겪는 서울대학교 구성원 6명	프로젝트 데모 영상: https://youtu.be/0WWZB4CY3k4
59멘티드 리얼리티	인지장애 아동의 일상 생활 자조 능력을 키우기 위한 모바일 기반 인지행동치료 게임	두브레인 (디지털 인지치료 기술 개발 스타트업) 서부장애인복지관 서울대학교 생활과학대학 아동가족학전공 박유정, 박혜준 교수님	

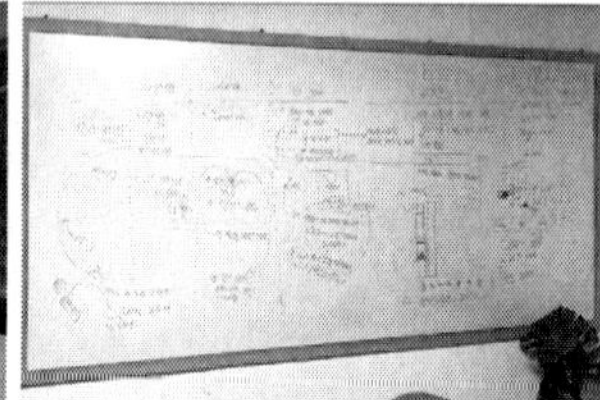

〈그림 1〉 전문가 내담 및 잠재 사용자 인터뷰를 통한 사용자 니즈 이해 및 디자인 기회 발굴

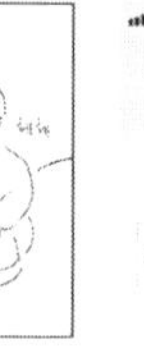
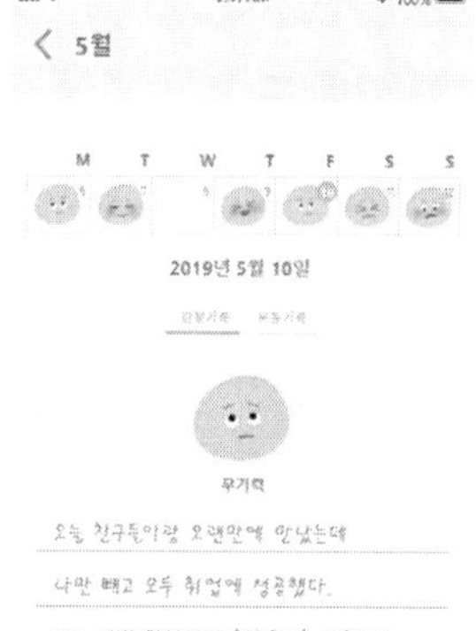
9:41 AM
100%
5월
M T W T F S S
2019년 5월 10일
무기력

치료센터에서 10분 상담시간 동안 수기로 과제, 상담내용 작성한다.

ABA 상담이 끝나고 '치료사가 상담기록을 작성했습니다' 알람1이 온다

노트에 수기를 작성한다.

〈그림 2〉 사용자 페르소나와 사용 시나리오의 도출 및 어플리케이션 UI 프로토타이핑

〈그림 3〉 사용자 대상 최소존속제품의 시연 및 평가

메디핸드(Medihand): 발달장애아동 의료기록 관리 PHR 플랫폼

서울대학교 심리학과 고은지
서울대학교 정치외교학부 박서라
서울대학교 산림과학부 유은이
서울대학교 영어영문학과 정지영

I. 연구 배경 및 목적

1. 연구의 필요성

PHR이란 개인 건강 기록(Personal Health Record)의 약자로, 의료소비자로서 개인이 자신의 의료 정보를 쉽게 열람하고 관리하는 시스템을 일컫는다.[1] 이를 통해 환자는 병원에 가지 않아도 건강기록을 쉽게 확인할 수 있고, 가정용 의료기기에서 측정된 데이터를 병원 데이터와 결합해 질병을 추적하는 유비쿼터스(ubiquitous) 건강관리가 가능해지며, 개인 맞춤화된 정보를 제공함으로써 질병 교육 및 관리가 용이해질 수 있다. 나아가 환자의 의료기록에 대한 병원 간 호환성이 전무한 기존 진료 정보 시스템의 한계에서 벗어나, 본인 동의로 의료진이 어디서든 필요한 정보에 접근할 수 있도록 함으로써 병원 간 진료 정보 교류의 용이함을 기대할 수 있다.[2] 최근 의료서비스의 패러다임은 의료기관 중심에서 소비자 중심으로 전환되고 있으며, 이를 따라 의료정보 관리시스템도 병원 진료 기록 중심의 EHR에서 개

1. HIMSS. 2011. "Personal Health Records Definition and Position Statement."
2. HIMSS. 2011. pp.2-10.

인 중심의 PHR로 변화되고 있다.[3]

한편, ADHD, 자폐 스펙트럼, 지적장애를 포괄하는 의료 영역인 발달장애는 아동 발달 데이터의 지속적 트래킹이 조기 진단에 있어 무엇보다 중요하고, 주기적으로 내원하는 병원 또는 치료센터의 수가 많고 치료 기간 역시 청소년기 전체에 지속되기 때문에 질환의 장기적인 치료에 있어 서도 데이터의 효율적 관리가 필요하다. 그러나 본 연구팀이 발달장애아동의 전문 의료진과 보호자를 사전 인터뷰한 바에 따르면, 발달장애 아동의 기록은 전국에 퍼져있고, 오래된 기록은 삭제되는 경우가 많으며, 데이터 관리의 부담은 전부 보호자 개인에게만 전가된다.

나아가 보호자가 사회경제적 취약계층일수록 아이를 돌볼 여유가 없어 조기 치료를 놓치거나 적극적인 치료 활동을 수행할 수 없다는 우리 사회의 계층적 한계 역시 목격된다. 그러나 현재 우리 사회에는 장애 아동의 PHR 데이터 트래킹을 보조할 인프라가 전무한 실정이다. 이는 발달장애 아동에 대한 현존 의료 체계의 한계를 보여 주며, 발달장애아동의 PHR 관리를 위한 시스템 개발의 사회적 필요성을 시사한다. 특히 모바일 어플리케이션을 통한 HCI 보조공학기술은 현재 우리 사회의 스마트폰 보급률을 고려할 때 가장 보편적으로 적용 가능하고 접근성이 높은 기술이다. 따라서 본 연구에서는 발달장애 아동의 의료 데이터에 대한 보호자의 접근성을 높이는 HCI 보조공학기술의 필요성을 인식하여, '발달장애 아동의 PHR 통합 관리 모바일 플랫폼'을 기획 · 개발하고자 한다.

2. 이론적 배경

1) PHR이란 무엇인가?

PHR은 개인이 자신 또는 자신의 가족과 관련된 평생 동안의 모든 건강정보를 안전하게 보관하고 관리하는 기능을 제공하는 도구이다.[4] HIMSS(The Healthcare

3. 정혜정 · 김남현. 2009. "보건의료의 정보화와 정보보호관리 체계." 『정보보호학회지』 제19권 1호, pp.125–133.

Information and Management System Society)에 따르면 건강정보는 개인의 건강과 관련된 자료들을 말하며, 의료기관에서의 의료행위과정이나 치료과정 중 생성된 의료 정보와, 개인이 직접 기록하거나 개인기기를 이용하여 측정하는 건강 정보, 일상생활 속 습관 정보 등을 모두 포함한다.[5] 따라서 PHR은 개인건강과 관련된 모든 정보와 이를 기반으로 제공되는 건강 관리 서비스, 그리고 개인건강정보와 서비스를 제공하는 플랫폼을 모두 포함하는 개념이라고 할 수 있다.[6]

또한 PHR은 개인건강기록의 주체자인 의료소비자가 자신의 건강정보를 직접 기록, 관리할 수 있는 도구로, 이를 통해 의료 기관으로부터 수집된 개인의 의료 정보를 시공간의 제한 없이 조회하고 관리할 수 있다. 이는 다양한 원천(source)으로부터 수집된 정보를 활용할 수 있다는 것을 뜻하며, 궁극적으로 PHR은 기존의 의료서비스 기관 중심적인 환경 속에서 수동적으로 대응하던 의료 소비자가 보다 능동적으로 자신의 건강을 관리하며 스스로의 건강을 책임질 수 있는 수단을 가지게 할 수 있다.[7]

2) PHR 활용 연구

최근 이와 같은 PHR의 중요성이 대두되고 있고, 특히 해외에서는 HCI를 활용한 해당 분야의 연구가 활발히 진행되고 있는 추세이다. 대표적인 예시로 Karrazi 등[8]은 PHR을 이용한 모바일 어플리케이션들을 종합하여 리뷰한 연구를 통해 PHR 서비스들에 필요한 기능과 고려사항을 제시하였다. 이를 통해 어플 불안정성으로 인한 데이터 유실 위험을 방지하고 데이터의 유연성을 확보하기 위하여 클라우드 서

4. HMISS. 2011. pp.2-10.
5. HIMSS. 2011. pp.2-10.
6. 김효선·정국상·이성기·안선주. 2015. "스마트의료기술 표준기반 개인건강기록." 「정보과학회지」. 제33권 3호. pp.21-30.
7. 김효선 등. 2015. p.21
8. H. Kharrazi, R. Chisholm, D. VanNasdale, and B. Thompson. 2012. "Mobile personal healthrecords: an evaluation of features and functionality." *International journal of medical informatics*. 81-9, pp.579-593.

비스 이용의 필요성을 주장하였다. 또한 사용자들의 원활한 정보 공유를 위하여 표준화된 의학 용어의 사용을 제안하였으며, 데이터의 신뢰성을 확보하기 위하여 환자의 자유 기술 기능을 지양할 것을 제시하였다. 또한 데이터가 상시로 동기화되는 것의 중요성을 강조하였다.

한편, Kim 등은 의사, 간호사들에게 PHR이 적용된 어플을 제공하여 진료과정의 일부에 이용해 보도록 한 연구를 진행하였다.[9] 사용자들이 실제로 서비스를 사용하려 의도와 실제 사용 방식을 비교해 보는 방법을 적용하여 분석이 이루어졌다. 연구자들은 의사와 간호사 모두 제공된 메뉴를 환자 리스트나 위험 경보, 환자의 임상 데이터를 보기 위하여 높은 빈도로 사용한다는 것을 관찰하였다. 특히 의사들의 경우 연구 결과를 주로 많이 사용한 반면, 간호사들의 경우 간호 업무를 확인하기 위하여 간호 기록이나 메뉴를 사용하였다. 이를 통해 업무에 따라 같은 의료 정보를 제공하는 어플도 다르게 사용할 수 있음을 확인하였다.

Woollen 등은 병원 입원 중인 환자와 그 가족을 대상으로 PHR 포함한 다양한 정보 제공하는 웹사이트 써보게 한 연구를 진행하였다.[10] 이 연구를 통하여 연구자들은 환자들은 최대한 많은 정보를 보기를 원하더라도, 정보가 과다하게 많을 경우 환자들의 과부하와 피로가 우려되므로 어떤 정보를 선별하여 UI를 구성할 것인지 고려되어야 한다고 주장하였다. 또한 환자와 의사 간 용어차이로 인하여 정보교환에 차질이 있으므로, 자연어 처리와 같은 기술이 이러한 문제를 도와줄 수 있을 것이라고 제안하였다. 한편, 의료정보를 제공하는 서비스의 경우 개인정보 보안문제와 서비스의 사용성 또는 접근성 간 상충되는 부분이 존재하므로 두 지점 사이의 적절한 균형점을 찾을 필요가 있다고 강조하였다.

---

9. S. Kim, K. H. Lee, H. Hwang, and S. Yoo. 2015. "Analysis of the factors influencing healthcare professionals' adoption of mobile electronic medical record (EMR) using the unified theory of acceptance and use of technology (UTAUT) in a tertiary hospital". *BMC Medical Informatics and Decision Making*. 16-1. p.12.
10. J. Woollen, J. Prey, L. Wilcox, A. Sackeim, S. Restaino, and S. T. Raza. 2016. "Patient Experiences Using an Inpatient Personal Health Record." *Applied Clinical Information*. 7-02. pp.446-460.

3) PHR 활용 서비스

국내의 기존 PHR 활용 서비스 사례로는 정은영 등이 우울증, 고혈압, 당뇨, 비만 등 11가지 질병의 환자들을 대상으로 PHR 기반 개인 맞춤 컨텐츠를 제공한 모바일 애플리케이션을 개발한 사례가 있다.[11] 우울증, 고혈압, 당뇨, 비만 등을 포함한 11가지의 질병을 가진 환자들을 대상으로 PHR 정보 연동 시스템을 이용하여 질환에 근거한 식이·운동 콘텐츠와 그 적합률을 제공하고, 식이 운동의 기록이 가능한 스마트폰 어플리케이션을 개발하였다. 사용자들에게 섭취한 음식 정보, 운동량 기록하도록 하였고, GPS 정보를 이용한 주변 식당 검색이 가능했으며, 식당 메뉴별 사용자의 질환 정보에 따른 적합률, 영양 분석 정보를 제공하였다. PHR의 의료정보에 근거한 질환 맞춤형 식이·운동 콘텐츠를 제공하여, 사용자가 콘텐츠를 찾아가는 기존의 서비스들과 차별화하였다. 한편, 이종선과 구만재는 암 환자를 대상으로 한 PHR 서비스를 주제로 한 웹 스케쥴러의 프로토타입을 제시하였다.[12] 수많은 인터뷰와 문헌조사, 설문 및 사용자 관찰을 통해 요구사항을 도출하여 얻은 정보를 분석하고 사용자를 중심으로 다시 구체화시키는 단계를 반복 실행하였다. 그 결과 '의사와의 소통', '정보를 쉽고 빠르게', '간호를 하는 가족들을 위한 메뉴가 필요'하다는 것, 그리고 또한 '식생활보다 운동을 체크하는 기능'과 '정기검진을 체크하기 위한 항목'이라는 니즈를 파악하고, 이에 맞는 UI를 제작하였다.

한편 상업적으로 제공되는 PHR 서비스도 존재한다. 대표적인 예로 애플(Apple)사의 헬스키트(Healthkit), 삼성(Samsung)의 에스헬스(S-health), 마이크로소프트(Microsoft)사의 헬스볼트(HealthVault)가 있다.[13] 애플의 헬스키트는 자신의 건강 정보를 저장하고 관리할 수 있는 개발 프레임 워크로, 바이탈 신호, 각종 검사 결

11. 정은영·정병희·윤은실·김동진·박윤영·박동균. 2012. "PHR기반 개인 맞춤형 식이·운동 관리 서비스 개발." 「한국컴퓨터정보학회논문지」. 제17권 9호. pp.113-125.
12. 이종선·구만재. 2013. "사용자 경험(UX)을 중심으로 한 디자인 프로세스 연구." 「디지털디자인학연구」. 제13권 3호. pp.485-494.
13. 신수용·정천기. 2009. "의료정보의 향후전망: 병원 주도의 개인건강기록 구축." 「대한의사협회지」. 제52권 11호. pp.1115-1121.

과, 영양, 체력, 신체정보 및 생리주기 등을 관리할 수 있다. 삼성의 에스헬스는 운동, 식단, 혈당관리 등 77개의 파트너 어플리케이션들과 심박측정기 및 체중계, 혈당측정기 등 35가지의 기기가 연결되어 있다. 마지막으로 마이크로소프트의 헬스 볼트는 운동 추적기와 혈당측정기, 그리고 혈압 측정기 등 개인 건강 기기를 비롯해 123개의 피트니스 및 질환 관리 어플리케이션과 연동되어 있다. 이러한 상업 서비스들은 대부분 특정 질환을 가진 환자군 보다는 자신의 건강 기록을 관리하고자 하는 일반 성인들을 대상으로 하는 경우가 일반적이다.

3. 연구 목적

현존 PHR 서비스의 주된 연구 대상은 대표적 만성질환을 겪는 성인들로, HCI의 사용이 상대적으로 자유롭지 않고 부양자의 존재가 필요한 장애인에게 이런 서비스의 사용은 제한적일 수밖에 없다. 특히 발달장애는 평생 동안 여러 증상을 안고 가야하기 때문에 아동 발달 데이터의 지속적 트래킹이 진단과 치료과정에 있어 매우 중요하다. 이러한 기록을 한 데에 모으는 것은 오로지 보호자의 몫이며, 의료기록의 열람을 위해서 많은 절차와 증빙자료가 필요해 매우 번거로운 실정이다. 따라서 발달 장애 아동의 데이터 트래킹을 보조할 인프라는 매우 필요하지만, 우리나라에는 아직 이와 관련된 서비스가 없다.

따라서 본 연구에서는 발달장애 아동의 의료 데이터에 대한 보호자의 접근성을 증진시키고, 관리를 용이하게 돕기 위하여 '발달장애 아동의 PHR 통합 관리 모바일 플랫폼'을 기획·개발하고자 한다. 이를 통해 기존 병원 위주의 의료 기록 관리 시스템(EMR)의 불편함을 해소할 뿐만 아니라, 궁극적으로 발달장애 아동 보호자의 능동적 의료 관련 의사결정을 가능케 하고자 한다. 하여 의료소비자로서 환자 개인의 권리 증진에 이바지할 수 있다.

발달장애 아동의 치료와 부양에 있어서는 보호자뿐만 아니라 전문 의료진과 치료사 역시 중요한 행위자로 역할하고 있으므로 이 세 행위자의 상호작용이 관련 서비스의 기획에 있어서 필수적으로 고려되어야 한다. 따라서 '보호자, 치료자, 의료진을 포괄하는 발달장애 아동 Personal Health Record (PHR) 통합 관리 플랫폼'이라는 '메디핸드(MEDIHAND; Medical Records in My Hands)' 프로젝트의 궁극적 목표에 따라 보호자, 치료사, 의료진을 포괄한 통합적 발달장애 케어 플랫폼으로서 서비스를 개발하고자 한다.

연구 목표는 다음과 같다.

가. 발달상황의 기록과 치료 데이터의 관리를 가능하게 함.

나. 발달장애 아동 보호자에 심리적 안정감을 제공함.

다. 보호자와 의료진 간 소통을 도움.

II. 연구방법

1. 연구 참가자(참가자 특성, 참가자 모집 방법 등)

연구 참가자는 크게 3가지 군으로 나눌 수 있다. 본 연구에서 개발하고자 하는 PHR서비스의 실질적 사용자인 발달장애 아동의 보호자 군, 발달장애 아동 정보를 치료 및 의료 장면에서 직접 참고하게 될 치료진 군과 의료진 군이다. 보호자 군의 경우 우리나라 최대 발달장애아동 보호자 커뮤니티인 네이버 카페 '느린 걸음'을 통하여 발달장애 아동 보호자 인터뷰 대상자(이○○씨와 박△△씨)를 구했다. 치료진 군에는 발달장애 아동 대상 ABA치료를 진행하는 김○○ 소장(김○○ ABA 연구소)와 성인 대상 언어치료를 진행하는 유○○ 언어병리학 박사가 참가하였다. 의료진 군은 은평성모병원 정신건강의학과의 박민현교수와 ○○병원 소아청소년정신과의 김△△ 박사가 참여하였다. 추가적으로 인지치료게임서비스 회사인 두브레인의 최예진 대표가 기술 관련 인터뷰에 지속적으로 참여하였다.

2. 연구 과정

문헌연구를 포함하여, 전문 의·치료진, 최예진 '두브레인' 대표와의 구조화된 인터뷰를 여러 차례 진행하여 발달장애 아동의 PHR 관리 시스템의 기획에 있어 요구되는 전문 정보를 획득하였다. 나아가 Karrazi 등[14]과 Woollen 등[15]의 연구와 같은 선행 연구 조사를 통해 발견된 PHR의 온라인 서비스를 디자인할 때 유의해야 할 사항을 참고하여 발달장애 아동의 보호자와 질적 인터뷰를 진행하였다. 의료진 군에서는 박민현 교수가 참여하였고, 인터뷰를 통하여 병원 장면에서 실제 진단과 진료가 어떻게 이루어지는지 알아보았다. 치료진 군에서는 김○○ 소장이 참여하였으며, 발달장애 아동의 치료가 어떻게 이루어지는지 파악하기 위하여 인터뷰가 진행되었다. 보호자 군에서는 이○○씨가 참여해 주셨으며, 실제 보호자들이 필요로 하는 정보와 기능들을 파악하기 위한 인터뷰가 진행되었다. 이후 인터뷰에서 발견된 보호자 사용자의 니즈를 바탕으로 '메디핸드'의 주요 기능을 고안하였다.

도출된 사용자 니즈를 바탕으로 설정한 디자인 방향을 바탕으로 1차 페이퍼 프로토타입을 구성하였고, 이를 기반으로 어도비(Adobe) XD 프로그램을 사용하여 2차 프로토타입을 제작하였다. 이후 지속적으로 실사용자가 될 전문가·보호자와 피드백 인터뷰를 진행했으며, 보호자에게 적절한 알람 패턴, 치료 현장에서 치료사의 업무 흐름에 최적화된 환경을 제공하기 위해 사용자에 대한 추가 인터뷰와 설문을 진행하였다. 이를 통해 얻은 피드백(feedback)을 바탕으로 최종적으로 UI 디자인을 완성하였다.

또한 보호자용 애플리케이션 기획에서 진행되었던 전문 정보의 획득 사용자와의 질적 인터뷰, 어피니티 다이어그램(affinity diagram)을 통한 니즈 도출, 프로세스 구상, UI 디자인의 과정을 또 다른 타겟 유저인 치료사·의료진과도 반복하였다. 이 과정을 통해 발달장애에 관한 유의미한 데이터 처리 과정을 구체적으로 기획하

---

14. Karrazi et al. 2011. pp.579-593.
15. Woollen et al. 2016. pp.446-460.

기 위한 전문적 조언을 얻었으며, 나아가 가정뿐만 아니라 실제 의료 현장에서도 활용할 수 있도록 데이터 공유도와 서비스 사용성의 향상을 도모하였다.

III. 사용자 조사와 디자인 방향의 설정

1. 이해관계자 간 아동에 대한 정보 공유의 한계

사전 인터뷰를 통해 얻은 디자인 방향의 첫 번째는 바로 '정보 공유의 한계'였다. 언4 치료, 인지 치료를 포함한 많은 치료의 경우 보통 한 회기에 50분으로 구성되는데, 그중 50분은 아동과의 치료에, 10분은 아동의 경과에 대해 치료사와 보호자가 정보를 교환하고 앞으로의 방향에 대해 논의하는 상담 시간이다. 보호자는 주로 가정에서의 아동의 행동에 대해 이야기하며, 치료사는 치료의 내용, 아동의 반응을 설명하고, 다음 주까지 가정에서 진행해야 할 보호자 과제에 대해 이야기하게 된다. 그런데 이 10분은 치료사와 보호자 모두 충분한 정보를 교환하기에는 지나치게 짧은 시간이라는 데 동의한다.

"치료가 40분 정도 치료사가 진행하고 10분 동안 보호자 면담을 해요. 10분 상담시간에 내용 설명, 반응 설명, 다음 주까지 보호자 과제를 알려주세요. (…) 병원 진료 검사 떼는 걸 (치료) 센터에 사본을 드리지만, 치료 선생님들은 매번 아이를 케어하기 쉽지 않아요. 어린이집에서 '키즈 노트' (라는 애플리케이션)처럼 검사 결과, 주의할 상황 한 번에 공유할 수 있는 게 아니면 부모상담 10분 안에 이야기하기가 부족하고 쉽지 않고, 놓치는 경우가 있어요. (정보를) 공유할 공간이 생기면 어떤 치료사가 언제 접근을 해도 부모상담 줄이고 수행과제에 대해 더 많이 집중할 수 있도록 하는 게 필요할 것 같아요. 모든 발달 장애 아동들이 여러 병원이나 치료기관에 다니니까…." 발달장애아동 보호자 이○○씨

발달장애아동 보호자 이○○씨는 치료의 내용, 과제, 아동의 발달 상황 등을 기록하고 확인하기 위해 수기로 공책에 영수증을 붙이고, 수업의 날짜와 내용, 과제 수행 정도를 기록하고 이를 남편과 어머니(아동의 조부모)에게 사진으로 촬영해 전송한다고 말했다. 또 각 달마다 어떤 치료가 몇 회 있었는지, 언제 시작해서 언제 끝났는지에 대해 반드시 기록한다고 말했다. 또한 현재 여러 보육센터에서 사용하는 '키즈 노트'라는 어플리케이션이 선생님과 보호자가 아동의 상황에 대해 공유할 수 있다며 발달장애아동의 의료와 치료 과정에 있어서도 전문가와 아동의 보호자들 모두가 아동의 상황을 확인할 수 있는 기능이 필요하다고 말했다.

한편, 김○○ ABA 연구소의 김○○ 소장은 발달장애아동의 정보 공유에 대한 시간적 한계뿐 아니라, 아동의 치료에 여러 기관과 이해관계사가 얽혀있음을 지적했다.

"부모들이 병원에 가서는 의학적인 문제만, 치료실에서는 해당 치료 영역에 대해서만 공유하고 있다. 하지만 이러한 모든 영역이 복합적으로 얽혀 있기 때문에 정보의 공유와 치료방향의 공유가 필요합니다. (…) (하지만) 의료치료진이나 다른 치료 영역의 치료사들이 다른 치료 분야를 서로 잘 모르고 있기 때문에 상충되는 경우가 있습니다. 병원을 제외하고는 협진이나 협력이라는 것이 사실상 존재하지 않기 때문에 정보공유가 얼마나 활발히 이루어질지 모르겠습니다." 김○○ ABA연구소 소장 김○○

김○○ 소장은 "치료 상황이나 교육 상황에서 부모들은 매번 같은 정보를 제공해야 하기 때문에 이러한 (PHR) 시스템이 있으면 전문가들에게나 부모에게나 편리하고 효율적일 것"이라고 말하며 아동 발달정보 공유 시스템의 효율성을 주장하였다.

이에 대해 '메디핸드'는 아동의 치료에 대한 정보를 공유하기 어려운 데서 발생하는 문제점을 해결하기 위해, 발달장애아동의 치료를 둘러싼 관계자들 간에 '팀 어프로치(team apporach)'를 용이하게 하고, 아동의 치료·의료 정보를 공유할 수 있게 돕는 것으로 목표를 설정했다. 따라서 '치료' 탭을 통해, 아동이 현재 받고 있는 치료의 종류와, 각 치료마다 지난 회기의 내용, 보호자의 메모를 언제든지 쉽게 등록하고 필요할 때마나 열람할 수 있도록 했다. 또한 치료사도 치료의 내용을 기입할 수 있게 하여 정보의 공유를 더욱 원활히 할 뿐 아니라, 바쁜 일정을 소화하는 보호자와 치료사의 부담을 덜고자 하였다.

2. 발달 상황 데이터 기록 및 관리의 어려움

아동 발달 데이터에 대해서 보호자와 전문가들은 모두 지속적인 기록의 수집 및 관리의 중요성을 말했다. 또 아동의 PHR을 전자문서로 열람할 수 있는 방법이 필요하다고 했다.

"아이가 무발화 상태였는데, 병원을 가니 의사 선생님이 문제가 없다고 조금만 더 기다려보라고 했어요. 그런데 나중에 진료 기록을 떼어보니 아이가 언어에 문제가 있다고 (기록해 놓았다). 의사가 상담 때 말해 주는 거랑 기록상에 차이가 있어요. 기록상에는 구두로 설명한 부분이 남아있지 않고 다른 경우도 있어요. 지금은 검사결과를 사본으로 개인소장용으로 보관해요. 다음 개월 수에 검사를 했을 때 항상 정도를 비교해야 해서요." 보호자 이○○씨

또 보호자 이○○씨는 치료 기록과 마찬가지로, 치료가 효과가 있었는지 파악하기 위해서 아동이 발달에서 진전을 보인 내용, 예를 들어 눈을 맞추거나, 자리에 앉는 행동 등을 수행하는 횟수를 기록해놓는다고 했다. 은평성모병원 박민현 교수는 현재 EMR 시스템의 문제점을 묻는 질문에 대해 "현재 의료시스템 상으로는 사본발행을 요청하여 종이로만 출력된 사본을 발급받을 수 있도록 되어 있"다고 답했다. 전자 시스템으로 아동의 기록을 확인할 수 없기 때문에 이○○씨는 병원 진료와 검사에 대한 기록을 종이 형태로 받아 보관하고, 이를 통해 발달 정도를 확인한다.

발달장애아동을 위한 교육용 게임을 만드는 '두브레인'의 최예진 대표는 아동의 발달상황을 꾸준히 확인하는 것이 중요하지만 병원에서 수행하는 발달 검사에는 많은 비용이 들기 때문에, 두브레인 게임을 통해 얻어진 데이터를 바탕으로 아동의 '두뇌발달보고서'를 제공한다고 말했다. 이는 동일 연령 및 동일 질환 군의 아동의 데이터와 함께 제공되는 것으로, 아동 발달의 객관적인 지표로 쓰일 수 있는데 유용하며, 이러한 지속적인 데이터 트래킹이 치료 방향 설정에 도움이 된다고 했다. 이 외에도 의료기록의 권리자인 개인이 의료기록을 전자적으로 쉽게 열람할 수 없는 것은 부당한 것이라 이야기했다. 몇 년 전 종합병원의 전산 시스템이 공격을 받아 수십 만 개의 환자들의 기록이 도난당한 것을 언급하며, "의료정보는 병원이 아니라 개인에게 있어야 하는 것"이라고 말했다.

'메디핸드'는 이러한 문제점을 해결하기 위해, 의료·치료 데이터를 보호자가 쉽게 확인할 수 있도록 하고자 했다. 가정 내에서 생성되는 데이터로는 투약이나 과제 내용, 이상행동의 빈도를 그래프를 통해 시각적으로 쉽게 확인할 수 있도록 했다. 또한 '두브레인'의 두뇌발달보고서와 연동하고, 병원의 의료기록 및 발달검사 결과도 '메디핸드' 애플리케이션에서 확인할 수 있도록 하여 그 결과 시간의 변화에 따른 추이와 동 연령대 군의 아동과 비교한 객관적인 지표를 손쉽게 열람하고, 아동의 의료 기록에 대한 소유권을 보호자가 주장할 수 있는 데 기여하고자 했다.

3. 일상생활에서의 어려움

1) 일정관리: 치료·의료 일정 관리의 어려움

발달장애아동의 보호자들이 어려움을 겪는 또 다른 부분은 바로 일상생활에서의 바쁜 일정을 수행하는 것이다. 보호자들이 수시로 확인해야 할 일정에는 치료센터와 병원 방문 이외에도, 과제 수행, 약물 치료에서 요구하는 규칙적인 투약 등이 있다. 또한 대부분의 아동은 하나의 치료만을 받는 것이 아니라 여러 치료를 함께 병행하기 때문에, 보호자들은 치료 시간을 맞추는 것은 물론이고 과제 수행에도 어려움을 겪는다고 했다. 보호자 A씨 또한 자폐증을 앓는 4세 자녀를 위해 언어치료, 물리치료, 감각통합, ABA 개별화 치료를 받고 있다고 말했다. 이에 대해 김○○ 소장은 대부분의 장애 아동들은 단순 지적장애, 단순 자폐성 장애로 끝나지 않고 많은 경우 다른 질병이나 정신질환을 동반하고 있는 경우가 훨씬 많은 것이 여러 치료 분야의 협진이 필요한 이유라고 설명하였다.

'메디핸드'에서는 발달장애아동의 치료에서 가장 중요한 부분 중 하나이고, 또 많은 보호자들이 불편을 겪는 일정 관리 부분을 돕기 위해, 치료·의료에 초점을 맞춘 '캘린더' 기능을 고안하였다. 이를 통해 치료 센터의 장소와 방문 일정을 등록할 수 있도록 했다. 또 이외에도 기존에는 보호자들이 '정(正)'자로 달력에 수기로 기록하던 과제 수행의 정도를 쉽게 체크할 수 있도록 과제와 투약 탭을 아동의 상황에 맞게 설정하고, 내역을 기입할 수 있도록 하여 보호자의 편의를 돕고자 하였다.

2) 알람: 기록의 번거로움

일과 육아에 바쁜 보호자들은 많은 치료 일정을 확인하기 쉽지 않다. 두브레인의 최예진 대표는 "발달장애는 만성질환과 비슷"하다고 하며, 마치 당뇨 환자들이 꾸준히 식이와 약물치료를 통해 병을 개선해야 하듯, 발달장애도 꾸준한 투약과

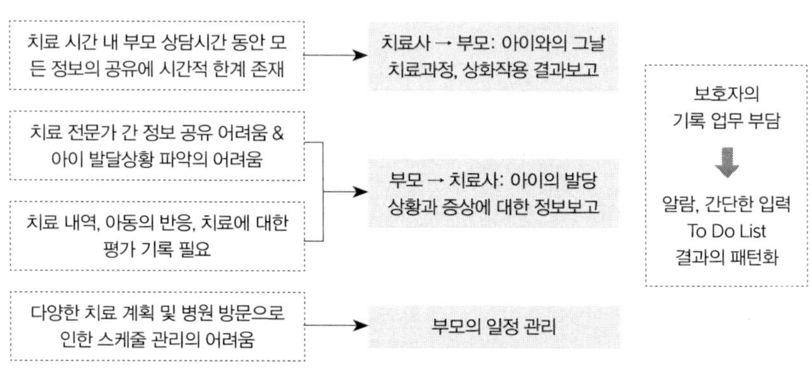

〈그림 1〉 사용자 조사를 바탕으로 한 디자인 방향 정리 도식

과제 수행을 해야 하는데, 이에 어려움을 겪는 보호자들이 많다고 답했다. 이에 당뇨환자관리 애플리케이션처럼, 투약을 해야 할 시각을 일깨워주는 알람이 있다면 보호자들의 부담이 훨씬 더 덜어질 것이라고 말했다.

이에 대해 '메디핸드'는 보호자들이 설정한 시간에 맞춰 알람을 지정하여, 기록이 편한 시간, 혹은 투약해야 할 시간을 놓치지 않도록 돕는 것을 방향으로 정하였다.

4. 1차 페이퍼 프로토타입

사용자 조사를 통해 〈그림 1〉과 같이 디자인 방향을 설정하고, 위에서 제시된 디자인 방향에 따라 중요한 기능들 위주로 1차 프로토타입을 제작하였다. 1차 프로토타입은 크게 5가지 탭으로 구성되었다. 메인 탭, 기록 탭, 발달상황 보고 탭, 달력 탭, 설정 탭이 그것이다. 그중 구체적으로 기능을 구상한 것은 메인 탭과 기록 탭, 발달상황 보고 탭, 달력 탭으로 4가지 탭이다.

1) 메인 탭

메인 탭에서는 '오늘의 치료'를 보여 주고, '오늘의 체크리스트'가 나타난다. 체크

〈그림 2〉 연구자들이 인터뷰 내용을 바탕으로 주요 기능을 정하고 있음

리스트에서는 보호자가 직접 당일의 투약기록, 문제 행동을 기록하게 된다. 또한 치료에 따라 치료기관에서 보호자에게 요구하는 과제를 받아 화면에 보여 주어 과제를 얼마나 수행했는지도 기록하도록 하였다. 보호자가 큰 부담을 가지지 않게 하기 위하여 빠르고 간편한 기록이 가능하도록 하는 것이 중요하다고 보았다.

2) 기록 탭

기록 탭에서는 캘린더에 기록된 일정을 바탕으로 로그가 생성된다. 생성된 로그에 치료사가 작성한 아동 상황, 가정에서 수행할 과제를 제시한다. 이외에 보호자가 텍스트 또는 메모해둔 노트를 사진으로 기록해 저장하게 되고, 각 치료 기록에 대한 별점 평가를 저장하게 하였다. 캘린더에 기록되지 않음 임의 로그 작성 기능 또한 제공되었다.

3) 발달상황 보고 탭

발달상황 보고 탭에서는 메인 탭의 체크리스트 데이터를 바탕으로 아동의 발달 상황을 한 눈에 제시하게 된다.

4) 달력 탭

달력 탭에서는 치료별로 월간 일정을 달력에 제시하고자 하였다. 각 날짜를 터

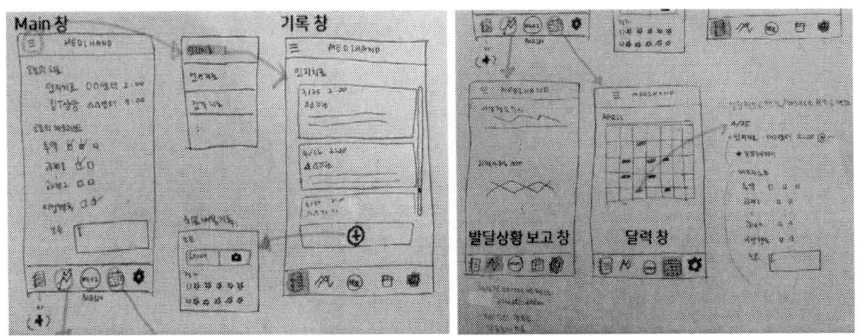

〈그림 3〉 1차 페이퍼 프로토타입

치하게 되면 해당 날짜의 일정을 제시하고, 추가/수정할 수 있도록 하였다.

5. 2차 프로토타입

어도비 XD를 이용하여 제작한 2차 프로토타입에는 인터렉션이 가미되었다. 1차 프로토타입 작성 이후 팀원간의 논의를 통하여 조금의 수정이 이루어졌고 UI는 3개의 탭으로 줄어들었다. 구체적인 사용 스토리보드는 [부록 3]에 첨부하였다.

1) 가정 탭

가정탭은 아이의 발달 상황과 증상에 대한 정보를 제시하기 위한 탭이다. 오늘의 체크리스트 기능이 있으며, 보호자는 당일의 투약, 치료기관에서 제시한 과제 수행 내용, 문제행동 등을 기록하게 된다. 추가로 보호자 스스로가 과제를 추가할 수 있게 된다. 가정 탭의 하단에는 데이터가 제공된다. 체크리스트를 통해 기록된 투약 내용과 과제 수행 정보, 그리고 문제 행동 빈도 등이 그래프로 제시된다. 이때 보호자가 느낄 기록의 부담을 경감하기 위하여 간단한 입력 방식을 적용하고자 하였고, 알람 기능을 제안하였다.

2) 치료기록 탭

치료기록 탭에서는 치료사가 부모에게 아이와의 그 날 치료과정과 상호작용 결과를 보고하기 위한 탭이다. 치료사가 작성한 '오늘의 치료 내용'과 '부모 과제'가 보호자의 화면에 나타나게 되고, 보호자는 그 날의 치료에 대한 코멘트와 별점 평가를 제시하게 된다. 치료사가 치료 내용을 작성하면 보호자에게 치료 기록을 하라는 알림이 작동하고, 보호자는 그 알림을 받아 치료 내용을 확인하고 개인의 코멘트를 작성하게 된다.

A. 가정 탭
MEDIHAND
가정용
8 9 10 11 12 13 14 15
2019년 5월 15일 수
체크하셨나요?
투약
과제1
과제2
과제3
이상행동
노트
OO의 텐트럼 횟수
오늘 OO는요,
투약
과제 수행
75%
45%
HOME
B. 치료기록 탭
MEDIHAND
치료용
인지치료
언어치료
감각치료
수영
기타
박T
5/15
인지검사를 수행하였습니다.
검사결과는 일주일 후에 나옵니다.
부모과제 | 눈맞추기 훈련, 호명, 주세요
평가
인지치료
박T
5/8
주의 집중 훈련을 수행하였습니다.
부모과제 | 눈맞추기 훈련, 호명, 주세요
김T
5/1
소그룹으로 인지놀이치료를
진행하였습니다.
C. 일정 탭
MEDIHAND
2019년 5월
5월 15일 수 (오늘)
인지치료 (박T)
ABA 치료 (김T)
더 많은 일정 추가
CALENDER

〈그림 4〉 2차 프로토타입

3) 일정 탭

달력 탭은 보호자의 일정 관리를 위한 탭이다. 치료기관에서 정기적인 치료일정을 최초 1회 추가하면 보호자의 달력 탭에 일정들이 나타나게 된다. 이는 진료 일정 확인만을 위한 탭으로 보호자의 추가적인 수정은 불가능하다.

Ⅳ. 평가

제작된 2차 프로토타입의 평가가 진행되었다. '메디핸드'의 사용과 직접적으로 관련된 발달장애아동 보호자 2명(이○○씨와 박○○씨)과 현재 치료현장에서 근무하는 전문 치료사(○○○박사)를 만나 직접 어플을 작동시키면서 인터뷰 방식으로 프로토타입의 기능 및 사용성 평가를 진행하였다. 또한 현재 의료현장에서 발달장애아동 환자를 직접 만나고 있는 소아청소년정신과 전문의(김△△ 박사)를 만나 인터뷰를 통해 어플리케이션의 현실성 및 의료 현장에서의 유용성에 대한 평가를 진행하였다.

평가 목표는 다음과 같다.

가. 각 기능이 보호자들이 사용하기에 편리하고 직관적인가?

나. 서비스의 기능이 보호자, 치료진, 의료진의 일상 맥락에 적합한가?

다. 낙인효과의 배제: 서비스에서 사용된 용어 및 표현들이 적절한가?

1. 보호자 평가

1) 가정 탭

가정 탭을 통해 발달장애 아동의 발달 상황 추이를 쉽게 파악할 수 있다고 답하며 긍정적으로 평가하였다. 또한 매일 입력해야 할 데이터 양이 부담스럽거나 부족하지 않으며 적당하다고 답했다. 각종 치료들로부터 받는 과제와 알람 기능을 통해 가정에서의 수행되는 발달장애 치료에 도움이 될 것이라 밝혔으며, 과제 결과추이를 확인하며 다양한 과제 중에서도 어떤 과제가 아동에게 더 필요할 지 결정하는 데에도 도움이 될 것이라고 답하였다. 한편, 어플에 접속하지 않더라고 용이한 입력이 가능한 위젯 기능, 아동의 발달사항을 가족 구성원들과 공유 가능한 기능이 추가되었으면 좋겠다고 답하였다.

2) 치료 탭

다양한 치료를 동시에 수행하기 때문에 제시한 치료 탭을 통해 각 치료에 따른 아동의 발달 상황 추이를 쉽게 파악할 수 있으며 보호자로서 데이터 관리가 수월해 질 것이라고 답했다. 특히 부천역 인근에서 실시된 인터뷰의 대상자 박○○씨는 아동이 병원에 입원하여 치료받고 있기 때문에 위 기능에 대해 긍정적으로 평가하였다. 한편, 특화된 병원 다수에서 진료를 받는 경우도 있어 현재 치료 기관들에 집중된 탭 이외에 병원 진료 내용을 기입할 수 있는 탭이 필요하다는 의견이 제시되었다.

3) 일정 탭

직접 입력 가능하여 스케쥴 관리에 높은 자유도를 필요로 함을 확인하였다. 또한 기존에 사용하던 구글이나 네이버 캘린더와의 연동 기능에 대해서도 제안하였다. 이를 통해 여러 어플을 통해 분산되어 관리되던 발달장애 아동의 데이터 관리의 필요성을 다시 한 번 확인할 수 있었다.

2. 치료진 평가

1) 보호자로 하여금 과제 및 투약을 잊지 않게 하는 것이 핵심

진료 및 치료 일정을 정하고 기억하는 기존의 로드를 줄이고, 평소 가정에서 수행되는 과제와 투약 여부를 잊지 않도록 하여 긍정적인 효과가 있을 것이라 평가

하였다. 따라서 본 서비스의 알람 기능과 일정 탭이 실제로 보호자들에게 많은 도움이 될 것이라 답하였다.

2) 치료진들 간 발달장애 아동의 정보 공유가 필요

한 아동을 전담하는 다수의 치료진 간 아동의 발달 상황 공유가 필요하다고 답하였다. 또 이 기능이 활성화되기 위하여 치료진들로 하여금 위 서비스를 이용함에 있어서 시간적 이득이 주어져야 한다고 강조하였다. 즉, 어플을 사용함으로써 기존의 로드를 줄일 수 있는 기능과 어플 자체의 높은 사용성이 필요할 것이라 답했다. 또한 이를 통해 치료진들 간뿐만 아니라 치료진들과 보호자 간의 커뮤니케이션도 훨씬 원활해질 것이라 기대하였다.

3. 의료진 평가

1) '의미있는 데이터 수집에 집중할 것'

현 의료현장에서 유효한 데이터는 발달검사를 비롯해 영유아 검사 등 의료기록으로서 가치를 가지는 데이터이며 이는 이러한 자료들을 바탕으로 장애 등급이 결정되고 이후 일련의 치료 과정들이 수월해지기 때문이라고 답했다. 따라서 보호자가 기록하는 단순한 로그 식의 데이터에 다소 회의적이었고 실질적으로 보호자로 하여금 발달 장애 치료에 도움이 될 수 있는 의료 데이터들의 중요성에 대해 강조하였다.

2) '또래와의 상대 평가가 매우 중요'

아동의 발달은 그 속도가 중요하므로 개개인의 절대적 평가보다 또래 아동들의 발달상황과 비교한 지속적인 상대평가가 수반되어야 함을 강조하였다. 따라서 보호자에게 보여지는 아동의 발달상황 관련 데이터는 시간 축을 고려하여 준비되어야 하고, 이를 위해 연령 별로 세분화된 데이터가 필요하다고 답했다.

Ⅴ. 메디핸드

1. 평가의 반영

각 참여자 군의 평가 내용을 반영하여 메디헨드의 최종 프로토타입을 제작하였다. 이때 연구자들은 각 참여자 군의 평가 내용과 원하는 바가 상충되는 지점을 다수 발견하였고, 그들 사이의 균형점을 찾는 작업이 필요하였다.

1) 평가의 상충

연구진이 제시한 대부분의 탭에서 참여자 군에 따라 상충되는 입장이 나타났다. 그 내용은 다음과 같다.

a. 치료 기록 탭

치료 기록 탭에 대하여 보호자들은 매우 필요하고 좋은 기능으로 꼽은 반면, 치료사와 의료진은 현실적으로 의·치료진이 직접 치료 및 진료 내용을 입력하는 것은 어렵다고 평가했다.

b. 가정 탭: 체크리스트

보호자 이○○씨는 일상생활에서 체크리스트가 부담이 되지 않겠냐는 연구진의 질문에 "충분히 할 수 있어요. 다만, 과제와 문제행동의 기록 방식이 현실적이지 않은 것 같아요"와 같이 대답하였다. 치료사 유○○ 박사는 "과제의 횟수를 제한할 필요가 없어요. 최신의 아동 상태를 파악할 수 있어 치료 준비에 유용할 것 같아요"며 체크 방식에 대한 제언과 함께 긍정적으로 체크리스트 탭을 평가하였다. 반면, 의료진인 김△△ 박사는 "과제, 증상이 다양하고, 부모들은 바빠서 체크리스트를 잘 하지 못할 것"이라고 우려를 나타냈다.

c. 가정 탭: 데이터

보호자 박○○씨는 "퍼센트로 투약과 과제수행 정도를 보여 주는 데이터는 보지 않을 것 같다"고 부정적인 입장을 낸 반면, 이○○씨는 "발달검사 결과가 있었으면 좋겠다"는 의견을 제시하였다. 한편 의료진인 김△△ 박사는 "투약과 과제수행 등의 데이터는 의료 장면에서는 유용하지 않으며, 오히려 종단적 발달 검사 데이터가 유용한 의료기록"이라고 지적하였다.

d. 일정 탭

일정 탭에 대한 의견은 모든 참여자 군에서 긍정적인 평가가 나타났다. 특히 보호자 이○○씨는 직접 입력 기능의 필요성을 말하며 "직접 입력이 가능해지면 아이의 전반적인 일정 관리에 쓰고 싶다"는 소망을 내비쳤다.

e. 기타: 정보 공유의 필요성

보호자들은 아이의 증상과 관련된 정보를 입력해 함께 다른 보호자들(즉, 배우자나 아이의 조부모, 복지사 등)과 공유하고 싶다고 공통적으로 이야기했다. 또한 치료사 유○○씨는 치료 과정에서 팀으로서의 접근이 중요하며, 정보교환을 위하여 정보를 종합할 수 있는 어플리케이션이 필요하다고 말했다.

2) 수정 방향의 설정

연구진들은 참여자군의 상충된 입장을 마주하고 수정방향을 명확히 설정하고자 하였다. 이를 위하여 '발달상황 기록과 진료 데이터의 관리', '보호자에 심리적 안정감 제공', '보호자와 의료진 간 소통을 도움'이라는 세 가지 연구목표에 다시 집중하였다. 본 연구는 '보호자의 의료 기록 관리'를 돕는 것을 목표로 하기 때문에 보호자의 의견을 최우선적인 고려사항으로 설정하였다. 그러나 그 방향이 치료 현장의 상황에 맞지 않을 경우, 치료현장 상황에 맞는 방향으로의 수정을 우선하였다. 이를 통해 정한 중요한 수정사항은 크게 4가지다.

가. 일정 관리에 있어서 보호자의 자유도 증대

나. 과제 및 문제 행동의 다양성: 평가 및 기록 방법의 구체화

다. 보다 간편한 기록을 위한 위젯 작성

라. 아동 정보의 구체적 기록을 위하여 유의미한 정보의 공유 필요: 발달 검사 결과 포함

2. 최종 UI

위의 수정방향을 따라 최종 UI 프로토타입을 제작하였다. 최종 프로토타입은 〈그림 5〉와 같으며 기능은 다음과 같다.

1) 가정(Home)탭: 기록과 데이터 관리

a. 기록

체크리스트로 당일의 투약, 과제 수행, 문제 행동 기록이라는 큰 틀은 유지되었다. 과제 수행과 문제 행동 기록 방식에서는 조금 더 자세한 정보의 반영이 가능하다. 과제 수행에 대해서 보호자는 아이가 과제를 수행했을 경우, 결과에 따라 ○, △, X로 기록하게 된다. ○는 수행에 성공한 경우, △는 완벽하지 않은 경우, X는 과제 수행을 실패한 경우이다. 아이가 수행을 시도할 때마다 보호자는 각 과제의 수행결과에 해당하는 버튼을 누르게 되고, 버튼을 누를 때 마다 그 과제의 수행 횟수가 올라가게 된다.

2차 프로토타입 평가 시 문제 행동 기록에 대해 모든 참여자 군으로부터 지적받은 내용은 문제행동 유형이 매우 다양한 반면 프로토타입의 기록 방식은 너무 간단하다는 것이었다. 너무 간단한 기록 방식으로 인하여 정보의 유용성이 떨어지는 효과가 발생할 수 있었다. 따라서 최종 프로토타입에서는 보호자가 직접 문제 행동을 기록하도록 하였고, 해당 문제 행동의 유형을 제공하여 유형별로 데이터가

정리될 수 있도록 하였다.

b. 데이터

체크리스트에서 작성된 데이터가 그래프 형식으로 제시된다. 각 과제를 수행할 때마다 결과인 ○와 △는 서로 다른 색깔로 위로 쌓이게 되고, 보호자는 그 날 그 과제를 몇 번 수행하고 성공했는지 볼 수 있게 된다. 이 그래프는 이전의 그래프와 함께 제시되어 종단적 비교가 가능하다.

문제 행동도 마찬가지로 종단적 비교가 가능하다. 보호자가 각 문제행동을 기록할 때 유형을 설정하면, 각 문제행동은 유형별로 분류되어 유형별 문제 행동 추이가 그래프로 나타나게 된다. 문제 행동의 유형은 서울대학교 병원과 보건복지부 국립정신건강센터의 "발달장애 아동청소년의 문제행동치료 가이드라인"[16]을 참고하여 구성하였다.

2) 메디컬(medical)탭: 치료기록 쌓기

메디컬(medical) 탭은 기존의 치료기록 탭과 유사하다. 미리 저장된 치료 일정에 따라 치료 로그가 제공된다. 다만 치료사와 의료진의 평가 결과 진료, 치료 장면에서 일일이 기록하는 것이 현실적으로 어렵기 때문에 치료 기록의 작성은 보호자의 업무로 수정하였다. 치료가 완료되면 보호자는 어플리케이션 내에 마련된 기록 칸에서 치료 노트와 부여받은 과제를 간단하게 작성하고 치료에 대한 평가(아이와의 합치도, 만족도 별점 체크)를 수행한다. 치료 기록은 치료 유형에 따라 모아 볼 수 있다.

3) 캘린더(calender)탭: 일정 관리

캘린더 탭은 기존의 일정 탭과 거의 유사하다. 각 날짜별로 미리 설정한 치료 일

16. 서울대학교 병원, 보건복지부 국립정신건강센터. 2018. "발달장애아동청소년 가이드라인."

〈그림 5〉 최종 UI 프로토타입

정이 나타난다. 각 날짜를 클릭하면 그 날의 치료 일정이 자세하게 제공되며, 보호자가 직접 일정을 추가할 수 있다.

4) 아동(child)탭: 아이 정보 및 검사결과 관리

새로 추가된 아동 탭은 아이의 정보를 관리하는 탭이다. 치료기관과 병원에 갈 때마다 새롭게 정보를 의료진, 치료진에 하나하나 다시 제시해야하는 어려움과 번거로움을 해소하기 위한 기능이다. 아동 탭에는 처음 어플 가입 시 미리 설정해둔 아동에 대한 정보가 정리되어 제시된다. 아이의 생년월일, 취학상태, 진단 명, 발달검사 결과 및 중간 평가 결과가 적절히 시각화되어 제공된다.

5) 기타 기능

기타 기능은 좌상단의 설정 아이콘을 클릭하면 나타난다. 설정 란에서는 나의 계정정보 수정, 푸시 알림 설정 등 다양한 설정 및 정보의 수정이 가능하다. 우상단의 두브레인 아이콘을 클릭하면 아이가 두브레인 게임을 이용하였을 경우 기록되는 정보를 보여 주는 두뇌보고서가 제공된다. 아이가 어떤 부분에서 높은 성취도를 보이고 어떤 부분을 어려워하는지, 어떤 미션을 성공했는지, 커리큘럼을 얼마나 진행했는지 등의 정보가 제시된다.

VI. 논의

1. 시사점

본 연구는 한국 사회에서 발달장애 아동의 의료기록을 그 보호자가 직접 관리하고 기록하여 치료 및 의료 장면에서 직접 활용할 수 있도록 하는 최초의 시도다. 아이의 문제행동 및 치료기관으로부터 부여받은 과제를 종합적으로 기록함으로써

실제 예상 사용자들로부터 유용성에 있어 높은 기대를 받았다. 이러한 시도가 실질적으로 개발된다면 이를 통해 기존 병원 중심의 의료 기록 관리 시스템(EMR)의 불편함을 해소할 뿐만 아니라, 궁극적으로 발달장애 아동 보호자의 능동적 의료 관련 의사결정을 가능케 하여 의료소비자로서 환자 개인의 권리 증진에 이바지할 수 있을 것이다.

2. 한계점

이러한 시도에도 불구하고 실질적 사용에 있어서 한계가 존재한다. 한국 의료 현실의 폐쇄성으로 다양한 의료 기관에서의 정보를 종합하여 공유하는 것에는 아직 많은 노력이 필요한 실정이다. 의료기록법 등 현실적인 문제로 완전한 공유가 불가능한 상황이다. 또한 본 연구는 실제 개발로는 이루어지지 못하고 기획에 그쳤다. 따라서 발달장애 아동의 보호자들이 '메디핸드'를 직접 사용하였을 때 실질적으로 어떠한 효과가 있을지 파악하지 못했다는 점은 중요한 한계이며, 향후 연구에서 진행될 필요가 있다.

3. 결론

본 연구에서는 발달장애 아동의 의료 기록을 보호자가 직접 관리하는 PHR 시스템을 기획하였다. 이를 통해 치료사와 의료진이 보호자와 직접 소통하며 아이의 치료 및 진료 과정에 있어서 빠른 정보의 공유를 가능하게 하며, 보호자의 심리적 안정감을 강화하고, 기록과 치료 데이터의 관리를 가능하게 하였다.

앞서 논의한 바와 같이 본 연구의 결과는 발달 장애 아동 보호자가 능동적인 의료 소비자로서 의료 기록을 관리할 수 있다는 가능성을 보여 준 반면, 실제 개발로 이어지지 못해 실질적 효과를 확인하지 못했다는 한계가 있다. 따라서 본 연구팀은 본 연구가 진행된 강의인 '창의연구실습'이 공식적으로 종강한 이후에도,

서울대학교 기초 교육원 학부생연구지원사업의 지원을 통해 연구를 지속해나가 'MEDIHAND'에 대한 완성도 높은 결과물, 즉 학술 논문과 프로토타입을 도출하고자 한다. 이를 통해 발달장애 아동을 대상으로 하는 PHR 서비스 구축의 필요성을 학계에 환기하기를 희망한다.

본 연구는 또한 높은 수준으로 프로토타입을 완성하여 두브레인의 데이터와 개발력을 결합해 활용 가능한 모바일 서비스를 런칭하고자 한다. 현실에서 발달장애 아동의 보호자와 치료사, 의료진이 활발히 사용하기를 기대한다. 본 연구팀은 이러한 'MEDIHAND' 프로젝트의 완성을 통해 발달장애 아동을 통합적으로 케어하는 HCI 인프라를 형성하기를 희망한다. 'MEDIHAND'가 두브레인과 12만 명이라는 광범위한 유저 풀을 공유함으로써, 두 서비스가 각각 보호자 유저의 데이터 트래킹과 아동 유저의 인지 치료를 담당하는 포괄적인 하나의 HCI 시스템을 설계할 수 있을 것이다. 이를 통해 오프라인의 병원, 치료센터, 가정에 단절적으로 배분되어 있던 발달장애의 부양을 하나의 온라인 생태계로 포괄할 수 있다.

나아가 'MEDIHAND'는 발달장애 영역을 넘어, 한국의 의료 체계 전반에 있어 통합 PHR 관리 시스템 구축에 대한 최초의 제안이 되길 기대한다. 현재 한국의 의료기록은 개인이 아닌 병원에 집중되어 있으나, 이는 과거 디도스로 인한 세브란스의 의료기록 공중화 사례에서 볼 수 있듯 독점의 위험으로부터 전혀 자유롭지 못하다. 따라서 본 연구는 의료기록은 개인에게 돌아가야 한다는 비전을 시사하고, PHR 서비스가 잘 구축된 미국의 'One Medical' 사례처럼 개인의 일상과 병원의 의료 장면에서 보편적으로 사용되는 의료 서비스가 되기를 희망한다. 본 연구팀과 두브레인은 이번 기회를 시작으로 심도 있는 개발을 지속하여 자동화의 수준을 높이고 웹, 패드 등 다양한 스마트 기기와 연동되는 의료기록통합시스템을 완성하는 청사진을 그리고 있다. 이를 통해 HCI 보조공학기술로서 한국 사회의 의료기록의 탈중심화를 도모하기를 기대한다.

〈참고문헌〉

김효선·정국상·이성기·안선주. 2015. "스마트의료기술 표준기반 개인건강기록." 『정보과학회지』. 제33권 3호.

서울대학교병원 보건복지부 국립정신건강센터. 2018. "발달장애아동청소년 가이드라인." www.ncmh.go.kr.

신수용·정천기. 2009. "의료정보의 향후전망: 병원 주도의 개인건강기록 구축." 『대한의사협회지』. 제52권 11호.

이종선·구만재. 2013. "사용자 경험(UX)을 중심으로 한 디자인 프로세스 연구." 『디지털디자인학연구』. 제13권 3호.

정은영·정병희·윤은실·김동진·박윤영·박동균. 2012. "PHR기반 개인 맞춤형 식이·운동 관리 서비스 개발." 『한국컴퓨터정보학회논문지』. 제17권 9호.

정혜정·김남현. 2009. "보건의료의 정보화와 정보보호관리 체계." 『정보보호학회지』. 제19권 1호.

H. Kharrazi, R. Chisholm, D. VanNasdale, and B. Thompson. 2012. "Mobile personal healthrecords: an evaluation of features and functionality." *International journal of medical informatics*. 81-9.

HMISS. 2011. "Personal Health Records Definition and Position Statement". Retrieved from https://www.himss.org/sites/himssorg/files/HIMSSorg/handouts/HIMSSNIPositionStatementMonographReport.pdf.

S. Kim, K. H. Lee, H. Hwang, and S. Yoo. 2015. "Analysis of the factors influencing healthcare professionals' adoption of mobile electronic medical record (EMR) using the unified theory of acceptance and use of technology (UTAUT) in a tertiary hospital." *BMC Medical Informatics and Decision Making*. 16-1.

J. Woollen, J. Prey, L. Wilcox, A. Sackeim, S. Restaino, and S. T. Raza. 2016. "Patient Experiences Using an Inpatient Personal Health Record." *Applied Clinical Information*. 7-02.

[부록 1] 인터뷰 개요

※ 대부분 익명 인터뷰를 요청하신 관계로 인터뷰이가 특정될 수 있는 정보는 배제하였음.

1. 사용자 조사: 보호자 인터뷰 인터뷰 대상자: 발달장애 아동의 보호자 이OO 참석자: 유은이, 정지영 일시: 2019년 4월 25일 10:00~11:00 장소: 면목역 인근 카페	2. 사용자 조사: 기술 전문가 인터뷰 인터뷰 대상자: 최예진 두브레인 대표 참석자: 정지영 일시: 2019년 5월 6일 11:00~12:00 장소: 우면동 삼성 R&D 센터
3. 사용자 조사: 치료 전문가 인터뷰 인터뷰 대상자: 김OO 소장(김OO ABA 연구소 소장) 서면 인터뷰	4. 사용자 조사: 의료 전문가 인터뷰 인터뷰 대상자: 박민현 교수(은평성모병원) 서면 인터뷰
5. 사용자 평가: 보호자 인터뷰 1 인터뷰 대상지: 발달장애 아동의 보호자 이OO 참석자: 고은지 일시: 2019년 5월 24일 화요일 11:00~12:00 장소: 면목역 인근 카페	6. 사용자 평가: 보호자 인터뷰 2 인터뷰 대상자: 발달장애 아동의 보호자 박OO 참석자: 고은지 일시: 2019년 5월 30일 화요일 18:30~19:20 장소: 부천역 인근 카페
7. 사용자 평가: 의료 전문가 인터뷰 인터뷰 대상자: 김△△ 소아청소년정신과 전문의 참석자: 고은지, 유은이, 정지영 일시: 2019년 5월 28일 화요일 15:30~16:30 장소: OO병원	8. 사용자 평가: 치료 전문가 인터뷰 인터뷰 대상자: 유OO 언어병리학 박사 참석자: 정지영 일시: 2019년 6월 5일 화요일 14:00~14:30 장소: 서울대학교 관악캠퍼스 내 카페

[부록 2] 설문지: 전문가 서면 인터뷰

발달장애아동 대상 의료정보기록 서비스를 위한 사용자 조사(전문가용)

안녕하세요, 저희는 서울대학교 정보문화학과 연구교과목인 '창의연구실습'을 수강하고 있는 고은지, 박서라, 유은이, 정지영입니다. 저희는 이번 학기(2019년 3~6월) 아동인지발달 프로그램을 개발하는 〈두브레인〉과 함께 지역사회와 연계하여 '발달장애아동을 위한 PHR(Personal Health Record) 관리 서비스'를 주제로 프로젝트를 진행하고 있습니다.

저희가 생각하고 있는 발달장애 아동의 구체적인 범위는 크게 ADHD, 자폐, 지적장애 아동입니다. 발달장애 아동을 자식으로 둔 부모와 보호자들을 위하여 아이들의 발달상황 및 진료내용을 직접 기록하고, 의료진과 소통하며 지속적으로 확인할 수 있는 서비스를 기획하고자 합니다. 보다 현실적이고, 실질적으로 도움이 되는 서비스를 기획하기 위하여 의료 전문가 선생님들의 고견을 듣고자 합니다.

저희의 의견을 모아 몇가지 질문을 준비해 보았습니다. 선생님께서 주신 답변과 조언을 통해 서비스 기획에 도움을 주시면 감사하겠습니다.

※ 인터뷰 내용은 연구 목적으로만 활용됩니다. 개인정보와 기타 답변 내용 중 민감한 정보는 외부로 발설되지 않을 것이며, 비밀이 보장됩니다.

2019년 4월

서울대학교 정보문화학과

고은지, 박서라, 유은이, 정지영 드림

연구 참여에 동의하신다면 선생님의 소속과 성함을 입력해 주십시오.

성함:

소속:

직위/전공분야:

0. 앞서 제안한 발달장애 아동과 보호자를 위한 PHR 기록 관리 서비스에 대해서 어떻게 생각하십니까?(필요성, 한계점, 현실적 제언 등 다양한 피드백 주시면 감사하겠습니다.)

※ PHR은 환자나 그 가족이 직접 스스로의 의료 기록을 관리하고 기록하는 것을 말합니다.

1. 의료기록 시스템(EMR)에 대한 질문

▶ 현재 근무하고 계시는 병원(또는 기관)에서 사용하는 의료 기록 시스템, 또는 치료 기록 방식을 간단히 설명해 주십시오.

1) 가능하다면 시스템의 간단한 **스크린샷**과

2) 발달장애 아동 상담 및 치료시 **필수적으로 기록하는 항목**을 스크린샷 내에 강조표시 해 주시면 감사하겠습니다.

2. 발달 장애 아동 치료

▶ 발달장애 아동을 진료할 때, 의료진이 항상 체크해야 하는 항목이 있습니까? 혹은 특별한 상황에 체크해야하는 항목이 있습니까? 그렇다면 어떤 특별한 상황이 있나요?

1. ADHD 아동 2. 지적장애 아동 3. 자폐 스펙트럼 아동 4. 기타

▶ 발달장애 아동을 치료할 때, 제시하는 치료 방법에는 어떤 것들이 있습니까?(해당하는 것에 모두 체크해 주십시오) (**진하게+밑줄표시** 해 주시면 감사하겠습니다)

1) ADHD 아동

① 인지치료 ② 재활치료 ③ 미술치료 ④ 음악치료 ⑤ 약물치료
⑥ 기타( )

2) 지적장애 아동

① 인지치료 ② 재활치료 ③ 미술치료 ④ 음악치료 ⑤ 약물치료
⑥ 기타( )

3) 자폐 스펙트럼 아동

① 인지치료 ② 재활치료 ③ 미술치료 ④ 음악치료 ⑤ 약물치료
⑥ 기타( )

▶ 발달장애 아동을 치료할 때, 의료진에게 어떤 정보들이 필요하다고 생각하십니까?(예를 들어, 인지 치료 교육 프로그램을 과제로 내주었을 때 이에 대한 수행 정보 등)

1. ADHD 아동

2. 지적장애 아동

3. 자폐 스펙트럼 아동

4. 기타

▶ 위에서 언급한 정보를 수집, 관리함에 있어 느끼시는 어려움에는 어떤 것들이 있으신가요?

▶ 그 외 기타 발달장애 아동 치료에 있어 가장 어려움을 느끼는 점에는 어떤 것이 있으십니까?

3. 발달장애 아동 보호자와의 소통

▶ 의료진(치료사)으로서 발달장애 아동을 돌보기 위하여 보호자에게 어떤 정보들이 필요하다고 생각하십니까?(예를 들어, 투약 기록 등)

▶ 발달장애 아동 환자 본인이나 환자의 보호자에게 의료 정보를 제공할 때 민감한 부분이 있으신가요? 구체적으로 어떤 종류의 질문과 정보가 그러합니까?(예를 들어, 진료 결과 등의 정보 제공이 환자 측에 심리적 영향을 미칠 수 있는 상황 등)

▶ 보호자와 소통할 때 가장 어려움을 느끼실 때는 언제인가요?(예를 들어, 전문용어 사용에 겪는 어려움 등)

저희가 준비한 인터뷰는 이상입니다. 제공해 주신 답변은 귀중하게 사용하도록 하겠습니다. 귀중한 시간 내주셔서 감사합니다.

[부록 3] 〈스토리보드〉

1. 치료사: 치료하기 전, 지금까지 환자 치료 내역과 과정들을 확인한다.

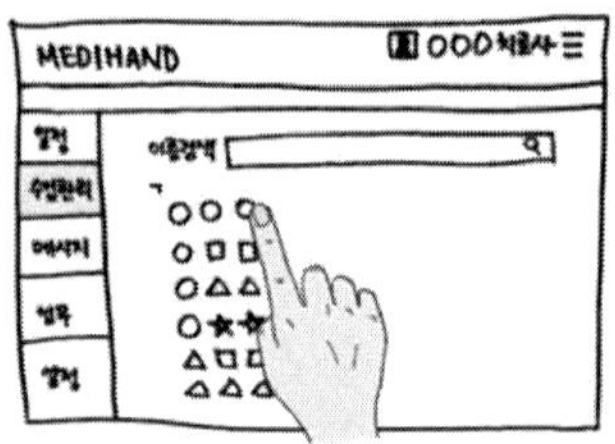

2주마다 만나는 환자의 진료 10분 전. [수업 관리] 탭에서 OOO환자의 이름을 찾는다

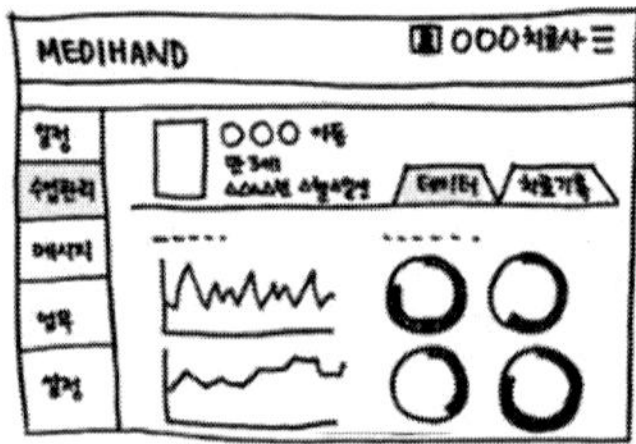

데이터 탭에서 환자의 그 동안의 기록, 타 치료의 과정들을 간단히 훑어본다.

2. 보호자: 다음 치료일이 잡혀서 캘린더에 치료 일정을 추가한다.

앞으로 2주마다 ABA 치료를 하게 되었다.

등록을 하고 집에 돌아와 보니, 일정 등록 알림이 왔다.

하단 메뉴의 [일정] 탭에서 이미 ABA 치료의 일정이 달력에 등록되어 있다.

3. 보호자: 치료 후 상담 내용을 작성한다.

치료센터에서 10분 상담시간 동안 수기로 과제, 상담내용 작성한다.

ABA 상담이 끝나고 '치료사가 상담기록을 작성했습니다' 알람1이 온다

노트에 수기를 작성한다.

4. 보호자: 집 안에서 설정해둔 저녁시간에 알람이 오면 체크리스트(과제, 투약, 문제 행동) 등에 대해 작성한다.

약을 먹어야 할 시간, 혹은 기록하기 가장 편한 시간에 알람2 설정을 미리 해 둔다.

설정해둔 시간에 알람이 울린다.

폰 화면의 알림을 클릭하면 '메디핸드'의 메인 화면이 뜬다.

과제수행, 투약, 이상행동 등 미리 설정한 체크리스트를 작성한다.

5. 보호자: 가정 탭에서 아동의 발달사항, 비슷한 연령대/질환군 아동들과의 비교 데이터를 확인한다.

데이터 확인을 위해 메인페이지 밑으로 내려간다.

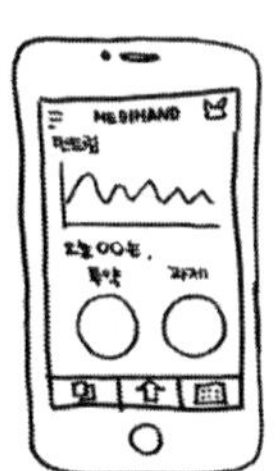

아이가 지금까지 어떤 약을 얼마나 먹었는지, 과제는 얼마나 수행했었는지, 소리지르는 행동은 얼마나 줄었는지 확인한다.

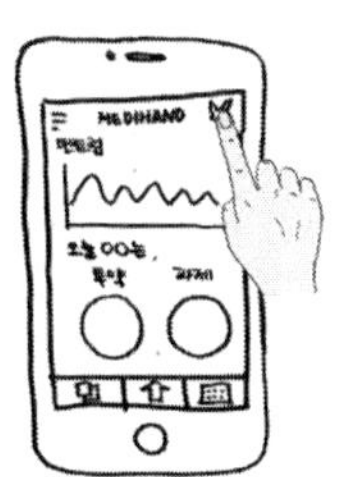

아이가 두브레인으로 게임을 하며 얻은 결과에 대한 '두뇌발달보고서'를 확인하기 위하여 우상단의 두브레인 아이콘을 클릭한다.

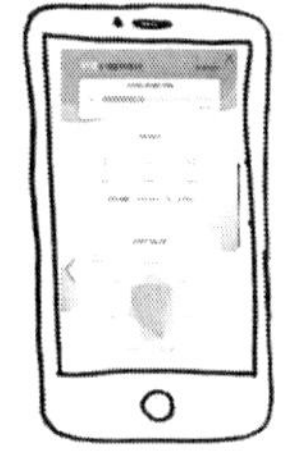

'두뇌발달보고서'를 확인해서, 내 아이가 같은 연령대와, 같은 어려움을 겪는 아이들에 비해 어느 정도 위치에 있는지 확인할 수 있다.

〈온라인 프로토타입 링크〉

https://xd.adobe.com/view/81d8ebae-c991-4d38-79fa-8a4771623af3-f7e9/

번아웃 회복 및 예방을 위한 활동 가이드 앱, '삶은 달걀'

서울대학교 동물생명공학과 박다희
서울대학교 언론정보학과 서지희
서울대학교 영어영문학과 송모연
서울대학교 국사학과 정영록

I. 연구 배경

'밀레니얼 번아웃'이라는 신조어와 함께 밀레니얼 세대의 번아웃 증후군이 세계적 이슈가 되었다. 번아웃은 과도한 스트레스 환경에 장기간 노출되어 나타나는 육체적·정신적 탈진 상태를 의미하는데, 무한 경쟁 사회에서 그 대상은 직장인과 대학생뿐만 아니라 아동·청소년 등으로 확산되고 있다. 세계보건기구(WHO)는 '탈진(burn-out)' 즉 '활력 소모 상태'를 건강 상태 및 보건 서비스 접촉에 영향을 주는 요인, 그중에서도 생활 관리 어려움에 관련된 문제로 분류한다. 스트레스로 인한 탈진은 냉소주의와 무능감을 동반하며 우울증, 불안 장애, 수면 장애 등 정신 질환으로 발전하기도 한다.

전문가들은 번아웃 증후군의 치료 및 예방을 위해 일과 삶의 균형(work-life balance)을 강조해 왔다. 이는 요구와 통제, 노력과 보상 등의 불균형에서 오는 정서적 소진으로부터 자신을 보호하고 회복 탄력성을 강화하기 위한 것이다. 그러나 운동, 능동적 휴식 등 재충전의 시간보다는 음주, 수면, 폭식 등 본능적 욕구 해결로 악순환이 반복되어 청년들이 스트레스에 대처할 수 있는 내적·외적 자원을 확보하기 어렵다. 따라서 본 팀은 운동 요법을 중심으로, 신체 활동 및 자기 효능감 증진을 위한 활동 가이드 앱인 '삶은 달걀'을 제안하고자 한다. '삶은 달걀'을 이용하는 사용자는 일상의 시공간적 맥락 속에서 기존 음악·명상 앱과 비슷하게 앱이 제공하는 미션을 선택하고, 앱 화면과 오디오 가이드의 지시에 따라 신체 활동을 동반하는 미션을 수행하게 된다. 이는 등하굣길·출퇴근길 산책부터 일과 중 기분 전환까지, 지도상의 추천 장소를 방문하여 다른 사용자의 메시지를 찾고, AR 그림을 남기며, 자신의 메시지를 공유하는 활동으로 이루어진다. 미션을 완수할 때마다 방문 기록과 함께 짧은 보상 메시지를 받게 되며, 총 휴식 시간과 심은 달걀의 개수를 확인하는 것이 동기이자 보상으로 작용할 수 있다. 이러한 기술적 접근은 상담 치료의 시공간적 제약을 벗어나 번아웃 증후군 대상자의 생활을 실질적으로 개선하고, 나아가 장소 기반 네트워크를 통해 지역 사회의 정신 건강 서비스와 연계할 것으로 기대된다.

이에 본 프로젝트에서는 만성 스트레스로 번아웃 증후군을 경험하는 대학생·대학원생·직장인을 대상으로, 피지컬 프로토타입 테스팅(physical prototype testing)을 진행하여 AR 운동 게임(exergame)의 신체 활동 및 정신 건강 효과, 사회 연결망 기능, 크라우드 소싱을 통한 추천 장소 확장 가능성 등 번아웃 회복 및 예방을 위한 모바일 앱 '삶은 달걀'의 보조 공학 효과를 폭넓게 연구할 것이다. 연구 결과를 바탕으로 '삶은 달걀'의 사용 과정을 수정하고, 한계점을 제시하며 향후 번아웃 증후군의 치료 및 예방에 있어서 기술이 나아가야 할 방향에 대한 고민의 필요성을 강구할 수 있을 것이다.

II. 관련 연구

1. 번아웃과 보조 공학

번아웃 증후군 관련 연구는 미국의 심리학자 매슬랙(Maslach)에 의해 학문적으로

체계화되었다. 그는 번아웃을 의학적으로 진단 가능한 질병이 아니라 직업, 직장 등 특정 상황에서 발생하는 장애로 규정하고, 직무 소진(job burnout)의 세 가지 하위 요소로 정서적 소진(emotional exhaustion), 비인격화(depersonalization), 자아 성취감 저하(low personal accomplishment) 등을 제시했다.[1] 이에 따라 번아웃 경험을 측정하는 MBI(Maslach Burnout Inventory) 척도가 개발되어 서비스업 종사자들을 대상으로 타당화되었으나,[2] 이후 거의 모든 직종에서 번아웃 증후군이 발견되자 기존 MBI의 대인 관계 요소를 직무 요소 전반으로 확대한 MBI-GS(General Survey)가 널리 사용되기 시작했다. 특히 MBI-GS를 수정한 MBI-SS(Student Survey)는 학업 요구로 인한 탈진(exhaustion), 학업에 대한 냉소주의(cynicism), 무능감(reduced efficacy) 등을 하위 요소로 학생들의 학업 소진(academic burnout)을 구체화해 본 연구의 학적 기반을 제공했다.[3]

학업 소진 관련 국내외 연구들은 대학생들을 중심으로 학업 소진 척도를 타당화하거나, 자기 효능감 등 관련 변인과 학업 소진의 관계를 활발하게 탐구해 왔다.[4] 그중에서도 의과대학생을 대상으로 한 국내 연구들은 번아웃과 자기 효능감의 부적 상관관계를 밝혀, 자기 효능감 부족이 소진을 촉진하며 학업 소진이 자기 효능감 및 학습 경험과 유의미한 상관관계를 가진다는 국외 선행 연구들을 뒷받침했다.[5] 한편 번아웃을 학업 소진에 국한하지 않은 국외 연구들은 주로 신체 활동과

---

1. Joachim Bauer. 2015. Arbeit: Warum unser Glück von ihr abhängt und wie sie uns krank macht. 전진만 (역). 2015. 『왜 우리는 행복을 일에서 찾고, 일을 하며 병들어갈까: 번아웃 시대의 행복한 삶을 위하여』. 책세상.
2. Christina Maslach and Susan E. Jackson. 1981. "The measurement of experienced burnout." *Journal of Occupational Behaviour*. 2. pp.99–113.
3. Wilmar B. Schaufeli et al. 2002. "Burnout and engagement in university students: A cross national study." *Journal of Cross-Cultural Psychology*. 33. p.464–481.
4. 이수현 · 이동엽. 2013. "학업소진척도(MBI-SS) 타당화 연구: 의대생 대상으로." 『아시아교육연구』. 14권 2호. p.165–187.
   이수현 · 전우택. 2015. "의과대학생의 학업적 자기효능감과 학업 소진의 관계." 『Korean Journal of Medical Education』. 27권 1호. pp.27–35.
   최재원 등. 2015. "우리나라 일부 의과대학생의 번아웃 유병률과 관련 요인." 『Korean Journal of Medical Education』. 27권 4호. pp.301–308.
5. Stevan E. Hobfoll and John Freedy. 1993. *Conservation of resources: A general stress theory*

번아웃의 부적 상관관계, 즉 신체 활동에 따른 탈진 감소 효과나 번아웃으로 인한 신체 건강 악화 효과 등을 검증해 냈다.[6] 이에 연구진은 자기 효능감과 신체 활동을 번아웃 관련 주요 변인으로 설정하고, 둘을 증진함으로써 번아웃 증후군을 경험하는 사람들의 삶에 긍정적인 영향을 끼칠 수 있는 보조 공학 서비스를 제안하게 되었다.

문헌 연구 시점에서 목표 사용자를 번아웃 증후군 대상자로 특정한 보조 공학 사례는 찾을 수 없었으나, 창의 연구 실습 교과목의 읽기 자료 중 학생 정신 건강 관련 보조 공학 연구들을 폭넓게 참고했다. 그 결과 연구진은 스트레스와 학업 부담의 위험에 노출되어 있는 대학생들이 클레이를 보고 만지면서 감정을 셀프 트래킹하도록 한 '마인드트래커(MindTracker)', 10대 청소년들이 온라인 그룹에 참여해 스트레스를 관리하도록 한 '비동기식 원거리 커뮤니티(Asynchronous Remote Communities)' 등이 전혀 다른 시스템에도 불구하고 자기 성찰(self-reflection)과 참여(engagement)를 공통된 디자인 목표로 삼은 점에 착안했다.[7] 두 요소는 사용자가 자신의 내면에 대한 의식과 통제하에 서비스 전 과정을 적극적으로 향유함으로써 정신 건강을 개선할 수 있음을 나타내며, 각각 번아웃 관련 변인인 자기 효능감, 신체 활동과 연결되어 번아웃 회복 및 예방을 위한 앱을 고안하는 본 연구의 디자인 지침이 되었다.

---

applied to burnout. Wilmar B. Schaufeli et al eds. Professional burnout: Recent developments in theory and research. Taylor & Francis. pp.115-133.

Morteza Charkhabi et al. 2013. "The association of academic burnout with self-efficacy and quality of learning experience among Iranian students." *SpringerPlus*, 2:677.

6. Lea M. Naczenski et al. 2017. "Systematic review of the association between physical activity and burnout." *Journal of Occupational Health*. 59-6, pp.477-494.

Hansung Kim et al. 2011. "Burnout and physical health among social workers: A three-year longitudinal study." *Social Work*, 56-3, p.258-268.

7. Kwangyoung Lee and Hwajung Hong. 2017. "*Designing for self-tracking of emotion and experience with tangible modality*." Proceedings of the 2017 Conference on Designing Interactive Systems. p.465-475.

Arpita Bhattacharya et al. 2019. "Engaging teenagers in asynchronous online groups to design for stress management." Proceedings of the 18th Interaction Design and Children Conference.

2. 운동 게임의 확장

연구진은 번아웃 증후군 대상자의 신체 및 정신 건강 증진 방안을 모색하는 과정에서 운동 게임(exergame)의 가능성에 주목했다. 운동 게임이란 주로 유저의 신체 활동에 의해 결과가 결정되는 게임으로, 운동과 게임을 접목함으로써 운동 동기와 재미를 강화하는 것으로 알려져 있다.[8] 2016년 출시되어 전 세계적 인기를 끈 위치 기반 모바일 게임 '포켓몬 GO'가 대표적인데, 길을 돌아다니며 포켓몬을 잡는 증강 현실(AR) 방식은 국내에서도 공식 출시 전부터 속초 여행 열풍을 불러일으켰다. 전문가들은 포켓몬 GO의 성공이 AR 같은 특정 기술이 아니라 포켓몬이라는 지적 재산의 힘이라고 주장하기도 하지만,[9] 이러한 운동 게임이 실질적으로 걷기 등의 신체 활동과 사회적 상호 작용을 지원한다는 사실은 보조 공학에 시사하는 바가 크다.[10]

특히 포켓몬 GO의 경우 성별, 연령, 사전 활동량 등에 관계없이 신체 활동을 증진하는 효과 외에도,[11] 플레이어로 하여금 일상생활과 주변 환경에 의미를 부여하고 긍정적인 감정을 표현하게 하는 등 정신 건강 효과가 있는 것으로 연구되었다.[12] 나아가 플레이어들이 만나 정보를 교환함으로써 일어나는 사회적 상호 작용 효과,[13] 증강 현실 기반의 여행 가이드 활용 등이 논의되기도 했다.[14] 포켓몬 GO

---

8. 한국콘텐츠진흥원 산업진흥정책본부. 2016. 『대한민국 게임백서 (상)』. 문화체육관광부.
9. Florian Floyd Mueller et al. 2011. "Designing sports: A framework for exertion games." Proceedings of the SIGCHI Conference on Human Factors in Computing Systems. p.2651-2660.
10. 한국콘텐츠진흥원 산업진흥정책본부. 2016. 『대한민국 게임백서 (상)』. 문화체육관광부.
11. Tim Althoff et al. 2016. "Influence of Pokémon Go on physical activity: Study and implications." Journal of Medical Internet Research, 18-12, e315.
12. Tuomas Kari et al. 2017. "Behavior change types with Pokémon GO." Proceedings of the International Conference on the Foundations of Digital Games.
13. Susanna Paasovaara et al. 2017. "Understanding collocated social interaction between Pokémon GO players." Proceedings of the 16th International Conference on Mobile and Ubiquitous Multimedia.
14. Ajay Aluri. 2017. "Mobile augmented reality (MAR) game as a travel guide: Insights from Pokémon Go." Journal of Hospitality and Tourism Technology, 8-1, pp.55-72.

를 다룬 선행 연구들은 운동 게임의 장기적 효과나 구체적인 메커니즘을 설명하는 데 한계가 있지만, 결투나 대전보다 다양한 포켓몬을 잡아 도감을 완성하는 과정의 운동 동기가 높다는 연구 결과로 볼 때 일부 요소를 차용 내지 확장한 서비스를 통해 운동 게임의 효과를 극대화할 수 있을 것으로 기대된다.[15]

최근 학계에서도 정신 건강 문제를 겪는 성인들이 신체 활동을 할 동기가 부족하다는 점에 착안해 신체 활동을 일상에 통합시키는 운동 게임을 제안하거나,[16] 스마트 셔츠를 활용한 모바일 위치 기반 운동 게임으로 청소년의 신체 활동을 촉진하고자 하는 시도가 존재했다.[17] 이들의 공통점은 신체 활동을 자연스러운 일상의 맥락에서 증진하고자 했다는 것이다. 본 연구는 사용자의 일상에 밀착해 동기 부여(motivation) 문제를 극복하는 운동 게임의 전략을 따르는 한편, 포켓몬 GO와 유사한 수집과 체험의 기회를 제공함으로써 신체 활동과 자기 효능감을 강화하고 번아웃 증후군의 자생적 해결을 도모하고자 한다.

3. 역공간과 새로운 일상

그렇다면 번아웃 증후군 대상자들은 어떻게 일상 속에서 신체 활동 및 자기 효능감을 증진할 수 있을 것인가? 포켓몬 GO를 비롯한 운동 게임의 일상적, 체험적 성격을 극대화하고 기록 수집, 상호 작용 등의 기능을 용이하게 하기 위해 연구진은 "현대인이 일상의 업무를 벗어나 안정적 휴식과 여가를 경험할 수 있는 차별화

15. Alexander Meschtscherjakov et al. 2017. "Pokémon WALK: Persuasive effects of Pokémon GO game-design elements." Peter W. de Vries et al eds. Persuasive technology: Development and implementation of personalized technologies to change attitudes and behaviors. Springer. pp.241 -252.
16. Yannick Francillette et al. 2018. "Development of an exergame on mobile phones to increase physical activity for adults with severe mental illness." Proceedings of the 11th PErvasive Technologies Related to Assistive Environments Conference. pp.241-248.
17. Jeroen Stragier et al. 2018. "SmartLife: The development of a mobile exergame for promoting physical activity among adolescents." Proceedings of the International Society of Behavioral Nutrition and Physical Activity.

된 공간이면서 동시에 기존의 공간과 단절된 것이 아니라 연결된 개념으로서의 역공간"을 기술적으로 구현하고자 했다.[18] 즉 학업이나 직무 스트레스에 시달리는 목표 사용자들이 모바일 앱을 통해 부담 없는 선에서 새로운 공간을 방문하고 휴식과 안정을 취함으로써 번아웃에 대처할 수 있는 내적 자원을 마련할 것으로 기대했다. 이는 기존 연구에서 주로 관광지로 예시되었던 역공간의 여가적 기능을 일상으로 끌어와, 사람들이 주변 환경과 상호 작용하면서 몸과 마음을 해방시키고 자신에게 집중할 수 있는 공간을 전제한다.

국내 HCI 연구에서는 역공간의 사적 정보 공유 행위를 중심으로 이러한 공간의 기술적 특성을 제시했다.[19] 첫째로 디지털 기술의 발전은 공간이 정보와 환경에 반응하고 유동적으로 변형하며 커뮤니케이션 가능하도록 변화시켰다. 둘째로 모든 가상 공간은 일차적으로 물리적 공간 안에서 발생하며, 새로운 가상 공간에 접근한 사용자는 매체를 통해 사적 정보를 공유할 수 있다. 셋째로 자신의 정보를 개인적으로 간직하거나 공개적인 정보로 제공할 수 있는 일련의 과정은 사적 정보를 전혀 모르는 사람들과 거부감 없이 공유하도록 유도한다. 이처럼 물리적 공간과 가상 공간, 사적 공간과 공적 공간을 넘나드는 역공간에서 사용자는 자신과 타인의 기록을 자유롭게 누적하고 공유하며 새로운 경험을 성취하게 된다.

이상의 관련 연구를 종합하건대 본 연구의 차별점은 다음과 같다. 먼저 본 연구는 기존 보조 공학 연구에서 직접적으로 다루지 않은, 번아웃 증후군 대상자의 신체 활동 및 자기 효능감 증진을 목표로 한다. 또한 단편적 효과 위주로 연구되었던 AR 운동 게임의 일상적, 공간적, 체험적 측면을 극대화한 서비스를 디자인하고 프로토타입의 사용자 평가를 진행한다. 이는 사용자가 일상으로부터 확장된 역공간에서 휴식과 성취를 경험하도록 돕는 앱의 형태로 구체화될 것이다.

---

18. 송영민 · 강준수. 2017. "역공간의 여가적 기능에 대한 탐색적 고찰." 『관광연구논총』. 29권 4호. p.37.
19. 이민주 등. 2011. "역공간에서 심리적 요인이 사적 정보 공유에 미치는 영향." 『한국HCI학회 학술대회』. pp.873-875.

III. 연구 방법

1. 사용자 조사

번아웃 증후군 사용자가 겪고 있는 스트레스의 원인과 종류, 자기 이해, 대처 방법, 디바이스 및 애플리케이션 사용 습관을 파악하고, 프로젝트에 대한 사용자의 의견을 청취하기 위하여 네 명의 잠재 사용자를 대상으로 심층 인터뷰를 시행하였다. 진로, 학업, 대인관계 및 시간 관리에 대한 스트레스를 겪고 있는 대학생 4명을 선정하여 서울대학교 캠퍼스 내 카페, 기숙사 사실, 서강대 창업지원센터에서 1:1 대면 인터뷰를 시행하였으며, 겪고 있는 스트레스 및 대처 방법, 트래킹 앱, SNS/익명 커뮤니티 사용 및 인식에 대하여 자세히 질문하였다. 인터뷰의 전체 과정은 대상자의 동의를 받고 녹취하였으며, 녹취록을 바탕으로 질적 연구 방법론을 차용하여 개방 코딩 및 범주화 작업을 실시하였다.

〈표 1〉 대상자 기본 정보

이름	류○○	최○○	이○○	최○○
나이	24	23	22	24
성별	여	여	여	여
직업	대학생	대학생	대학생	대학생
인터뷰 장소	서울대 74동 할리스	서울대 74동 할리스	기숙사 사실	서강대학교 창업지원센터
배경 정보	• 진로 고민이 많음 • 최근 새로운 동아리 활동 시작 • 새로운 전공 진입으로 인한 스트레스 호소	• 대학동 근처에 거주하며 통학 • 현재 4학년 1학기 • 축구, 봉사 동아리 활동 병행 • 평소 등교, 과제, 시험 공부 등 일상의 과업을 미루는 습관이 있음	• 기숙사 거주, 매주 주말에 본가인 수원 방문 • 21학점 수강 • 근로장학생으로 일하면서 동시에 3개의 과외 아르바이트를 병행	• 서울대입구역 자취 • 16학점 수강 • 졸업전시 준비, 공모전 준비, 회사 일 병행 • 평소 시간관리와 대인관계로 인한 스트레스 호소

2. 전문가 인터뷰

번아웃 증후군을 겪는 학생의 자기 인식 외에도, 이들의 상황을 주의 깊게 관찰하고 상담 및 심리 치료를 제공하는 전문가의 설명을 듣고 객관적인 시선으로 사용자의 상황을 분석하고자 하였다. 이에 관악학생생활관 학생상담센터 '관심'의 전 임상담사 김○○ 님을 인터뷰 대상으로 선정하였다. 인터뷰의 주목적은 학생들이 스트레스를 받는 상황과 맥락, 강도, 심리적/실질적 대처 방법을 파악하며 상담 및 심리치료의 구성과 목적, 효과를 이해하는 것이었다. 인터뷰는 관악학생생활관 학생상담센터 '관심'의 상담실에서 진행하였으며 연구진 전원이 동석하였다. 해당 내용을 참고하여 서비스의 분위기와 기능을 정하고, 사용자의 페르소나와 시나리오를 확정하고자 하였다.

3. Physical Prototyping

선행 연구와 사용자 조사 및 전문가 인터뷰를 바탕으로 번아웃 회복 및 예방을 위한 활동 가이드 앱 '삶은 달걀'을 기획하였다. '삶은 달걀'은 "알을 깨고 세상으로 나가자!(Out of the egg, into the world)"는 메시지를 전하며, 만성 스트레스로 번아웃 증후군을 겪고 있는 대학생 및 대학원생을 타겟 유저로 삼는다. 앞서 스트레스 관리와 신체 활동 간의 긴밀한 상관관계를 확인한 바, 포켓몬 GO와 같은 운동 게임의 효과를 참고하여, 번아웃 – 신체활동감, 번아웃 – 자기효능감 간의 부적관계성에 기반하여 번아웃에 대한 면역력을 높이는 활동 가이드를 제시한다. '삶은 달걀'을 통해 번아웃을 겪고 있는 사용자는 기존 치료 방법의 시공간적 제약을 벗어나, 일상의 맥락 속에서 주변의 새로운 장소를 체험함으로써 신체 활동을 증진할 수 있다. 해당 장소까지 도달하는 가벼운 산책과 장소에서의 휴식을 통해 능동적 휴식을 경험하게 되고, 자신의 활동 기록을 돌아보며 자기효능감을 향상할 수 있으며 번아웃으로부터의 회복 탄력성을 높일 수 있다.

1) 주요 기능

- 장소 추천: 사람들이 잘 알지 못하는 일상 속 '나만의 장소'에 대한 정보를 제공한다. 등하교, 출퇴근 시, 일과 중 잠시 휴식 시간을 갖도록 장소를 추천한다..
- 오디오 가이드: 이동 및 휴식 시 사용자가 자연스럽게 이완하고 안정을 취하도록 돕는다.
- AR 그림 그리기: 적극적이고 활동적인 신체 활동을 유도하며, 자기표현의 일환으로 기능한다..
- 에그 방명록: 영상, 글, AR 그림 등을 통해 휴식의 현장을 기록하고 이를 AR 에그에 담아 장소에 심을 수 있다. 앞서 장소를 방문한 다른 사람의 에그를 열람할 수도 있으며, 크라우드 소싱을 이용한 '나만의 장소' 공유도 가능하다.
- 활동 피드백: 활동을 수행했을 시 이를 축하하고 응원하는 메시지를 전달한다. 사용자의 성취감을 고양하고 자기 효능감을 증진한다.

2) 페르소나 설정

페르소나 1

- 이름: 이현정
- 나이: 27
- 소속: 인문대학 고고미술사학과
- 거주지: 대학동(녹두) 신성초 뒤편 자취
- 학교 오는 방법: 녹두 셔틀을 타고 행정관에 내린 후 인문대까지 걸어간다.
- 학교 오는 길에는 언제나 아이패드를 꺼내 논문을 읽는다.
- 그러나 돌아가는 길에는 피로하고 하루 내내 텍스트를 들여다보는 데 지쳐서 그냥 앉아서 눈을 감고 있거나 멍하니 밖을 쳐다본다.
- 하루에 4시간 정도 잔다. 보통 새벽 5시에 잠에서 깨는데, 가끔 그보다 일찍 깨면 다시 잠들지 못한다.
- 장학금과 조교 업무로 생활비를 충당하고 있다. 주당 20시간 남짓 근무한다. 수업 조교를 하면서 학부생들의 졸업 논문 지도를 하고 있다.

- 14동에 연구실이 있다. 음지라서 우중충한 분위기가 있지만, 날씨가 좋은 날에는 연구실 뷰가 좋다.
- 날씨의 영향을 많이 받는다. 그래서 보통 봄과 여름에는 활기찬 날이 많고, 가을과 겨울이 되면 우울을 자주 겪는다.
- 새벽에 '현타'가 자주 온다. 휴학하고 싶은 마음이 불쑥불쑥 찾아온다. 이럴 때면 펑펑 울거나 코인노래방을 간다.
- 고민: 열심히 페이퍼를 준비하다가 다시 보면 엉망이라는 사실을 깨닫고 뒤엎는 일이 반복되다 보니 자괴감이 점점 쌓여가는 상태. 대학원에서의 학업을 하나의 일이라고 생각한다면, 일과 삶의 균형을 찾고 싶다. 해야 하는 일이 너무 많고, 이것을 일주일 안에 욱여 넣고 있는데, 이런 식으로는 롱런하기 어렵다는 걱정이 든다.

페르소나 2

- 이름: 강성욱
- 나이: 27
- 소속: 서울대학교 농업생명과학대학 바이오시스템공학
- 거주지: 서울대학교 대학원기숙사 918동 (1인 1실)
- 학교 오는 방법: 기숙사 삼거리에서 순환 셔틀을 타고 농생대 정류장에서 하차
- 밤늦게까지 연구실에 남아있다가 학교를 가로질러 걸어서 귀가한다.
- 연구실 선배를 따라다니며 연구를 보조하면서 실험 테크닉을 배우고 있다.
- 연구실 막내라 연구실 청소와 각종 서류 작업, 기타 잡무를 처리하고 있다.
- 월화수목금금금. 토요일 아침에 정기적인 랩미팅이 잡혀있어 주말에도 연구실에 나온다.
- 고민: 연구실에서 교수님의 권력이 몹시 크고 선후배 간 위계질서가 엄격하다. 교수님을 대하는 것이 어렵다. 사이가 별로 좋지 않은 선배가 있어 연구실에 함께 있는 것이 불편하다.

페르소나 3

- 이름: 박예람

• 나이: 25 (학부 9학기)

• 소속: 서울대학교 심리학과, 정보문화학과

• 거주지: (자취) 서울대입구 KT관악지점 근처 이아오피스텔

• 학교 오는 방법: 행정관 셔틀

• 집에 갈 때에도 행정관 셔틀을 탄다. 저녁까지 학교에서 팀플을 하거나 도서관에 있다가 9시 10분 혹은 9시 40분에 있는 야간 셔틀을 타고 간다.

• 설입에 가면 새벽 1시까지 할리스에서 공부를 더 하다가 집에 들어간다.

• 이번 학기에 본 전공인 심리학과 졸업논문을 작성한다. 동시에 총 3개의 정보문화학과 팀플에 참여하고 있다. 팀프로젝트 진행 일정을 맞추면서 사이사이에 개인 과제를 수행할 시간을 확보하기 어려워 스트레스를 받고 있다. 결국 저녁 시간대엔 팀플 회의를 하고, 밤을 새워 논문을 작성하고 있다. 밤샘이 반복되면서 체력적으로 많이 지친 상태.

• 생활비 마련을 위해 주말에는 종일 아르바이트를 하고 밤늦게 집에 돌아와 알바 스트레스를 음주로 푼다.

• 과제를 제출한 날은 오후 내내 집에서 수면. 12시간씩 몰아 잔다.

3) 시나리오

4) 대상자 선정

만성 스트레스로 번아웃 증후군을 경험하는 학생들을 대상으로 일상 속 운동 요법을 통해 자기효능감 및 신체 활동을 증진하게 하는 모바일 서비스 '삶은 달걀' 프로토타입의 사용 효과를 검증하기 위하여, 잠재 사용자를 대상으로 프로토타입 평가를 시행하였다. 학내 온라인 커뮤니티 '스누라이프'와 '에브리타임'을 통해 프로젝트를 소개하고 번아웃 증후군과 그 증상을 설명하였으며, 자가 진단에 의하여 번아웃 증후군을 겪고 있다고 판단하는 사람에게 설문지에 응답하도록 하였다. 설문은 직업과 거주지, 하루 평균 자유 시간, 교내 행동반경, 겪고 있는 번아웃 증상, 피로와 스트레스 극복 방법, 실험 참여 가능 시간에 대한 질문을 포함하였고, 인터뷰 및 프로토타입 평가 과정에서의 영상 촬영에 대한 사전 동의를 구하였다. 총 13인이 지원하였는데, 그중 평소 신체 활동이 저조하고 학교 근처에 거주하며, 평균 자유 시간이 적고 뚜렷한 번아웃 증상을 보이는 3인을 선정하였다. 참여자 선정 후 각자의 거주지와 행동반경, 참여 시간을 고려하여 휴식 장소를 선정하였고 해당 장소를 사전 답사한 후 산책로와 장소의 특성을 참고하여 오디오 가이드를 제작하였다.

〈표 2〉 참가자 기본 정보

이름	윤○○	김○○	김○○
나이	20	24	25
성별	여	여	남
직업	대학생	대학원생	대학원생
사는 곳	낙성대	서울대입구역	기숙사
하루 평균 자유 시간	7	7	12
교내 행동반경	인문대, 사회대	아랫공대	기숙사, 220동
피로 및 스트레스 극복 방법	수면, 영화/드라마 감상	수면, 음악감상, 영화/드라마 감상	수면, 친구 만나기, 음주/흡연, 예능 시청
인터뷰 장소	서울대 4동 신양학술정보관	서울대 44-1동 신양학술정보관	서울대 4동 신양학술정보관
휴식 장소	서울대 14동 6층 테라스	서울대 관정도서관 옥상정원	서울대 14동 6층 테라스

5) 평가 과정

세 명의 참가자를 대상으로 실제 사람이나 사물이 기술적 요소를 대신하는 '피지컬 프로토타이핑(physical prototyping)'을 진행하였다. 약 30분 간의 사전 인터뷰를 통해 인구통계학적 요인과 환경적 요인을 파악하고 학업 소진 척도(MBI-SS)를 이용하여 번아웃 정도를 측정하였다. 또한 평소 산책과 운동 등 신체 활동에 대해 참가자가 인식하는 바를 묻고 사용자 스마트폰의 '건강', '삼성 헬스', 'LG 헬스' 등의 트래킹 앱에서 최근 일주일 간 신체 활동량 확인을 요청하였다. 이후 연구 참여 진

STEP 1. 종이 지도를 보고 장소를 찾아간다. 이동 중과 도착 후에 오디오 가이드를 들으며 이동하고 휴식한다.

STEP 2. 'Just a Line'을 사용하여 AR 그림 그리기를 체험하고, 화면을 녹화한다.

STEP 3. 제공된 폴라로이드 카메라로 남기고 싶은 장면을 촬영하고, 'Just a Line'으로 그렸던 그림을 폴라로이드 사진에 수정액을 이용해 옮겨 그린다. 이 과정에서 메시지도 함께 작성할 수 있다.

STEP 4. 현상된 사진과 쪽지를 에그 캡슐에 넣어 원하는 곳에 배치합니다. 다른 사용자의 에그를 발견한다면 열어볼 수 있다. 작업을 완료할 시 활동 완수 축하 카드를 열어본다.

행 과정을 안내하였다. 사용자의 스마트폰에 오디오 가이드를 전송하고, AR 그림 그리기 앱인 'Just a Line'을 설치하게 하며 사용 방법을 안내하였다. 연구 참여 과정에서 어려움을 겪을 시 언제든지 전화 혹은 메신저를 통해 연구진에게 연락할 수 있도록 하였다.

활동 후 인터뷰 장소로 돌아와 프로토타입 평가 질문지에 응답하도록 하였다. 이때 휴식한 장소에 대하여 사용성과 안정성, 만족도를 조사하였으며 신체 활동과 스트레스 완화 효과에 대하여 질문하였다.

4. Video Prototyping

피지컬 프로토타이핑의 결과와 사용자 인터뷰 및 피드백, 프로젝트 최종 발표에 대한 동료 피드백을 참고하여, 실제 AR이 적용되었을 때의 서비스 사용 양상을 시각적으로 제시하고자 '삶은 달걀'의 모바일 앱 화면을 구상하고 이를 이용하여 데모 영상 제작을 기획하였다. 앱 화면 중 정적 화면은 Adobe XD를 이용하여 제작하였고, 동적 인터랙션과 tilt 감지를 통한 AR 인터랙션은 Protopie를 사용하여 구현하였다. 앱의 주된 색상은 파스텔톤의 노란색을 사용하여 삶은 달걀의 컨셉과 어울리면서 밝고 희망찬 분위기를 조성하고자 하였고, 파스텔톤으로 부드럽고 차분한 느낌을 담았다.

데모 영상은 콘티를 제작한 후 이를 바탕으로 촬영하였다. 시간적 배경은 오후 4시로 설정하여 일과 중 가장 지치는 시간을 선택하였고, 피지컬 프로토타이핑에서 두 명의 참가자가 산책하고 방문했던 경로를 차용하여 서울대학교 인문대 4동 신양학술정보관에서 출발하여 14동 테라스를 방문하는 시나리오로 설정하였다. 영상은 차분하고 긴 호흡의 쇼트로 편집하여 시청자가 영상을 보며 함께 긴장을 완화할 수 있도록 하였다. 영상 내 사용자의 활동성에 따라 배경 음악을 함께 고조시키는 등의 요소 또한 고려하였다. 제작한 데모 영상은 앱 프로토타입 및 포스터와 함께 2019-1 정보문화학 과제전시회에 출품하여, 사용자가 영상을 시청하고 앱 프로토타입을 체험한 후 의견을 남기게 하였다.

Ⅳ. 연구 결과 Results

1. 사용자 조사

1) 현 상태 및 번아웃 증후군 증상

"스트레스 상태 극상 […] 결국 먹고 자는 걸로 푼다. 잘 시간이 사실 없어서 하루를 오프해버린다. 하루 24시간을 잠만 자는데 그러면 또 일정이 밀리고 또 그거에 대해 스트레스를 받는다."

"로봇 인간이 되어서 슬픈 감정을 느낄 수 없는 상태가 된 것 같다."

"잠을 잘 못 자서 ASMR 영상을 자주 본다."

"학업 스트레스는 없을 수 없는 것 같다. […] 열심히 해야 한다는 압박감과 스트레스가 있다."

"시간은 너무 없고 하는 건 많은데, 일 자체가 스트레스가 된다기보다는, 그 일들을 컨트롤하지 못하는 자신에게 스트레스를 받는다."

"이번 학기에 문제 없이 잘 살고 있다고 생각했는데" 〈흔들리는 20대: 청년 심리학〉을 수강하면서 파도와 폭풍 속에서 허우적대는 자화상을 그렸다.

"열심히 해야 하는데 그럴만한 목표라든가 에너지가 안 생긴다."

"할 일이 많으면 느긋해져 […] 여유를 부려 버리는 거. 막 나가는 상황."

"요즘 낮잠을 많이 잔다. […] 낮잠 자고 밤에도 되게 일찍 누워서 잘 자고."

"스트레스 받으면 가끔 불면증이 생긴다."

대상자들은 학업에 대한 압박감과 과도한 업무 누적으로 인한 스트레스를 호소하였으며, 이로 인하여 불면 혹은 과다수면, 무기력, 무감각, 우울 등의 번아웃 증상을 겪고 있다고 답하였다. 스트레스에 대처하는 자세에 있어서는 적극적으로 극복하려고 노력하거나 반대로 아예 문제를 회피하는 등의 개인차를 드러냈다.

2) 극복 방법

"일기를 쓰면 좀 정리가 되고 바쁘게 살면 기억 안나는 날들이 많아서 하루를 정리하기 위해서 쓴다."
"기록해서 폭파시키는 느낌으로 스트레스를 푼다."
"그림이나 낙서를 통해 스트레스를 풀기도 한다. 내가 느낀 감정을 표현하고, 보통 그림을 그리고 나면 지쳐서 스트레스가 해소되는 느낌."
"(행복했던 여행 사진의) 앨범을 진짜 자주 들어가서 잘 본다."
"나는 주변 사람들한테 도움을 많이 받는 편이다. 이야기를 되게 많이 한다."
"스트레스가 있으면 혼자 삭히고 참는 편이다. 내 힘으로 극복할 수 없는 문제라고 보고 하나님께 다가간다. 교회 공동체 내에서 고민을 나누고 힘을 받는다."

대상자들은 일기 쓰기, 감정 기록하기, 그림 그리기, 대화 등을 통해 스트레스 상황을 극복한다고 답하였다. 자신의 감정과 상태를 드러내고 표현한다는 점에서 극복 방법 간의 공통점이 있었으며, 스트레스의 단기적인 해소가 당장의 자기 통제감을 회복하는 데 도움이 될 뿐만이 아니라, 단기적 해소의 누적이 장기인 심리 건강의 증진으로 이어짐을 발견하였다.

한편 익숙한 공동체 안에서 사람들과 소통하며 스트레스 극복의 힘을 얻고자 하는 대상자들의 일관된 욕구를 확인하였다. 이는 안전하면서도 자연스럽게 더 많은 사람과 소통할 수 있는 공동체의 구현, 건설적인 방향의 사회 안전망의 구축에 대한 필요성과 열린 가능성을 제시하였다.

3) 트래킹

"매일 하는 건 좀 귀찮기도 하고, 모를 때가 나을 때도 있는 것 같다."
"진짜 내 스트레스 지수를 알려 주는 게 맞나? 어떤 원리로 하는 거지?"

"대학생활문화원에서 상담을 받았는데 너무 가식적인 반응 때문에 도움이 안 됐다. 일단 한 달을 기다려야 하고…"

대상자들은 기존 스트레스 혹은 감정 트래킹과 상담 경험에 대해 전반적으로 불만족하는 경향을 보였다. 트래킹의 불명확한 원리와 설명에 대해 의심하고, 반복적인 트래킹에 대한 피로를 느꼈으며, 그 결과에 대한 효용을 체감한 경험이 없었다. 따라서 트래킹에 대한 사용자 경험을 증진하기 위해서는 스트레스 수치뿐 아니라 시각화된 분석 내용이 수반될 필요가 있고, 스토리텔링을 통한 인터랙션을 유도해야 하며 이와 트래킹이 긴밀하게 연계되어야 한다는 결론을 얻을 수 있다. 그러나 여전히 단순 반복 기록에서 오는 근본적인 피로감의 문제가 잔존한다.

4) SNS/익명 커뮤니티

"익명 커뮤니티를 좋아하지 않는다. 불신이 있는 것 같다."
"비공개 계정 있다고 […] 그냥 알려 준다. 친한 사람들은 알아줬으면 싶기도 하고."
[카카오톡 나에게 보내기] 감정 쓰레기통… 남에게 털어놓기 창피한 걸 적어 놔."

대상자들은 게시물과 댓글을 통해 타인과 소통하는 게시판형 익명 커뮤니티에 대해서는 답변을 신뢰하기 어렵고, 무방비한 상태로 돌연히 마주해야 하는 언어폭력의 가능성 때문에 불안하다고 답하였다. 반면 게시판형 익명 커뮤니티보다 폐쇄적이고, 오프라인의 지인 기반으로 인적 네트워크가 형성되어 있는 SNS에서는 신뢰하는 사람들을 대상으로 소수의 팔로우/팔로워 관계만을 유지하는 비공개 계정을 만들어, 솔직한 감정을 털어놓기도 하였다. 그러나 이 공간에서 드러낸 자신의 모습이나 이야기를 다른 온/오프라인 공간에서 언급하는 것은 꺼리는 모습을 보였다. 이와 같은 사용 양상의 기저에는 자신의 상황과 감정을 누군가는 알아주었으면 하는 마음과, 또 이를 숨기고 싶어 하는 이중 심리가 작용하였다. 이로부터 커뮤니티 공유 설정 등 개인화의 폭을 확대하여 사용자의 이중 심리를 만족시키고, 익명 커뮤니티 내 일대일, 혹은 일대다의 선택적 커뮤니케이션을 통한 사회적 지지 구현이 요구된다는 결론을 도출하였다. 더불어 감정 분출과 스트레스 해소의 결과물로서의 기록이 휘발되길 바라면서, 동시에 안심할 수 있는 공간에 저장되어 있기를 바라는 사용자의 양가적인 니즈 또한 발견하였다.

2. 전문가 인터뷰

1) 내용

내담자의 비율은 대학원생이 전체의 66%, 학부생이 30%로, 석박사 과정을 밟고 있는 학생들의 상담 신청 비율이 더 높았고, 통계적인 남녀 비율은 3:7로 나타났다. 주로 연구실 생활에서 겪는 대인 관계의 갈등이나 정신 건강 문제, 우울함이나 불안 등의 정서적 어려움, 학업 및 진로의 스트레스를 호소하였다. 이들에게는 충분한 수면과 규칙적인 식사, 운동을 권장하며, 스트레스 상황에서 자신의 사고를 기록하면서 본인의 부정적인 감정을 파악하고 긍정적인 생각으로 치환하는 활동이 도움이 된다. 고조된 감정을 진정시키는 이완 호흡법과 명상 또한 스트레스의 상황을 이겨낼 수 있는 좋은 방법이다. 더불어 동료나 친구에게 힘든 상황을 털어놓고 이야기하고 그들의 공감과 응원을 얻음으로써, 사회적 지지를 인지하여 번아웃에 대처하는 능력을 증진할 수 있다.

지인뿐만 아니라 익명의 커뮤니티를 통해서도 번아웃 증후군 대처와 극복에 도움을 구할 수 있는데, 비슷한 질환이나 문제를 겪는 사람들이 모여 자신의 상황을 털어놓고 서로가 도움 되는 방향을 공유하는 '자조모임'이 그 역할을 할 수 있다. 자조모임은 오프라인에서 시작하여 현재 온라인에서도 활발하게 만들어지고 있다. 자조모임에서 참여자들은 자신과 동일한 상황에 부닥쳐 있거나 같은 문제를 원활히 극복한 사람들과의 교류를 통해 유대를 형성하고, 자신의 상황을 객관화할 수 있으며, 상황 대처 능력을 학습하고, 동기와 지지를 얻을 수 있다.

이외에도 유도심상법의 일환으로 내담자의 '안전지대'를 개발하는 방법이 있다.

눈을 감고 본인이 편안하게 느끼는 장소를 떠올린 후, 무엇이 보이는지, 어떤 소리가 들리는지, 무엇이 만져지며 냄새는 어떠한지 등 감각에 집중하게 한다. 불안한 상황에 처했을 때 자신만의 안전지대를 상상함으로써 불안을 해소하고 안정을 회복하는 효과가 있다.

2) 논의 확장

전문가 인터뷰로부터 스트레스에 대응하기 위해 진정과 이완 방법을 훈련하고, 본인만의 안전지대를 개발하며 지인이나 자조 모임 등에서 자신의 감정과 상태를 토로하고 드러냄으로써 유대와 동기, 지지를 얻는 것이 중요함을 이해하였다. 동시에 인지적 요소만큼이나 인지 외적 요소에 주목할 필요가 있음을 발견하였다. 스트레스 관리를 위해 수면과 식사, 운동과 같은 적절하고 규칙적인 생활 패턴의 정립이 중요하다는 사실은 너무나 당연하고 기본적이기에 오히려 부수적인 요소로 취급되는 경향이 있었다. 또한 상담 치료의 시간적, 장소적 한계가 명확히 존재했다. 상담 치료의 연장 선상에서 보조적인 도구로서, 동시에 그 한계를 보완할 수 있는 방안으로서 앱을 통하여 스트레스 관리를 위한 운동 요법과 정신 건강 챙김을 실현할 수 있다고 보았다. 물리적 공간과 가상 공간, 사적 공간과 공적 공간을 넘나드는 역공간을 심상의 안전지대와 연계하고, 사용자의 이완과 안정을 돕는 가이드를 제공하며, 역공간 내 형성된 익명의 공동체를 일종의 자조 모임으로 기능하게 한다면 사용자가 적극적으로 활동에 참여하고 드러내기를 시도할 것이라 기대하였다. 물리적 공간과 연계된 앱의 가상 공간에서 사용자는 공동체 안에서 유대를 형성하고 사회적 지지를 획득하며 번아웃 증후군을 극복할 수 있는 동기를 마련할 수 있다고 보았다. 이에 큐레이션 된 역공간을 방문하고 휴식을 취하는 일련의 과정을 중심으로 사용자의 신체 활동을 증진하고, 새로운 경험의 기록을 누적해가며 사용자가 자기 성취감을 맛볼 수 있도록 하는 시나리오를 작성하였다. 이로써 사용자는 스트레스를 단기적으로 해소하고 장기적으로 회복 탄력성을 기를 수 있다.

3. Physical Prototyping

번아웃 회복 및 예방을 위한 활동 가이드 앱 '삶은 달걀'의 피지컬 프로토타이핑 실험에 참여한 세 명의 번아웃 사용자들은 일과 중 새로운 장소를 추천받아 오디오 가이드를 들으며 산책과 휴식을 경험하였으며, AR 그림 그리기 활동과 폴라로이드 사진 및 메시지 남기기, AR 에그 숨기기 및 찾기를 수행하였다. 프로토타입에 대해 세 명의 사용자들은 '삶은 달걀'의 가장 중요한 가치를 '휴식'과 '성취감'으로 꼽았으며, '삶은 달걀'의 효용을 긍정하였다.

추천 장소에 대한 긍정적인 피드백

"이런 장소가 있다는 걸 처음 알아서 좀 놀랐는데…. 바람이 불어서 시원하기도 하고 산봉우리들이 잘 보여서 예쁘더라고요."

휴식한다는 느낌

"계속 '뭘 해야 된다' 이런 생각이 있어서 가만히 앉아 있는 경우가 잘 없는데 의식이 깨어 있는데 휴식한다는 느낌이 되게 오랜만이었던 것 같아요."

새로운 것을 해 보았다는 성취감

"학교에서는 연구실에만 있으니까 새로운 걸 해 보는 게 좋았던 것 같아요. 어디를 가고 싶어도 좋아하는 장소도 없고, 뭘 해야 할지 모를 때가 많은데…"

"영화나 유튜브를 볼 때는 시간을 버렸다는 생각이 들기도 하는데 이걸 통해서는 뭔가 새로운 걸 했다는 뿌듯함이 있어서…"

공간 향유

"(오디오 가이드에서) '하늘을 오늘 처음 본 걸 수도 있겠다' 그런 이야기를 하시더라고요. 근데 생각해 보니까 몇 주 동안 그렇게 하늘을 볼 기회가 없었던 것 같고."

"활동량은 큰 생각이 들지 않았는데, 이런 시간을 가질 수 있다는 것 자체가 좋았어요."

"바람이 불면 생각나는 노래가 하나 있어서 그 제목을 적었거든요. '바람이 어디에서 부는지'라고…"

공간 자체가 사용자에게 주는 효용 > AR 그림

"그리는 건 확실히 손으로 하는 게 편했고, 재밌는 핸드폰이 좀 더 있었던 거 같아요."

" 바람이 부는 걸 그리려고 했어요. 잘 그린 것 같지는 않은데…"

" 사진 찍는 건 괜찮은데 글을 쓰는 게… 어떤 말을 써야 될지 몰라서 그게 좀 오래 걸렸거든요."

사용자 간의 적극적 인터랙션 유도 지양

"저는 읽어 볼 것 같은데 남은 제 걸 안 읽었으면 좋겠어서. 모순된 마음이긴 한데… 그래서 좀 안 보이는데 두고 싶은 것 같아요."

" 제 걸 다른 사람들한테 보여 주고 싶지 않거든요. ' 나랑 비슷한 감정을 느끼는 사람이 있구나' 그렇게만 생각하는 게 좋고… "

과정 지향 > 결과 피드백

"다른 것들은 접근하기가 쉽거든요. 이런 건 제가 시간을 할애해야 한다는 부담감 때문에…"

"걱정이 좀 됐어요. 카드 내용이 '첫발을 내디뎠다'고 하잖아요 그 말을 듣고 '내일은 똑같을 텐데' 그런 생각을 했거든요."

세 명의 참가자 모두 추천 장소에 대해 큰 만족도를 보였고 시간 대비 휴식의 질이 높았다고 평가하였으며, 새로운 것을 시도하였다는 점 자체에서 성취감을 맛보았다고 답했다. 오디오 가이드에 대한 선호는 참가자별로 엇갈렸으나, 오디오 가이드가 공간 향유를 증진하고 이완을 돕는다는 점에서는 모두 긍정적이었다. 반면 AR 그림 그리기 활동은 과정이 낯설고 복잡할 뿐만 아니라 무엇을 그려야 할지 고민하게 하여 참가자에게 또 하나의 '과업'으로 인식되었다. 되려 사용자들은 공간

자체가 주는 효용성에 더 주목하는 경향을 보였다. 에그 캡슐을 장소에 심고 다른 사람의 에그를 찾는 활동에 대해서는, 에그의 존재를 통해 나와 같은 감정으로 경험을 공유하는 누군가가 있다는 사실에 안도하거나 동질감을 느끼는 모습을 보였다. 다만 에그의 공개성에서는 비교적 보수적인 경향이 있었다. 최종적으로 수령한 성취 축하 카드에 대해서도 참가자별로 상반된 반응을 보였는데, 축하 메시지로 성취감을 북돋을 수도 있으나 적절한 수위를 지키지 못할 경우 사용자에게 부담감을 줄 여지가 있었다.

따라서 앱 사용 전반에서 사용자에게 휴식과 성취감을 주고자 할 때 결과 피드백과 같은 단순 결과나 AR 기록과 같은 지속적인 기록을 강조하기보다, 장소에 방문하는 과정 자체와 하나하나의 시도, 그리고 그 장소에서 보내는 시간에 초점을 맞추어 서비스를 제공해야 한다는 결론을 도출하였다. 한편 실험에서 AR 그림 그리기의 효과를 기대하며 'Just a Line'이라는 별도의 앱을 활용했는데, 평가 과정에서 사용자들이 진정 필요로 하고 즐겼던 것은 그 앱이 제공하는 기술 자체보다도 하늘을 올려다보고 바람을 맞으면서 휴식하는 것이었다. 따라서 이후의 비디오 프로토타이핑에서는 AR 그림 그리기를 삭제하고, 공간 향유와 과정에 초점을 맞추었다.

〈그림 1〉 오디오 가이드를 들으며 산책하는 참가자

〈그림 2〉 폴라로이드 사진에 그림을 그리는 참가자

4. Video Prototyping

최종적인 비디오 프로토타이핑은 앱 화면과 데모 영상[20]을 포함한다. 번아웃 증후군을 겪는 사용자가 입력한 초기 정보와 현재 위치, 시간대를 바탕으로 장소를 추천하고 선택한 장소의 상세 정보를 제공한다. 도착지까지 이동하는 동안 사용자는 지도를 볼 수 있으며 출발 지점으로부터의 이동 경로가 표시된다. 이동 중 및 도착 장소에서 사용자는 오디오 가이드를 들으며 자유로운 휴식을 취하고, 다른 사람의 AR 에그를 찾고 자신의 AR 에그를 메시지와 함께 심기도 한다. 활동을 완료하면 축하/응원 메시지를 볼 수 있다. 휴식 시간이 누적됨에 따라 사용자는 다른 에그 별명을 가질 수 있고, 자신이 선호하는 휴식 장소의 특성 또한 발견할 수 있다. 심은 달걀의 기록을 지도나 타임라인 형태로 열람할 수 있으며 시각화된 이동 궤적을 확인할 수 있다. 공간을 향유하는 일련의 과정을 통해 사용자는 일상 속에서 새로운 경험을 성취하고, 다른 사용자와 소통하면서 자기통제감을 회복하고 회복탄력성을 기를 수 있게 된다. 에그 심기 활동을 통한 기록은 트래킹의 효과를 가져가면서 동시에 트래킹이 주는 피로 문제를 해결한다. 동시에 안전지대로서의 휴식 공간에 숨겨진 에그는 자신을 심리를 드러내면서 동시에 숨기고자 하는 사용자

〈그림 3〉 앱 프로토타입 및 데모 영상

20. https://youtu.be/0WWZB4CY3k4

의 이중 심리를 충족키고, 에그를 매개로 하는 사용자 간의 인터랙션은 선택적 커뮤니케이션을 통한 사회적 지지 구현으로 이어진다.

V. 연구 함의

1. 함의

연구진은 번아웃 회복 및 예방을 위한 활동 가이드 앱 '삶은 달걀'을 통해 쉬는 법을 잊은 번아웃 증후군 사용자들에게 일상적인 맥락 속에서 운동 요법을 중심으로 한 휴식을 경험하게 하고자 했다. '삶은 달걀'은 전문적인 영역에서만 다루어졌던 번아웃 증후군을 자연스럽고 편안한 컨셉을 토대로 역공간을 기술적으로 구현하여 사용자의 생활 반경 안에서 자발적인 휴식과 그에 대한 기록 및 열람을 통해 자기효능감과 회복탄력성의 획득을 통해 해결하고자 한다. 사용자 인터뷰와 전문가 인터뷰를 통하여 수면, 섭식, 운동 등의 인지 외적 요소의 중요성을 확인하였다. '삶은 달걀'이 인지 외적 요소에 미치는 긍정적 영향을 입증하기 위하여 공간으로의 직접적인 이동이 가능한 피지컬 프로토타이핑 테스트를 진행하였고, 테스트 사전 및 사후 인터뷰를 통해 사용자로부터 '삶은 달걀' 사용 흐름에 있어서의 생생한 피드백을 얻을 수 있었다. 연구진은 사용자가 새로운 휴식 공간을 경험한다는 과정 자체로부터 즐거움을 찾는다는 점을 포착하였고, 그 과정에서 세부적인 태스크는 오히려 사용자를 피로하게 할 수 있다는 점을 알게 되었다. 결과적으로, 어플리케이션 사용 흐름에 있어서 AR 그림그리기 과정을 기각하였고 사용자의 공간 향유에 집중하였다. 사용자는 추천 받은 새로운 공간에서 일상을 벗어나 안정적 휴식과 여가를 경험하며 동시에 "기존의 공간과 단절된 것이 아닌 연결된 개념"**21**으

---

21. 송영민 · 강준수. 2017. p.37.

로서의 역공간을 향유한다. 휴식과 이완을 통해 심리적 불안감과 불편함을 해소하는 동시에 새로운 장소를 방문해 보았다는 성취감을 얻는다. 또한 다른 사용자가 남긴 에그를 열람하고, 자발적으로 장소를 추천하고 에그를 남기며 다른 사용자와의 은밀한 상호작용을 경험한다. 이에 대해 피지컬 프로토타이핑 테스트 과정에서 사용자가 남긴 긍정적인 피드백을 통하여 사용자가 일상 속 스트레스를 해소하기 위해 일상적이지만 낯선 공간을 향유하는 것을 일종의 일상으로부터의 돌파구로 삼을 수 있으며, 비디오 프로토타이핑을 통해 이를 반복적으로 수행하며 자신의 기록을 돌아보는 것이 자기효능감과 회복탄력성을 증진시킴으로써 번아웃 증상의 해결책 중 하나가 될 것임을 기대할 수 있었다.

2. 한계점

다만 한계점으로는, 첫 번째로는 실험 장소가 서울대학교 인근으로 한정지어졌기에 추후에 어플리케이션이 제공할 수 있는 추천 장소의 확장 가능성, 두 번째로는 사용자의 어플리케이션의 주기적 사용 가능성, 세 번째로는 사용자가 자발적으로 추천 장소를 공유할 때의 악용 가능성이 있다. 연구진은 장소 확장 가능성의 문제를 사용자의 자발적인 장소 공유를 통한 크라우드 소싱으로 해결하고자 했으나, 사용자가 스스로 새로운 장소를 추천할 만한 유인이 크지 않을 수 있기에 이에 대한 적절한 보상이 필요할 것으로 예상된다. 더불어 사용자가 개인적인 공간을 공유할 때, 그 공간이 인기를 얻게 되어 한산하던 휴식 장소가 붐비게 되었을 때의 부작용에 대한 고민이 필요하다. 또한 공간을 방문하여 휴식하는 행위가 단발성 이벤트로만 끝난다면 번아웃 증후군 해결에 직결되지 않을 수 있기에 지속적인 어플리케이션 사용을 독려해야 한다. 일상적 맥락 속에서 받는 어플리케이션 알람에서 더 나아가 사용자 개인의 달걀을 심는 공간의 특성을 파악한 적절한 장소 큐레이션이 동반되어야 할 것이다. 사용자 근방에 더 이상 새롭게 추천할 공간이 없을 때도 사용자가 지속적으로 어플리케이션을 이용하게 하기 위하여 휴식 장소 추천

서비스에서 그치는 것이 아닌, 새로운 오디오 가이드의 지속적인 제공과 다른 사용자가 새롭게 심은 달걀을 찾아 열람하도록 하는 유인을 제공하는 세밀한 기획이 덧붙여져야 할 것이다. 일부 사용자의 장소 추천 기능의 악용을 막기 위해서는 개인 사용자가 장소를 추천했을 때 기획자가 직접 장소를 방문해 보고 장소의 위험성을 고려하여 다른 사용자의 앱 화면에 표시하는 등의 적극적인 해결 방안이 필요할 것이다.

3. 의의

본 연구는 선행 연구와는 달리 번아웃 증후군의 해결을 전문적 심리 상담 영역에서 끌어내어 일상으로부터 확장된 역공간에서의 휴식과 성취를 통해 자기 효능감 및 회복 탄력성을 증진시키고자 한다는 목적을 가지고 있다는 점에서 시사점을 가진다. 번아웃 증후군을 겪는 사용자는 스트레스 환경에 장기간 노출되었지만 이를 해결할 수 있는 방안을 일상 속에서 제공받지 못한다는 점에서 착안하여, 본 연구는 어플리케이션을 통하여 지속적인 휴식 장소의 추천과 그 장소로의 이동을 장려함으로써 사용자에게 능동적 휴식의 기회를 제공한다. 본 연구는 자기 효능감과 회복 탄력성 증진에 있어서 기술이 일상적 맥락 속에서 효과적인 해결책을 제공할 수 있음을 시사하며, 역공간의 확장성을 특기하고, 나아가 향후 번아웃 증후군의 치료 및 예방에 있어서 기술이 나아가야 할 방향에 대해 더 깊은 논의를 낳을 것이라고 기대된다.

VI. 결론

본 프로젝트에서는 운동 요법을 중심으로, 번아웃 회복 및 예방을 위한 활동 가이드 앱인 '삶은 달걀'을 제안하였다. 이를 통해 번아웃 증후군 대상자에게 단기적으로는 능동적 휴식을, 장기적으로는 번아웃으로부터의 회복 탄력성을 줄 것이라는 가설을 세웠다. 사용자의 니즈를 파악하고 가설을 확인하기 위해 만성 스트레스로 번아웃 증후군을 겪고 있는 대학생 및 대학원생을 대상으로 피지컬 프로토타이핑 테스트를 진행했고, 공간을 이동하게 하는 산책과 더불어 AR 그림그리기를 통해 사용자의 신체 활동을 유도했다. 그 결과 사용자는 새로운 장소를 방문하며 자기 효능감을 증진시킬 수 있었고, 나아가 지속적인 휴식 장소의 추천을 통해 능동적 휴식으로의 연결점을 찾을 수 있었다. 사용자는 이처럼 새로운 장소 추천과 장소 이동에 대해서는 긍정적이었으나, 반면 AR 그림그리기를 통한 신체 활동에는 부정적 반응이 있었다. 이 테스트 결과를 반영하여 최종 프로토타입 디자인에서는 AR 그림 그리기 기능은 삭제하고, 공간 향유와 추천 시스템을 중점으로 강화하여 어플리케이션 사용 흐름을 변경하였다. 사용자들은 공간을 향유함으로서 일상 속 스트레스를 해소할 수 있게 되고, 이를 통해 그들의 일상 속 하나의 돌파구로 삼을 수 있었다. 즉 새로운 장소로 이동하고 방문하는 것과 그 공간을 향유하고 기록을 남기는 능동적 휴식이 그들의 번아웃 증상의 해결로서의 하나의 방법이 될 수 있음을 증명하였다. 사용자는 이렇게 미션을 완수할 때마다 방문 기록과 함께 짧은 보상 메시지를 받게 되며, 총 휴식 시간과 심은 달걀의 개수 등 자신의 활동 기록을 돌아보며 자기효능감을 향상시킬 수 있었다. 한계점들을 보완하여 이러한 기술적 접근을 발전시킨다면, 앞으로 기존 상담 치료의 시공간적 제약을 벗어나 번아웃 증후군 대상자의 생활을 실질적으로 개선하고, 나아가 장소 기반 네트워크 및 크라우드 소싱을 통해 지역 사회의 정신 건강 서비스와도 연계하여 발전시킬 수 있을 것이다.

〈참고문헌〉

송영민·강준수. 2017. "역공간의 여가적 기능에 대한 탐색적 고찰." 『관광연구논총』. 29권 4호.
이민주·김재영·성정환. 2011. "역공간에서 심리적 요인이 사적 정보 공유에 미치는 영향." 『한국HCI학회 학술대회』.

이수현·이동엽. 2013. "학업소진척도(MBI-SS) 타당화 연구: 의대생 대상으로." 『아시아교육연구』. 14권 2호.

이수현·전우택. 2015. "의과대학생의 학업적 자기효능감과 학업 소진의 관계." 『Korean Journal of Medical Education』. 27권 1호.

최우혁·이의진. 2014. "수영 환경을 고려한 다중 사용자 운동게임 디자인." 『한국HCI학회 학술대회』.

최재원·손실리·김서희·김현수·홍지영·이무식. 2015. "우리나라 일부 의과대학생의 번아웃 유병률과 관련 요인." 『Korean Journal of Medical Education』. 27권 4호.

한국콘텐츠진흥원 산업진흥정책본부. 2016. 『대한민국 게임백서 (상)』. 문화체육관광부.

Ajay Aluri. 2017. "Mobile augmented reality (MAR) game as a travel guide: Insights from Pokémon Go." *Journal of Hospitality and Tourism Technology*, 8-1.

Alexander Meschtscherjakov, Sandra Trösterer, Artur Lupp and Manfred Tscheligi. 2017. "Pokémon WALK: Persuasive effects of Pokémon GO game-design elements." Peter W. de Vries, Harri Oinas-Kukkonen, Liseth Siemons, Nienke Beerlage-de Jong and Lisette van Gemert-Pijnen eds. *Persuasive technology: Development and implementation of personalized technologies to change attitudes and behaviors.* Springer.

Arpita Bhattacharya, Calvin Liang, Emily Y. Zeng, Kanishk Shukla, Miguel E. R. Wong, Sean A. Munson, and Julie A. Kientz. 2019. "Engaging teenagers in asynchronous online groups to design for stress management." Proceedings of the 18th Interaction Design and Children Conference.

Christina Maslach, Susan E. Jackson and Michael P. Leiter. 1997. "Maslach Burnout Inventory: Third edition." In Carlos P. Zalaquett & Richard John Wood eds. *Evaluating stress: A book of resources*. Scarecrow Education.

Florian Floyd Mueller, Darren Edge, Frank Vetere, Martin R. Gibbs, Stefan Agamanolis, Bert Bongers and Jennifer G. Sheridan. 2011. "Designing sports: A framework for exertion games." Proceedings of the SIGCHI Conference on Human Factors in Computing Systems.

Hansung Kim, Juye Ji and Dennis Kao. 2011. "Burnout and physical health among social workers: A three-year longitudinal study." *Social Work*. 56-3,

Jeroen Stragier, Ayla Schwarz, Greet Cardon, Sebastien Chastin, Ruben Costa, Jorge Doménech, Josue Ferri and Ann DeSmet. 2018. "SmartLife: The development of a mobile exergame for promoting physical activity among adolescents." Proceedings of the International Society of Behavioral Nutrition and Physical Activity.

Joachim Bauer. 2015. Arbeit: Warum unser Glück von ihr abhängt und wie sie uns krank macht. 전진만 역. 2015.『왜 우리는 행복을 일에서 찾고, 일을 하며 병들어갈까: 번아웃 시대의 행복한 삶을 위하여』. 책세상.

Kwangyoung Lee and Hwajung Hong. 2017. "Designing for self-tracking of emotion and experience with tangible modality." Proceedings of the 2017 Conference on Designing Interactive Systems.

Lea M. Naczenski, Juriena D. de Vries, Madelon L. M. van Hooff and Michiel A. J. Kompier. 2017. "Systematic review of the association between physical activity and burnout." *Journal of Occupational Health*, 59-6.

Morteza Charkhabi, Mohsen Azizi Abarghuei and Davood Hayati. 2013. "The association of academic burnout with self-efficacy and quality of learning experience among Iranian students." *SpringerPlus*, 2:677.

Stevan E. Hobfoll and John Freedy. 1993. "Conservation of resources: A general stress theory applied to burnout." Wilmar B. Schaufeli, Christina Maslach and Tadeusz Marek eds. *Professional burnout: Recent developments in theory and research.* Taylor & Francis.

Susanna Paasovaara, Pradthana Jarusriboonchai and Thomas Olsson. 2017. "Understanding collocated social interaction between Pokémon GO players." Proceedings of the 16th International Conference on Mobile and Ubiquitous Multimedia.

Tim Althoff, Ryen W. White and Eric Horvitz. 2016. "Influence of Pokémon Go on physical activity: Study and implications." *Journal of Medical Internet Research*, 18-12.

Tuomas Kari, Jonne Arjoranta and Markus Salo. 2017. "Behavior change types with Pokémon GO." Proceedings of the International Conference on the Foundations of Digital Games.

Wilmar B. Schaufeli, Isabel M. Martínez, Alexandra Marques Pinto, Marisa Salanova and Arnold B. Bakker. 2002. "Burnout and engagement in university students: A cross national study." *Journal of Cross-Cultural Psychology*. 33.

Yannick Francillette, Bruno Bouchard, Eric Boucher, Sébastien Gaboury, Paquito Bernard, Ahmed Jérome Romain and Kévin Bouchard. 2018. "Development of an exergame on mobile phones to increase physical activity for adults with severe mental illness." Proceedings of the 11th PErvasive Technologies Related to Assistive Environments Conference.

[부록 1] 사용자 조사 질문지

현재 스트레스

- 스스로 판단하기에 최근 본인의 스트레스 수준이 어느 정도라고 생각하시나요?
- 현재 겪고 계신 스트레스에 대해 자세히 알려주실 수 있을까요? (대상, 상황, 반응 파악)
- (반응 파악하기 어려운 경우) 그 대상/상황에 대해 처음에는 어떻게 느끼셨나요?
- 스트레스가 생겼을 때 어떻게 대처를 하시는 편인가요?
- 본인만의 대처 방법이나 시도했던 것들이 있나요?
- 그와 관련해서 주변 사람들에게 털어놓거나 도움을 받은 경우도 있으신가요?
- (평소 그런 이야기를 자주 나누는 편이신가요?)
- 일기를 쓰거나 본인에 대해서 기록을 하시나요? (어떤 형태? 어플이라면 어떤 어플을 사용하시나요?)
- 얼마나 자주 쓰시나요(기록하시나요)?
- (그만둔 경우) 왜 더 이상 기록하지 않게 되셨나요?
- 위로나 힐링을 위한 앱을 사용하시거나 사용하신 적이 있나요?
- 어떤 점이 좋았고 어떤 점이 아쉬웠나요?
- (그만둔 경우) 어떤 이유로 더 이상 사용하지 않게 되었나요? (어떤 부분이 개선되면 다시 쓸 의향이 있는지?)
- 수면 기록 등 트래킹 앱을 사용하신 경험이 있나요?
- 어떤 이유로 사용하셨나요?
- 어떤 점이 좋았고 어떤 점이 아쉬웠나요?
- 얼마 동안 사용하셨나요? 얼마나 자주 사용하셨나요?
- (그만두었다면) 더 이상 사용하지 않게 된 이유는 무엇인가요?
- 유튜브 브이로그를 챙겨보는 것이 있으신가요?
- 어떤 류의 유투버인지 설명해 주실 수 있나요?
- 어떤 부분이 좋았고, 기억에 남으셨나요? (왜 그 부분이 좋다고 느끼셨나요?)

과거 스트레스

- 과거에 겪었던 스트레스로는 어떤 것이 있으셨나요? (대상, 상황, 반응 파악)
- (대답하기 어려워하는 경우) 떠오르는 대표적인 것들만 말씀해 주셔도 됩니다.
- 당시에 그 스트레스에 대해 어떻게 느끼셨나요?
- 어떻게 대처하셨나요?
- (아까 말씀해 주셨던 현재 스트레스와 비교했을 때) 그때와 지금 어떻게 다르게 느껴지시나요?
- 달라진 점이 많다고 느끼시나요? 그렇다면 어떤 점에서 그렇게 생각하셨나요?

상담 경험

- 스트레스와 관련해 상담을 진행하거나 시도했던 경험이 있으신가요?
- 그때의 경험을 자세히 말씀해 주실 수 있을까요?

소셜 미디어

- SNS나 익명 커뮤니티를 이용하시나요? (활동하지 않더라도 들어가 보시는 게 있다면 다 말씀해 주시면 감사하겠습니다. -- 시험, 취업 관련 커뮤니티 포함)
- (SNS) 얼마나 자주 들어가 보거나 활동하시나요?
- SNS/익명 커뮤니티를 하시는 목적이 무엇인가요? (사회생활, 친목, 힐링, 홍보 등)
- 주로 어떤 활동을 하시나요? (보기만 하기, 업로드, 스토리, 좋아요 등)
- 활동하고 계신 소셜 미디어에 대해서 어떻게 생각하시나요?
- 활동하거나 들어가 보다가 탈퇴하거나 그만둔 SNS/익명 커뮤니티가 있나요?
- (있는 경우) 언제 어떤 이유로 그만두게 되었나요?
- 익명 커뮤니티를 선호하시는 편인가요?
- 그 이유는 무엇인가요?

스마트폰 카메라

- 스마트폰 카메라로 사진을 자주 찍으시는 편인가요? 얼마나 자주 사용하시나요?
- 혹시 자주 사용하는 카메라 앱이 있으신가요?
- 사진을 찍을 때 주 목적은 무엇인가요? (개인 소장, 업로드, 스토리, 친구 공유, 나중에 다시 보기 등)
- 주로 어떤 대상이나 상황을 찍으시나요?

- 사진을 찍은 뒤 편집하거나 꾸미는 편이신가요?
- 개인 소장할 때, 공유할 때 각각 어떻게 편집하거나 꾸미시나요?
- 카메라 앱에서 선호하는 기능/효과가 있나요?
- 평소 있으면 좋겠다 싶었던, 원하는 기능/효과가 있나요?

서비스

- 'Samsung Health' 등 기존 앱의 스트레스 측정 기능에 대해 알고 계신가요?
- (알고 있다면) 사용해 보신 적이 있나요?
- 이러한 기능에 대해 어떻게 생각하시나요?
- (가능하다면) 현재 스트레스 지수 측정
- 눈앞에 스트레스 대상이나 그 사진이 있다면, 어떤 행동을 하고 싶으신가요? 잠시 대상을 상상하며 행동을 취해 주셔도 좋습니다.
- 다른 스트레스 대상/상황에 대해 상상하며 행동해 주셔도 좋습니다.

[부록 2] 전문가 인터뷰 설문지

방문자 통계

- 하루/일주일 평균 상담 신청 방문자 수는 어떻게 되나요?
- 그중 스트레스 상황에 대해 상담 신청을 하는 학생의 수는 어떻게 되나요?
- 방문하는 학생들의 통계자료가 있을까요? (성별, 나이, 스트레스 상황 등)
- 한 학생이 상담을 받을 때, 주기적으로 상담을 받는 학생들이 얼마나 되나요? 그리고 그 기간은 얼마 정도인가요? (Ex. 일주일, 한 달)
- 학생들이 가장 빈번하게 호소하는 스트레스 상황은 무엇인가요?
- 방문자의 스트레스 수준은 어떠한가요?

상담 방법

- 일반적인 상담 루틴에 대해 궁금합니다. (신청, 상담까지의 기다리는 기간, 다음 상담 약속 등)
- 상담 과정에서 내담자에게 지켜야 할 특별한 사항이 있나요? (Ex. 특정 말은 하지 않기 등)

• 스트레스 상황의 종류에 따른 상담 접근 방법이 따로 있나요?
• 내담자의 스트레스 수준에 따라 접근 방법이 달라지나요?

상담 효과

• 주기적으로 방문하는 내담자는 상담을 통해 어떤 변화를 겪나요?
• 주기적으로 방문하는 내담자는 상담을 통해 스트레스가 해소된다고 느끼나요?
• 상담자 분께서 보시기에, 상담 과정에서 내담자의 변화를 알아챌 수 있으신가요?
• 상담 효과를 보기 위해서 상담 시간 이외엔 내담자는 스스로 어떤 노력을 해야하나요?

기관에서 느끼는 문제점/한계점

• 상담 대기가 길어 방문하지 못하거나, 시간이 되지 않아 방문이 어려운 학생들에 대해 어떤 조언을 해 주실 수 있으신가요?
• 상담에 대해 학생들의 요구나 건의 사항은 어떤 것이 있었나요?
• 현재 상담 과정에서 개선해야하는 점은 어떤 점이 있을까요?
• 기관을 통한 상담 이외에 학생들이 스트레스 상황을 이겨낼 수 있는 방법이 무엇이 있을까요?

[부록 3] 오디오 가이드 대본

산책

오늘 우리는, 집으로 돌아가는 여정의 틈에, 소소한 여행을 해 보려 합니다. 가장 즐거웠던 여행을 생각해 보세요. 그곳은 어디였나요? 가장 즐거웠던 순간은 언제였나요? 여행은 낯선 곳에서의 기분 좋은 긴장감을 선물합니다. 일상을 벗어나 자유로움을 만끽할 수 있는, 무척 설레는 일이죠. 우리는 지금, 새로운 곳을 찾아 여행을 떠나고 있습니다.

목적지까지 가는 길에 심어진 나무의 색깔, 지나가는 사람들의 표정, 바닥에 드리운 그림자의 모양을 유심히 관찰해 보세요. 나중에 이 장면을 그림으로 그린다면 무엇을 담아내고 싶은지 생각하면서, 주의 깊게, 구석구석 살펴보세요.

지금 당신은 어떤 속도로 걷고 있나요? 만약 목적지까지 빨리 가기 위해 서두르거나, 초조하게 걷고 있다면, 마음을 조금 편하게 가져도 좋습니다. 지금은 산책을 하고 있다고 생각하면서 걷는 속도를 늦춰보세요. 발이 땅에 닿는 느낌을 상상하면서 천천히 걸어보세요.

(발바닥의 어느 부분부터 바닥에 닿는지, 어디에 힘이 실리는지 한번 느껴보세요. 오른쪽 다리와 왼쪽 다리에 힘이 균형있게 들어가는지, 발걸음이 가볍게 떼이는지 아니면 발 뒤축을 끌면서 걷는지도 생각해 보세요. 우리는 평범하게 걷고 있다고 생각하지만, 사실 사람마다 걷는 자세와 모양이 모두 가지각색이랍니다. 당신의 앞에 걷고 있는 사람이 있다면 그 사람의 발걸음도 유심히 관찰해 보세요. 신발 바닥이 어떻게 닳아있는지를 보면, 그 사람이 어떻게 걷고 있는지도 보인답니다.)

당신의 산책을 온전히 누려보세요. 목적지에 도착하면 벤치에 앉으시고, 저를 다시 불러주세요.

휴식

좋습니다. 편하게 자리를 잡고 앉아주세요. 근처에 벤치나, 의자 혹은 편하게 앉을 수 있는 곳이 있다면 자리를 잡고 앉아주세요. 창가에 서있고 싶다면 그렇게 하셔도 좋습니다.

오늘 보낸 하루를지난 일주일을 생각해 보세요. 해야 할 일들을 생각하며 온 종일 마음에 부담을 갖고 있었나요? 시간에 쫓겨 마음을 졸이며 바쁘게 지냈을 수도 있을 거예요. 쌓인 피로를 애써 모른 체하며, 오늘을하루 하루를 살아냈을지도 모릅니다. 그러는 동안 내 몸은 잔뜩 긴장해있었을 거예요. 긴장과 피로를 이곳에 내려놓는다-생각하며, 어깨와 팔에서 힘을 뺍니다. 자유롭게 내려놓아보세요. 그리고 숨을 한번 크-게 들이 쉽니다. 서서히 내쉬세요. 다시 한 번 숨을 들이쉬고, 내쉽니다.

오늘 하루를 다시 한번 돌아봅시다. 오늘 나는 하늘을 올려다 본 적이 있었나요? 그렇지 않다면 지금 여기, 이곳에서 보는 하늘이 오늘 처음 제대로 마주하는 하늘일지도 모르겠네요. 오늘의 하늘은 무슨 색인가요? 가장 마음에 드는 하늘 한 구석을 찾아서 가만히 응시해 보세요.

또 조금 더 돌아볼게요. 산자락도 보입니다. 생각보다 봉우리가 많아요. 저기 어딘가엔 절도 하나 있을 거예요. 그 아래로는 캠퍼스의 수많은 건물들이 있습니다. 건물의 옥상들도 보입니다. 일주일 중 가장 많은 시간을 이 캠퍼스 안에서 보내고 있지만, 여기서 보는 이곳의 모습은 나의 일상과는 또 조금 다르고 새로울 거예요. 이 중 내가 가장 많이 머무르는 공간은 어디에 있는지 한번 찾아보세요.

건물 사이로 간간히 보이는 사람들. 바람에 살짝 살짝 흔들리는 나무의 초록 잎들. 그렇게 나무를 흔드는 바람이 보이시나요? 이곳으로 불어오는 바람도 느낄 수 있을까요? 어디에서 바람이 불어오고, 어디를 스치고, 어디로 불어가는지 가만히 느껴봅니다. (낮 시간의 오디오 가이드: 햇빛을 받아 반짝이는 나뭇잎이 있는지 유심히 관찰해 보세요. 따뜻한 햇살이 내 얼굴에도 닿는다면, 눈을 감고 그 온기를 느껴봅니다.)

이 공간에서 보내는 시간은, 지금 여기, 오롯이 이 순간의 나를 위한 것입니다. 어제도, 그제도 지친 몸으로 무거운 발걸음을 옮기며 똑같은 길을 따라 집으로 돌아갔지만, 오늘 우리는 평소와는 조금 다른 시간과, 낯선 공간을 찾아 나섰습니다. 그리고 거기에서 내 몸을, 내 마음을 돌아보았습니다. 그렇게 하기 위해서 아주 작은 용기를 내준 나 자신에게 "고맙다" 하고 말해 주세요.

원한다면 얼마든지 이곳에서 나만의 시간을 가져도 좋습니다. 주변에서 들려오는 다양한 소리에 귀를 귀울여보는 것도 이곳을 누리는 또 다른 방법이랍니다. 이곳을 흠뻑 누렸다면, AR 앱을 이용해 이 공간에 자유롭게 나만의 흔적과 기억을 남겨주세요. 그림이어도, 글이어도, 혹은 어떤 몸짓이어도 좋습니다. 아무것도 하지 않아도 물론 괜찮아요. 그 기억을 달걀에 담으면, 이곳 어딘가에 심어둘 수 있어요. 이제 저는 잠시 떠나있을게요. 당신만의 시간입니다.

[부록 4] 앱 화면 설계

장소 추천

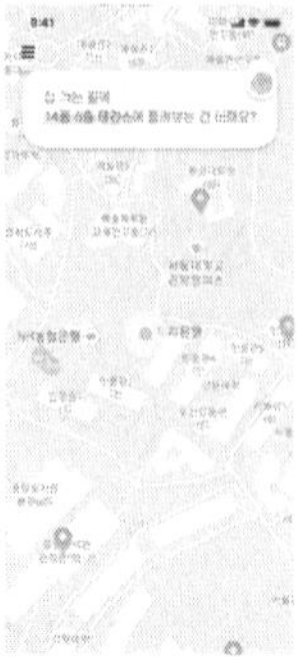

상세 정보

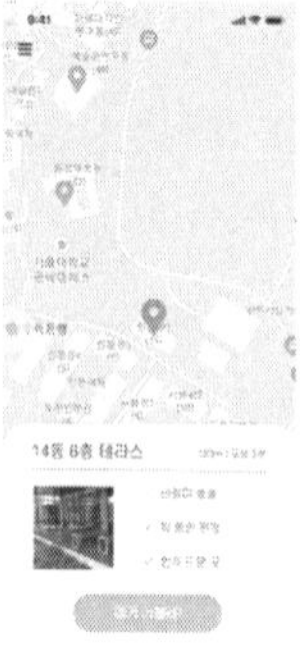

지도

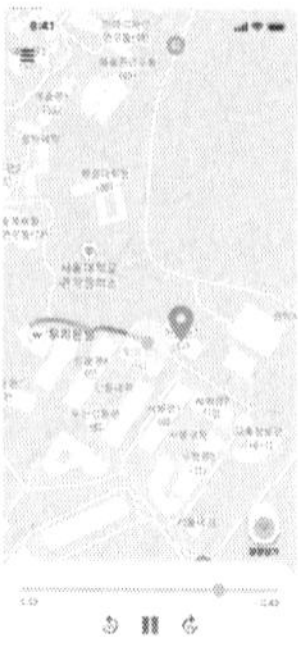

오디오 가이드

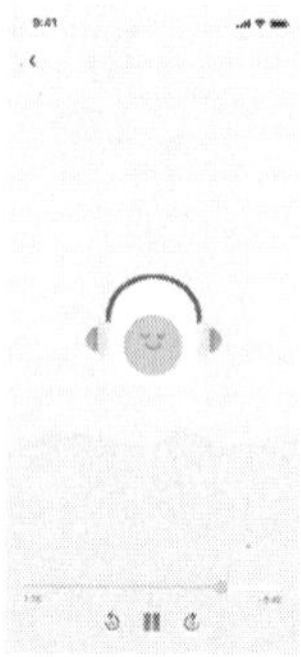

자유로운 휴식

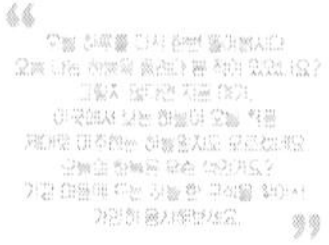

AR 에그 찾기

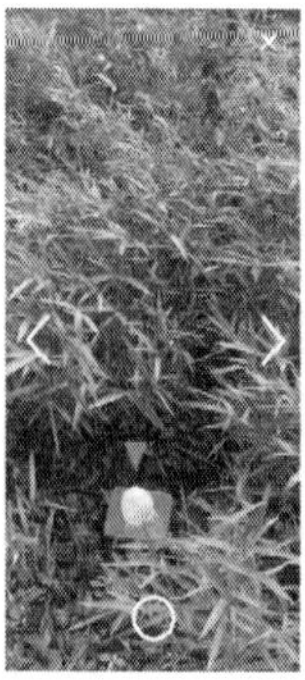

AR 에그 열어보기

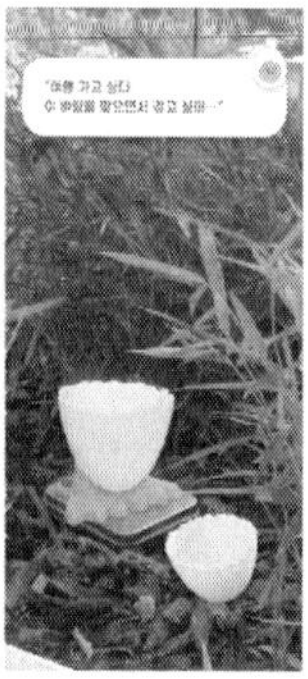

사진/영상 촬영

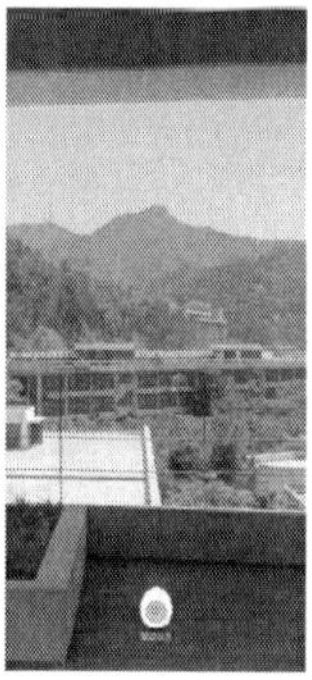

AR 에그 심기

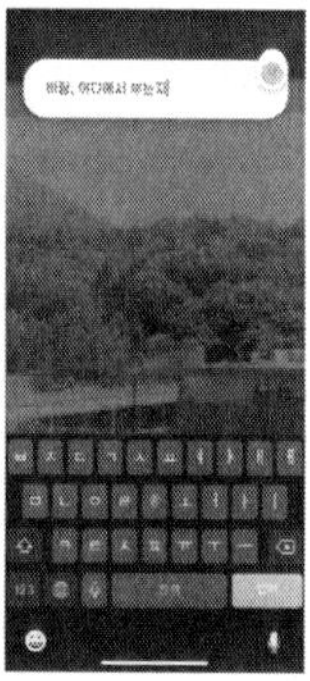

축하/응원 메시지

모연님은 오늘
자신의 마음을 돌아보는
첫 발을 내딛었어요!

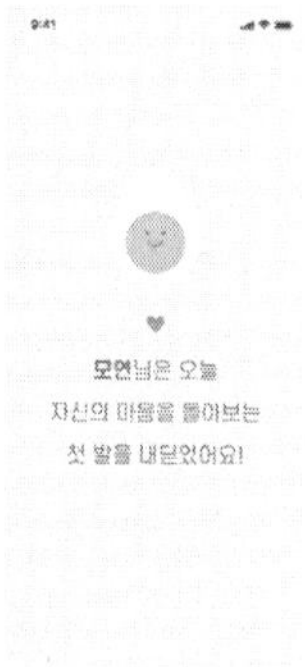

XD 화면 보기

[부록 5] 발표 자료

중간발표 자료 최종발표 자료 전시회 포스터 데모 영상

경제학부
불평등과 사회정의

수업명	불평등과 사회정의		
교수자명	주병기	수강 인원	11명
수업 유형	전공선택	연계 지역/기관	

수업 목적

이 강의는 불평등과 사회정의의 문제에 대한 학제융합적 시각과 사고력을 함양시키고 이를 통한 사회적 리더십을 고취시키는 것을 목적으로 한다. 강의와 실습을 병행함으로써 사회문제에 대한 학생들의 이해능력, 독립적 사고력, 그리고 창의적 문제해결 능력을 개발하도록 한다.

주요 교재

Anthony Atkinson. 2015. *Inequality*. Havard U. Press.

Amartya Sen. 1997. *On Economic Inequality*.

John Rawls. 1999. *A Theory of Justice*.

OECD. 2018. *A Broken Social Elevator? How to Promote Social Mobility*.

오성재, 강창희, 정혜원, 주병기. 2016. "가구환경과 교육성취의 기회: 대학수학능력 시험 성적을 이용한 연구". 「재정학 연구」. 9(4). 1-32

오성재, 주병기. 2017. "한국의 소득기회불평등에 대한 연구". 「재정학연구」. 10(3). 1-30.

수업 일정

제1주: 강의 개요 설명, 연구 방법 설명 및 팀 구성

제2주: 「Inequality」ch.1 Setting the Scene 강의

제3주: 「Inequality」ch.2 Learning from History 팀별 발표 및 토의

제4주: 불평등 관련 실증 논문 강의(논문 주제: 한국의 소득기회불평등 대한 연구)

제5주: 「Inequality」ch.3 The Economics of Inequality 팀별 발표 및 토의

제6주: 「Inequality」ch.4 Technological Change and Countervailing Power 「Inequality」 ch.5 Employment and Pay in the Future 팀별 발표 및 토의
제7주: 특강 참여 (주제: Inequality and Innovation) 「Inequality」ch.6 Capital Shared 팀별 발표 및 토의
제8주: 「Inequality」ch.7 Progressive Taxation 「Inequality」ch.8 Social Security for All 팀별 발표 및 토의
제9주: 「Inequality」chapter 9,10,11 요약 강의
제10주: 향후 연구 주제에 대한 토의, 주제 취합
제11주: 참고문헌 조사 논의 및 참고 지표 살펴보기
제12주: 특강 참여 (주제: 다시 보는 토마스 피케티의 〈21세기 자본〉)
제13주: 팀별 연구 진행상황 발표I
제14주: 팀별 연구 진행상황 발표II
제15주: 팀별 연구 결론의 초안 작성 및 논의

팀/개인 프로젝트 개요

프로젝트 개요: 2개조가 불평등과 미디어의 보도 편향의 관점에서 한국사회의 문제점을 분석했음.

1조. 한국사회에서의 불평등을 기회 불평등, 그중에서도 교육을 매개로 한 사회적 이동성에 초점을 맞추어 분석함. 부모의 사회경세적 지위가 자녀의 교육기회불평등에 미치는 영향을 초등학교 이전, 초등 및 중등학교, 고등학교, 대학진학 및 이후 노동시장 진입 등 5단계로 구분하여, 단계별 교육기회불평등의 현실과 해결방안에 대하여 보고함.

2조. 언론이 사회 문제에 대한 공론의 장을 형성하는 기능에 주목하여, 한국 언론의 노동 이슈 보도에 대한 균형성을 평가함. 3개의 산업재해 사건을 중심으로 국내 20개 신문사의 보도 횟수를 점수화하여 언론별 보도의 편향성을 분석함.

프로젝트 결과: 1조. 자녀의 출생 이후 초등학교 입학 이전부터 노동시장의 진입까지 5단계 모두에서 부모의 사회경제적 지위에 따른 교육기회불평등의 존재와 심각성에 대하여 보고함. 교육기회불평등을 완화하기 위해서 교육 정책적 시사점에 대해서도 각 단계별로 제시함.

2조. 삼성 백혈병 사태, 구의역 스크린 도어 사망사고, 태안화력발전소 사고 등 3개의 산업재해에 대한 국내 20개 신문사의 보도 편향성을 분석함. 각 사건의 편향성에 대하여 기사의 제목을 기준으로 분석한 결과를 보고함. 전반적으로 노동문제에 대하여 국내 신문사들이 기업 편향을 뚜렷이 나타냄을 발견함. 신문사들의 분포가 기업 편향성이 높은 신문사와 노동 편향성이 높은 신문사로 뚜렷이 구분되나 중위값이나 평균값은 기업 편향성이 높은 쪽에 가까이 있는 것으로 분석됨.

• 수업 주제 해설 •

불평등과 사회정의

서울대학교 경제학부 교수 주병기
서울대학교 경제학부 석사과정 신지섭

현대사회의 불평등의 문제는 다양한 부문에서 다양한 원인으로 인해 발생한다. 민주주의의 확산과 함께 불평등의 관점에서 사회와 경제를 평가하고 개선 방안을 찾는 것이 정부와 사회정책의 가장 중요한 역할로 자리 잡고 있다. 현대사회의 불평등은 사회정의를 바라보는 사상적 틀에 따라 다양한 관점에서 이해될 수 있다. 사회정의의 관점에 따라 불평등에 대처할 상이한 그렇지만 때로는 상호 보완적인 정책적 시사점들이 도출될 수 있다. 이것이 사회정의의 이론적 기초가 필요한 이유라 할 수 있다. 사회정의의 이론은 어떤 불평등의 사회적 양상을 분석할 것인가 그리고 어떤 정책적 시사점을 도출할 것인가에 대한 기준을 제시한다고 볼 수 있다. 사회정의에 대한 대표적인 이론들로는 공리주의, 롤즈의 정의론, 평등주의와 기회평등주의, 자유지상주의 그리고 현대복지국가이론 등이 있다. 이러한 대표적인 이론을 이해하고 어떤 관점을 택하는가에 따라 불평등의 의미와 대처방안은 달라질 수 있으므로 여러 관점들을 이해하고 비교할 필요가 있다.

시장경제의 발달과 국제화에 따라 불평등에 대한 정량적이고 실증적인 접근 방식들이 사회과학자들의 연구를 통하여 급속히 발전했다. 다양한 불평등 지표들이 사회과학자들과 국제기구들에 의하여 개발되었고 이와 관련된 실증자료들이 빠른 속도록 축적되어 왔다. 이와 더불어 불평등과 여러 사회경제적 변수들과의 관계에 대한 연구 또한 활발히 이루어져 왔다. 불평등은 사회갈등과 밀접하게 결부되어 있고 사회통합을 결정하는 중요 요인으로 작용함이 밝혀졌다. 또한 불평등과 경제성장, 발전과의 관계 또한 사회과학자들의 핵심 연구 주제로 자리 잡았다.

기회평등주의는 개인의 능력과 노력의 차이로 발생하는 불평등 보다는 개인이 통제할 수 없이 주어진 환경 때문에 발생하는 불평등에 관심을 가진다. 개인의 능력과 노력의 차이는 서로 다른 성취로 이어져서 불평등을 야기하나, 이렇게 발생하는 불평등은 어느 정도 공정하다고 보는 것이다. 문제는 운명적으로 타고난 환경 때문에 발생하는 불평등인데 이를 기회불평등이라 한다. 이러한 기회불평등을 최소화해야 한다는 것이 기회평등주의이다. 기회평등주의는 사회정의에 대한 다양한 이론들이 공통적으로 공유하는 원칙이라 할 수 있다. 기회불평등을 어떻게 줄여야 할 것인지 그리고 다양한 기회불평등의 척도 등에 대한 실증사회과학 연구들이 최근 활발히 이루어지고 있다. 부모의 사회경제적배경이 자녀의 교육 및 경제적 성취에 미치는 영향과 관련하여 기회불평등은 최근 한국사회의 심각한 사회문제로 인식되고 있다.

이 수업의 강의, 발표 그리고 토론 등의 활동을 통하여 수강생들은 사회정의의 다양한 이론들을 비교 검토하게 될 것이다. 그리고 이러한 사회정의의 이론을 현실에 적용하여 실제 발생하는 다양한 유형의 불평등 자료를 바탕으로 현실을 평가하고 정책적 시사점을 도출하게 될 것이다.

2019년 1학기 첫 수업의 전반부는 불평등과 빈곤 분야의 저명 경제학자 앤서니 앳킨슨의 저서『Inequality』를 읽고 토론하였다. 이 책은 불평등에 관한 방대한 경제학자들의 연구들을 바탕으로 시장경제, 제도 그리고 기술발전이 불평등에 미치는 영향에 대하여 심도 있는 통찰을 보여 준다. 사회정의론적인 제 관점들을 소개하지는 않으나 다양한 관점들이 불평등에 대한 저자의 가치판단 속에 자연스럽게 반영되어 있다. 전체 학생들을 4개 소집단으로 나누어 돌아가며 각 장을 발표하도록 하였고 수업은 이러한 발표와 토론으로 구성하였다. 해외사례 위주로 소개된 책의 내용과 함께 이와 관련된 한국 자료 연구들을 참고하도록 하였고 이를 통하여 우리나라와 책에 소개된 선진국들을 비교하도록 하였다. 이러한 전반부 수업을 통하여 우리사회의 불평등에 대한 연구주제를 자율적으로 탐색하도록 하였다.

전반부 수업과 더불어 수강생들은 불평등을 주제로 한 저명학자들의 특강 혹은 세미나에 참여하였다. 이를 통하여 현실에 대한 문제제기를 연구과제로 정립하고 이를 해결하는 사회과학 연구의 전 과정을 경험할 수 있도록 하였다.

수업의 후반부는 조별 연구활동과 연구보고서 작성으로 이루어졌다. 각 조별로 연구주제 설정, 연구과제 도출, 참고문헌 검토, 관련 데이터 수집과 분석이 순차적으로 이루어졌다. 연구 주제의 경우 학생 개개인의 불평등과 관련된 희망 연구 주제를 조사 후 상대적으로 관심 분야가 비슷한 학생들을 두 팀으로 분류하여 팀별 연구 주제를 정하도록 하였다. 실제 연구 진행과정에서는 매주 1회 팀원끼리의 모임을 통해 연구 주제에 대해 논의하였으며, 담당교수와의 미팅을 통해 연구방향을 점검하고 발전방향에 대한 피드백을 제공했다.

이 수업의 수강생들은 사회과학과 인문학의 여러 분야에 걸친 전공자들로 구성되었다. 따라서 불평등이라는 주제에 관한 다양한 관점의 논의가 이루어 질 수 있는 장점이 있었다. 조별로 연구주제를 정하는 과정에서도 각 분야별로 흥미로운 주제들이 논의될 수 있었다. 이러한 조별 탐색의 결과 두 개의 연구과제가 설정되었다.

첫 번째 연구는 "한국사회에서의 성장 단계별 교육기회불평등에 대한 보고"(김소현, 박승두, 엄기호, 이태경, 한주예)이다. 불평등은 항상 불공정을 의미하는 것은 아니다. 개인의 성취는 개인이 발휘한 노력, 타고난 환경, 그리고 운 등의 요인의 복합적인 상호작용의 결과이다. 기회평등의 원칙에 따르면, 개별 노력의 차등에 의해 발생하는 불평등은 개인이 책임져야 할 공정한 불평등이라 할 수 있으나, 개인의 선택과 무관하게 주어지는 환경적 요인으로 인한 불평등은 최소화되어야 한다. 이 연구는 기회평등주의의 관점에서 우리사회의 교육 기회불평등의 문제를 성장 단계별로 살펴보고 기회불평등을 해소하기 위한 단계별 방안을 제시하는 것을 목적으로 한다. 이 연구에서는 개인의 환경, 그중에서도 부모의 사회적·경제적 지위가 자녀의 교육적 성취에 미치는 영향에 집중한다. 교육기회불평등을 초등학교 진학 이전 단계, 초–중등학교 단계, 고등학교 단계, 대학교육 단계, 그리고 노동시장 진입 단계의 5단계로 분석하고 있다. 각 단계별로 기회불평등의 원인과 해소 방안을 제시하고 있다.

두 번째 연구는 "노동 이슈를 보도하는 한국 언론지형의 균형성 평가"(강나희, 남성훈, 박선업, 황현태)이다. 이 연구는 최근 노동자의 산업재해와 관련된 사건들을 선택하여 이에 대한 일간신문사들의 보도 행태를 분석하여 보도의 공정성이 얼마나 보장되고 있는가를 평가하는 것을 목적으로 한다. 보도의 공정성을 평가할 수 있도록 보도행태를 정량화하였고 지표화하였는데 분석결과 우리 언론시장의 기업 편향성이 매우 높다는 것을 확인하였다.

한국사회에서의 성장단계별 교육기회불평등에 대한 보고

서울대학교 경제학과 김소현
서울대학교 철학과 박승두
서울대학교 철학과 엄기호
서울대학교 정치외교학부 이태경
서울대학교 영어영문학과 한주예

I. 서론

최근 한국사회뿐만 아니라 세계적으로 불평등이 중요한 사회적 이슈가 되고 있다. 특히 전체소득 대비 상위 10%의 소득의 비율의 추이가 유럽과 미국에서 1980년대부터 증가하고 있다는 것, 자본수익률(Rate of return)과 성장률(Growth rate)의 차이가 지난 50년간 커졌다는 것에 대한 피케티의 관측 이후 불평등 문제는 많은 관심을 불러 일으켰다.[1] 아무리 노력해도 타고난 계층이 더 중요하다는 실태를 반영하는 유행어 '흙수저', 최근 화제를 모은 계층 간 불평등에 대해 다룬 영화 「기생충」 등을 보면 불평등에 대한 문제인식은 일반 사람들의 인식과 문화 영역 전반에 퍼져있는 것으로 보인다.

이러한 불평등의 원인으로 피케티는 자본 수익에 대한 세금 감면 등으로 인해 자본수익률은 높아진데 반해, 성장률은 낮아진 것을 들고 있다. 한편 골딘과 카츠는 제3차 산업혁명의 숙련편향적(Skill-biased) 기술 변화에도 불구하고 숙련 노동자의 공급이 뒷받침되지 못했기 때문이라고 주장한다.[2] ICT기술의 발전으로 반복

1. Piketty, T. (trans by Goldhammer, A). 2013. *Capital in the Twenty-first Century*. London: Harvard Unieversity Press.

적인 저숙련노동은 대체가 쉬워진 반면, 대체가 어려운 숙련노동의 수요는 증가함에 따라 임금의 격차가 나타났다는 것이다. 이와 같은 각각의 진단에 따라 피케티는 부유세를 걷고 성장률 증가를 위한 공적 교육 투자 증가를 해결방안으로 내세운 한편, 골딘과 카츠는 교육 투자를 통해 양질의 숙련 노동자 공급을 늘려야 한다고 주장했다.

이와 같이 주요 경제학자들은 불평등 문제 해결에 있어서 사회보장정책과 재분배정책도 중요하지만, 근본적으로는 교육 정책 또한 중요하다고 본다. 따라서 본 보고서에서는 한국사회에서의 불평등이라는 큰 주제를 '기회 불평등', 그중에서도 교육을 매개로 한 사회적 이동성(Social Mobility)에 초점을 맞추어 분석해 보고자 한다.

'기회 불평등'이 '결과 불평등'과 대립된다는 전제 아래 엄밀하게 정의하면, 결과를 낳는 요소를 개인의 노력과 의지로 통제할 수 있는 것과 통제할 수 없는 것으로 나누어서, 개인이 같은 노력을 했음에도 비슷한 성취를 보장받지 못하는 문제를 다루고자 하는 개념이 된다. 즉 개인이 얼마나 노력했는지에 상관없이 결과에서 나타나는 불평등이 아니라, 개인의 자율적인 의지와 노력을 반영한 불평등 개념인 것이다. 이런 관점에 따라 로머와 르프랑 외, 그리고 오성재·주병기는 유럽주요선진국과 우리나라의 소득기회불평등을 측정한 바 있다.[3,4,5]

한편 기회 불평등은 느슨하게 그 사회에서 '얼마나 상층 이동의 기회가 열려있느냐', 즉 사회이동성으로 이해되기도 한다. 어떤 사회에서 계층이 고착화되어 있으면 기회가 불평등한 사회, 계층 간 이동이 보다 활발하면 기회가 어느 정도 보장된 사회로 보는 것이다. 체티 등은 '미국이 여전히 기회의 땅인가'를 묻는 논문에

2. Goldin, C. & Katz, L. 2008. *The Race between Education and Technology*. London: Belknap Press of Harvard University Press.
3. Roemer, J. 1998. *Equality of Opportunity*. Harvard University Press, Cambridge.
4. Lefranc, A. N. Pistolesi, and A. Trannoy, 2008. "Inequality of opportunities vs. inequality of outcomes: Are Western societies all alike?." *Review of Income and Wealth*. Vol. 54, No. 4, p.513-546.
5. 오성재·주병기. 2017. "한국의 소득기회불평등에 대한 연구". 「재정학연구」 제10권 제3호. p.1-30.

서, 미국에서도 주 별로 상층 이동 가능성의 격차가 분명하게 나타났고, 이는 가족의 안정성(예컨대, 이혼 여부, 싱글맘 비율)과 고교 교육의 보장과 상관성이 유의하다는 것을 보였다. 즉 계층 이동은 대체로 부모의 지원과 교육 환경으로부터 많은 영향을 받는 것이다.[6]

본 보고서는 사회 안에서 모든 개인에게 자신의 소질을 펼칠 수 있는 환경이 공평하게 주어져야 한다는 문제의식에 기초하여, 후자의 느슨한 정의를 채택하였다. 즉, 부모의 사회경제적 지위를 독립변수로 자녀의 교육성취정도가 달라지거나, 진학과 같이 중요한 교육적 선택을 내릴 때에 제약이 발생한다면, 기회불평등은 존재한다. 본 보고서는 이를 확인하기 위해, 자녀의 출생부터 첫 노동시장 진입 이전까지 분기점 별로 (교육)기회불평등이 어떻게 나타나는지를 살펴볼 것이다. 각 분기점에서 독립변수는 부모의 사회경제적 지위(Socioeconomic Status, 이하 SES)이며, 종속변수는 해당 분기점을 기준으로 청소년이 자신의 소질을 계발하고 실현하는데 있어서 사회경제적 지위와 무관하게 보장받아야 한다고 보이는 지표 내지 사안이 선정되었다.

성장단계를 크게 다섯 단계로 나누어 살펴보았다. II절 초등학교 진학 이전까지이다. 이 단계에서는 자녀의 학습준비도 계발에 사회경제적 지위가 영향을 주고 있는지가 주요 관심사가 될 것이다. 인과경로를 구체적으로 살피기 위해 교육기관 서비스 경험 여부 및 비율과 가정 내 양육 환경이 매개변수로서 검토될 것이다. III절 초-중등교육 단계에서 학업성취도를 종속변수로 살피고자 한다. 학업성취도가 사회경제적 지위에 의해 유의미하게 달라진다면, 교육기회불평등이 존재한다는 전제이다. 인과경로로는 사교육비와 비인지적 지표(자아개념, 학교만족도, 자기주도적 학습역량) 등이 검토될 것이다. IV절에서는 특수하게 학력 단계의 단선적 이행이 아닌, 고등학교 내에서의 학교유형별 서열화 문제를 다룰 것이다. 특히 부모의 사회경제적 지위가 고교 유형별 진학 격차에 미치는 영향이 언급될 것이다. V절

6. Rai Chetty et al. 2014. "Where is the Land of Opportunity? The Geography of Intergenerational Mobility in the United States." *Quaterly Journal of Economics* 129(4).

에서는 대학 진학에 있어서의 기회불평등을 다룰 것이고, 특히 그 과정에서 부모의 사회경제적 지위가 대학진학 격차에 직간접적으로 미치는 영향의 양상을 집중적으로 살펴보고자 한다. 독립변수로서의 작용을 구체적으로 관찰하기 위해 부모의 사회경제적 지위를 경제적 자산, 문화적 자산, 내재적 자산으로 세분화하였고, 전형유형과 고교유형이라는 또 다른 변수에의 매개 양상도 살펴보았다. VI절에서는 대학 진학 이후 노동시장 진입에 있어서의 기회불평등을 살펴보고자 한다.

II. 부모의 사회경제적 지위와 유아기 교육성취의 관계

1. 교육격차의 개념 및 유아기 교육성취 준거점

우리나라의 유아기 교육격차에 대한 실태를 기술하기에 앞서, 본 연구에서의 교육격차 개념을 밝힐 필요가 있어 보인다. 임민정은 교육격차를 "교육에 대한 접근기회를 포함하여 교사의 질이나 시설 등 교육활동이 이루어지는 과정, 교육을 통해 얻어지는 결과 등 교육 전반의 영역에서의 차이"로 규정한다.[7] 다시 말하여, 교육격차란 '교육의 기회·과정·결과, 양적·질적 측면 모두를 고려하였을 때 교육분야에서의 차이'와 같이 광의의 개념으로 이해될 수 있다는 것이다. 이후 기술될 실태를 고려하건대, 우리나라에서 부모의 사회경제적 지위에 따라 유아기 교육성취의 격차가 발생하는 문제를 해소하기 위해서는 위와 같이 교육격차를 교육의 기회뿐만 아니라 그 과정 및 결과까지, 또한 양적 측면뿐 아니라 질적 측면에서의 고민이 선행되어야 한다고 판단된다. 따라서 본 연구에서는 위와 같이 광의의 교육격차 개념으로 교육기회불평등을 규정하고자 한다.

한편, 본 절에서 다룰 유아기 교육성취의 경우 초·중등 교육에서와 달리 학업성

7. 임민정. 2018. "유아교육의 형평성에 대한 비판적 고찰".「부산대학교 교육발전연구소」. p.349.

취도 등과 같은 그 성취를 측정하기 위한 객관적 준거점이 마련되지 않은 실정으로 파악된다. 검토한 선행연구들을 보면, 김기헌·신인철은 한국노동연구원에서 조사한 한국노동패널조사를 분석 자료로 이용하여 코호트 간 비교할 때 '생애 초기 교육 및 보육경험 여부'를 종속변수로 활용하였다.[8] 또한 전신영 외 2인은 한국아동패널 1~7차년도의 조사 자료를 활용하여 '부모의 사회경제적 특성과 자녀의 미래 기대에 따른 영유아의 영어교육 참여패턴'을 분석하였다."[9] 이러한 선행연구들에서 유아기 교육 분야에서 공신력 있는 한국노동패널 및 한국아동패널의 조사자료를 분석 대상으로 삼았음에도 '경험'이나 '참여패턴'과 같은 종속변수를 설정한 점은 현재로서는 유아기 교육성취의 준거점이 이후의 교육단계에서와 달리 표준화되어 있지 않음을 드러낸다.

이를 감안하여 본 보고서는 유아기 교육격차에서만큼은 비인지적 역량도 포함하는 '학습준비도'라는 종속변수를 설정하여 부모의 사회경제적 지위가 해당 시기의 교육성취에 미치는 영향을 살펴보려 한다. 이완정·김미나에 따르면 학습준비도란 초등학교 입학 전 유아의 인지적 역량뿐 아니라 신체·정신적 건강, 정서적 안녕, 상호작용 능력 등 다면적 특성으로 구성되는 개념으로서, 최근 해당 시기 유아의 전반적 발달을 학습준비도로 측정하는 경향이 있다.[10] 아울러 부모의 SES가 '교육기관 서비스 경험 여부 및 비율' 또는 '가정 내 양육환경'을 매개로 '학습준비도'에 영향을 미치는 바도 다루고자 한다. 다른 교육 단계들보다도 유아기의 교육성취는 교육기관 외에도 가정배경의 영향력이 상당하기 때문이다.

---

8. 김기헌·신인철. 2011. "생애 초기 교육기회와 불평등: 취학 전 교육 및 보육경험의 사회계층간 격차." 「한국교육사회학회」. p.35-36.
9. 전신영·유재언·류현. 2018. "부모의 사회경제적 특성에 따른 영어교육 시작 시기 및 기관 유형: 조기 영어교육 불평등에 대한 고찰." 「한국보육학회」. p.139.
10. 이완정·김미나. 2018. "비빈곤가정과 빈곤가정 유아의 문제행동 발달궤적과 학습준비도 및 학교적응." 「대한가정학회」. p.158.

2. 유아기 교육격차의 추이 및 변수들 간의 관계 검토

국가적 노력이 본격화된 2006년을 기점으로 그 직전 1-2년과 최근 1-2년 사이의 교육격차의 변화를 비교할 때, 부모의 SES가 높아질수록 '교육기관 서비스 경험 여부 및 비율' 또는 '가정 내 양육환경'을 매개로 하여 유아의 '학습준비도'도 높아지는 현상을 공통적으로 확인할 수 있다. 우선 2005년 여성부에서 발표한 '2004년도 전국 보육·교육 실태조사'에 따르면, 영·유아의 가구소득 수준별 보육 및 교육 서비스 이용률에는 차이가 있는 것으로 확인되었다.[11] 그런데 "유치원의 경우 가구소득이 99만 원 이하인 경우 이용비율은 12.5%에 머문 반면 500만 원 이상인 경우 21.5%로 2배 이상 높은 결과를 보여 주고 있[는 반면,] 어린이집 등 보육시설 이용비율은 99만 원 이하가 34.7%로 350만-399만 원(37.7%)을 제외하고 가장 높은 비율을 보여[준다]."[12] 이때 유치원과 달리 어린이집 등 보육시설의 이용비율이 저소득층 가정에서 상당히 높은 점은 "3세 이후 유치원과 어린이집을 선택할 수 있는 시기에 상위계층의 가족은 자녀를 어린이집보다는 유치원에 보낼 개연성이 높"음을 시사한다.[13]

한국아동패널 1~7차년도 조사 자료를 바탕으로 분석한 2018년 정미라 외 4인의 논문에서도 부모의 SES가 위 매개변수를 거쳐 유아의 학습준비도와 정적 상관관계를 맺고 있음이 여전히 확인된다. 이들에 따르면, "부모의 사회경제적 특성 중 가구원 일인당 소득이 높을수록, 자녀의 사회적 성공에 대한 부모의 기대가 클수록, 아동이 더 이른 시기부터 사설기관(예: 영어유치원)에서의 영어교육을 시작했다. 또한, 부모의 학력이 높을수록 육아지원기관(어린이집과 유치원)에서의 특별 활동이 아닌 사설기관에서의 영어교육을 이용하는 경우가 많았다."[14] 황혜신은 서울시 소재의 영어 유치원 및 일반 어린이집을 대상으로 유아의 언어능력 검사를 한 결과,

---

11. 김기헌·신인철. 2011. p.34.
12. 김기헌·신인철. 2011. p.34.
13. 김기헌·신인철. 2011. p.40.
14. 정미라·박은혜·허혜경·권정윤·임준희. 2007. p.139.

일반 어린이집에 다니고 있는 유아들과 달리 영어 유치원에 다니고 있는 유아의 경우 한국어 점수와 영어점수가 정적인 상관관계를 가지며 영어에 노출되는 기간이 길수록 한국어능력과 영어능력 모두 향상됨을 보고하였다.[15] 이처럼 최근까지도 부모의 SES가 높을수록 영어유치원과 같은 사설기관을 이용하는 비율 및 기간이 길다는 점이 확인되며, 이는 유아의 영어 능력뿐 아니라 한국어 능력에도 계층 간의 교육격차를 유발할 가능성이 있다는 점에서 주목할 필요가 있다. 아울러 이 교육격차가 부모의 SES 이외에도 '자녀의 사회적 성공에 대한 부모의 기대'와 같은 '가정 내의 양육환경'를 통해서도 발생한다는 점 또한 알 수 있다.

한편, 부모의 SES가 매개변수 없이도 유아의 학습준비도와 정적 상관관계를 맺는 점 또한 2010년, 2017년 모두 발견된다. 육아정책연구소 한국아동패널연구 2010년도 자료 분석을 토대로, 위호성은 "대근육운동, 소근육운동, 의사소통, 문제해결, 개인사회성 및 발달 종합의 점수를 살펴보면 전반적으로 부모의 학력이 높고, 아버지의 직업계층이 비육체에 속하며 가구 수입이 높[을] 때 발달 점수가 높은 경향을 보였다"고 보고한다.[16] 다시 말하여, 2010년에도 부모의 학력·직종·소득의 SES가 높을수록 유아의 학습준비도가 높아지는 현상이 나타난다는 것이다. 2017년 서울·경기·인천 지역의 유치원 및 어린이집을 대상으로 조사한 결과, 김정민 외 4인은 "소득 수준이 130만 원 이하의 가정의 예비 초등학생이 학교준비도의 측면에서 유의미하게 낮았다"고 보고한다.[17] 이때 학교준비도란 "학습을 위한 인지적인 측면뿐만 아니라 신체, 언어, 사회, 정서를 모두 포함하고 있는 광범위한 개념"으로서, 본 보고서에서 사용한 학습준비도의 개념과 일치한다.[18] 위 두 자료를 통하여 부모의 SES가 유아 자녀의 학습준비도에 직접적으로 영향을 주어 계층

15. 황혜신. 2004. "조기 영어 교육이 유아의 이중 언어 발달에 미치는 영향." 『한국생활과학회』. p.504-05
16. 위호성. 2014. 『부모의 사회경제적 지위, 어머니의 양육 특성, 지역사회 특성이 유아 발달에 미치는 영향』. 서울대학교 석사학위논문. p.41.
17. 김정민·김민선·마은희·허계형·손병덕. 2018. "예비 초등학생의 정서행동문제와 학교준비도에서 가정환경특성의 매개효과." 『한국청소년학회』. p.267.
18. 김정민·김민선·마은희·허계형·손병덕. 2018. p.256.

간 교육격차가 비교적 최근까지 이어지고 있음이 확인된다.

3. 유아기 교육격차에 대한 국가적 차원의 노력

지금까지 우리나라에서 유아기 교육격차 완화를 위해 진행된 국가적 노력을 주요 사건 중심으로 살펴보면 다음과 같다. 우선 교육 및 보육비 지원의 경우, 보건복지부 자료를 토대로 할 때 "2000년 이전까지 법정빈곤계층에 대해서 만5세 교육 및 보육비를 대상으로 이루어졌으며 이후 [2011년까지] 지속적으로 지원 대상과 범위를 늘려왔다."[19] 그중 "특히 참여정부 시기에 보육정책에 대한 사회적 투자가 크게 증가하였는데, 보육정책 예산은 2003년 약 2,999억 원에서 2007년 약 1조 462억 원으로 수준으로 급증하였다."[20] 한편, 해당 시기에는 관련 법 제정과 위원회 구성이 이루어졌다. 2006년 11월 교육인적자원부는 정부차원의 조기 교육격차 해소대책 마련을 시작하여 "2007년 4월 27일 '인적자원개발기본법'이 제정 및 공포되었고, 2007년 7월 27일 '국가인적자원위원회'가 구성되었다."[21] 2012년에 이르러서는 유치원과 어린이집의 공통 교육과정인 누리과정이 도입되었으며, 2013년부터 누리과정의 대상이 확대 시행되기 시작하였다.[22] 이에 따라 우리나라의 모든 만 3-5세 유아들에게 국가수준의 보편적인 교육과정이 제공되게 되는 성과를 거두게 된다.[23] 그럼에도 불구하고 유아기 교육격차는 여전히 상당한 것으로 확인되어 2017년 교육부는 이러한 경제적·사회적 양극화에 대응하여 「교육복지 정책의 방향과 과제」를 발표하고, 교육복지의 사각지대에 놓여 있는 취약계층 학생들의 평등한 교육을 지원하려는 정책방향을 수립하였다."[24] 이러한 국가적 노력은

19. 김기헌·신인철. 2011. p.30.
20. 김기헌·신인철. 2011. p.30.
21. 정미라·박은혜·허혜경·권정윤·임준희. 2007. "생애초기 기본학습능력 보장을 위한 영·유아 교육복지 정책 비교." 『한국영유아교원교육학회』. p.209.
22. 임민정. 2018. p.349
23. 임민정. 2018. p.349
24. 임민정. 2018. p.355.

유아기 교육격차 완화에 있어 “기회의 균등만이 아니라 조건, 결과에서의 교육 평등을 제고하려는 적극적 의지를 반영[한]”다고 해석할 수 있다.[25]

4. 국가적 노력에 대한 평가 및 시사점

위에서 살펴본 바, 유아기 교육격차 완화를 위한 국가적 노력의 가장 큰 성과는 누리과정의 도입 및 확대 시행으로 거둔 보편교육화라 판단된다. 어린이집 수는 1997년과 비교해 2016년 2.7배나 증가하였으며, 어린이집에서 교육 서비스를 제공받는 유아의 수는 67,143명에서 270,4479명으로 증가하였다.[26] 이는 OECD 평균과 비교해 보더라도 3~5세의 교육기관 서비스 참여율은 2014년 기준 92.2%로 “OECD 평균(83.8%)은 물론 유럽연합의 회원국들의 평균(85.0%)보다도 높아졌[으며,] 2013년 우리나라의 GDP 대비 공공지출(0.88%)은 남미는 물론 미국(0.35%)과 일본(0.37%)보다 더 높아졌다”는 점에서 교육 기회 및 양적인 측면에서의 그 성과가 분명해 보인다.[27]

그렇지만 유아기 교육기관이 제공하는 서비스의 질과 관련해서는, 기존에 시행된 국가적 차원의 노력의 결과들이 “교육계층화가 양적 차별화에서 질적 차별화로 전환되는 것이지 불평등 그 자체가 유지되거나 감소하는 것은 아니라는 루카스(Lucas, 2001)의 EMI(Effectively Maintained Inequality) 가설에 대한 검증 필요성”을 시사한다는 점에서 한계를 지적할 수 있다.[28] 김기헌·신인철은 “실제로 생애 초기의 교육 및 보육 기회는 경험 여부보다는 영어 유치원과 같이 질적 측면이 강조되고 있[는] 동시에 유치원-어린이집 간 위계적 구조화를 넘어 유치원 내에서, 어린이집 내에서 질적 차별화가 이루어지고 있다.”고 지적한다.[29] 결국 현재까지 유아

---

25. 임민정. 2018. p.355.
26. 김기헌. 2018. “생애 초기 교육 불평등.” 『월간 복지동향』. p.8.
27. 김기헌. 2018. p.8
28. 김기헌·신인철. 2011. p.47.
29. 김기헌·신인철. 2011. p.47.

기 교육격차 완화를 목표로 진행되어 온 국가적 노력들은 양적 측면의, 그리고 교육기회의 측면의 긍정적 성과를 거두었다고 평가할 수 있겠으나, 질적 측면의, 그리고 교육 과정 및 결과의 측면에서는 보완할 점 또한 존재한다고 하겠다.

주지하듯이, 유아기 교육성취는 다른 시기보다 가정환경의 영향을 가장 많이 받으며, 누진적인 교육 과정의 특성 상 이 시기 교육투자가 효과가 가장 크다.[30] 이에 도덕적 공정성 및 경제적 효율성 모두를 고려하더라도 유아기에서의 국가적 개입에 따라 전 교육 분기에서 나타나는 교육격차 완화 가능성이 상당히 달라질 수 있다고 판단된다. 이때 국가적 개입의 방향성 설정은 무엇보다도 중요할 것이다.

본 절에서 기술된 우리나라의 유아기 교육격차의 추이 및 국가적 차원의 노력들을 바탕으로 할 때, 국가적 개입의 방향성은 (1)교육성취의 질적 측면, (2)교육 과정 및 결과의 측면에서 수정·보완될 필요가 있다. 첫째, 보편적 지원 기조를 유지하되 선별적 지원을 강화하여야 유아기 교육계층화 문제에서 양적 차별화가 완화된 대신 질적 차별화가 심화된 기존의 풍선효과를 상쇄할 수 있을 것이다. 둘째, 유아기 교육의 과정 및 결과에 대해 초·중등교육에서 이뤄지는 수준의 교육성취를 측정하는 표준적 준거점이 마련되어야 부모의 SES가 유아 자녀의 교육성취에 미치는 영향력의 영역과 크기를 학계에서 더욱 정밀하게 파악할 수 있을 것이다. 학계의 발전된 연구 성과물은 유아기 계층 간 교육격차 완화를 위해 정부의 개입이 보다 적재적소에서 일어나도록 하여 경제적 효율성을 증대시킬 수 있다고 판단된다. 끝으로, 유아기 교육격차 완화는 정부 및 학계의 노력만으로는 달성하기 어려움을 언급하지 않을 수 없다. 교육격차는 여러 사회·정치·문화적 요인이 복합적으로 작용하여 발생하는 현상으로서, 그 격차 완화 노력은 처방적 접근이나 정부가 단지 문제에 개입하는 수준을 넘어 사회구성원 모두를 대상으로 접근되어야 할 것이다.[31]

30. 김기헌. 2018. p.6.
31. 임민정. 2018. p.356.

III. 부모의 사회경제적 지위와 초·중등교육 학업성취도의 관계

본 절에서는 초·중등교육 과정에서 발생하는 교육기회불평등 발생을 확인하기 위해, 사회경제적 지위 변화에 따라 학업성취도가 달라지는지를 살펴보고자 한다. 학업성취도 분포가 사회경제적 지위와 유관하지 않을 때에만, 사회경제적 지위가 교육기회를 제한하지 않고 있다고 우리는 판단할 수 있을 것이다. 따라서 이번 절에서는 사회경제적 지위가 학업성취도에 미치는 영향이 있는지를 살펴보고, 그 구체적 양상이 어떠하며, 사회경제적 지위가 학업성취도에 끼치는 인과경로는 어떠하다고 말할 수 있을지 살펴보고자 한다.

1. 선행연구에서 보는 연구 상 유의점

본격적인 논의에 앞서, 우리는 사회경제적 지위가 교육성취도 결과에 별 영향이 없다는 선행연구를 톺아보도록 한다.[32] 해당 연구는 2011년 사교육비 조사에 기초하고 있다. 이 조사에서 사회경제적 지위는 월 소득액으로, 교육성취도 결과는 전국학업성취도평가 결과로 정의되었다. 해당 연구는 사교육비를 매개로 사회경제적 지위가 교육성취도 결과에 영향을 끼칠 것이라는 인과가설을 검증했다. 연구는 사회경제적 지위는 사교육비를 매개로 해서도, 직접적으로도 교육성취도 결과에 영향을 주지 않는다고 확인했다. 사회경제적 지위가 사교육비와 상관관계가 있고, 사교육비가 교육성취도 결과에 영향을 주기는 하지만, 사회경제적 지위가 교육성취도 결과에 영향을 준다고 보기는 어렵다는 분석이었다. 연구는 통념과 다른 연구결과를 두고, 사교육비의 매개효과에 대해 좀 더 깊은 분석이 필요하다는 의문을 제기하기는 하였으나 보다 깊은 분석으로 나아가지는 않았다.

그렇다면 우리는 사회경제적 지위가 교육성취도 결과와 유관하다는 통념이 그

32. 유지연·박창순. 2015. "부모의 사회경제적 지위와 사교육비가 학업성취도에 미치는 효과 분석." 「한국데이터정보과학회지」. 제26권 1호, p. 123-139.

른 것이라고 정리해도 좋은 걸까? 해당 연구는 크게 세 가지 면에서 문제가 있다고 할 수 있다.

첫째, 조사에서 교육성취도 결과를 정의하고 있는 전국학업성취도평가에 대한 이해가 부족하였다. 전국학업성취도평가는 2011년 고등학교 일반계 2학년의 경우 '보통 이상' 80.9%, '기초' 14.7%, '기초학력 미달' 4.4%로, 단지 심각한 학력미달만을 판별하는 기능을 수행했을 뿐이다. 한국 사회에서 교육기회불평등 문제는 단순히 국민교육의 성취도 문제를 다루는 맥락이 아니라 수월성을 통해 사회경제적 성공을 획득할 기회가 고르게 주어져야 한다는 맥락에서 이야기된다. 이러한 맥락에 비추어볼 때, 전국학업성취도평가는 교육기회불평등 문제를 다루기에 적절한 지표가 아니다.

둘째, 해당 연구의 원자료가 되는 '2011년 사교육비 조사' 통계에는 맹점이 있다. 해당 조사는 설문 패널들에게 사교육비 액수, 가구소득, 자녀의 소속 학교 등은 조사하였지만 학업성취도를 직접 조사하지는 않았다. 해당 통계에서 추출된 분위별 학업성취도는 조사 이후에 학교별 소득분포와 학력분포를 이용해 사후적으로 추정한 결과이다. 따라서 해당 연구는 연구데이터가 통계적으로 정확한 지표인지 확신하기 어렵다.

셋째, 해당 연구는 변수 간의 단순 상관관계 검증이어서 분위별 격차를 적절하게 계산하지 못한다. 만약 분위별로 사회경제적 지위가 교육성취도에 끼치는 영향이 고르지 못하다면, 즉 특정 분위에서만 그 영향이 강하다면, 단순 상관관계 검증은 이 효과를 적절하게 나타내지 못할 가능성이 크다.

2. 초.중등교육 학업성취도에 SES가 미치는 직접적·간접적 영향

초등학교 고학년을 대상으로 한 패널조사를 데이터로 채택한 김광혁의 연구[33]

33. 김광혁. 2019. "가구소득이 학업성취, 우울불안, 공격성에 미치는 영향-아동청소년 대상 패널 비교를 중심으로." 「학교사회복지」. 제45권. p. 1-27.

도 나의 문제제기를 정당화해 주는 한편, 사회경제적 지위가 교육성취도 결과에 유관한 영향이 있다는 것을 확인시켜주었다. 해당 연구는 앞선 문제제기로부터 자유로운데, 우선 패널조사에 기초하고 있으며, 학업성취도의 조작적 정의를 개별학생의 주관적·객관적 학업성취를 z점수 환산한 결과로 지정하였으며, 분위별로 사회경제적 지위가 주는 영향이 어떻게 달라지는지를 조사하고자 하였기 때문이다. 김광혁은 이러한 설계 아래 한국복지패널·한국청소년패널·서울아동패널을 검토하였다. 그 결과 저소득층일수록 중산층 아동에 비해 학업성취도가 통계적으로 유의미하게 낮은 것으로 드러났다. 또 사회경제적 지위가 학업성취도에 미치는 영향은 저소득층으로 갈수록 강하게 나타나고, 고소득층으로 갈수록 약해진다는 결론을 유의미하게 도출할 수 있었다.

한편 오희정·김갑성은 초등학교 5학년부터 중학교 3학년까지의 종단연구를 분석하였다.[34] 연구에 따르면 부모의 사회경제적 지위가 자녀의 5학년 당시 자아개념과 5학년 당시 학업성취도에 영향을 끼치고 있었다. 부모의 높은 초기 사회경제적 지위나 지위상승은 이후 학업성취도 상승에도 유의미한 정(正)의 영향을 주지만, 5학년 당시 자아개념이나 자아개념의 변화는 이후의 학업성취도 상승에 미미한 영향을 주는 것으로 분석되었다. 이는 부모의 사회경제적 지위가 직접 또는 자아개념을 매개로 초기 학업성취도 및 학업성취도 상승에 영향을 주고 있음을 알려준다.

중등교육에서 교육기회불평등을 분석한 우원재·김현진도 부모의 사회경제적 지위가 중학교 1학년부터 고등학교 2학년까지의 기간 내내 표준화된 학업성취도 수준에 영향을 끼치고 있음을 확인하였다.[35] 흥미롭게도 표준화된 학업성취도 수준과 달리 내신성적에는 부모의 사회경제적 지위가 유의미한 영향을 끼치지 못하

34. 오희정·김갑성. 2018. "부모의 사회경제적 지위가 자녀의 자아개념을 매개로 학업성취에 미치는 영향에 대한 종단적 분석." 「제12회 한국교육종단연구 학술대회: 논문집-1주제」. 한국교육개발원. p65-80.
35. 우원재·김현진, 2017. 중·고등학생의 학업성취 유형에 따른 가구소득, 학교만족, 그리고 사교육비의 효과 분석. 「중등교육연구」. 제65권 1호. p. 65-89.

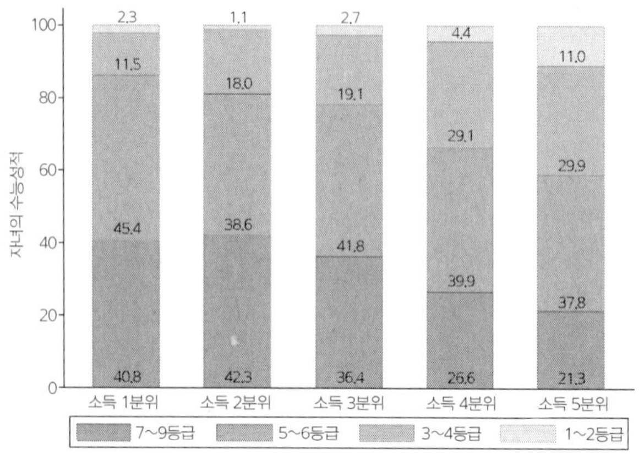

〈그림 1〉 소득분위별 자녀의 수능성적

출처: 최필선, 민인식. 2015. "부모의 교육과 소득수준이 세대 간 이동성과 기회불균등에 미치는 영향". 「사회과학연구」,제22권 제3호, p.45.

며, 내신성적에 대해서는 학교에 대한 만족도가 유의미한 인과관계를 보이는 것으로 드러났다. 한편 표준화된 학업성취도 수준에 대해 사교육비는 중학교 1학년부터 고등학교 1학년까지의 기간을 중심으로 교육기회불평등에 영향을 주는 것으로 관찰되었다. 사교육비는 중학교를 전후로 해서만 영향력이 있는 것으로 보이는데, 이에 대해선 후술하겠다.

한편 중등교육의 학업성취도를 평가할 때, 평균학력과 대학진학률이 매우 높고 학벌주의가 강한 우리나라의 경우에는, 단지 대학진학이 가능한 성적이나 기초학력이 아니라, 최상위권 분포도 교육기회불평등을 가늠하는 데에 중요하다. 최필선·민인식이 소득분위별 수능 성적을 정렬하여 조사한 결과, 1-2등급 내지 3-4등급에 속할 가능성은 소득에 대체로 비례하는 것으로 드러났다.[36] 소득 1분위와 소득 2분위 사이에 중위권(3-6등급) 비율 격차가 큰 것으로 나타났고, 소득 3분위와 4분위 사이에 상위권(1-4등급) 격차가 큰 것으로 나타났으며, 소득 4분위와 5분위 사이에는 최상위권(1-2등급) 격차가 큰 것으로 나타났다. 하위권(7-9등급)은 소

36. 최필선, 민인식. 2015. "부모의 교육과 소득수준이 세대 간 이동성과 기회불균등에 미치는 영향." 「사회과학연구」. 제22권 3호. p. 31-56.

득 3분위를 전후로 경계가 나타났다.

3. 소결: 함의와 정책적 시사점

사회경제적 지위 격차는 초·중등교육 학업성취도에 지속적인 영향을 끼치는 것으로 나타났다. 그 인과경로로는 자아개념·학교만족감·자기주도학습능력 등과 같은 비인지적 지표와 사교육비를 발견할 수 있었다. 비인지적 지표와 사교육비 가운데 어떤 요소가 더 주요한 인과경로일까? 대체로 사교육비가 더 중요하다는 것이 통념이다. 그렇지만 여러 연구는 그러한 통념을 기각하고 있다.

신지현은 중학생 시기에는 사교육비와 사교육시간이 학업성취도에 유의미한 영향을 미치지만 고등학생 시기에는 유의미하지 않는다고 분석하였다.[37] 특히 중학생 시기에는 사교육비가 높을수록 성적에 상승변화가 발생하는 경향이 있지만, 고등학생 시기에는 오히려 하락변화가 발생하는 등 통념과는 거꾸로였다. 이러한 결과는 학년이 올라갈수록 사교육의 중요성은 줄어들고 자기주도학습 등의 요소가 유의미한 영향을 미치기 때문이라고 생각된다. 김성훈도 일반고 2학년생의 성적에 부모의 사회경제적 지위가 유의미한 영향을 미치지만, 통념과 달리 사교육보다는 독자적 학습태도라는 경로로 영향을 미친다고 분석하였다.[38]

사교육은 자아개념·학교만족감 등 비인지적 지표에 비해 불평등 해소를 위한 정책적인 개선이 어렵다고 할 수 있다. 고소득층의 과도한 사교육을 막거나 저소득층의 사교육비 지출을 국가가 보조할 수는 없기 때문이다. 이러한 점에서 자아개념·학교만족·자기주도적 학습능력 등 공교육의 개입이 가능한 인과경로가 주된 영향력을 끼친다는 것은 다행스러운 일이라고 할 수 있다. 한국교육개발원 연

---

37. 신지현. 2016. "사교육이 학업성취도에 미치는 영향 – 지위경쟁의 관점에서." 서울대학교 행정대학원 박사학위논문.
38. 김성훈. 2015. "일반고 학생의 사회경제적 지위, 독자적 학습, 사교육과 수학 학습 태도 및 성취도의 구조적 관계." 「학습자중심교과교육연구」 제15권. p.249-269.

구도, 학업성취도는 아니지만 학업성취변동에 있어서, 학교 요인·수업이해정도·자기주도학습시간 등을 변수로 추가하면 부모의 사회경제적 지위가 직접적으로 행사하는 인과경로는 점차 소거되어 영향력이 없어진다고 지적하고 있다.[39]

이상에 따라 제안가능한 정책적 함의는 다음과 같다고 보인다. (1) 학교만족감 측면에서, 교사와 학교 간 교육환경 차이를 극복하는 것이 교육기회불평등에 중요하다. 여기에 있어서는 고등학교 다양화 정책 이래 심화된 특목고-일반고 간의 격차도 심각하게 논의될 필요가 있다. 이에 대해서는 Ⅳ절에서 살펴보게 될 것이다. (2) 표준화된 시험에 비해 내신이 교육기회불평등의 가능성이 적으므로, 표준화된 시험 기반의 진학전형 보다는 내신 기반의 진학전형이 교육기회불평등을 축소시킬 가능성이 있다. (3) 아동 시기 비인지적 역량이 학생의 초기 학업성취도를 크게 결정하므로, 보육과정 및 초등교육 과정을 중심으로 자아개념·자기주도학습 등 비인지적 역량을 계발시킬 수 있는 교육이 잘 이루어질 때 교육기회불평등이 축소될 가능성이 있다. (4) 초등교육·대학수학능력시험에 대한 분위별 분석에서 각 분위별로 학업성취도 분포가 다르다는 것이 명백하게 드러난 만큼, 비인지적 역량 형성에 차이를 가져올 수 있는 요인들이 가구 소득 분위별로 어떻게 다르게 드러나는지 살핌으로써 교육기회불평등 원인해석에 반영할 수 있는 구체적인 연구들이 보다 풍부해져야 할 것으로 보인다.

Ⅳ. 고등학교 다양화에 따른 교육기회 불평등 문제

부모의 사회경제적 배경에 의해 초-중-고등학교의 각 학력단계에서 학업성취의 격차가 일반적으로 나타나고 있음은 앞서 Ⅲ절에서 다룬바 있다. Ⅳ절에서는 보다 구체적으로 고등학교 단계에서의 고교 다양화가 교육기회불평등을 야기하였

39. 박경호·김지수·김창환·남궁지영·백승주·양희준·김성식·김위정·하봉운. 2018. "부모의 사회경제적 지위가 학업성취 변동에 미치는 영향." 『2018 교육격차 실태 종합 분석』, p. 129.

는지를 다룰 것이다. 즉, 단선적으로만 학력단계의 이행을 살펴보는 것이 아니라, 같은 고등학교 내에서도 여러 분기점들이 있으며 질적인 차원의 계층화가 나타나고 있음을 보일 것이다. 특히 이 문제는 최근 불거지고 있는 국내 유명 자사고 재지정 취소와 관련하여 중요한 함의를 가질 것이다.[40]

1. 현실적 배경

한국은 1974년 지나친 고교서열화와 고교입시경쟁 문제를 해결하기 위해서 고교 평준화제도를 도입한 바 있다. 이는 위의 두 문제를 해결하는데에는 기여했으나, 학생들의 교육선택권 침해, 중등교육의 다양화 저해 등의 비판을 받았고, 1983년부터는 이러한 요구에 부응하여 과학고등학교, 영재고등학교, 외국어고등학교, 국제고등학교 등이 하나 둘 생기기 시작하였다. 1995년 '5.31 교육개혁'에서는 평등성 외에도 수월성이 중요하다고 선언하였으며, 영재교육 시스템이 보급되기 시작하였다. 2008년 이명박 정부에서는 〈고교 다양화 300 프로젝트〉를 추진하여 이런 경향을 대폭 확대하였다. 마이스터고등학교를 포함한 다양한 특수목적고등학교들이 양적으로 팽창한 것이다. 결국 2012년 과학고, 외고, 국제고, 자사고에 재학중인 학생 수는 55,201명으로, 전체 고등학생 수의 2% 수준에 달하게 되었다.[41]

이러한 고교 다양화 정책에 대해서 '온상조직으로 안주하던 학교들에게 새로운 방향을 제시'하고 경쟁력을 제고하고 학생 선택권을 다양화 했으며 고교 만족도가 높아졌다는 긍정적 평가도 있다. 하지만 일반고등학교가 황폐화되었으며, 특목고가 본연의 목적보다는 입시교육에 치중함으로써 입시명문고가 등장하여 고등학교가 재서열화되었고, 이 고등학교에 입학하기 위한 과한 사교육이 나타났다는 부정적 평가도 있다. 특히 국책연구기관인 KEDI는 교육관계자들의 설문조사를 통해서 "실보단 득이 많다"고 긍정적으로 평가했지만, 이는 패널 조사를 통한 실제 성

40. 한국경제. "상산고, 안산동산고 결국 재지정 탈락...자사고 줄폐지 신호탄" (2019.6.20).
41. KEDI. 2013. 『고교다양화 정책의 성과 및 개선방안 연구』. p.30. 〈표Ⅲ-5〉 참고.

취 추적이 아니라 성취에 대한 '인식도' 조사라는 점에서 한계를 가지는 것으로 보인다. 따라서 본 보고서에서는 문제가 되는 각 쟁점별로 기존 연구들을 종합해 평가를 해 보도록 할 것이다.

2. 쟁점별 검토

1) 선발 및 분리 효과

일반고 대비 특목고의 학력성취 향상은 분명하게 나타난 것으로 보고된다. 하지만 이는 많은 경우 특목고의 자체적인 효과라기보단 '선발효과'로 설명된다. 선발효과란 교육 시스템이 좋아서라기보다는 기존에 부모의 사회경제적 수준이 높고, 학업 성취에 있어서 수월한 학생들을 뽑아서 학력 성취의 격차가 나타났다는 것이다. 특히 박소영은 일반계 고등학교와 외국어 고등학교의 학업성취도 차이를 분석한 결과, 국어 성적의 경우 학생수준과 학교수준을 통제한 결과 학업 성취에서의 유의한 차이가 나타나지 않는다고 밝혔다.[42] 즉 외고에서 전반적인 언어 교육을 통해 향상될 것이라 기대되는 국어 성적이지만, 학생수준과 학교수준 변수가 동일하다면 외고에 재학한다고 성적이 우수할 것이라 기대할 수 없다는 것이다. 반면 수학 성적은 유의한 차이가 있었는데, 이는 외고 본연의 목적보다는 입시 교육에서 효과가 있지 않았을까하는 의심을 갖게 한다. 자사고와 자공고에 대해서는 김위정, 남궁지영의 연구를 참조할 수 있다. 그들은 〈학교 교육 실태 및 수준 분석 연구〉 자료를 활용하여 자사고와 자공고, 일반고의 학력과 만족도에 대해서 분석하였다.[43] 그에 따르면 "자사고와 자공고 모두 학생배경과 학생과정을 통제하면 일반고와의 차이가 감소하여, 선발효과가 있음을 시사"했다. 자사고 전환학교는 부모의 SES, 교육기대, 사교육비 등 학생 배경과 관련한 부분에서 큰 변화가 나타나서 학력성취에의 영향을 준 것이다. 김준엽 외에서도 비슷한 보고를 한다.[44] 그는

42. 박소영. 2009. "일반계와 외국어 고등학교의 학업성취도 차이 분석." 『교육행정학연구』. 제27권 4호.
43. 김위정·남궁지영. 2014. "자율형 공-사립 고등학교의 성과 분석" 『교육평가연구』 제27권 2호.

고2와 중3 학업성취도 평가를 바탕으로 연구를 진행하였는데, 고2 학업성취도의 학교 유형간 격차의 상당부분이 입학생들의 중3 학업성취도가 설명하고 있었음을 보였다.

특목고 운영 우수사례 등에서 보고되듯이, 각 학교의 특색에 맞는 다양한 교내 프로그램이 마련되고 (예컨대 과학고의 경우 실험과목 신설, 외고의 경우 원어민 선생님의 확충) 많은 학생들이 만족하고 있는 것은 사실이다. 하지만 김위정, 남궁지영에 따르면 만족도는 자사고가 크게 증가한 반면, 일반고는 다소 감소한 것으로 나타났다. 특목고의 우수 학생 선점, 일반고의 교육 내실 저하 등이 그 원인으로 보인다. 특히 2014년도부터 '일반고의 몰락'이란 이름으로 일반고에서는 많은 학생들이 수업시간에 잠을 자고, 학교에서의 성취의욕이 떨어진다는 수많은 보고들이 잇따르고 있다.

2) 사교육비 증가

애초의 고교 다양화 프로젝트는 고교 교육의 다양화와 내실화로 사교육 절감을 하나의 목표로 하였다. 하지만 특목고에 대한 진학경쟁이 심화되어 고교 이전 단계에서의 사교육비 지출이 크게 늘어났음이 보고되고 있다. 박현정, 이훈호와 김성식, 송혜정은 각각의 연구에서 중학교부터 특목고 및 자사고 진학계획을 가진 학생의 사교육이 크게 증가했음을 보인 바 있다.[45] 한편 이광현은 초등학교에서부터 사교육에 대한 과열 투자 양상이 나타남을 보고한다.[46] 그에 따르면 초등학교 단계에서 특목고와 자사고를 진학하고자 계획하는 학생은 일반 학생에 비해 여러 분석 모형에 따라 13%에서 최대 28%까지 사교육비를 더 지출하는 것으로 나타났

---

44. 김준엽·김경희·한송이. 2013. "고교유형에 따른 성취도 격차의 양상과 발생요인" 「교육평가연구」 제26권 3호.
45. 이광현. 2012. "특목고, 자사고 진학계획이 초등학생 사교육비 지출에 미치는 영향." 「교육사회학연구」제22권 2호.에서 재인용.
46. 이광현. 2012. "특목고, 자사고 진학계획이 초등학생 사교육비 지출에 미치는 영향." 「교육사회학연구」제22권 2호.

다. 이는 특목고 진학에 대한 정보와 진학을 위한 준비 단계에서부터 부모의 소득과 지원이 중요함을 함축할 뿐만 아니라, 초기 목적인 사교육 절감에 있어서 고교 다양화 정책이 부작용을 낳았다는 것을 알려준다.

3) 부모의 사회경제적 배경에 따른 진학 격차

오석영, 임정만에 따르면 많은 선행연구와 마찬가지로 특목고 및 자율고 진학희망자들의 개인 특성 및 인식 수준이 그렇지 않은 경우에 비해 유의하게 높은 것으로 나타난다.[47] 이미 중학교 단계에서부터 차별적으로 형성되어 있어서, 고교 다양화가 학생의 학업성취 및 부모의 사회경제적 배경에 따라 서열화로 작용하는 모습이 나타난다. 특히 이는 V절에서 살필 것처럼, 고교 유형별로 대학 진학에서의 격차가 나타나기 때문에 문제가 된다. 대학 서열과 마찬가지로 고교 서열이 존재하고 이는 부모의 사회경제적 배경에 의해 강한 영향을 받기 때문이다. 특히 한 기사에 따르면, 일반고의 부모 소득분포에 비해 특목고의 부모 소득 분포가 현저히 높은 수준으로 나타났다. 가구소득 400만 원 미만인 구간과, 800만 원 이상인 구간을 보면 일반고의 경우 각각 45%, 22%인 반면 특목고의 경우 10%, 56%로 상당한 격차가 존재함을 보여 준다. 또한 자사고의 평균 학비가 일반고의 2.1배라는 점을 고려해봐도 특목고 진학에는 상당한 진입장벽이 있음을 확인할 수 있다.[48]

또한 대학 진학 외에 전문계 교육에 있어서도 사회경제적 배경이 작용하고 있다는 보고가 있다. 오승환, 김광혁은 한국청소년패널 중 중2패널의 1-3차년 동안 조사된 3,499사례를 분석한 결과 가족빈곤이 고교진학에 유의한 영향을 미치는 것을 확인하였다.[49] 특히 그들에 따르면 연속적으로 가족빈곤을 경험했을 수록 전문계 고교 진학확률이 높아지는 것을 확인하였고, 심지어는 성적과 관계 없이 가족 빈

47. 오석영·임정만. 2012. "중학생 진학진로 인식 분석 - 서울지역 중학생 희망 고교계열별 비교." 『아시아교육연구』 제13권 4호.
48. 중앙일보. 2017년 7월 17일. "[현장보고] 일반고의 위기, 왜?"
49. 오승환·김광혁. 2012. "가족 빈곤이 고교진학 유형에 미치는 영향." 『사회과학연구』 제28권 4호.

곤으로 인해 전문계고를 선택하는 경향도 발견하였다. 이때 가족빈곤이 고교 진학에의 영향을 미치는 매개변수로서, 사교육비와 부모의 생활감독, 부모 자녀 간 애착, 부모의 교육적인 기대가 포함되어 있다.

3. 소결

위와 같은 검토 내용을 보았을 때, KEDI의 보고와는 반대로 "득보다는 실이 많다"고 평가할 수 있을 것이다. 물론 특목고 운영 우수사례 등을 보면 기존 학교 시스템에서는 받을 수 없었던 양질의 교육 프로그램이 운영되고 학생들이 만족하는 경우가 있는 것은 사실이다. 하지만 전반적인 통계를 보았을 때 이미 부모의 사회경제적 배경등이 크게 작용한 중학교 성적을 바탕으로 학생들을 학교별로 분리하고 이에 따른 고교 서열화가 나타났음을 부정할 수 없다. 고교 교육의 목적이 대학진학과 취업의 준비인가 시민으로서의 핵심 역량을 키우는 것인가에 대한 사회적 합의 없이, 이미 대학 서열이 공고화된 상태에서 과다하게 특목고가 양적 팽창한 것이다. 이 때문에 초기의 목적이었던 수평적 다양화보다는 사교육, 부모의 기대, 부모의 학력, 부모의 소득 등에 영향을 받는 수직적인 서열화의 효과가 더 컸다.

이는 교육사회학적 측면에서 루카스의 EMI(Effectively Maintained Inequality)가설, 즉 특정 수준의 교육 진학률이 충분히 높아짐에도 불구하고 중상위 계층은 교육에 대한 질적 차별화 투자를 하기 때문에 교육기회불평등은 유지된다는 가설,으로 설명할 수 있다.[50] 고교 진학률이 높아지자 질적으로 차별화된 교육에의 요구가 증가하였고 극소수의 학생들이 진학하던 특목고의 문을 전체 학생의 2% 수준까지 열어줌으로서 이를 만족한 것이다. 하지만 이는 경제학자 체티 외의 연구에 따르면 상층 이동성의 가능성에, 즉 기회 평등에 심각한 악영향을 끼칠 가능성이

50. Lucas, Samuel R. 2001. "Effectively Maintained Inequality: Education Transitions, Track Mobility, and Social Background Effects." American Journal of Sociology. 106(6): p. 1642~1690.

높다.[51] 체티 등은 미국에서 상층이동성이 주 별로 크게 격차가 있음을 포착하고, 이와 상관성이 높은 정책적 변수들을 추적하였다. 그 결과 인종 간 분리, 가족 안정성, 고교 교육의 보장 등이 상층이동성과 관련이 높다는 것이 드러났는데, 이 중 인종 간 거주 분리는 성적, 부모의 사회경제적 배경별 '학교의 분리'도 계층의 고착화를 야기할 수 있음을 암시한다.

V. 부모의 사회·경제적 지위가 대학진학 격차에 미치는 영향

1. 논의의 필요성

예로부터 한국사회에는 일명 '서울대 신화'라 통칭할 수 있을 명문대에 대한 신화적 선호가 존재해왔다. 누구나 어렸을 적 사소한 일에 대해서도 큰 의미를 부여받으며 주변 어른들로부터 상당한 기대를 받았던 경험이 있었을 것이고, 그 종착점이 대체로 특정 대학들에 대한 가치판단적 진술에 있었음을 한 번쯤은 경험해보았을 것이다. 그것이 대학서열이 계층을 결정할 것이라는 경험자로서의 암묵적 신호를 보내는 것인지, 아니면 단지 '서울대'라는 존재가 실체 이상의 긍정적 관용어로서 기능하게 되어버려 인사말과 같이 쓰인 것인지는 당시에 직접 이야기했던 사람들이 아니라면 모른다. 그러나 어찌되었든 우리가 분명히 짚고 넘어가야 할 점은, 그런 관용적 진술들이 본인의 진로에 대한 의사와는 관계 없이 개인에게 넘어야 할 산 내지는 넘을 수 없는 산으로 작용하며 일종의 스스로에 대한 판단 준거로서 작용해버린다는 점이다. 초등학생 때 서울대를 꿈꾸고, 중학생 때 인서울을 꿈꾸고, 고등학생 때 대학진학을 꿈꾼다는, 고등학생들 사이에서 돌곤했던 자조 섞인 문구 속에는 어쩌면 어렸을 때부터 본인의 의사와 관계 없이 숱하게 들어왔

51. Rai Chetty et al. 2014. "Where is the Land of Opportunity? The Geography of Intergenerational Mobility in the United States," Quaterly Journal of Economics 129(4).

던 그 명문대 진학에 대한 가치편향적 인식이 자기도 모르게 뇌리에 박혀버린, 대학서열주의적 발상의 대표적인 사례라고 이야기 할 수 있을 것이다.

사실 애초에 근대사회에서의 학력(學歷)은 직업지위나 소득, 사회적인 위신에 큰 영향을 미치는 요인이다. 앞서 언급했던 대로 한국 또한 가정배경이 학력을 매개로 직업지위에 영향을 미친다는 것을 보여 주었고 학력 또는 대학서열에 따른 임금 격차나 임금 프리미엄이 존재함을 보여 주는 경험 연구들도 다수 존재한다. 특히 지금까지 다루었던 생애주기와 본 절에서 다루는 대학진학이 질적으로 다른 점은, 대한민국 사회에서 통용되는 최종학력으로서 향후 노동시장에서도 노동자의 숙련도를 가려내는 데에 주요한 잣대로 작용한다는 점이다. 당장 경제활동의 양질을 결정짓는 기준이 되는 만큼 다른 어떠한 학습주기보다 위계성에 대한 집착과 경쟁이 과열되는 것도 사실이다. 최근에는 포화경제로 노동시장의 규모는 줄어들고 고등교육은 더욱 팽창하면서 최종학력 수준보다는 대졸자 내부의 대학서열에 따른 차이가 주목받고 있다. 경제상황의 어려움으로 인한 취업률의 하락이 대학진학의 양상에도 영향을 미친 것이다. 구체적으로 수능점수 1점의 상승이 0.2%의 임금상승으로 연결되며 수능점수 통제 후 상위 5~10개교의 임금 프리미엄은 5~7% 정도에 이르는 것으로 나타났다. 이후 상위 100개 학교까지는 임금 프리미엄 현상이 여전히 남아있으며 대학서열의 문제만큼이나 과잉고등교육의 문제도 함께 다뤄내야 할 것임을 시사하기도 했다.[52]

이는 사회적으로 대학입시를 둘러싼 지나친 경쟁과 사교육의 과열, 재수생의 양산과 같은 문제로 이어지기도 하였다. 여기서 중요한 점은 이러한 대학진학이 단순히 개인의 능력이나 노력에만 좌우되는 것은 아니라는 것이다. 많은 경험연구들에 따르면 대학진학 결과는 개인의 능력이나 노력 외에도 가정배경에 따라 체계적으로 달라지며, 그 과정에서 부모의 사회·경제적 지위가 직·간접적으로 작용하고 있음이 확인된다. 이에 본 절에서는 부모의 사회·경제적 지위가 자녀의 대학진학

---

52. 김진영, 김진영, 김태종, 남기곤, 안상훈, 전성인, 김진영, 김진영. (2007) "대학서열과 노동시장 / 지정토론 / 일반토론" 한국경제의 분석13, no.3. p.1-72.

에 있어 직접적으로 영향을 미치는 경우와 전형유형, 고교유형 등 변수를 매개하여 영향을 미치는 경우로 나누어 각각의 경우에 대한 문제양상을 분석해 보고, 이에 따른 적절한 대안을 모색해 보고자 한다.

2. 부모의 사회·경제적 지위와 대학진학 격차

1) 독립변수로서의 부모의 사회·경제적 지위

교육기회의 확대에도 불구하고 가정배경에 따른 대학진학 격차가 유지되고 있는 현실은 학교교육이 사회 불평등 구조를 재생산하는 주요 기제로 작동할 수 있음을 시사하고 있다. 특히 대학진학 격차는 사회적 보상과 직접적으로 연결되어 학교교육이 사회 불평등 구조를 재생산하는 데 있어서 핵심적인 역할을 담당하게 될 수도 있다. 그리고 실제 그러한 대학진학 격차와 사회 불평등 구조가 개인의 노력보다는 부모의 영향 등 대물림되는 자산으로부터 야기될 가능성이 상당하다는 점은 사회계층을 경직화하고 불평등을 심화하는 데에 큰 원인으로 지적되고 있고, 이는 대학진학 격차에 대하여 부모의 사회·경제적 지위가 실질적으로 미치는 영향을 분석하는 연구가 상당히 중요할 것임을 시사한다.

Boudon의 이론에 따르면 가정배경이 학력획득에 영향을 미치는 과정을 계층별 성취도 차이인 1차 효과와 계층별 학교 선택의 차이라는 2차 효과로 설명하고 있다. 즉, 상급학교 진학시에는 일반적으로 성적에 따라 선별이 이루어지는데, 1차적으로 상위계층일수록 성취도가 높게 나타나기 때문에, 2차적으로 동일한 성적이더라도 상위계층일수록 더 높은 단계의 교육이나 선호되는 계열을 선택할 가능성이 높기 때문이다. 따라서 부모의 사회·경제적 지위에 따른 대학진학 격차의 발생 기제는 1차 효과와 2차 효과를 모두 고려해야 한다.[53] 특히 앞선 연구에서 이미 초중등교육 단계에서의 성취도 격차를 만드는 부모의 사회·경제적 지위 영향을 검

53. Boudon, R. 1974. Education, Opportunity and Social Inequality. John Wiley and Sons, New York.

토하였기에, 본 절에서는 성취도를 통제하였을 때의 대학진학 격차를 유발하는 요소들을 중점적으로 분석해 보고자 한다. 보다 용이한 분석을 위해 부모의 사회·경제적 지위를 경제적, 문화적, 내재적 자원 등 3종류로 분류했다.[54] 특히 내적요인의 영향이 상당히 중요한 교육변수의 특성상 실물의 경제적 자원뿐만아니라 이를 바탕으로 형성되는 문화적 자원과 내재적 자원에 따른 격차 형성에 대해서도 집중해 보고자 한다.

경제적 자원이 풍부하면 그만큼 물질적 교육자원에 투자할 가능성도 높아질 것이고 이는 풍부한 참고자료, 사교육에의 투자, 교육여건이 좋은 지역으로의 이사 등의 양상으로 구체화된다. 특히 사교육의 경우 그동안 한국에서 계층 간 사교육비 격차에 대한 연구를 중심으로 많은 검토가 이루어졌다. 이때, 상층계급일수록 사교육비 지출 초기치(중2 때 사교육비)가 큰 것으로 나타났으며, 학년이 올라갈수록 사교육비를 덜 감소시키는 것으로 나타났다.[55] 그러나 애초에 사교육의 성적 향상 효과를 확인하지 못한다는 최근의 연구들이 등장하고 있는 것으로 볼때 계층 간 학력 격차에 대한 사교육의 효과는 논쟁의 여지가 존재한다. 오히려 본 변수에서 중점적으로 고려되어야 할 점은 경제적 여유정도에 따라 달라지는 선택의 경향성인데, 이는 경제적 자원이 부족한 하층계급은 수익보다 비용에 민감하여 위험회피적 행위를 하는 경향이 더 큰 반면 경제적 자원이 풍부하면 더욱 과감한 교육투자가 가능하다는 브린과 골드소프의 합리적 행위이론을 전제로 한다.[56] 해당 이론에 입각하여 교육투자에의 경향성을 살펴보았을 때, 부모의 사회·경제적 지위가 높을수록 성적이 저하될수록 이에 따라 사교육비의 지출을 늘리는 학력자본 성취투자로의 양상[57]을 보이거나, 재수를 선택할 가능성도 높아져 위험을 감수하고 서

---

54. Kalmijn, M. (1994) Assortative Mating by Cultural and Economic Occupational Status. American Journal of Sociology, 100. p.422-452.
55. 김위정·염유식. (2009). 계급간 사교육비 지출 격차에 관한 연구. 「한국사회학」. 43(5). p.47-49.
56. Breen, R., & Goldthorpe, J. H. (1997). EXPLAINING EDUCATIONAL DIFFERENTIALS: TOWARDS A FORMAL RATIONAL ACTION THEORY. Rationality and Society, 9(3), 275-305.
57. 김위정·염유식, op.cit., p.53-55.

열이 높은 대학을 지원할 가능성이 높아짐[58]을 확인할 수 있었다.

문화적 자원의 영향은 부모의 양육관행이나 교육적 지원의 형태로 학생들의 학업성취와 교육선택을 지원하는 양상으로 나타나곤 한다. 이는 인지적 능력을 향상시키는 동시에 자녀의 교육열망, 동기 수준 등 내재적 자원을 높이는 역할 또한 할 수 있다. 계층 간 양육관행의 차이는 특히 중산층과 저소득층의 구분에서 뚜렷했는데, 중산층에서는 학력의 가치를 철저히 등급화하고 서열화하여 자녀들에게도 구체적인 목표를 정해 주고 지원해 주는 반면, 저소득층의 경우에는 학벌주의 가치관이 강하지 않고 대학 졸업장이 가지는 가치를 비슷하게 인식하는 것으로 나타났다.[59] 이러한 교육적 지원은 학부모의 진학설명회 참여나 학생의 경시대회 수상실적 등을 매개로 직접적인 대학의 진학 가능성에까지 영향을 비지기도 했다.

부모의 교육기대와 자녀의 교육포부로서 설명할 수 있는 내재적 자원 또한 부모의 사회·경제적 지위에 따라 달라졌다. 사회·경제적 지위가 높을수록 부모의 교육기대가 높고, 부모의 교육기대가 높을수록 자녀의 성취도가 높은 것으로 나타났다. 부모의 높은 기대는 자녀의 자아개념이나 교육포부에 긍정적으로 영향을 미치고, 부모가 좀 더 구체적이고 전략적으로 자녀의 학습을 지원해줄 가능성을 높여줄 수 있다. 그러나 최근 영국 레딩 대학교의 코우 무라야마 박사 연구팀에서 '자녀에 대한 부모의 기대가 비현실적으로 높을 경우 자녀의 성적은 오히려 낮아진다'는 내용의 연구논문을 발표하며 해당 상관관계에도 반론을 제기한 만큼, 이에 대한 논의는 앞으로도 지속될 것으로 보인다. 교육포부도 학력 격차를 설명하는 핵심적인 요인인데 많은 경험연구에서 교육포부가 대학진학 격차에 유의미한 영향을 미쳤으며, 가정배경을 매개하는 핵심요인으로 나타났다.

58. 김경근·변수용. 2006. "한국사회에서의 상급학교 진학 선택 결정요인." 「교육사회학연구」. 16(4). p. 1-27.

59. 신명호. 2004 "사회계층간 자녀의 하업성취도 격차와 양육문화." 서울대학교 인류학석사학위 논문.

2) 매개변수로서의 부모의 사회·경제적 지위

a. 전형유형에 따른 대학진학

앞선 논의가 부모의 사회·경제적 지위가 직접적으로 대학진학에 미치는 영향을 알아보았다면, 이번에는 이를 대학진학에 있어 주요한 변수로 작용하는 전형유형과 고교유형에 매개시켰을 때의 경향성을 살펴보고자 한다. 전형유형에 따른 대학진학에 부모의 사회·경제적 지위가 영향을 미쳤는지를 검토해 보기 위해서는 두 전형유형인 수시(학생부종합전형)와 정시 각각에 대하여 현황을 파악하고 이를 상호 대조하며 특히 최근 대학진학의 격차완화를 위해 적극적으로 도입되고 있는 학생부종합전형의 전형효과를 확인해 볼 필요가 있다. 사실 그동안 학생부종합전형은 해당 전형의 특수성에 의하여 부모의 문화자본이나 정보력이 작동할 수 있는 여지가 있다는 점에서 '금수저 전형'이라는 공격을 받아오기도 했었다. 그러나 최근의 연구는 입학사정관제 지원 계획이 실제로 사교육비 지출을 증가시켰는지에 대하여 유의미한 차이를 발견하지 못해내지 못하는 결과도 도출되고 있다.[60] 이는 즉, 사교육비 지출이라는 부모의 사회·경제적 지위의 직접변수가 전형의 차원에서는 유효한 매개변수로서 작용하지 못하고 있거나, 최소한 여전히 논쟁적으로 남아있음을 방증하고 있다고 볼 수 있다. 오히려 지원자의 분포로 보았을 때에는 실제 지원 현황의 측면에서도 소득분위가 낮을수록, 도시지역에 비해 읍면지역, 일반고와 특목고보다 전문계고 학생이 학생부종합전형에 더 많이 지원하려는 경향이 있었고, 해당 경향성에 따라 합격자들의 다양성도 이전에 비해 보다 폭넓게 확보되었다. 지난 2019년 서울대학교 수시모집 전형별 합격생 배출 고교 수를 살펴보면, 2017년 800개 학교에서 2018년 831개, 2019년 849개로 꾸준히 증가하고 있었음을 볼 수 있다. 이러한 해석에서는 학생부종합전형의 사회·경제적 지위에 따른 대학진학 격차 완화효과는 어느 정도 효력을 보이고 있음을 알 수 있다.

---

60. 이필남(Yi, Pilnam).(2011). 대학 입학사정관전형 지원 계획과 사교육 수요 관계 분석. 『교육재정경제연구』. 20(4) p. 125-151.

〈표 1〉 2019년 서울대학교 수시모집 전형별 합격생 배출 고교 수

구분	지역균형선발전형		일반전형		기회균형선발 특별전형I		전체	
	지원	합격	지원	합격	지원	합격	지원	합격
2019학년도	1,369	519	1,477	463	527	138	1,726	849
2018학년도	1,365	544	1,481	456	538	141	1,705	831
2017학년도	1,311	499	1,448	420	497	144	1,662	800
2016학년도	1,307	490	1,468	445	603	126	1,705	778
2015학년도	1,322	469	1,384	443	626	151	1,666	787
2014학년도	1,335	556	1,396	405	515	124	1,629	791

단, 소외계층의 경우 학생부종합전형에서는 계수의 크기가 작거나 방향도부적 상관을 가지는 반면에 기타전형에서는 통계적으로 유의하게 지방사립4년제 대비 상위권과 서울4년제 대학 진학, 또는 수도권 4년제와 지방국립대 이상 진학 가능성이 높았다. 이는 정원외 특별전형은 제외한 분석이라는 점에서 주목할 필요가 있는데, 정원외 특변전형으로서의 기회균형선발제도가 소외계층을 위한 맞춤형 학생부종합전형으로 운영되면서 일반전형에서의 소외계층의 합격가능성이 낮아진 것은 아닌지, 정원외 전형이 일반전형에서의 소외계층의 합격에 부정적 영향을 끼치게 된 것은 아닌지에 대한 추가적인 검토가 필요할 것이다.

b. 고교유형에 따른 대학진학

이명박정부에 들어서 본격적으로 시행되었던 〈고교 다양화 300 프로젝트〉는 영재고, 국제고, 외고, 과학고, 자사고, 자공고, 마이스터고 등 수많은 위계적인 고교유형을 만들어내면서 중등교육단계에서부터 계층 간 학력 격차를 심화시켰고, 이는 오늘날 대학진학 격차의 주요 기제로 작용해왔다. 지난 2019년 서울대학교 수시모집 합격생의 고교 유형별 현황을 살펴보면, 일반전형 전체 합격생 중 자사고, 과학고, 외고 등 특수목적고 졸업생의 비율은 65.4%에 달했다.

부모의 사회경제적 지위와 사전성취도(학력획득)는 고등학교 진학유형에 영향을 미치고, 고교 유형은 부분적으로 고등학교 교육경험을 매개로 직접적으로 수능점

〈표 2〉 2019년 서울대학교 수시모집 합격생의 고교 유형별 현황(단위: 명/%)

구분	일반고	자사고	자공고	과학고	영재고	외국어고	국제고	예술/체육고	특성화고	검정고시	기타(외국고 등)	계
지역균형	533 87.1	24 3.9	50 8.2	- -	- -	- -	- -	4 0.7	1 0.2	- -	- -	612
일반전형	584 33.4	271 15.5	36 2.1	161 9.2	275 15.7	199 11.4	32 1.8	169 9.7	1 0.1	7 0.4	12 0.7	1,747
기회균형I	127 77.4	7 4.3	13 7.9	2 2.1	1 0.6	6 3.7	1 0.6	1 0.6	5 3.0	1 0.6	- -	164
계	1,244 49.3	302 12.0	99 3.9	163 6.5	276 10.9	205 8.1	33 1.3	174 6.9	7 0.3	8 0.3	12 0.5	2,523

출처: 〈서울대학교 수시모집 선발 결과〉 중 발췌. 65.4%는 일반전형 합격자 중 일반고, 특성화고, 검정고시, 기타 출신자들의 비율을 제한 값임

수와 진학한 대학의 서열에 영향을 미친다는 점이 고교유형에 따른 대학진학에 있어 부모의 사회·경제적 지위가 핵심적인 매개변수로 작용하고 있다는 것을 단적으로 드러내는 설명이다.

정시와 수시의 전형 변수만을 고려하였을 때에는 수시에 상대적으로 직접적인 부모지위의 변수가 개입될 여지가 적은 것이 사실이다. 가령 학생부종합전형의 주요한 평가요소로 거론되는 교내활동은 수능 준비에 사교육 투자를 적극적으로 해낼 수 있는 것과는 달리 유효한 수준으로의 투자가 어렵다. 그러나 고등학교 분류라는 매개변수가 간접적으로 수시에 영향을 미치고 해당 고등학교의 진학에 부모지위가 많이 개입된다는 점은 부정할 수 없다. 이에 사회·경제적 지위에 따른 대학진학 격차의 문제는 오히려 고교유형의 위계적 체계에 대한 개선을 통해 해결할 수 있을 것이라는 제언이 도출될 수 있다. 이에 세간에서 제기되고 있는 고교평준화 정책이나 학생선택형 교육과정의 보편화 등의 정책에 대한 진지한 검토도 함께 요청된다.

3. 발전적 제언

결국 문제의식은 다음의 두가지로 압축된다. 첫째는 유별날 정도로 높은 대학진학률과 비대한 수준의 고등교육 시장에 대한 문제제기였다. 실제로 그렇지 않은 사례가 허다함에도 불구하고 마치 대졸자가 고졸자에 비해 현저히 숙련된 노동자라는 잘못된 사회적 편견이 작용하여 무리하게 수많은 학생들을 대학서열이라는 하나의 왜곡된 가치체계 하에 놓이게 했고, 그것이 애초에 대학이라는 학습공간 자체를 개별적 진로에 의한 것이기보다 사회적 지위를 비롯한 여러 부차적인 고려에 따라 가는 곳으로 치부해버리는 결과가 나왔다고 생각했다. 둘째로 그런 왜곡된 가치체계는 대학 진학 훨씬 이전 시점부터 성적 등을 기준으로 해당 가치체계의 상위계층에 접근가능한자와 불가능한자 등으로 구분되도록 했고, 이는 상위계층을 차지하는 명문 대학에 대한 내적 위계를 공고히 하는 결과까지도 가져왔다는 점이었다. 이는 결국 서두에 언급했던 고졸자와 대졸자 간의 격차, 그리고 이를 넘어서는 대학교 간 격차가 보다 치명적이게 되는 논리적 결과를 초래한다.

대체로 이러한 문제의식에서는 대학진학에 부모의 사회·경제적 지위가 미치는 영향을 줄여갈 수 있는 정책을 구상해야 한다는 것이 기존의 논리였다. 하지만 사교육의 풍선효과의 예시와 같이 자본주의 사회체제 하에 놓여있는 교육에서 가구별 학비 투자의 현실적 차이를 실질적으로 좁혀내기는 어렵다. 자본주의와 시장체제라는 무너뜨릴 수 없는 대전제는 지금껏 정부차원의 숱한 사교육 억제정책들을 전부 무위로 돌아가게 했을 정도로 강력한 것이었고, 그러한 정책적 경험 속에서 앞으로의 설계는 이전과는 질적으로 달라야 할 것임을 인지하여야 한다. 그러한 맥락에서 본 절에서 언급된 문화적 자원의 측면이나 고교유형의 위계성 등 국가적 차원에서 검토해 볼 수 있는 새로운 문제제기에 대한 적극적인 검토와 의제 발굴이 이루어질 수 있게되길 바란다.

VI. 부모의 사회·경제적 지위가 대졸자의 노동시장 접근성에 미치는 영향

1. 문제의 논의 및 배경

최근 청년실업률이 급증하면서 제기되는 한국 노동시장의 문제점에는 여러 가지가 있다. 이분화 된 노동시장구조, 내부 노동시장 진입의 어려움, 비정규직의 증가 등을 그 예로 들을 수 있을 것이다. 이러한 노동시장의 어려운 상황은 청년들로 하여금 취업 경쟁에 내몰리게 하고, 취업을 위해 개개인의 질적 차별화를 통해 노동시장에서의 경쟁력 향상을 도모하는 것이 요구되고 있다. 안타깝게도, 스스로의 진로를 찾아가야 하는 고등교육의 장, 대학에서마저 대학생들은 서로 간에 끊임없이 경쟁해야 하는 상황에 처해 있고, 이 과정에서 부모의 사회 · 경제적인 지위의 영향을 간과할 수 없다는 것이 이번 보고서의 요지라고 할 수 있다.

한국 내에서는 1980년대 졸업정원제, 1996년의 대학설립준칙주의 등의 정책적 변화가 이루어졌고, 급격히 고등교육이 팽창했으며, 팽창한 고등교육을 바탕으로 급격한 고학력자 양산이 이루어졌다. 이러한 고학력자 양산에 따른 별다른 대응이 부재하고, 그에 1997년 외환위기, 2008년 금융위기를 겪으면서 경기가 많이 침체된 상황에서 양질의 일자리가 부족한 점도 현재의 대졸자의 노동시장 상황에 한 몫을 했다고 할 수 있다. 노동시장의 진입을 위한 경쟁의 심화는 대학생 개개인에게 일명 '노력'이라는 미명 하에 각종 '스펙'을 쌓도록 요구하고 있으며, 이러한 상황에서 대학생들의 각종 '스펙'과 진로를 위한 대학 내 경험들 또한 부모의 사회 · 경제적 지위의 영향에서 크게 벗어나지 않는 모습을 보이고 있음을 자료를 조사하는 과정에서 확인할 수 있었다. 정규 대학교육 이외의 경험은 학생 개개인에게 있어서 사적 자원에 의존하는 것이며, 대학생들의 노동 시장에서의 지위를 고려하여 생각해 보았을 때, 이 '사적 자원'이라는 것 자체는 결국 부모님으로부터 오는 것이라고 할 수 있다.[61] 이를 고려했을 때, 결국 대학생들의 대학 경험, 그리고 대학 졸업 이후 노동시장에서의 지위 또한 부모의 사회·경제적 지위에 상당한 영향을 받는다고 할 수 있을 것이다. 이러한 부모의 사회·경제적 지위가 어떠한 방식으로 대학생들의 경험과 졸업 이후 삶에 영향을 미치는지 그 상관관계를 살펴보고자 한다.

2. 실증자료 분석

1) 부모의 사회·경제적 지위와 개인의 대학 유형 및 노동시장에서의 지위 간 상관성

부모의 사회·경제적 지위와 대학경험 및 졸업 후 노동시장에서의 지위 간 관계를 살피기 전에, 기본적으로 짚고 넘어가야 할 점은 한국 사회의 대학서열화 현상과 대학서열화에 따른 노동시장 지위 서열화라고 할 수 있다. 대학이 서열화 되는 현상은 인적자본론[62]이나 선별가설[63]에 따라 교육공급자(대학)나 교육수요자(학생)의 양자에게 모두 합리적으로, 어쩌면 자연스럽게 발생하는 현상이라고 할 수 있을 것이다. 그렇지만 이러한 대학 서열화가 이루어진 후에는 소위 '좋은' 대학에 학생들이 몰리는 경쟁 현상이 나타나게 된다. 경쟁 상황에서 학생 스스로가 개인의 능력을 최대한으로 발휘하고자 하는 노력에 있어 부모의 사회·경제적 지위의 개입의 가능성을 배제할 수 없을 것이다. 이에 따라, 부모의 사회·경제적 지위가 높을수록 자녀가 '좋은' 대학에 진학해, '좋은' 노동환경에서 일할 가능성이 커지는 환경이 조성된다고 할 수 있을 것이다. 이러한 이론적 배경은, 부모 소득이 높을수록 자녀 또한 높은 소득의 직장에서 일할 가능성이 높을 수 있음을 시사한다. 실제로 이러한 현상이 나타나고 있음을 아래의 표에서 확인할 수 있다. 또한, 대학유형별로 임금 수준의 차이가 있음을 확인할 수 있다. 노동시장에서의 임금 수준이 전문대학 – 지방사립 – 지방국·공립 – 수도권 4년제 – 서울 4년제 – 의학대학 순으로

---

61. 한국고용정보원. 2015. 본 기관의 대졸자직업이동조사의 결과를 보면 대학재학중 왜 일을 하는가의 질문에 전체 응답자의 58.96%가 용돈을 벌기 위해서라고 응답하고 있으며, 학비, 여가, 경험과 같은 이유는 18%의 정도에 그치고 있다.
62. Becker. 1962.
63. Spence. 1973.

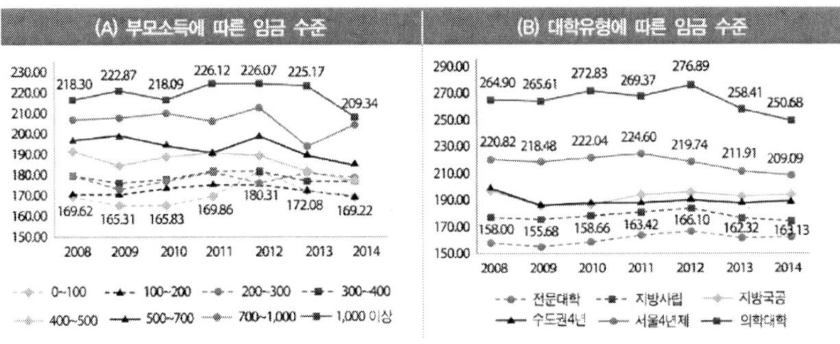

〈그림 2〉 부모소득, 대학유형에 따른 첫 일자리 임금 수준 (만원)

출처: 박경호 외 8인. 2018.「교육격차 실태 종합분석」. 한국교육개발원. p.190.

〈표 3〉 부모소득수준과 대학유형에 따른 첫 일자리 임금 수준

구분	전문대학				지방사립				서울4년제			
	소득하위		소득상위		소득하위		소득상위		소득하위		소득상위	
	비율 (%)	임금 (만 원)	비율 (%)	임금 (만 원)	비율 (%)	임금 (만 원)	비율 (%)	임금 (만 원)	비율 (%)	임금 (만 원)	비율 (%)	임금 (만 원)
2008	46.0	156.0	26.0	170.7	22.4	168.7	24.2	205.9	10.1	206.7	27.1	242.4
2009	47.8	153.2	15.5	170.7	21.7	166.9	22.9	211.8	9.0	206.9	32.6	235.7
2010	44.0	156.0	19.2	179.9	21.9	171.7	24.5	210.3	10.4	209.8	29.4	242.0
2011	43.2	158.9	19.2	194.7	22.1	175.0	26.0	196.4	12.4	208.7	30.3	243.8
2012	44.5	158.1	21.7	219.3	21.1	169.1	23.0	209.8	10.9	201.9	26.9	242.7
2013	43.9	157.2	23.6	182.7	24.3	170.6	23.1	181.9	10.2	197.9	29.2	241.4
2014	46.4	160.4	26.6	174.0	24.2	169.1	24.9	184.8	8.8	188.3	24.3	242.3

출처: 박경호 외 8인. 2018.「교육격차 실태 종합분석」. 한국교육개발원. p.191.

높아진다는 것을 감안할 때, 학생의 부모의 소득이 높을수록 서울 4년제와 의학대학으로 진학하여 높은 소득의 직장에서 일하는 경향이 있을 가능성을 아래의 표는 보여 준다.

2) 부모의 사회·경제적 지위와 개인의 대학생활경험 및 노동시장 지위 간 상관성

진학한 대학 유형이 개인의 노동시장의 지위에 중요한 요인이 되는 동시에, 대학에서의 경험 또한 부모의 사회·경제적 지위에 따라 어떠한 영향을 받는지 살펴

볼 수 있다. 대학에서의 경험으로는, 크게 어학연수, (경제적 이유로 인한) 휴학, 대학 내의 취업프로그램, 인턴, 아르바이트, 정부청년고용정책 등이 있을 수 있다. 각각의 대학경험은 경험별로 각각 부모의 사회·경제적 지위에 영향 받는 정도가 다를 수 있다. 일단, 이 중 어학연수의 경우는 부모의 사회·경제적 지위에 크게 영향 받는 요인이라고 할 수 있을 것이다.

위 경로분석 모형에서도 볼 수 있듯이, 다른 대학 경험들에 비해 부모의 사회·경제적 지위(SES로 요약됨)와 어학연수의 경험은 강한 양(+)의 상관성을 가지고 있으며, 어학연수와 임금 수준 또한 강한 양(+)의 상관성을 가지고 있음을 확인할 수 있다. 이에 비해 교내 취업프로그램이나 정부고용정책은 부모의 사회·경제적 지위와 양의 상관성을 가지고 있으며, 임금 수준과는 음의 상관관계로 이어지는 것을 확인할 수 있다. 이는 교내 취업 프로그램이나 정부고용정책 모두 대학생들의 기회불평등을 크게 개선하지 못하고 있음을 보여 준다. 정부고용정책의 경우, 통계적으로 유의미한 값이 도출되지 않는 것을 알 수 있다. 실제로, 고용노동부에서 시행하고 있는 8개의 청년고용정책 프로그램 중, 취업에 뚜렷한 긍정적인 효과를 미치는 것은 중소기업 청년인턴제만이 유일했다.[64] 이러한 상황은 정책을 통한 청년

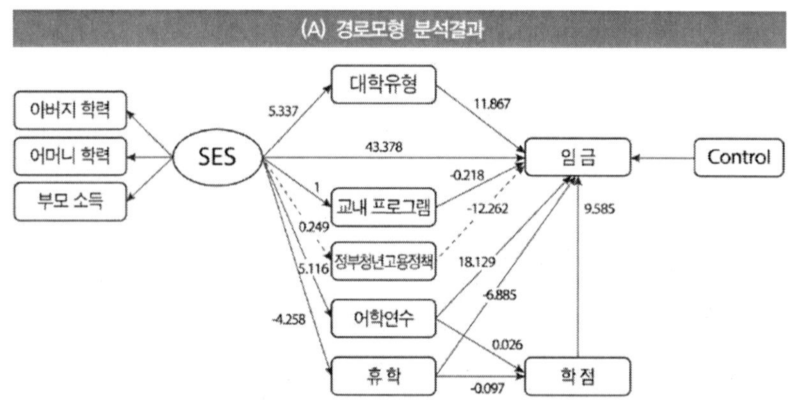

〈그림 3〉 대학 교육 과정에서 임금에 영향을 미치는 변수와 유의성

일반화된 구조방적식 모형 추정결과(Generalized SEM): 대학경험변수(logit model)
(실선: 95% 수준에서 통계적으로 유의미/ 점선: 95% 수준에서 통계적으로 유의미하지 않음)
출처: 박경호 외 8인. 2018.『교육격차 실태 종합분석』. 한국교육개발원. p.202.

고용이 중소기업에 한정됨으로써, 취업 프로그램으로 노동시장에 진입한다고 해도, 소득이 낮은 것은 고사하더라도, 불안정한 취업 상태에 놓일 수 있다는 한계를 지닌다.

이외에 인턴이나 아르바이트 경험의 경우, 부모의 소득과 학력이 높을수록 인턴을 경험할 확률이 높았고, 부모 소득이 높을수록 아르바이트를 할 가능성이 낮은 경향성이 파악되었다.[65] 이러한 부모의 사회·경제적 지위에 따른 대학생들의 경험 차이는, 아르바이트보다는 인턴을 할 경우, 정규직에 근무할 확률과 고용보험을 제공하는 일자리에 취업할 가능성이 높아지는 것이 확인되었다. 이는 부모 소득이 뒷받침 되지 못하여 생계형 아르바이트를 하는 대학생의 경우, 개인의 노동시장에서의 임금 수준(소득)뿐만 아니라 직업의 안정성 또한 낮아지는 결과를 야기한다는 것을 의미한다.

3. 소결

1) 함의

종합하자면, 부모의 소득이 높을수록, 대학유형이 의과대학과 같이 고부가가치형 전문대학일수록, 서울·수도권 대학일수록, 졸업 이후의 임금 수준도 높은 경향성이 나타남을 확인할 수 있었다. 이는 대학 이후에도 교육 격차가 줄어들지 못한 채 노동시장에서의 불평등으로 이어지고 기존의 사회적·경제적 계층구조를 재생산하고 있음을 알 수 있으며, 이에 따른 본질적인 대책이 필요함을 시사한다. 대책은 두 가지 측면에서 생각해 볼 수 있을 것이다. 하나는, 부모의 사회·경제적 지위로 인해 야기되는 대학 유형에 따른 교육 격차 해소의 측면이고, 다른 하나는 노동시장에 따른 임금 격차 해소 측면이라고 할 수 있다.

---

64. 정연정. 2018.『근로경험 및 직무능력 향상 교육이 취업 성과에 미치는 효과 분석; 대졸자직업이동경로(GOMS)를 중심으로』. 서울대학교 행정대학원 학위논문. pp.72.
65. 유재은. 2018.『부모의 소득과 학력에 따른 구직 이전의 근로활동 경험이 청년 취업 고용 형태에 미치는 영향 연구』. 서울대학교 행정대학원 학위논문. pp.80.

2) 정책적 제언

대학 유형에 따른 교육 격차 해소에 대한 구체적인 대책으로, 저소득층이 휴학이나 생계형 아르바이트로 인한 학업의 어려움을 해소하기 위한 장학금 지원의 확대, 생활비 지원 확대 등이 있을 수 있다. 또한, 대학 내 프로그램의 참여기회균등의 재고 등이 있을 것이다. 노동 시장에 있어서는, 적어도 전체적인 측면에서의 직무표준화가 어렵다면, 산업별로라도 직무 표준화의 필요성을 제시할 수 있을 것이다. 직무 표준화가 명시적으로 이루어지지 않은 상황에서 대학·산업 간의 취업 연계 프로그램이나 정부청년고용정책의 공정성이나 실효성 보장은 어렵다고 보아야 할 것이다. 다만, 직무 표준화의 실제적 성과 측면에서는 추가적인 양적·질적 연구가 필요하다고 판단된다.[66] 어느 정도 직무 표준화가 이루어지고 나면, 개인의 직무 지원 방향과 자격에 따라 교육 격차나 소득 격차를 줄이는 방향으로 불평등 해소를 실현하는 방안을 생각해 볼 수 있다.

대학과 졸업 이후 노동시장 진입 사이에 존재하는 대학에서의 경험은 비록 다른 요인(대학유형이나 부모의 사회·경제적 지위)보다는 대학생들의 노동시장 지위에 그렇게까지 큰 영향을 미치지 않을 수 있다. 그렇지만 현재 양질의 일자리를 두고 일자리 차지에 경쟁이 과열되고 있는 상황에서 대학경험은 간과해서는 안 될 변수일 것이다. 대학유형이나 부모의 사회·경제적 지위가 장시간에 걸쳐 공고히 쌓아올려진 사회적 이동의 장벽과도 같다는 점을 고려했을 때, 대학에서의 경험은 개인이 스스로 교육 격차를 줄일 수 있는 마지막 보루라고 생각된다. 이에 따라, 대학생활과 노동시장 전반적으로 생애 전반에 걸친 교육 격차 및 노동 시장 불평등을 해소하고 사회에 안착할 수 있는 제도적인 보완의 마련이 필요해 보인다.

66. 정연정. 2018. 『근로경험 및 직무능력 향상 교육이 취업 성과에 미치는 효과 분석: 대졸자직업이동경로(GOMS)를 중심으로』. 서울대학교 행정대학원 학위논문. pp.60. 논문에 따르면, 정부청년고용정책의 일환으로 NCS(국가직무능력표준) 프로그램 참여 경험 자체는 참여자의 취업에 크게 유의미한 영향을 미치지 못한다고 한다.

Ⅶ. 결론

지금까지 한국사회에서 학력단계별로 어떻게 교육기회불평등의 양상이 나타나는지를 살펴보았다. Ⅱ절에서는 부모의 SES가 유아의 교육성취에 직·간접적으로 최근까지도 영향을 미침을, 유아기 계층 간 교육격차 해소를 위한 국가적 노력들이 교육기회 및 양적 측면에서는 분명한 성과를 이루었음을 살펴보았다. 그렇지만 해당 시기 교육의 과정·결과 및 질적 차별화에 대한 과제가 남아있음을 확인하였다. Ⅲ절에서는 부모의 SES가 초, 중등교육 과정 내내 학생들의 학업성취도에 영향을 끼침을 확인하였다. 먼저 분위별 불평등 양상을 보면 저소득층일수록 SES의 낮은 분위가 학업성취도에 부정적 영향을 주는 것으로 드러난다고 추정할 수 있었다. 사교육비의 영향은 대입과 무관한 중학교 시기에 제한되는 것으로 나타났으며, 실제로 영향력이 큰 것은 학교만족도나 학습태도 등을 포괄하는 비인지적 역량인 것으로 확인되었다. 이에 맞추어 교육정책에 있어서 도출될만한 시사점들을 제안하였다. Ⅳ절에서는 고등학교 다양화 정책에 따라 부모의 사회경제적 배경에 따라 학생들이 다양하게 분리되었음을 살펴보았으며, 이는 기회불평등을 심화할 수 있음을 암시했다. Ⅴ절에서는 대학진학과 관련하여 부모의 사회·경제적 지위가 경제적 자원, 문화적 자원, 내재적 자원 등 다양한 종류로서 영향을 끼쳤으며, 그중 경제적 여유에 따른 위험감수 성향이 사교육비 추가지출이나 높은 서열 학교로의 지원, 재수 선택 등 결정적인 양상을 보이기도 했다. 전형유형과 고교유형 등의 변수에 매개되었을 때에는 특히 고교유형이라는 독립변수가 간접적으로 전형유형인 수시에 영향을 미치고 애초에 해당 고등학교의 진학에서부터 부모의 지위가 많이 개입되는 등 고교유형에 따른 위계의 효과가 보다 두드러졌다. Ⅵ절에서는 부모의 SES가 대학 유형을 매개로 노동시장의 지위에까지 영향을 미치고 있음이 확인되었다. 심지어 대학에 진학해서도 학생 스스로의 대학 생활 및 노력이 노동시장의 지위를 바꿀 만큼 크게 영향력이 없음이 드러났다. 이에 따라 대학 생활을 거쳐 졸업 후 노동시장의 접근에까지 미치는 과정에 불평등 해소를 위한 전반적인 제도적 보완의 필요성을 제기하였다.

기회불평등, 특히 교육에서의 기회불평등은 왜 문제가 되는가? 첫째로 사회 통합을 저해하여 여러 비용을 야기할 수 있다. '불공정함'이 기회불평등으로부터 피해받은 사람들이 느끼는 감정이라면, 이는 정치적인 불안정성으로 작용할 수 있으며 다른 한편으로는 성취 의욕을 저하시켜 장기적인 경제성장을 저해할 수 있다. 둘째로는 잠재적으로 다양한 혁신을 가능케할 가난한 아이들을 잃는 문제가 있을 수 있다. 이를 체티 등(2018)은 '잃어버린 아인슈타인들'이라고 표현하며 불평등 문제에 대한 연구를 진행하고 있다.

본 보고서는 위와 같은 문제의식에서 진행되었으며, 교육 분기 간 다음과 같은 시사점을 발견하였다. 첫째, 유아교육 단계에서 부모의 SES 차이에 따른 학습준비도 격차가 이후 초중등교육 단계에서는 사교육비에 비해서도 계층 간 교육격차의 주요 원인으로 이어질 수 있기에, '표준적 교육성취 측정 준거점 마련' 및 '루카스 가설 검증'과 같이 유아기 교육격차 해소와 관련된 현안들에 대하여 보다 집중적인 검토가 필요해 보인다. 둘째, 특히 중등교육에 있어 소득분위별로 부모의 SES가 자녀의 학업성취도에게 미치는 영향이 어떻게 다른지를 보다 세밀하게 파악할 필요가 있고, 여기서 드러나는 인과경로에 맞게 정책적 처방을 세밀화해야 할 것이다. 또한 고등학교 다양화 문제에 대해서는 '자사고 폐지'에 앞서서 선발 방식의 변경, 중등교육의 목적에 대한 합의와 내실화가 필요할 것이다. 셋째, 대학진학 과정에서의 부모의 사회경제적 지위에 따른 격차를 완화하기 위해서는 가정배경이나 부모의 지위가 개입될 여지가 적은 학교생활 중심의 학생부종합전형이 보다 안정적으로 운영될 필요가 있다. 더불어 실질적인 불평등 해소의 효과를 보였던 기회균형선발전형 등 정원외 특별전형을 보다 적극적으로 운영하고, 오히려 일반전형에서 소외계층의 저조한 합격률을 보완하기 위한 정원외 전형의 소폭 확대 등을 검토해 볼 수 있을 것이다. 무엇보다 대학진학 격차의 문제가 전형유형 자체만의 문제라는 인식보다 고교유형 등 이미 서열화된 고교구조의 문제, 과잉고등교육과 대입 경쟁의 문제 등의 복합적 작용이라는 포괄적 이해로 고교서열화 해소와 같은 적절한 해결책이 함께 모색될 수 있도록 노력해야 할 것이다. 넷째, 부모의 SES에 따른 대학 진학의 불평등의 최소화는 물론이고, 대학 이후의 생활의 불평등 해소를 위한 기회균등적인 제도의 보완이 필요하다. 대학생 개개인이 성인으로서 스스로의 삶을 책임지고 자립할 수 있도록 도움을 줄 수 있는 제도의 장을 마련해야 할 것이다.

〈참고문헌〉

김광혁. 2019. “가구소득이 학업성취, 우울불안, 공격성에 미치는 영향–아동청소년 대상 패널 비교를 중심으로”. 『학교사회복지』. 제45권.

김경근 · 변수용. 2006. ‘한국사회에서의 상급학교 진학 선택 결정요인’. 『교육사회학연구』. 16(4).

김기헌. 2018. “생애 초기 교육 불평등.” 『월간 복지동향』.

김기헌 · 신인철. 2011. “생애 초기 교육기회와 불평등: 취학 전 교육 및 보육경험의 사회계층간 격차”. 『한국교육사회학회』.

김도진. 2011. “마이스터고등학교와 외국어고등학교 재학생들의 입학동기 및 개인배경 비교연구” 『교육연구논총』제32권 2호.

김성훈, 2015. 일반고 학생의 사회경제적 지위, 독자적 학습, 사교육과 수학 학습 태도 및 성취도의 구조적 관계. 『학습자중심교과교육연구』제15권.

김위정 · 남궁지영. 2014. “자율형 공–사립 고등학교의 성과 분석” 『교육평가연구』제27권 2호.

김위정 · 염유식. 2009. “계급 간 사교육비 지출 격차에 관한 연구.” 『한국 사회학』, 43(5)

김정민 · 김민선 · 마은희 · 허계형 · 손병덕. 2018. “예비 초등학생의 정서행동문제와 학교준비도에서 가정환경특성의 매개효과.” 『한국청소년학회』.

김준엽 · 김경희 · 한송이. 2013. “고교유형에 따른 성취도 격차의 양상과 발생요인.” 『교육평가연구』 제26권 3호.

김진영, 김태종, 남기곤, 안상훈, 전성인. 2007. “대학서열과 노동시장/지정토론/일반토론.” 한국경제의 분석13, no.3.

신명호. 2004. 『사회계층간 자녀의 학업성취도 격차와 양육문화』 서울대학교 인류학 석사학위논문.

신지현, 2016. 『사교육이 학업성취도에 미치는 영향 – 지위경쟁의 관점에서』 서울대학교 행정대학원 박사학위논문.

박경호 · 김지수 · 김창환 · 남궁지영 · 백승주 · 양희준 · 김성식 · 김위정 · 하봉운. 『2018 교육격차 실태 종합 분석』

박소영. 2009. "일반계와 외국어 고등학교의 학업성취도 차이 분석". 『교육행정학연구』. 제27권 4호.

오석영 · 임정만. 2012. "중학생 진학진로 인식 분석 – 서울지역 중학생 희망 고교계열별 비교." 『아시아교육연구』 제13권 4호.

오성재 · 주병기. 2017. "한국의 소득기회불평등에 대한 연구", 『재정학연구』 제10권 제3호, p.1–30.

오승환 · 김광혁. 2012. "가족 빈곤이 고교진학 유형에 미치는 영향." 『사회과학연구』 제28권 4호.

오희정 · 김갑성. 2018. "부모의 사회경제적 지위가 자녀의 자아개념을 매개로 학업성취에 미치는 영향에 대한 종단적 분석." 『제12회 한국교육종단연구 학술대회: 논문집-1주제』. 한국교육개발원.

우원재 · 김현진. 2017. "중 · 고등학생의 학업성취 유형에 따른 가구소득, 학교만족, 그리고 사교육비의 효과 분석." 『중등교육연구』. 제65권 1호.

유재은. 2018. 『부모의 소득과 학력에 따른 구직 이전의 근로활동 경험이 청년 취업 고용 형태에 미치는 영향 연구』. 서울대학교 행정대학원 학위논문.

유지연 · 박창순. 2015. "부모의 사회경제적 지위와 사교육비가 학업성취도에 미치는 효과 분석". 『한국데이터정보과학회지』, 제26권 1호.

이광현. 2012. "특목고, 자사고 진학계획이 초등학생 사교육비 지출에 미치는 영향". 『교육사회학연구』제22권 2호.

이완정 · 김미나. 2018. "비빈곤가정과 빈곤가정 유아의 문제행동 발달궤적과 학습준비도 및 학교적응." 『대한가정학회』.

이필남. 2011. "대학 입학사정관전형 지원 계획과 사교육 수요 관계 분석." 『교육재정경제연구』, 20(4)

임민정. 2018. "유아교육의 형평성에 대한 비판적 고찰." 『부산대학교 교육발전연구소』.

위호성. 2014. 『부모의 사회경제적 지위, 어머니의 양육 특성, 지역사회 특성이 유아 발달에 미치는 영향』. 서울대학교 석사학위논문.

장상수. 2007. "가족배경과 고등학교 계열 선택". 『한국사회학회』 제41권 2호.

전신영 · 유재언 · 류현. 2018. "부모의 사회경제적 특성에 따른 영어교육 시작 시기 및 기관 유형: 조기 영어교육 불평등에 대한 고찰." 『한국보육학회』.

전은정 · 임현정 · 성태제, 2015. "고교 유형별 진학에 대한 가정배경 및 개인특성의 영향." 『교육학연구』 제53권 제1호.

정미라·박은혜·허혜경·권정윤·임준희. 2007. "생애초기 기본학습능력 보장을 위한 영·유아 교육복지 정책 비교." 『한국영유아교원교육학회』.

정연정. 2018. 『근로경험 및 직무능력 향상 교육이 취업 성과에 미치는 효과 분석: 대졸자직업이동경로(GOMS)를 중심으로』. 서울대학교 행정대학원 학위논문.

최필선, 민인식. 2015. "부모의 교육과 소득수준이 세대 간 이동성과 기회불균등에 미치는 영향". 『사회과학연구』제22권 제3호.

황혜신. 2004. "조기 영어 교육이 유아의 이중 언어 발달에 미치는 영향." 『한국생활과학회』.

Bell, A., Chetty, R., Jaravel, X., & Petkova, N. 2018. "Lost Einsteins: Who becomes an inventor in America?". IDEAS Working Paper Series from RePEc.

Boudon, R. 1974. *Education, Opportunity and Social Inequality.* John Wiley and Sons, New York.

Breen, R., & Goldthorpe, J. H. 1997. "Explaing Educational differentials: Towards a Formal Rational Action Theory". *Rationality and Society.* 9(3),

Goldin, C., & Katz, L. 2008. *The Race between Education and Technology.* London: Belknap Press of Harvard University Press.

Lefranc, A., N. Pistolesi, and A. Trannoy, 2008. "Inequality of opportunities vs. inequality of outcomes: Are Western societies all alike?". *Review of Income and Wealth.* Vol. 54, No. 4, p.513-546.

Lucas, Samuel R. 2001. "Effectively Maintained Inequality: Education Transitions, Track Mobility, and Social Background Effects." *American Journal of Sociology.* 106(6) p. 1642-1690.

Piketty, T. (trans by Goldhammer, A). 2013. *Capital in the Twenty-first Century.* London: Harvard Unieversity Press.

Rai Chetty et al. 2014. "Where is the Land of Opportunity? The Geography of Intergenerational Mobility in the United States." *Quaterly Journal of Economics.* 129(4)

Roemer, J., 1998. *Equality of Opportunity.* Harvard University Press, Cambridge.

Kalmijn, M. 1994. "Assortative Mating by Cultural and Economic Occupational Status." *American Journal of Sociology.* 100.

노동 이슈를 보도하는 한국 언론지형의 균형성 평가: 3개의 산업재해 사건을 중심으로

서울대학교 영어영문학과 강나희
서울대학교 중어중문학과 남성훈
서울대학교 경제학부 박선업
서울대학교 경제학부 황현태

I. 언론들은 산업재해에 대하여 균형 있는 공론의 장을 형성하고 있는가?

산업재해는 종종 인명 피해로 이어지면서 커다란 사회적 반향을 불러일으킨다. 그리고 사회적 이슈화된 산업재해에 대하여 사회 전체가 함께 논의함으로써 그 사회는 이전보다 더 정의로운 사회로 발전할 수 있는 계기를 맞이하게 된다. 산업 재해에 대하여 논의하는 공론의 장은 바로 언론들이 마련하는 것이기 때문에 언론들의 보도 양상에 따라 산업재해는 그저 안타까운 사건으로 마무리될 수도 있으며, 정의로운 사회로 발돋움하는 데 바탕이 되는 밑알이 될 수도 있다.

최진봉은 "언론을 통한 정보와 의견의 소통이 무리 없이 원활하고 균형적으로 이루어질 때 공공적 의제와 사안의 실천이 더욱 활성화되고, 이러한 공공적 의제와 사안이 구체적인 실효를 거둘 수 있게 된다"고 말하면서 공론의 장을 형성하는 언론들의 균형을 강조하고 있다.[1] 하지만 언론들이 삼성 백혈병 사태를 보도하는 방식을 분석한 방희경 등의 연구에 따르면, 우리나라의 언론 지형은 삼성 백혈병

1. 최진봉. 2013. 『미디어 정치경제학』. 커뮤니케이션북스. p.19

사태(2007년 3월 발생)에 대해서 기업 친화적 입장으로 많이 치우쳐져 있다.[2] 이에 따르면 적어도 삼성 백혈병 사태에 대해서는 우리나라의 언론들이 균형 있는 공론의 장을 형성하지 못한 것이다. 만약 다른 산업재해에 대해서도 우리나라의 언론 지형이 균형을 잃은 모습을 보인다면 산업재해를 계기로 한국 사회가 더 정의로운 사회로 발전할 수 있다는 희망은 요원해지고 말 것이다. 본 연구는 산업재해 전반에 대한 우리나라 언론 지형의 균형을 평가하기 위해서 삼성 백혈병 사태와 더불어 최근에 사회적으로 크게 이슈가 되었던 '구의역 스크린도어 정비업체 직원 사망 사고(2016년 5월 28일 발생, 이하 구의역 사고)'와 '태안화력발전소 직원 사망 사고(2018년 12월 10일 발생, 이하 김용균씨 사망사고)'에 대한 언론들의 보도행태를 분석하였다.

분석 결과를 보여 주기 전에 본 연구의 분석 방법에 대하여 상세히 밝히는 작업이 선행되어야 할 것이다. 본 연구는 우리나라의 20개 일간 신문사들의 지면기사를 대상으로 정량분석과 정성분석을 진행하였는데 정량분석은 보도된 기사의 횟수 자체를 대상으로 한 분석이며, 정성분석은 보도된 기사의 논지를 파악하는 분석이다. 연구대상 일간 신문사들은 유료부수 순위가 높은 순서대로 20개를 선정하되, 특성상 본 연구에 적합하지 않거나 지면기사 자료를 구하기 어려운 신문사들은 차순위의 신문사들로 대체하였다.[3,4] 연구대상 지면 기사들은 네이버의 '뉴스' 검색 엔진에 각 사건의 키워드 및 보도기간을 입력하여 검색된 기사들이다.[5] 부득이하게 네이버의 검색 엔진으로 찾을 수 없는 기사들은 해당 신문사 공식 홈페이

2. 방희경·원용진. 2016. "언론이 산업재해를 보도하는 방식에 관한 연구: 삼성 백혈병 사태의 경우". 「한국언론정보학보」. 제79집. p.17-18.

3. 한국ABC협회 홈페이지. 2018년 9월 30일. "2017년도(2016년도분) 일간신문 163개사 인증부수"

4. 본 연구에 부적합한 신문사: 〈농민일보〉(6위, 주3회 발간), 〈스포츠조선〉(12위), 〈스포츠동아〉(13위), 〈스포츠서울〉(16위), 〈어린이동아〉(19위), 〈일간스포츠〉(20위), 〈소년조선일보〉(21위), 〈스포츠경향〉(27위),
자료를 구하기 어려운 신문사: 〈내일신문〉(28위), 〈강원일보〉(29위)

5. 삼성 백혈병 사태: 키워드 '삼성 백혈병', 보도기간 2010년3월1일~2019년5월31일
구의역 사고: 키워드 '구의역', 보도기간 2016년5월28일~2019년5월31일
김용균 사건: 키워드 '김용균', 보도기간 2018년12월10일~2019년5월31일

지의 검색 엔진을 활용하여 수집하였다. 또한 키워드가 포함되어 있기는 하지만 해당 사건과 관련이 없는 기사들은 분석 대상에서 제외하였다.

원활한 정량분석을 위해 20개 신문사들의 지면 기사 보도 횟수를 단일한 공식으로 점수화 하였다. 이때 사용한 점수 산정 공식은 다음과 같다.

'1면 TOP 보도의 수×3+1면 非TOP 보도의 수×2.5+기타 지면 보도의 수'

위 공식은 독자들이 기타 지면의 기사보다 1면 기사에 더 주목한다는 점에 입각하여 1면 기사에 더 큰 가중치를 두었다. 구체적인 가중치의 값을 정할 때에는 신문사들의 광고비 책정 기준을 참고하였다. 똑같은 광고일지라도 어느 지면에 실려 있는가에 따라 광고 효과가 다르며, 신문사들은 이 사실을 명확히 알고 자신들의 광고수익을 극대화하기 위해 지면마다 다른 광고비를 책정한다. 연구 대상 20개 신문사들 중 ① 공식적인 광고비 책정기준이 공개되어 있고 ② 전국에 발행되며 ③ 1면을 포함하여 여섯 종류 이상의 지면들의 광고비가 공개되어 있는 신문사들 각각의 '1면 광고비/기타 지면 광고비'의 값을 계산하여 평균을 구한 결과, 2.47114라는 값이 나왔다.[6] 이 값에 근거하여 1면 기사에 대한 주목도가 기타 지면 기사보다 평균적으로 2.47114배 높다고 판단하고 1면 非TOP 보도에는 근사치인 2.5의 가중치를, 1면 TOP에는 이보다 좀 더 높은 3의 가중치를 부여했다.

모든 신문사들의 점수를 계산한 후에 각 이슈에서 가장 높은 점수를 얻은 신문사의 점수를 100으로 하여 나머지 신문들의 점수를 그에 대한 비율로 나타냈다. 예를 들어 삼성 백혈병 사태에서는 한겨레가 185점으로 가장 높은 점수를 얻었고, 영남일보가 9점으로 가장 낮은 점수를 얻었다. 따라서 〈한겨레〉의 점수를 100으로 한다면 〈영남일보〉의 점수는 (9/185)×100의 근사치인 4.8로 나타낼 수 있다. 이후

6. 동일한 규격의 광고가 1면에 실릴 때와 기타 지면에 실릴 때 광고비가 어떻게 달라지는지를 비교하되, 동일한 규격의 광고 간 비교가 불가능하면 가장 유사한 규격의 광고와 비교하였다. 각 신문사의 구체적인 값은 다음과 같다. 〈한국일보〉(1.9038), 〈중앙일보〉(2.0738), 〈국제신문〉(2.1186), 〈조선일보〉(2.2643), 〈세계일보〉(2.459), 〈한국경제〉(2.75), 〈매일경제〉(2.7809), 〈동아일보〉(2.8189), 〈머니투데이〉(3.0737)

의 정량분석은 이 수치(이하 100점 환산점수)를 토대로 진행될 것이다.

본 연구는 해당 이슈에 대한 정량분석 결과를 나타내는 데 '표준화 그래프'를 활용하였다. '표준화 그래프'는 '표준화 값'을 이용하여 X축에는 표준화 값을, Y축에는 언론사 개수의 비율(언론사 개수/20)을 표시한 그래프를 말한다. 해당 이슈의 표준화 값 산정 공식은 다음과 같다.

'(100점 환산점수−해당 이슈를 보도한 20개 언론사들의 100점 환산점수의 평균)
/ 해당 이슈를 보도한 20개 언론사들의 100점 환산점수의 표준편차'

이 표준화 그래프를 통해 얼마나 많은 언론사들이 평균보다 높은 보도횟수를 기록하는지, 그리고 얼마나 많은 언론사들이 평균보다 낮은 보도횟수를 기록하는지 한눈에 알 수 있을 것이다.

본 연구는 정량분석이 주가 되겠지만 보다 엄밀한 분석을 위해서 정성분석도 함께 진행할 것이다. 산업재해 보도에서 나타나는 편향성은 비단 보도의 횟수뿐만이 아니라 보도되는 기사의 논지에서도 나타날 수 있기 때문이다. 예를 들어 특정 이슈에 대하여 신문사들 간의 보도 횟수 차이가 크지 않다고 해도, 대부분의 신문사들이 근로자보다는 사용자측에 유리한 논지의 기사를 보도하거나, 사건 자체에 주목하기보다는 관련된 정치적 이슈에 더 주목한다면 이에 대해서도 편향성이 있다고 말할 수 있다. 이러한 편향성이 있는지 여부를 확인하기 위해 본 연구는 보도된 기사의 헤드라인을 중심으로 기사의 논지를 분석할 것이다.

II. 삼성 백혈병 사태

1. 사건의 국면

'삼성 백혈병 사태'는 2007년 3월 삼성전자의 반도체 노동자 故 황유미 씨와 그

동료들이 백혈병으로 사망한 사건을 계기로 밝혀진 백혈병을 비롯한 각종 질환 피해와 사망 사건, 그리고 삼성전자의 산업재해 책임과 보상을 두고 벌어진 '반올림'(반도체 노동자의 건강과 인권 지킴이)과 삼성전자 간의 다툼으로 정의할 수 있다. 방희경 등의 연구에 따르면 이 사태의 국면은 크게 두 개의 국면으로 나눌 수 있는데, 첫 번째는 산업재해 발생 이후 직업병의 법적 책임 인정 과정이며 두 번째는 그 이후 조정위원회를 거쳐 진행된 반올림과 삼성전자 간의 조정 과정이다. 2007년 故 황유미 씨의 죽음을 계기로 이 사태는 처음 언론에 보도되기 시작하였으며, 2011년 6월 23일과 2013년 10월 18일 두 차례에 걸쳐 법원은 삼성전자의 산업재해 책임을 인정했다. 2014년 5월 삼성전자가 피해에 대해 사과하고 대화에 나서며 국면은 전환되었다. 삼성전자와 반올림은 사과, 보상, 재발방시내책에 대해 협싱을 시작했지만, 갈등과 대화의 잦은 중단으로 협상은 지지부진하게 진행되었다. 4년 6개월이 흘러 2018년 11월 23일이 되어서야 삼성전자와 반올림이 협약식을 맺으며 사태는 종결되었다.[7]

2. 보도 양상 분석

보도 양상의 분석은 방희경 등의 연구에 따라 대부분의 보수언론 및 경제지에서 보도가 시작된 2010년부터의 신문 지면 보도를 대상으로 하였다.[8] 은폐될 수 있었던 산업재해에 대해 밝힌다는 점에서 삼성 백혈병 사태에 대한 보도는 노동자의 권익 향상을 통한 사회 정의 제고에 이바지할 것으로 기대된다. 그러나 조사 결과, 이 사태에 대해 한국 언론은 소극적인 보도양상을 보이는 한편, 지나치게 획일적인 보도를 하고 있어 한국 언론의 지형이 지나치게 편향되어 있다는 사실을 알 수 있었다.

20개 신문사의 100점 환산점수 평균은 26.43이며, 표준편차는 21.35이다. 이때

7. 방희경 · 원용진, 2016, p.53–62.
8. 방희경 · 원용진, 2016, p.45.

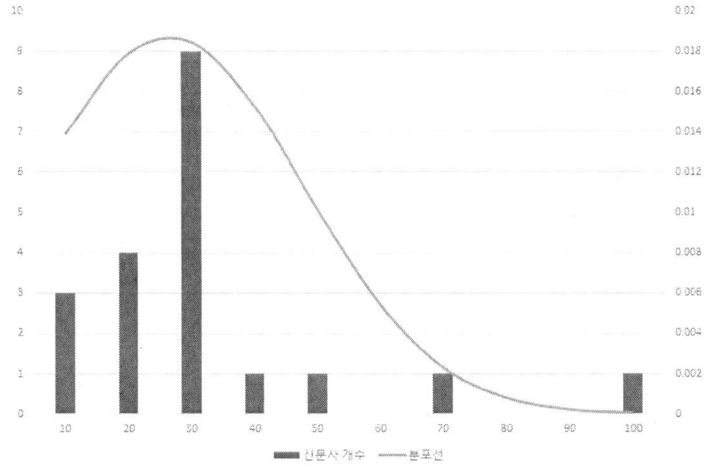

〈그림 1〉 20개 신문사 삼성 백혈병 사태 100점 환산점수 분포

5% 절사평균을 활용하여 상위 5%와 하위 5%에 해당하는 신문사를 소거하면 전체 신문사 점수 분포를 보다 정확하게 파악할 수 있다. 상위 5%인 〈한겨레〉(100점), 하위 5%인 〈영남일보〉(4.8점)이 소거된다. 이때 표준편차가 21.35에서 12.43으로 40% 이상 감소한 모습을 보이는 것은 흥미로운 사실인데, 타 신문사들보다 본 사태에 대해 활발한 보도를 해 온 〈한겨레〉가 제외되었기 때문이다. 이는 일부 극단적인 값들을 제외할 경우, 신문사들의 보도양상이 더욱 밀집된 형태로 나타난다는 것을 의미한다. 신문사들의 편중된 보도양상은 표준화 분포를 살펴보면 더욱 명확하게 드러난다.

삼성 백혈병 사태에서 각 신문사들의 보도행태를 표준화한 분포는 위와 같은 형태를 보이며, 정규분포와는 다른 '오른쪽 꼬리분포'의 형태이다. 표준화값 −1~0 구간에 15개의 신문사, 즉 20개 신문사 중 75%의 신문사가 밀집해 있는데, 정규분포였다면 이 구간에는 34%의 신문사가 위치해야 한다. 정규분포를 크게 웃도는 수준으로 보도 양상이 밀집된 것이다. 이를 통해 삼성 백혈병 사태에 대한 신문들의 보도 양상이 소극적인 방향으로 편향되어 있다는 사실을 알 수 있다.

또한, 2017년 ABC 협회 기준 20개 신문사의 총 발행 부수인 6,602,532를 100으로 놓았을 때 각 신문사의 점유율 분포를 살펴보면, 100점 환산점수 평균인 26.43

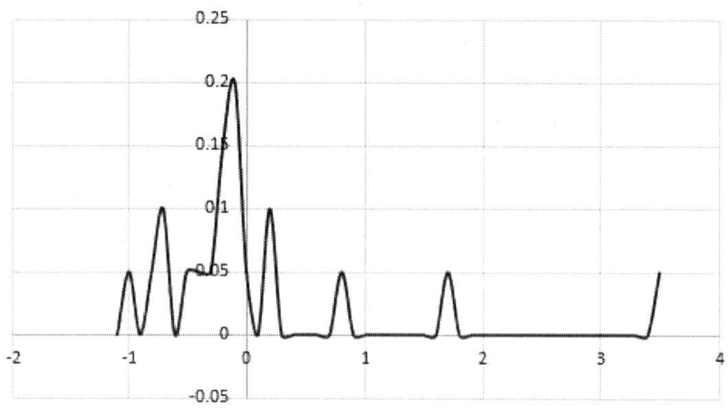

〈그림 2〉 삼성 백혈병 사태 표준화 그래프

보다 낮은 점수를 기록한 신문사는 〈매일경제〉부터 〈영남일보〉에 이르는 15개 신문사이며, 이들 신문사의 점유율 분포는 76.04%에 달하는 것으로 나타났다. 이를 통해 한국 언론이 삼성 백혈병 사태에 대해 지나치게 소극적인 보도 양상을 보여왔음을 알 수 있다. 〈매일경제〉보다 순위가 한 계단 높은 〈동아일보〉의 경우 14.34%의 점유율을 보이며 20개 언론 중 3위를 기록하고 있는데, 〈동아일보〉의 100점 환산점수 역시 평균보다 크게 높지 않은 28.97이라는 점을 고려하면 본 사태에 대한 한국 언론의 보도 양상이 소극적이었다는 사실은 강화될 수 있다.

이상의 분석은 신문사별 보도횟수라는 정량적인 지표에 근거한 분석이었다. 1면 기사와 1면 TOP 기사에는 가중치를 높게 두어 한계를 보완하려 했으나, 기사의 내용에 대한 고려가 없는 정량적 분석으로는 언론의 보도 양상을 충분히 보일 수 없다. 이에 대한 절충으로, 각 신문사가 본 사태의 어떤 국면에 더 비중을 두어 보도를 했는지를 살펴볼 수 있다.

위의 표는 삼성 백혈병 사태를 첫 번째 국면(직업병 법적 책임 여부 공방)과 두 번째 국면(피해 보상 협상 과정)으로 나누어 국면별로 각 신문사의 보도횟수를 비교한 것이다. 3개년씩을 비교하기 위하여 첫 번째 국면에서는 2011년부터 2013년까지, 두 번째 국면에서는 2014년부터 2016년에 이르는 기간을 선정하였다. 그리고 두 국면 중 어느 기간에 비중을 두어 보도를 했는지 파악하기 위해 2014~2016년의 보

〈표 1〉 삼성 백혈병 사태 보도횟수 및 환산점수

신문사	보도 횟수	100점 환산점수	표준화값	신문사	보도 횟수	100점 환산점수	표준화값
한겨레	163	100	3.45	문화일보	37	21.08	−0.25
경향신문	103	62.16	1.67	서울경제	35	20.81	−0.26
아시아경제	69	41.62	0.71	한국일보	36	20.54	−0.28
서울신문	52	30.27	0.18	헤럴드경제	29	19.72	−0.31
동아일보	50	28.97	0.12	세계일보	30	17.29	−0.43
매일경제	45	25.4	−0.05	중앙일보	29	15.67	−0.50
국민일보	42	23.78	−0.12	국제신문	15	10.27	−0.76
한국경제	41	22.97	−0.16	부산일보	18	9.72	−0.78
전자신문	38	22.7	−0.17	조선일보	16	8.6	−0.84
머니투데이	41	22.16	−0.20	영남일보	9	4.8	−1.01

〈표 2〉 20개 신문사 발행 부수 점유율

신문사	발행부수	점유율	신문사	발행부수	점유율
한겨레	239,431	3.63	문화일보	177,887	2.69
경향신문	196,174	2.97	서울경제	84,635	1.28
아시아경제	35,000	0.53	한국일보	213,278	3.23
서울신문	164,446	2.49	헤럴드경제	55,469	0.84
동아일보	946,765	14.34	세계일보	101,269	1.53
매일경제	705,526	10.69	중앙일보	978,798	14.82
국민일보	185,787	2.81	국제신문	110,629	1.68
한국경제	529,226	8.02	부산일보	142,421	2.16
전자신문	61,748	0.94	조선일보	1,513,073	22.92
머니투데이	86,502	1.31	영남일보	74,468	1.13

총 발행 부수 6,602,532

도횟수를 2011~2013년의 보도횟수로 나누어 '국면 계수'를 설정했다. 2011~2013년 사이에 본 사태에 대한 보도를 아예 하지 않은 한국일보를 제외한 19개 신문사의 국면 계수 평균값은 3.54이다. 구체적으로 개별 신문사를 살펴보면, 본 사태에 대해 적극적인 보도를 했던 〈한겨레〉와 〈경향〉, 〈서울신문〉의 경우 국면 계수가 각각 1.41, 1.22, 1.69로 평균보다 한참 낮은 것을 알 수 있는데, 이는 국면에 상관없이 비교적 공정한 보도를 했다는 의미로 해석할 수 있다. 이외에도 국면 계수가

〈표 3〉 삼성 백혈병 사태 국면별 보도횟수

신문사	2011-2013 (A)	2014-2016 (B)	국면 계수 (C=B/A)	신문사	2011-2013 (A)	2014-2016 (B)	국면 계수 (C=B/A)
한겨레	49	69	1.41	문화일보	5	27	5.40
경향신문	32	39	1.22	서울경제	7	21	3.00
아시아경제	3	56	18.67	한국일보	-	20	∞
서울신문	13	22	1.69	헤럴드경제	5	15	3.00
동아일보	9	30	3.33	세계일보	5	13	2.60
매일경제	5	32	6.40	중앙일보	7	10	1.43
국민일보	6	25	4.17	국제신문	3	7	2.33
한국경제	6	23	3.83	부산일보	6	6	1.00
전자신문	7	22	3.14	조선일보	5	5	1.00
머니투데이	10	22	2.20	영남일보	2	3	1.50

19개*(한국일보 제외) 신문사 평균 3.54

1점대인 신문사가 존재하나, 이들은 보도횟수 순위에서 하위권에 머물렀기 때문에 낮은 국면 계수는 모집단 표본 자체의 크기가 작은 점에서 기인한 것이라고 해석할 수 있다.

적극적인 보도 양상을 보인 신문사에 비해 19개 신문의 평균 국면 계수가 높다는 것은 대부분의 한국 언론이 두 번째 국면에 더욱 비중을 두어 보도를 했다는 의미가 된다. 국면 계수를 구할 수 없지만 〈한국일보〉 역시 두 번째 국면에 비중을 두었다는 점은 자명하다. 첫 번째 국면은 법원이 산업재해 인정을 했다는 것을 골자로 하므로, 이 사실을 보도하는 것은 노동 권익 향상과 사회 정의에 부합한다. 그러나 두 번째 국면은 반올림과 삼성전자가 대립하는 협상 과정이기 때문에, 둘 중 어느 편을 드냐에 따라서 보도는 노동 권익 향상과 사회 정의에 부합할 수도, 그렇지 않을 수도 있다. 가령, 〈한국경제〉의 "피해자 보상 가로막는 반올림"[9]이나 〈동아일보〉의 "반올림 "삼성, 매년 100억 이상 더 내라"… 순익 0.05% 추가 요구"[10] 등의 기사들처럼 협상 과정에서 반올림의 잘못을 부각하거나 피해 보상액 요구를 "과

9. 한국경제. "피해자 보상 가로막는 반올림" (2015.9.23.)
10. 동아일보. "삼성, 매년 100억 이상 더 내라... 순익 0.05% 추가 요구" (2015.10.9.)

도하다"고 강조하는 경우 보도를 통해 사회 정의가 제고된다기보다는 오히려 사태의 본질이 흐려질 수 있다. 따라서 보도횟수에 근거한 정량적 조사에서 보도 내용을 추가로 고려할 경우, 두 번째 국면에 치중하여 보도한 신문사들의 보도횟수 중 일부는 오히려 사태의 본질을 흐리는 보도일 수도 있으므로 더욱 편향적인 결과가 도출될 것이라는 함의를 끌어낼 수 있다.

III. 구의역 스크린도어 정비업체 직원 사망사고

1. 사건의 국면

2016년 5월 28일 오후 6시경, 구의역 승강장에서 혼자 스크린 도어 정비 작업을 하던 노동자가 진입하던 지하철을 피하지 못하고 안전문과 객차 사이에 끼어 사망하는 사고가 발생했다. 이후 당시 19세의 어린 나이와 생일 전날 참변을 당했다는 사실, 가방 안에 급하게 끼니를 때우기 위한 컵라면이 발견되는 등 사연이 알려지며 시민들과 정치권의 추모가 이어졌다.

2016년 6월 2일 경찰이 은성PSD의 2인 1조 서류 조작 관련 수사를 시작했다. 2인 1조로 근무하는 업무 지침과 달리 홀로 근무했다는 점, 사고 당시 역무원에게는 고장 사실이 통보되지 않은 전달체계의 부실, 평일 6명, 주말 5명의 노동자가 49개에 달하는 역의 정비를 담당하는 과중한 업무량과 같은 구조적 폐해가 드러났다. 구의역 사고는 안타까운 불운만으로 설명할 수 없는 문제가 되었다. 서울시는 6월 16일 위험의 외주화 문제를 시인하고 직접 고용 계획을 발표했다. 관련 법안인 산업안전보건법 개정안은 이후 3년 넘게 처리되지 못했다. 2018년 12월 11일 태안화력발전소 사고가 발생하고 나서야 12월 27일 국회에서 통과됐다.

2. 보도 양상 분석

1) 통계적 분석

100점 환산점수 기준 중앙값 29.27, 평균은 37.34, 표준편차는 27.64로 구의역 사고도 평균에 비해 편차가 높은 수치를 확인할 수 있다. 평균이 중앙값보다 상당히 큰 수치라는 것은 그래프에서도 볼 수 있듯 일반적인 분포보다 보도를 하지 않은 방향, 즉 왼쪽으로 치우쳐 있음을 의미한다. 구의역 사고 보도에 있어서도 〈한겨레〉와 나머지 신문사 간 차이가 두드러지므로 앞뒤로 한 개씩 뺀 5% 절사평균을 도출해 보았다. 5% 절사평균은 35.88, 표준편차는 23.29로 기존의 값에 비해 표준편차가 하락했는데, 이 역시도 극단적인 값들을 배제할 경우 보도양상이 더 밀집한 것으로 나타남을 의미한다. 표준화 그래프를 살펴보면 구의역 사고의 경우 다른 이슈에 비해 비교적 고른 분포를 보이고 있다. 그러나 표준화값 −1~0 구간에 전체 55%에 해당하는 11개의 신문사가 밀집되어 있는데, 이는 정규분포의 34%에 비하면 여전히 높은 수치이다. 또한 2017년 유료 발행 부수 1~5위에 해당하는 〈조선일보〉, 〈중앙일보〉, 〈동아일보〉, 〈매일경제신문〉, 〈한국경제신문〉이 표준화값 −1~+1 범위에 속해 있다. 따라서, 신문사의 점유율까지 감안하면 보도의 쏠림

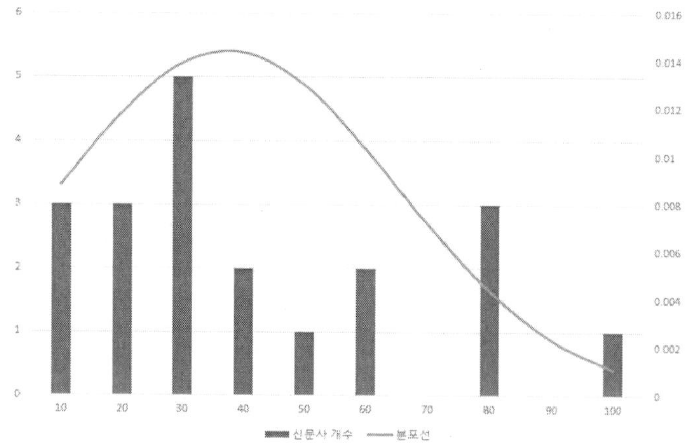

〈그림 3〉 20개 신문사 구의역 사고 100점 환산점수 분포

〈표 4〉 구의역 사고 보도횟수 및 환산점수

신문사	보도 횟수	100점 환산점수	표준화값	신문사	보도 횟수	100점 환산점수	표준화값
한겨레	81	100	2.26	조선일보	28	29.27	−0.29
경향신문	79	77.07	1.44	매일경제	29	28.29	−0.33
국민일보	65	75.61	1.39	아시아경제	26	28.29	−0.33
한국일보	67	75.12	1.37	서울경제	15	25.37	−0.43
서울신문	61	59.51	0.80	문화일보	13	14.63	−0.82
중앙일보	44	53.17	0.57	부산일보	12	12.68	−0.89
세계일보	47	45.85	0.31	한국경제	10	11.71	−0.93
머니투데이	34	33.17	−0.15	영남일보	6	9.76	−1.00
헤럴드경제	31	30.24	−0.26	국제신문	7	6.83	−1.10
동아일보	30	29.27	−0.29	전자신문	1	0.98	−1.32

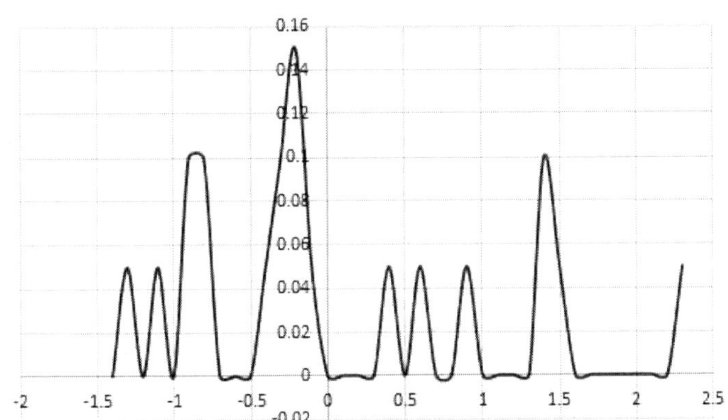

〈그림 4〉 구의역 사고 표준화 그래프

현상이 구의역 사고 이슈에 대해서는 완화되었다고 단정하기는 어렵다. 특히 다음 순위인 5위 신문사 〈한국경제신문〉은 좌우 1 표준편차에 해당하는 구간에서 보도를 하지 않는 방향으로 벗어난 것을 확인할 수 있다. 상대적으로 적극적으로 보도하는 구간에 속해있는 〈한겨레〉, 〈경향신문〉, 〈국민일보〉, 〈한국일보〉는 각각 7, 8, 11, 10위에 해당하지만, 4사의 유료 발행 부수를 모두 합해도 3위 〈중앙일보〉에 미치지 못한다. 한 기사가 국민에게 미치는 영향력이 다를 수 있음을 고려해야 하며, 그러한 가중치를 포함한다면 쏠림 현상은 오히려 강화될 가능성이 높다. 물론 종이 신문 구독률이 2017년 기준 10% 미만으로 떨어졌으며 이전에 비해 대형 신문사의 영향력이 감소한 것도 사실이지만, 아직 여론 형성 등의 영향력을 간과할 수 없다.[11]

2) 내용 분석

여전히 쏠림 현상을 확인할 수 있었지만, 앞선 다룬 삼성 백혈병 사태에 비해 고른 분포를 보인 것 또한 사실이다. 유동 인구가 많은 시간대에 지하철역에서 이뤄진 사고로 주목하는 사람들이 많았고, 몇몇 개인적 사연들이 공감대를 불러일으키며 이슈화된 것도 영향을 줬을 것이다. 하지만 지하철 스크린 도어에서 일어난 사망사고가 구의역이 처음은 아니었다. 2013년 성수역, 구의역 사고로부터 불과 7개월 전인 2015년 8월 강남역 사망사고도 지하철 스크린 도어 정비와 관련된 사고였다. 사망사고에도 문제점들이 해결되지 못하고 몇 년 동안 누적되어 있다가 구의역 사고 이후에야 본격적으로 다뤄졌다. 언론들은 유사한 노동 관련 사고가 반복되기 전에는 상대적으로 보도에 소극적인 모습을 보인다. 백혈병 사태 대비 작은 편향성을 판단할 때 이런 요소도 고려할 필요가 있다.

노동, 구조적 문제를 다룬 기사들도 많았지만, 다른 이슈에 비해 정치인, 정쟁에 주목하는 기사들이 많았다. 신문사들은 노동 관련 이슈더라도 정치와 직접 관련되면 보도의 적극성이 높아졌다. 구의역 사고 관련 첫 기사 제목이 사고 며칠 후 서울시장의 발언을 인용하는 경우도 있었다.[12] 사고 관련 정치인, 정당 간 발언이나 정쟁 양상을 보여 주기도 했다.[13,14,15] 사회 문제를 해결하고 제도를 개선하기 위해 정치적 논의는 분명히 필요하며 이런 차원에서 정치적 공론화를 형성하는 보도는 필요하다. 그러나 이와 별개로 정쟁 자체에 집중한다면 노동 문제를 해결하는 담

11. 『2018 언론수용자 의식조사』. 2018. 한국언론진흥재단.
12. 서울경제. 2016년 5월 31일. "박원순, 스크린도어 사고에 "산하기관 외주화 전면 개선.""
13. 매일경제. 2016년 6월 14일. "박원순·문재인 증인 출석"…與, 구의역 청문회로 맞불."
14. 동아일보. 2016년 6월 1일. 안철수 "여유 있었으면 덜 위험한 일 했을 것" 논란.
15. 조선일보. 2016년 6월 6일. "더민주·박원순, '구의역 사고' 진상조사 놓고 충돌."

론을 제시하는데 긍정적이라고만 보기 어려우며, 다른 양상으로 변할 수 있다. 실제로 2018년 12월 27일 속칭 '김용균법'이라 불리는 산업안전보건법이 통과하기 전까지 구의역 사고는 문제 제기에는 성공했지만 구체적인 법안 통과로 이어지지 못했다. 정치 이슈에 주목한 기사의 비중이 일정했다면 편향성에는 큰 영향을 주지 않았을 것이다. 그러나 본 조사의 수치적인 정량화 과정에 반영하지 않았지만, 전체 기사 중 기사 제목을 정치 이슈로 설정한 기사의 비중이 신문사마다 다름을 확인할 수 있었다. 특히 구의역 사고에서 정치 관련 기사의 비중이 환산점수가 0에 가까울수록 전반적으로"높아지는 경향이 있다는 것도 주목할 만한 요소다. 노동 담론 형성에 도움이 되는 기사를 분리하여 수치화한다면 〈그림 3〉의 분포는 태안 사고의 경우에 가까워질 것이다.

사고 발생 초기 이후 보도 양태도 신문사마다 차이가 있었다. 구의역 사고와 같은 폐해가 반복되지 않도록 하는 방안은 하나로만 귀결되지 않으며 보수-진보 간 견해 차이가 있을 수 있다. 노동 문제를 해결할 때 계약직 노동자의 정규직으로의 전환이 문제 해결의 핵심이 아니라고 판단하거나 부작용도 고려할 필요가 있다는 견해는 충분히 가능하다. 그러나 기사에 구의역 사고에 대해서 언급은 하지만, 노동 문제를 해결하는 방안으로서가 아닌 정규직 노조의 문제점과 갈등을 지적하는 기사라면 노동 문제로서 구의역 사고와의 관련성은 상대적으로 떨어진다. 이런 측면까지 고려하면 노동 문제를 다루지 않는 방향으로의 편향성은 다른 요소까지 함께 고려할 때 구의역 사고에서도 유의미할 것이다.

Ⅳ. 김용균 태안화력발전소 정비노동자 사망사고

1. 사건의 국면

김용균 태안화력발전소 정비노동자 사망사고(이하 김용균씨 사망사고)는 지난

2018년 12월 10일 한국발전기술의 비정규직 정비노동자였던 김용균씨(당시 24세)가 태안화력발전소의 석탄이송 컨베이어벨트의 기계에 끼어 사망한 사고다.

최초 언론 보도일은 사고 발생 이튿날인 12월 11일이다. 최초 보도일 이후 약 8일간 주요 보도 내용은 사고의 경위와 발생 원인 등에 초점을 둔 것으로 파악됐다. 이 과정에서 해당 발전소가 야간근무규정을 위반했다는 사실과 김용균씨가 생전에 재하청 비정규직 정비노동자의 정규직 전환을 촉구했다는 사실이 밝혀졌고, 이는 발전소의 안전규제와 비정규직 고용체계에 대한 국회의 법안 개정 논의로 이어졌다. 여야 간의 공방이 오간 가운데, 12월 19일 국회 환경노동위원회가 다음 본회의에서 산업안전보건법(이하 산안법)의 개정안을 의결하기로 결정하였다. 환경노동위원회의 결정 이후 약 2주일 정도 국회 내의 의견 조정이 이루어졌으며, 12월 27일 국회 본회의에서 이른바 '김용균법'으로 일컬어지는 산안법 개정안이 최종 통과하였다. 법안 통과 이후 한 달 남짓이 지난 2월 7일부터 김용균씨의 민주시민장이 치러졌다.

2. 보도양상 분석

사전에 선정한 총 20개 신문사의 지면기사를 분석한 결과, 사고 최초 보도일인 2018년 12월 11일부터 2018년 5월 31일까지 총 408건이 집계되었다. 앞서 밝힌 연구방법에 따라 신문사별 원점수를 산출했을 때, '삼성 백혈병 사태'나 '구의역 사고' 건과 마찬가지로 〈한겨레〉가 가장 높은 점수를 기록하였다. 그리고 〈한겨레〉를 기준으로 한 나머지 19개 신문사의 100점 환산점수 분포는 〈그림 5〉와 같았다.

〈그림 5〉상으로 가장 많은 신문사가 밀집된 구간은 환산점수 10-20점 사이로, 총 20개 신문사 중 8개가 해당 구간에 위치한다. 그 외 대부분의 신문사 역시 밀집 구간과 비교적 가까이 위치하며, 이례적으로 90-100점 사이 구간에 2개가 집계된 것을 확인할 수 있다. 〈표 5〉에 정리된 각 신문사의 상대 점수에 따르면, 90점에서 100점 사이 구간의 신문사는 〈한겨레〉(100점)와 〈경향신문〉(98.56점)이다. 특히 〈경

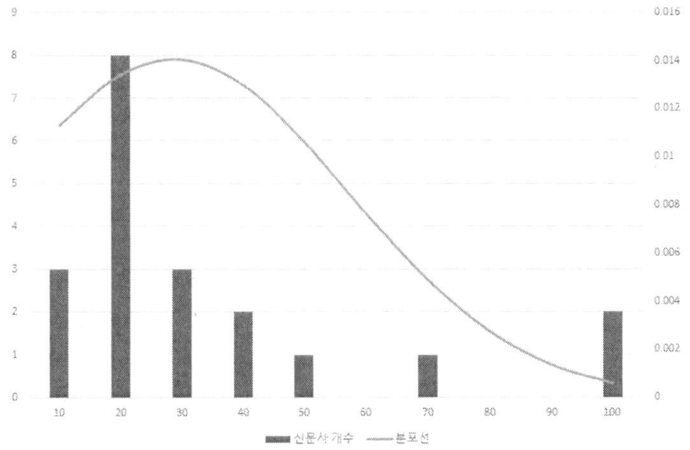

〈그림 5〉 20개 신문사 김용균씨 사망사고 100점 환산점수 분포

〈표 5〉 김용균씨 사망사고 보도횟수 및 환산점수

신문사	보도 횟수	100점 환산점수	표준화값	신문사	보도 횟수	100점 환산점수	표준화값
한겨레	52	100	2.51	서울경제	14	19.13	−0.34
경향신문	65	98.56	2.46	머니투데이	13	17.22	−0.41
서울신문	54	68.42	1.40	한국경제	9	14.35	−0.51
한국일보	35	41.14	0.44	조선일보	11	13.39	−0.54
매일경제	28	35.4	0.24	중앙일보	11	13.39	−0.54
국민일보	20	30.62	0.07	문화일보	10	12.44	−0.57
세계일보	18	25.35	−0.12	부산일보	9	11.48	−0.61
영남일보	22	23.92	−0.17	헤럴드경제	7	6.69	−0.78
동아일보	12	20.09	−0.30	아시아경제	3	2.87	−0.91
국제신문	14	19.13	−0.34	전자신문	1	0.95	−0.98

향신문〉의 경우 〈한겨레〉와의 점수 차이가 1.44점에 불과하다. 다시 말해, 〈한겨레〉와 〈경향신문〉은 거의 동일한 정도로 여타 신문사들과 점수 차이를 보인다. 이는 90−100점 구간에 위치한 두 신문사를 제외하고 그 밖의 신문사들이 10−20점 구간을 중심으로 조밀하게 모여 있음을 의미한다.

두 신문사를 포함해 집계한 점수의 평균은 29.914점, 표준편차는 28.44이다. 신문사의 상대적 점수 분포가 밀집된 정도를 통계적으로 확인하기 위해, 점수의 극

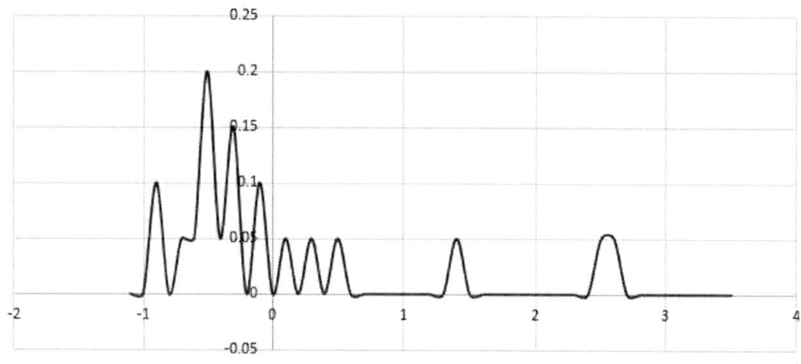

〈그림 6〉 김용균씨 사망사고 표준화 그래프

단치에 해당하는 〈한겨레〉와 〈경향신문〉의 점수를 제외하고 평균과 표준편차를 재집계하였다. 즉, 여타 신문사와 보도횟수 차이가 가장 큰 두 신문사를 소거하기 위해 10% 절사평균을 활용하였다. 이에 따른 10% 절사평균은 23.26점, 10% 절사 표준편차는 14.68다. 이 수치는 앞서 두 신문사를 포함하여 도출한 평균 29.914점, 표준편차 28.44와 다소 차이를 보이는 값이다. 특히 표준편차의 경우 절반 가까이 줄었으므로, 절사평균을 활용한 통계의 신뢰도가 유의미하게 상승한다고 볼 수 있다. 〈그림 6〉과 같은 표준화 그래프를 도출해 보았을 때, 신문사 빈도가 가장 높은 구간이 −1과 0 사이인 것을 확인할 수 있다. '삼성 백혈병 사태'와 유사하게 전체의 70%에 해당하는 14개의 신문사가 해당 구간에 밀집되어 있다. 대부분의 신문사가 그래프의 좌측에 편향된 오른쪽 꼬리분포 형태를 보여, 해당 사고가 정규분포보다 훨씬 편중된 형태로 보도되었음을 알 수 있다.

그러므로 지면 보도횟수를 기반으로 한 계량적 분석 결과, 김용균씨 사망사고에 관한 국내 신문사들의 보도 경향이 특정 구간에 상당히 편중되어 있음을 확인할 수 있다.

다만 사건 보도에 관한 국내 언론의 지형을 파악하기 위해서는 계량적 분석과 내용적 · 질적 분석을 함께 진행할 필요가 있다. 보도횟수 자체로는 신문사의 논조나 해당 지면 기사의 프레임과 방향성 등을 확인할 수 없기 때문이다. 나아가 신문사의 규모 및 실질적 영향력 역시 국내 언론의 보도 지형을 형성하는 주요 요인임을 고려할 때, 밀집 구간에 속한 개별 신문사에 대한 분석이 수반되어야 한다. 따라서 〈그림 5〉의 밀집구간에 포함된 신문사를 구체적으로 서술하고, 각 신문사의 규모와 논조 등을 분석 대상에 포함한다.

〈그림 5〉와 〈표 5〉에서 확인할 수 있듯이, 10점-20점 구간에 밀집한 신문사는 총 8개다. 점수 순서대로 〈국제신문〉(19.13점), 〈서울경제〉(19.13점), 〈머니투데이〉(17.22점), 〈한국경제〉(14.35점), 〈조선일보〉(13.39점), 〈중앙일보〉(13.39점), 〈문화일보〉(12.44점), 〈부산일보〉(11.48점)이 해당된다. 위 신문사들은 조사기간동안 김용균씨 사망사고에 관해 10-15건의 지면기사를 발표하는 데 그쳤다. 주목할 점은 해당 지면기사들이 사건의 특정 국면을 집중적으로 다뤘다는 것인데, 8개 신문사 모두 김용균씨 사망사고 자체보다는 12월 27일까지 지속된 산안법 통과 과정에 초점을 둔 기사를 더 많이 발표했다. 예컨대 8개 신문사 중 발행부수가 가장 많은 〈조선일보〉의 경우, 김용균씨 사망사고와 관련해 유일하게 1면에 보도한 기사가 산안법 통과를 다룬 "文대통령, 조국 국회출석 지시… 여야 '김용균法' 합의 처리"[16]다. 그마저도 김용균법 처리보다 조국 민정수석의 국회출석을 강조하여 사실상 법안의 실질적 내용보다 통과 과정에서 발생한 정쟁에 관심을 기울였다. 〈조선일보〉는 같은 날 "김용균씨 사망 후… 상정 8일만에 통과된 '초고속 안전법'"[17]이라는 기사를 발표하여 '초고속 안전법'이라는 표현을 통해 산안법 심의가 지나치게 짧은 기간동안 이루어졌음을 비판하는 태도를 보였다. 마찬가지로 〈중앙일보〉 역시 "'김용균법' 통과…임종석·조국 국회 출석 합의"[18]이라는 제목으로 1면에 산안법 통과를 보도하며, 임종석 전 비서실장과 조국 민정수석의 국회출석을 언급하여 조선일보와 유사한 보도 관점을 취했다. 이는 같은 시기 〈한겨레〉나 〈경향신문〉이 김용균씨 사망사고 관련 기사의 제목에 정계 인사의 국회 출석 여부를 전혀 언급하지 않

16. 조선일보. 2018년 12월 28일. "文대통령, 조국 국회출석 지시… 여야 '김용균法' 합의 처리"
17. 조선일보. 2018년 12월 18일. "김용균씨 사망 後… 상정 8일만에 통과된 '초고속 안전법'"
18. 중앙일보. 2018년 12월 28일. "'김용균법' 통과…임종석·조국 국회 출석 합의"

은 것과 크게 대조된다. 일례로 〈한겨레〉는 산안법 통과를 "'김용균법' 통과…"감사합니다" 엄마는 주먹풀고 흐느꼈다"[19]라는 제목으로 보도했고, 〈경향신문〉은 "재하청 안전까지 원청 책임 '위험의 외주화 방지법' 통과"[20]라는 기사가 1면을 장식했다.

특히 〈조선일보〉와 〈중앙일보〉는 비단 밀집 구간 내 신문사뿐 아니라 국내 전체 신문사 중에서도 발행부수가 압도적으로 많은 편이다. 2017년 한국 ABC 협회가 발표한 유료 지면신문의 발행부수 순위에서 〈조선일보〉가 1,513,073부, 〈중앙일보〉가 978,798부로 각각 1위와 2위를 기록하였다. 따라서 〈조선일보〉와 〈중앙일보〉가 〈그림 5〉의 밀집구간에 위치하며, 산안법 통과에 대해 유사한 보도 프레임을 활용했다는 점은 유의미한 분석 결과다. 만약 동일 밀집 구간에 해당하는 신문사들이 두 신문사와 마찬가지로 산안법 통과에 대해 다소 부정적인 논조를 띤다면, 이는 국내 신문사 전체의 지형이 특정한 방향으로 편향되어 있다는 방증인 것이다.

실제로 〈조선일보〉와 〈중앙일보〉 외의 나머지 6개 신문사 역시 산안법 통과 보도에 집중했다. 특히 〈한국경제〉, 〈머니투데이〉, 〈서울경제〉 등의 경제지는 산안법 통과로 수혜를 입는 노동자보다 불이익을 얻는 재계의 입장에 초점을 둔 경우가 많았다. 〈한국경제〉는 1면에 "기업인에 사고 '무한책임'…'산안법 폭탄' 결국 터졌다"[21]라는 기사를 보도함으로써 산안법 통과가 재계 인사들이나 기업인들에게 '폭탄'과도 같은 악재임을 강조했다. 법안 통과 이틀 전인 25일에는 "위험작업 도급 금지, 작업중지 명령 땐 대기업들 수천억 손실 우려"[22]라는 제목으로 산안법의 골자를 이루는 '위험작업 도급 금지' 조항이 대기업에 크게 불리하다는 점에 초점을 두었다. 〈서울경제〉 또한 "여야, 산안법 막판 극적합의…기업활동 위축 목소리

---

19. 한겨레. 2018년 12월 27일."'김용균법' 통과…"감사합니다"
20. 경향신문. 2018년 12월 27일. "재하청 안전까지 원청 책임 '위험의 외주화 방지법' 통과"
21. 한국경제. 2018년 12월 27일. "기업인에 사고 '무한책임'…'산안법 폭탄' 결국 터졌다"
22. 한국경제. 2018년 12월 25일. "위험작업 도급 금지, 작업중지 명령 땐 대기업들 수천억 손실 우려"

도"[23]라고 보도하여, 산안법 통과가 기업활동에 미칠 부작용을 언급하였다. 그 밖에 〈문화일보〉의 "여론 떠밀린 *産安法* 개정… 산업계 "졸속입법 우려"[24] 역시 산안법 통과를 비판하는 논조를 보였다.

반면, 좌우 1 표준편차 내에 위치하지 않는 신문사에는 〈서울신문〉, 〈한국일보〉, 〈경향신문〉, 〈한겨레〉 등이 포함되었다. 그중 〈한겨레〉, 〈경향신문〉, 〈서울신문〉 등은 여타 신문사에 비해 김용균씨 사망사고와 관련한 보도횟수가 압도적으로 높았으며, 결과적으로 사건의 각 국면을 비교적 균형있게 다루었다. 그리고 사고 발생 이후로 산안법 통과를 촉구하는 내용이나, 법안 통과를 일관되게 긍정적으로 평가하는 논조를 띠는 경우가 많았다. 결과적으로 김용균씨 사망사고와 관련한 언론 보도가 계량분석과 내용분석에서 공통적으로 편향성을 보이고 있는 것이다.

V. 균형 있는 공론장 형성을 위한 언론 포트폴리오의 다양화

산업재해에 대한 보도는 우리 사회의 노동에 대한 의제를 설정한다는 점에서 노동의 권익 향상을 통한 사회 정의 제고에 기여할 것으로 기대된다. 그러나 신문의 보도가 지나치게 소극적이거나 한 쪽으로 편향된 경우, 산업재해 사건들은 단순히 안타까운 사건으로 마무리될 수도 있다.

삼성 백혈병 사태에 대한 한국언론의 보도는 지나치게 소극적이었으며 한 쪽으로 치우친 획일적인 양상을 보였다. 대부분의 신문사가 사태의 첫 번째 국면과 두 번째 국면 중 후자에 비중을 두고 보도했다는 점을 고려하면, 실제로 노동 권익 향상과 사회 정의에 부합할 것으로 기대되는 신문 기사 개수는 더 줄어들 것으로 보인다.

구의역 사고는 처음부터 작지 않은 반향을 일으켰으며 1면 보도 여부의 차이는

---

23. 서울경제. 2018년 12월 27일. "여야, 산안법 막판 극적합의...기업활동 위축 목소리도"
24. 문화일보. 2018년 12월 24일. "여론 떠밀린 *産安法* 개정… 산업계 "졸속입법 우려"

있지만 대부분의 신문사에서 며칠 내에 보도가 이뤄졌다. 하지만 매우 유사한 사고가 거의 같은 사유로 수차례 반복되고 나서야 제대로 보도되며 공론화되었다는 점에서 진정으로 처음부터인지는 의심할 필요가 있다. 그리고 백혈병 사태에 비해서는 통계적으로 고른 분포를 보이긴 했지만, 한 방향으로의 쏠림은 여전했으며 유료 발행 점유율을 고려하면 더욱 두드러졌다. 그리고 보도에 소극적인 신문사일수록 노동 문제보다 정쟁 등 다른 이슈에 집중되는 경향도 확인할 수 있었다. 노동 문제를 해결할 때 해결 방안이 한 방향으로 몰려있는 것도 문제가 되지만, 공론화 의지가 없을 때 노동에 더 부정적일 수 있다.

김용균씨 사망사고의 보도 양상 분석 결과, 대부분 신문사들이 김용균씨 사망사고의 여러 국면 중에서도 산안법 통과에 가장 큰 관심을 보였으며, 그 태도는 부정에 가까웠다는 것을 파악할 수 있었다. 환산점수의 밀집 구간에 포함되지 않는 신문사는 산안법 통과를 긍정적으로 평가하는 등 논조 측면에서 상반되는 양상을 보여 서로 유의미한 차이를 나타냈다. 결과적으로 김용균씨 사망사고에 관한 국내 언론 지형이 매우 편향적이며, 편향성을 보이는 상당수 신문사들이 일관되게 산안법 통과에 부정적인 논조를 취하고 있다고 결론지을 수 있다.

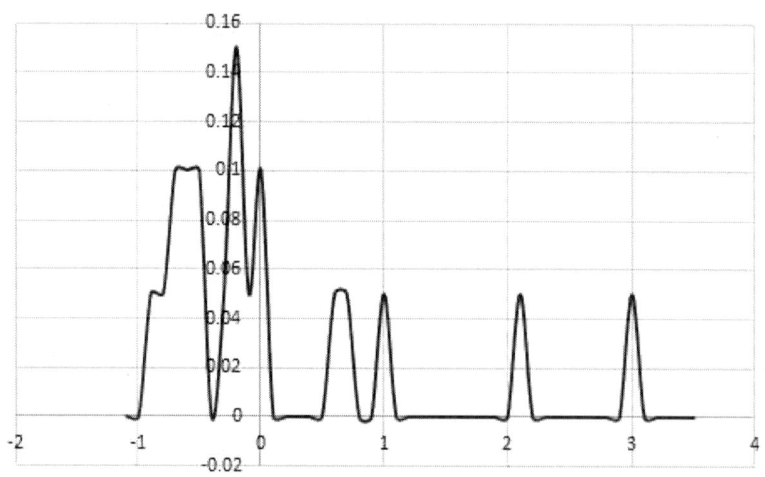

〈그림 7〉 3가지 이슈에 대한 20개 언론사들의 평균점수 분포

3가지 이슈에 대한 언론사들의 전체적인 보도 양상을 알아보기 위해 20개 언론사들의 3가지 이슈에 대한 100점 환산 점수들의 평균값을 구해 보았다. 그리고 구해진 20개의 평균값들을 위에서 했던 작업과 같은 방식으로 표준화하여 '3가지 이슈에 대한 20개 언론사들의 평균점수 분포'를 도출하였는데, 그 분포가 아래의 〈그림 7〉에 나타나 있다. 이를 통해, 언론사들의 표준화된 평균값이 전체적으로 왼쪽으로 쏠려 있는 모습을 확인할 수 있는데, 이는 우리나라의 언론들이 전체적으로 산업재해 보도에 대해 소극적인 모습을 보였음을 의미한다.

삼성 백혈병 사태, 구의역 사고, 김용균씨 사망사고에 대한 보도를 대상으로 우리나라 언론 지형을 분석하였다. 분석 결과, 산업재해 전반에 대하여 우리나라의 언론들이 균형 있는 공론의 장을 형성하지 못하고 있음을 확인할 수 있었다. 보도 횟수의 측면에서 보았을 때 우리나라 언론들은 대체로 소극적인 모습을 보였으며, 보도가 되었더라도 기사의 논조 역시 신문사들은 전반적으로 친기업적 변호나 정치 문제 등에 집중하는 보도로 노동 문제를 장기적으로 해결하는 담론 형성에 소극적인 경향을 보였다. 이러한 부분은 데이터 마이닝 등의 기법을 활용한 기사 내용 분석을 사용할 시 더욱 분명하게 드러날 것으로 기대된다. 향후 노동 관련 이슈를 적극적으로 보도하고 다양한 관점을 취하는 언론사들이 증가할수록 균형있는 공론의 장이 형성될 것이다. 사회 정의 제고를 위하여 언론 포트폴리오의 다양화가 필요하다.

〈참고문헌〉

경향신문. 2018년 12월 27일. "재하청 안전까지 원청 책임 '위험의 외주화 방지법' 통과". news.khan.co.kr/kh_news/khan_art_view.html?art_id=201812272205005.

동아일보, 2015년 10월 9일, ""삼성, 매년 100억 이상 더 내라" … 순익 0.05% 추가 요구". http://www.donga.com/news/article/all/20151009/74083717/1.

동아일보, 2016년 6월 1일, 안철수 "여유 있었으면 덜 위험한 일 했을 것" 논란, http://www.donga.com/news/article/all/20160601/78428168/1.

매일경제, 2016년 6월 14일, "박원순·문재인 증인 출석"…與, 구의역 청문회로 맞불, https://www.mk.co.kr/news/politics/view/2016/06/426662/.

문화일보. 2018년 12월 24일. "여론 떠밀린 産安法 개정… 산업계 "졸속입법 우려" www.munhwa.com/news/view.html?no=2018122401070103011001.

방희경, 원용진. 2016. "언론이 산업재해를 보도하는 방식에 관한 연구: 삼성 백혈병 사태의 경우" 『한국언론정보학보』. 제79집. pp.17-18.

서울경제, 2016년 5월 31일, "박원순, 스크린도어 사고에 "산하기관 외주화 전면 개선", https://www.sedaily.com/NewsView/1KWJ0QPF0B.

서울경제. 2018년 12월 27일. "여야, 산안법 막판 극적합의…기업활동 위축 목소리도" https://m.sedaily.com/NewsView/1S8MN5DXAT/GE.

조선일보, 2016년 6월 6일, "더민주·박원순, '구의역 사고' 진상조사 놓고 충돌".

조선일보. 2018년 12월 18일. "김용균씨 사망 후… 상정 8일만에 통과된 '초고속 안전법'" news.chosun.com/site/data/html_dir/2018/…/2018122800254.html.

조선일보. 2018년 12월 28일. "文대통령, 조국 국회출석 지시… 여야 '김용균法' 합의 처리" news.chosun.com/site/data/html_dir/2018/12/28/2018122800228.html.

중앙일보. 2018년 12월 28일. "'김용균법' 통과…임종석·조국 국회 출석 합의" https://news.joins.com/article/23243794.

최진봉. 2013. 『미디어 정치경제학』. 커뮤니케이션북스. p.19.

한겨레. 2018년 12월 27일."'김용균법' 통과…" 감사합니다" www.hani.co.kr/arti/politics/politics_general/876091.html.

한국ABC협회 홈페이지. 2018년 9월 30일. "2017년도(2016년도분) 일간신문 163개사 인증부수".

한국경제, 2015년 9월 23일, "피해자 보상 가로막는 반올림". https://www.hankyung.com/news/article/2015090829821.

한국경제. 2018년 12월 25일. "위험작업 도급 금지, 작업중지 명령 땐 대기업들 수천억 손실 우려" https://www.hankyung.com/economy/article/2018122503031.

한국경제. 2018년 12월 27일. "기업인에 사고 '무한책임'…'산안법 폭탄' 결국 터졌다" https://www.hankyung.com/politics/article/2018122785341.

한국언론진흥재단. 2018. 『2018 언론수용자 의식조사』.

제2부

대학생 사회혁신 의식조사

사회참여와 지식창조, 대학교육에 관한 대학생 의식조사

사회혁신 교육연구센터

젊은 세대, 특히 대학생의 의식이나 인식을 알아보는 것은 사회적 동태의 장기적 흐름이나 특정 패러다임의 확산 현황을 파악하는데 의미 있는 바로미터가 될 수 있다. 사회혁신이나 새로운 민주주의 패러다임에 관해서도 역시 대학생의 의식·인식은 일반적인 이론 연구나 시사평론 등과 다른 '현실적이면서도 심도 있는' 정보나 시사점을 제공해줄 것으로 기대된다. 대학생은 사회혁신의 당사자적 주체가 될 수 있는 것과 동시에 주변에서 일어나고 있는 혁신적 트렌드나 사회 규범적 동향에 대한 민감한 반응력이나 감수성을 가지고 있기 때문이다. 물론 이는 '이상적인 기대'이며, 그러한 의식·인식의 현주소나 구체적 의미에 관해서는 파악된 조사 결과를 바탕으로 한 다각적인 연구가 필요할 것이다. 또한 대학생의 의식·인식의 변화를 대학 교육과 결합시켜서 파악하는 것은 보다 심도 있고, 장기적인 관점에서 사회적 동향을 파악하는데 유익한 방법일 것이다. 왜냐하면, 대학 교육이란 본래 사회에 필요한 지식 창출의 현장이자 미래 인재의 지적 성장에 관한 거점이기 때문이다. 즉, 특정한 사회적 동향에 관한 대학생의 의식·인식의 현주소와 이에 영향을 주는 교육적 효과가 어떠한 긍정적 시너지를 창출하고 있다면, 해당 동향의 장기적 발전 가능성은 높다고 기대할 수 있을 것이다.

본 설문조사는 지역기반 수업이나 사회문제 해결을 주제로 한 수업을 수강한 대학생을 대상으로 하여, 지역, 사회혁신, 민주주의, 교육 등을 주제로 한 질문을 다각적으로 구성했다. 또한 수업의 전반과 후반의 두 번에 걸쳐서 조사를 실시하여, 수업 프로젝트나 경험을 통한 대학생들의 인식 변화를 파악하는데 유의했다. 구체적으로는 다음과 같은 주제에 대해 단기 또는 장기적으로 알아보는 것에 목적을 두고 있다.

▶ 사회 형성의 주체로서의 대학생의 인식

- 현재 한국의 민주주의 수준에 대한 인식
- 중앙과 지역 행위자에 대한 신뢰도의 차이
- 대학생의 사회 참여 수준과 참여 방식
- 지역사회문제에 대한 관심 수준과 해결의 방향성
- 지역사회문제 해결의 주체자로서 대학생의 역할 인식
- 대학생의 사회적기업가정신 인식 수준

▶ 지역사회혁신 지향 수업(캠퍼스 임팩트)의 효과나 과제

- 지역기반 수업이나 문제해결 수업을 통한 인식 변화와 교육적 효과
- 연구 프로젝트를 통해 습득한 지식 역량과 필요성을 느낀 지식 역량
- 연구 프로젝트의 실질적인 장점이나 의의에 대한 인식
- 대학교육과 대학생활에 대한 일반적 만족도
- 대학교육과 지역사회를 연결하는 지식 민주주의의 방향성

설문조사를 실시한 대상 수업은 크게 서울대학교 사회과학대학 소속 학부·학과(5개 수업, 총 104명 수강생)와 기타 대학교의 정치학 계열 학부·학과(6개 수업, 총 98명 수강생)로 분류된다. 이는 센터가 추진하는 지역기반·사회문제 해결수업에 대한 지원사업의 대상과 관련되는 것이다. 이 책의 제1부에서는 서울대 사회과학대학의 수업 결과물이 정리되고 있으며, 정치학 계열 수업의 결과물은 센터의 동시 출판물인 『시민정치연감 2019』에 수록되고 있다. 결과물은 별도의 책으로 정리했으

나, 설문조사는 공통의 내용이기 때문에 본 책에 같이 수록하기로 했다. 또한 서울대학교 정치외교학부 수업의 설문조사 결과에 관해서는 '정치학 계열'로 정리하기로 했다. 설문조사의 결과 정리도 대학별 비교보다는 전공별 비교가 보다 유익할 것이라는 판단이며, 각 결과의 정리방식도 '전체', '서울대 사회대', '정치학 계열'의 세 가지로 분류했다.

이하, 설문조사의 상세 개요와 질문 구조를 소개하고, 전체 조사결과를 정리한다. 2019년 상반기에 실시한 본 조사는 제1회 조사이며, 이후 지속적인 조사가 계획되고 있다. 따라서 본격적인 내용 분석이나 연도별 추이에 대한 설명은 내년 이후의 후속 출판물에 게재될 예정이며, 올해는 기초 데이터로서 조사결과를 전체적으로 정리·소개하는 수준으로 한다. 온라인으로 실시한 설문지를 부록 자료로서 첨부한다.

설문조사 개요

대상	관련 수업 수강생 총 202명
세부 대상	• 서울대학교 사회대학 지역기반수업/사회문제해결수업 수강생 인류학과 〈공연예술의 인류학〉 사회학과 〈사회학연구실습〉 언론정보학과 〈창의연구실습〉 사회복지학과 〈지역사회복지론〉 경제학부 〈불평등과 사회정의〉 • 지역기반 시민정치수업 수강생(전국) 경희대학교 후마니타스칼리지 〈세계와 시민〉 대구대학교 국제관계학과 〈갈등과 해결 세미나〉 서울대학교 정치외교학부 〈거버넌스의 이해〉 숙명여자대학교 정치외교학과 〈용산구 지역정치 프로젝트〉 연세대학교 글로벌인재학부 〈세계화시대의 로컬거버넌스〉 연세대학교 정치외교학과 〈마을학개론〉
설문방법	• 무기명 응답, 온라인 설문조사(Google 설문 활용) • 1차(수업 시작 시점) 및 2차(수업 종료 시점) 시행 1차 조사 기간(2019.3.4. – 2019.3.22) 2차 조사 기간(2019.6.10. – 2019.6.28)
응답률	• 1차 89.6% (202명 중 181명 응답) • 2차 66.8% (202명 중 135명 응답)
설문조사 기관	• 서울대학교 사회혁신 교육연구센터

설문구조

1-2차 조사 공통 질문

↓ 질문 의도

질문	질문 의도
[1. 한국 민주주의 수준 평가]	→ 민주주의에 대한 포괄적 평가와 의식 변화
[2. 풀뿌리 민주주의 수준 평가] [3. 관심 이슈 영역] [4. 사회적 신뢰] [5. 지역/사회문제의 해결 방향]	→ 중앙과 지역의 비교를 통한 지역사회에 대한 의식과 의식 변화
[6. 자기 정체성 평가] [7. 사회기업가정신 자기 평가] [8. 대학생의 역할 평가]	→ 지역사회문제 해결이나 참여에 관한 개인의 내면적 의식과 의식 변화. 지식에 관한 의식과 의식 변화

1차 조사 질문

질문	질문 의도
[9. 정치·사회 참여 경험]	→ 사회참여에 관한 대학생의 실천 수준
[10. 대학생활 만족도] [11. 대학생의 능력/장점 평가] [12. 대학교육 평가]	→ 대학교육 현황에 대한 평가

2차 조사 질문

질문	질문 의도
[13. 프로젝트 자기 평가 1] [14. 프로젝트 자기 평가 2] [15. 프로젝트의 보완 방향] [16. 향후 지역/사회문제 관여 의향]	→ 지역사회혁신과 참여 지향적 교육과 연구 프로젝트에 대한 평가와 교육적 효과

[1. 한국 민주주의 수준] 모든 것을 고려할 때 귀하는 현재 한국의 민주주의 수준은 어느 정도라고 생각하십니까? (%)

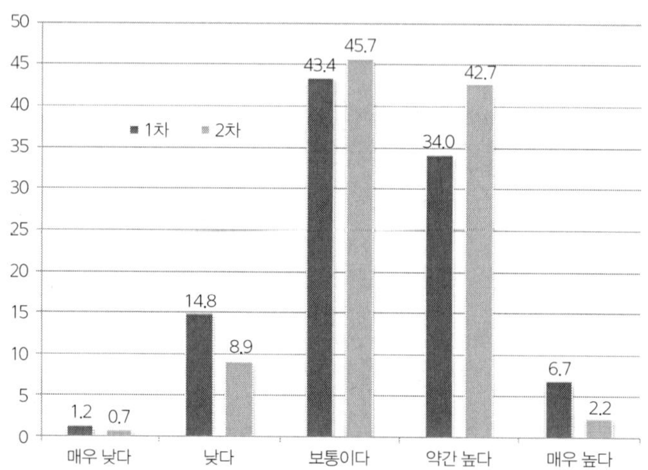

	전체		서울대 사회대 학생		정치학 계열 학생	
	1차	2차	1차	2차	1차	2차
매우 낮다	1.2	0.7	1.4	0.0	0.9	1.3
낮다	14.8	8.9	16.9	8.8	12.7	9.0
보통이다	43.4	45.7	39.4	43.9	47.3	47.4
약간 높다	34.0	42.7	38.0	45.6	30.0	39.7
매우 높다	6.7	2.2	4.2	1.8	9.1	2.6
	(n=181)	(n=135)	(n=71)	(n=57)	(n=110)	(n=78)
5점 척도 평균	3.31	3.37	3.27	3.40	3.34	3.33

[2. 풀뿌리 민주주의 수준 평가] 모든 것을 고려할 때 귀하는 현재 한국의 풀뿌리 차원의 민주주의(지자체, 마을·지역사회의 민주주의) 수준은 어느 정도라고 생각하십니까? (%)

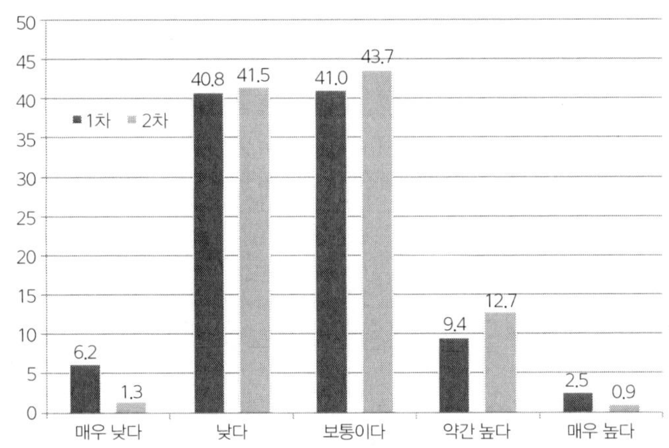

	전체		서울대 사회대 학생		정치학 계열 학생	
	1차	2차	1차	2차	1차	2차
매우 낮다	6.2	1.3	7.0	0.0	5.5	2.6
낮다	40.8	41.5	50.7	50.9	30.9	32.1
보통이다	41.0	43.7	33.8	38.6	48.2	48.7
약간 높다	9.4	12.7	7.0	8.8	11.8	16.7
매우 높다	2.5	0.9	1.4	1.8	3.6	0.0
	(n=181)	(n=135)	(n=71)	(n=57)	(n=110)	(n=78)
5점 척도 평균	2.61	2.70	2.45	2.61	2.77	2.79

[3. 관심 이슈 영역] 귀하는 다음 정치·경제적 문제에 대해 어느 정도 관심을 가지고 계십니까? (5점 만점, 평균)

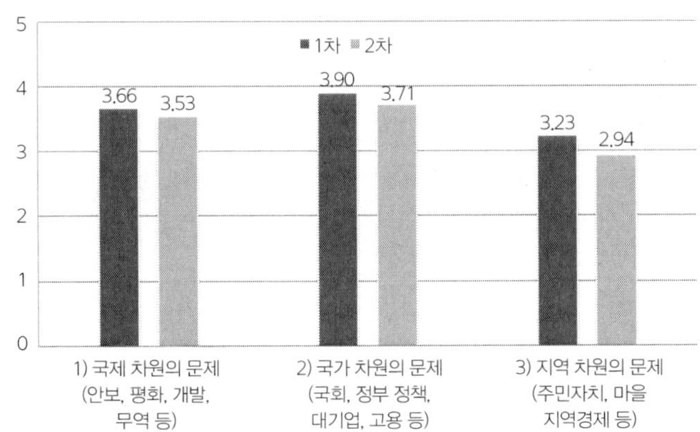

	전체		서울대 사회대		정치학 계열	
	1차	2차	1차	2차	1차	2차
1) 국제 차원의 문제 (안보, 평화, 개발, 무역 등)	3.66	3.53	3.41	3.37	3.91	3.68
2) 국가 차원의 문제 (국회, 정부 정책, 대기업, 고용 등)	3.90	3.71	3.87	3.74	3.93	3.67
3) 지역 차원의 문제 (주민자치, 마을, 지역경제 등)	3.23	2.94	3.14	2.86	3.32	3.01
	(n=181)	(n=134)	(n=71)	(n=57)	(n=110)	(n=77)

[4. 사회적 신뢰] 귀하는 다음의 사람 또는 기관에 대해 얼마나 신뢰하십니까? (5점 만점 평가, 평균)

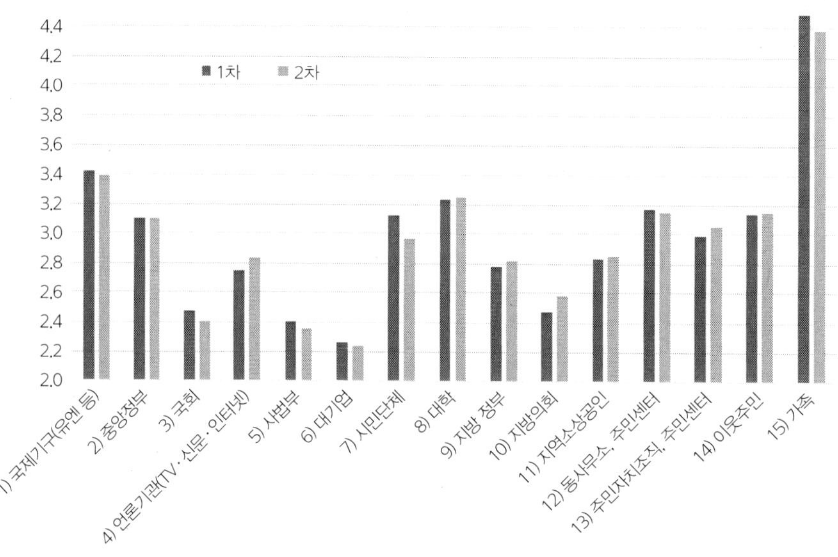

	전체		서울대 사회대		정치학 계열	
	1차	2차	1차	2차	1차	2차
1) 국제기구(유엔 등)	3.42	3.39	3.41	3.32	3.42	3.45
2) 중앙정부	3.10	3.10	3.10	3.11	3.09	3.08
3) 국회	2.47	2.40	2.35	2.35	2.58	2.45
4) 언론기관(TV · 신문 · 인터넷)	2.75	2.83	2.77	2.89	2.72	2.77
5) 사법부	2.40	2.36	2.37	2.26	2.43	2.45
6) 대기업	2.26	2.24	2.10	2.16	2.41	2.31
7) 시민단체	3.12	2.97	3.20	3.09	3.04	2.85

8) 대학	3.23	3.25	3.21	3.26	3.24	3.24
9) 지방 정부	2.78	2.82	2.75	2.74	2.81	2.90
10) 지방 의회	2.47	2.58	2.38	2.47	2.56	2.69
11) 지역 소상공인	2.83	2.85	2.85	2.88	2.81	2.82
12) 동사무소, 주민센터	3.17	3.15	3.15	3.12	3.18	3.18
13) 주민자치조직, 주민단체	2.99	3.05	3.00	3.07	2.97	3.03
14) 이웃 주민	3.14	3.15	3.17	3.26	3.10	3.03
15) 가족	4.49	4.38	4.55	4.49	4.42	4.27
	(n=181)	(n=134)	(n=71)	(n=57)	(n=110)	(n=77)

[5. 지역/사회문제의 해결 방향] 지역/사회문제를 해결하는 수단·방법으로서 다음 중 가장 중요하다고 생각되는 것을 3개만 선택해 주세요. (중복 응답, 합계 %)

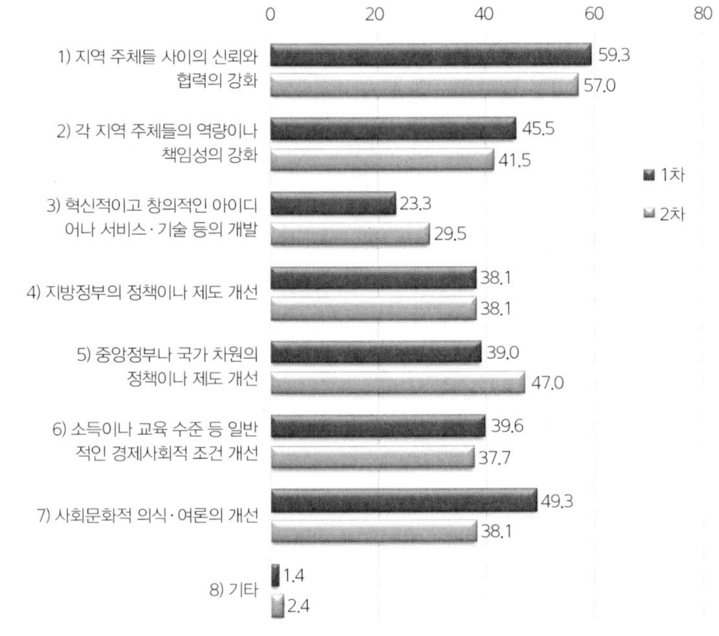

	전체		서울대 사회대		정치학 계열	
	1차	2차	1차	2차	1차	2차
1) 지역 주체들의 사이의 신뢰와 협력의 강화	59.3	57.0	54.9	61.4	63.6	52.6
2) 각 지역 주체들의 역량이나 책임성의 강화	45.5	41.5	46.5	36.8	44.5	46.2

3) 혁신적이고 창의적인 아이디어나 서비스·기술 등의 개발	23.3	29.5	13.9	33.3	32.7	25.6
4) 지방 정부의 정책이나 재도 개선	38.1	38.1	35.2	35.1	40.9	41.0
5) 중앙 정부나 국가 차원의 정책이나 제도 개선	39.0	47.0	38.0	49.1	40.0	44.9
6) 소득이나 교육 수준 등 일반적인 경제사회적 조건 개선	39.6	37.7	46.5	42.1	32.7	33.3
7) 사회문화적 의식·여론의 개선	49.3	38.1	52.1	35.1	46.4	41.0
8) 기타	1.4	2.4	0.0	3.5	2.7	1.3
	(n=181)	(n=134)	(n=71)	(n=57)	(n=110)	(n=77)

[6. 자기 정체성 평가] 귀하는 다음 사항에 관하여 어떻게 생각하십니까? (5점 만점, 평균)

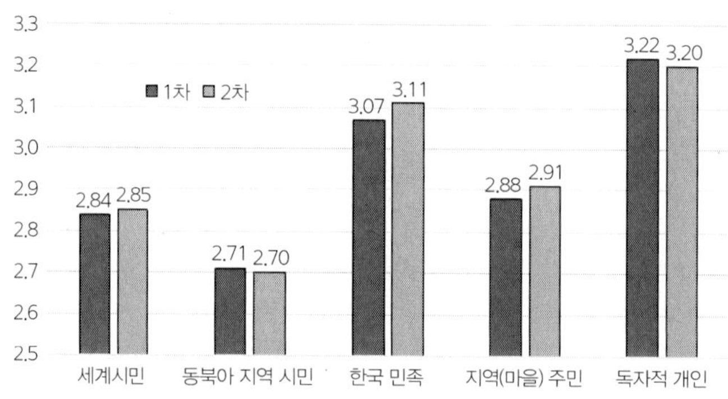

	전체		서울대 사회대		정치학 계열	
	1차	2차	1차	2차	1차	2차
1) 나는 내 자신을 세계시민으로 생각한다.	2.84	2.85	2.83	2.75	2.85	2.95
2) 나는 내 자신을 동북아 지역 시민으로 생각한다.	2.71	2.70	2.59	2.63	2.83	2.77
3) 나는 내 자신을 한국 민족으로 생각한다.	3.07	3.11	3.13	3.05	3.00	3.17
4) 나는 내 자신을 지역(마을) 주민으로 생각한다.	2.88	2.91	2.73	2.82	3.02	2.99
5) 나는 내 자신을 독자적인 개인으로 생각한다.	3.22	3.20	3.32	3.21	3.11	3.19
	(n=181)	(n=134)	(n=71)	(n=57)	(n=110)	(n=77)

[7. 사회기업가정신 자기 평가] 귀하는 다음 사항에 관하여 어떻게 생각하십니까? (5점 만점, 평균)

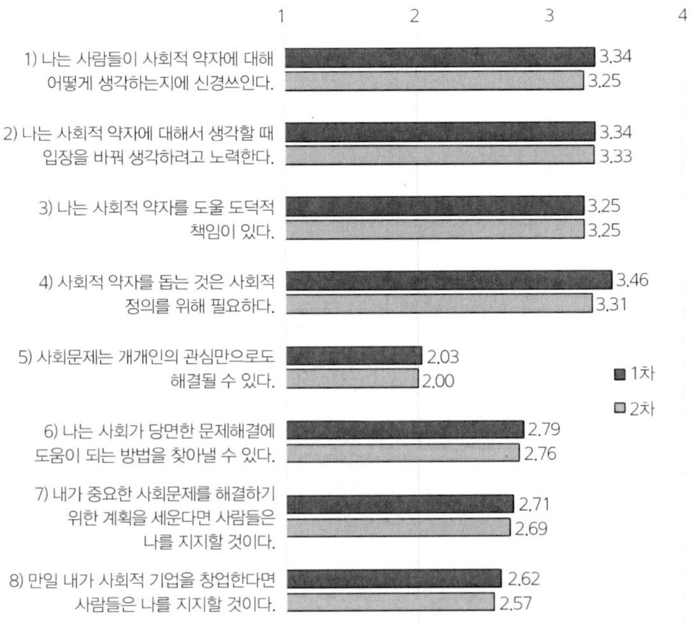

	전체		서울대 사회대		정치학 계열	
	1차	2차	1차	2차	1차	2차
1) 나는 사람들이 사회적 약자에 대해 어떻게 생각하는지에 신경이 쓰인다.	3.34	3.25	3.45	3.35	3.22	3.15
2) 나는 사회적 약자에 대해서 생각할 때 입장을 바꿔 생각하려고 노력한다.	3.34	3.33	3.37	3.28	3.31	3.37
3) 나는 사회적 약자를 도울 도덕적 책임이 있다.	3.25	3.25	3.24	3.25	3.25	3.24
4) 사회적 약자를 돕는 것은 사회적 정의를 위해 필요하다.	3.46	3.31	3.55	3.35	3.36	3.27
5) 사회문제는 개개인의 관심만으로도 해결될 수 있다.	2.03	2.00	1.76	1.75	2.30	2.24
6) 나는 사회가 당면한 문제해결에 도움이 되는 방법을 찾아낼 수 있다.	2.79	2.76	2.80	2.72	2.77	2.79
7) 내가 중요한 사회문제를 해결하기 위한 계획을 세운다면 사람들은 나를 지지할 것이다.	2.71	2.69	2.69	2.70	2.72	2.67

8) 만일 내가 사회적 기업을 창업한다면 사람들은 나를 지지할 것이다.	2.62	2.57	2.58	2.54	2.65	2.59
	(n=181)	(n=134)	(n=71)	(n=57)	(n=110)	(n=77)

[8. 대학생의 역할 평가] 귀하는 "대학생은 지역사회혁신이나 지역문제(주민자치, 거주지역의 생활환경, 마을·지역 공동체의 민주주의 등) 해결의 주체가 될 수 있다"라는 의견에 대해 어떻게 생각 하십니까? (%)

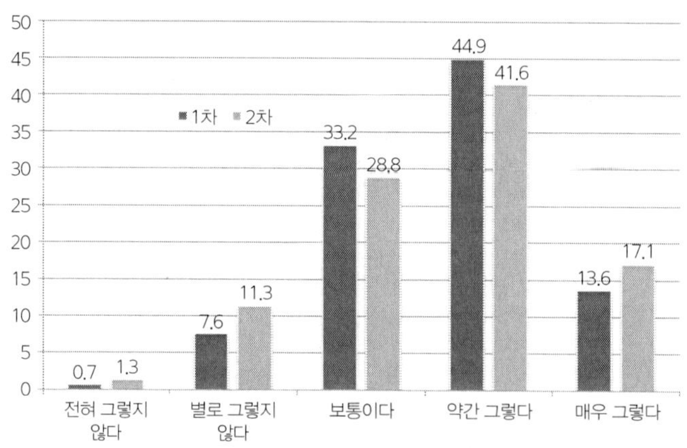

	전체		서울대 사회대 학생		정치학 계열 학생	
	1차	2차	1차	2차	1차	2차
전혀 그렇지 않다	0.7	1.3	1.4	0.0	0.0	2.6
그렇지 않다	7.6	11.3	7.0	12.3	8.2	10.3
보통이다	33.2	28.8	28.2	28.1	38.2	29.5
약간 그렇다	44.9	41.6	50.7	42.1	39.1	41.0
매우 그렇다	13.6	17.1	12.7	17.5	14.5	16.7
	(n=181)	(n=135)	(n=71)	(n=57)	(n=110)	(n=78)
5점 척도 평균	3.63	3.63	3.66	3.65	3.60	3.59

[9. 정치·사회참여 경험] 귀하는 지난 1년 동안 다음 항목에 대해 직접 참여해본 경험이 있습니까? ("있다"에 대한 응답 비율, %)

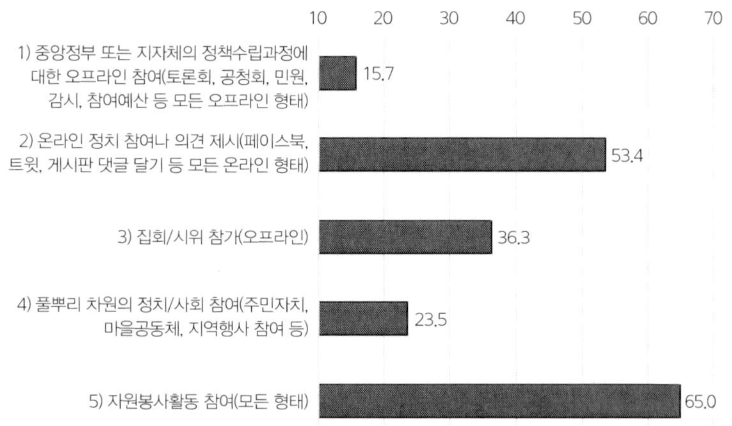

	전체	서울대 사회대	정치학 계열
1) 중앙정부 또는 지자체의 정책수립과정에 대한 오프라인 참여(토론회, 공청회, 민원, 감시, 참여예산 등 모든 오프라인 형태)	15.7	16.9	14.5
2) 온라인 정치 참여나 의견 제시(페이스북, 트윗, 게시판 댓글 달기 등 모든 온라인 형태)	53.4	54.9	51.8
3) 집회/시위 참가(오프라인)	36.3	40.8	31.8
4) 풀뿌리 차원의 정치/사회 참여 (주민자치, 마을공동체, 지역행사 참여 등)	23.5	19.7	27.3
5) 자원봉사활동 참여(모든 형태)	65.0	69.0	60.9
	(n=181)	(n=71)	(n=110)

[10. 대학생활 만족도] 모든 것을 고려할 때 귀하는 현재 대학생활에 얼마나 만족하십니까? (%)

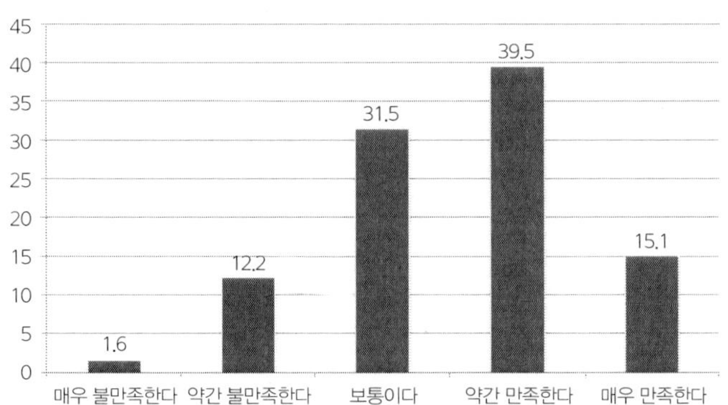

	전체	서울대 사회대 학생	정치학 계열 학생
매우 불만족한다	1.6	1.4	1.8
약간 불만족한다	12.2	12.7	11.8
보통이다	31.5	23.9	39.1
약간 만족한다	39.5	40.8	38.2
매우 만족한다	15.1	21.1	9.1
	(n=181)	(n=71)	(n=110)
5점 척도 평균	3.55	3.68	3.41

[11. 대학생의 능력/장점 평가] 지역/사회문제를 대학생이 주도적으로 해결할 경우, 다음 중 특히 어떤 능력이 대학생만의 장점이라고 생각하십니까? (5점 만점 평가, 평균)

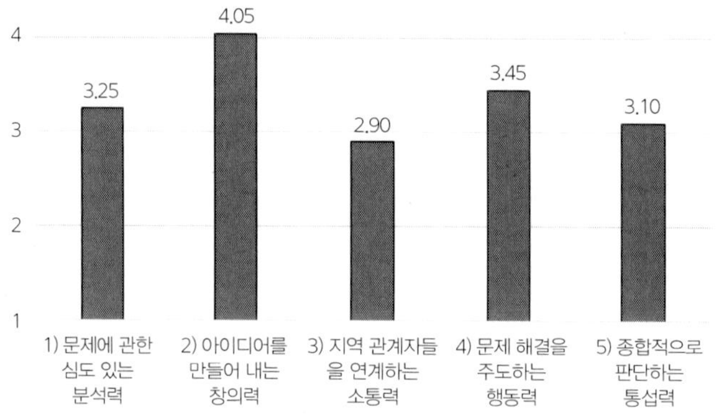

	전체	서울대 사회대	정치학 계열
1) 문제에 관한 심도 있는 분석력	3.25	3.10	3.40
2) 아이디어를 만들어 내는 창의력	4.05	4.10	4.00
3) 지역 관계자들을 연계하는 소통력	2.90	2.80	3.00
4) 문제 해결을 주도하는 행동력	3.45	3.40	3.50
5) 종합적으로 판단하는 통섭력	3.10	3.00	3.20
	(n=181)	(n=71)	(n=110)

[12. 대학교육 평가] 위의 각 능력/장점을 습득하기 위해 대학은 현재 유익한 교육을 제공하고 있다고 생각하십니까? (5점 만점, 평균)

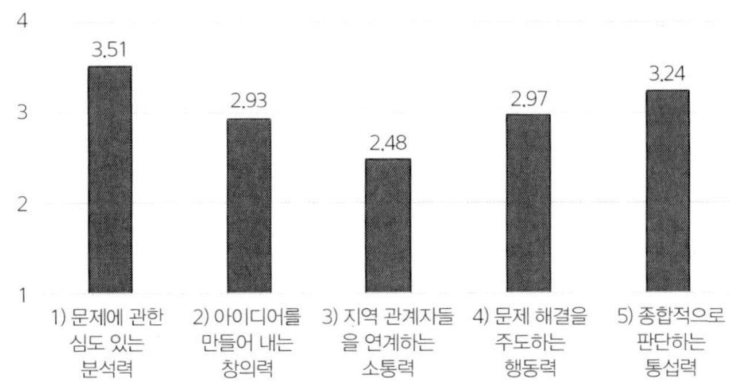

	전체	서울대 사회대	정치학 계열
1) 문제에 관한 심도 있는 분석력	3.51	3.70	3.32
2) 아이디어를 만들어 내는 창의력	2.93	2.89	2.97
3) 지역 관계자들을 연계하는 소통력	2.48	2.21	2.74
4) 문제 해결을 주도하는 행동력	2.97	2.79	3.14
5) 종합적으로 판단하는 통섭력	3.24	3.25	3.23
	(n=181)	(n=71)	(n=110)

[13. 프로젝트 자기 평가 1] 이 수업에서 귀하가 수행한 개인/팀 프로젝트에 대해서 다음 항목으로 자기 평가를 한다면 어느 수준입니까? (5점 만점 평가, 평균)

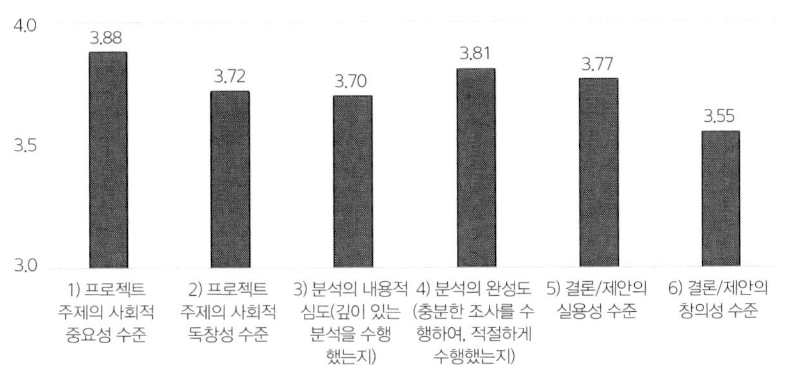

	전체	서울대 사회대	정치학 계열
1) 프로젝트 주제의 사회적 중요성 수준	3.88	3.89	3.86
2) 프로젝트 주제의 독창성 수준	3.72	3.84	3.59
3) 분석의 내용적 심도(깊이 있는 분석을 수행했는지)	3.70	3.77	3.62
4) 분석의 완성도(충분한 조사를 수행하여, 적절하게 설명했는지)	3.81	3.89	3.72

5) 결론/제안의 실용성 수준	3.77	3.75	3.78
6) 결론/제안의 창의성 수준	3.55	3.56	3.53
	(n=135	(n=57)	(n=78)

[14. 프로젝트 자기 평가 2] 귀하는 개인/팀 프로젝트를 통해 다음 각 능력에 관해서 어느 정도 습득할 수 있었다고 생각하십니까? (5점 만점 평가, 평균)

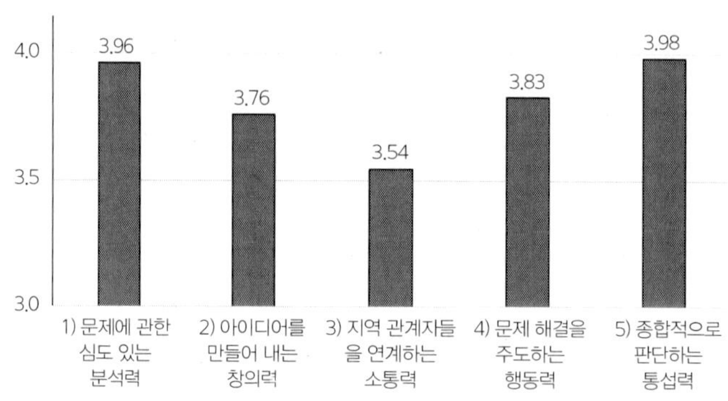

	전체	서울대 사회대	정치학 계열
1) 문제에 관한 심도 있는 분석력	3.96	4.09	3.82
2) 아이디어를 만들어 내는 창의력	3.76	3.88	3.63
3) 지역 관계자들을 연계하는 소통력	3.54	3.40	3.68
4) 문제 해결을 주도하는 행동력	3.83	3.84	3.81
5) 종합적으로 판단하는 통섭력	3.98	4.16	3.79
	(n=135	(n=57)	(n=78)

[15. 프로젝트의 보완 방향] 더 많은 시간이 있으면 귀하는 수행한 개인/팀 프로젝트의 내용에 관해서 특히 어떠한 측면을 보완하고 싶습니까? (하나만 선택) (%)

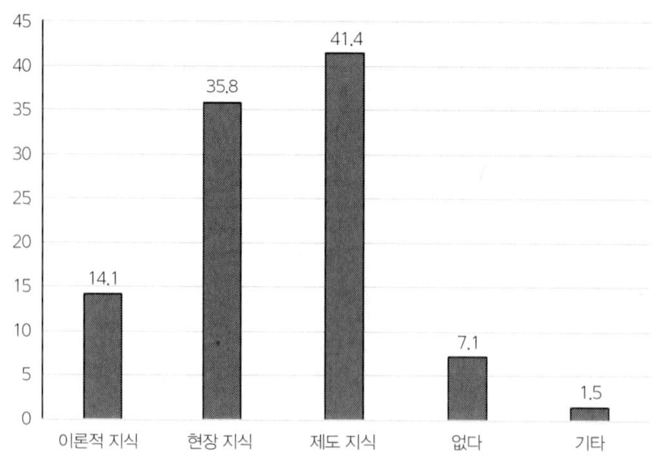

	전체	서울대 사회대 학생	정치학 계열 학생
이론적 지식	14.1	19.3	9.0
현장 지식	35.8	42.1	29.5
제도 지식	41.4	31.6	51.3
없다	7.1	5.3	9.0
기타	1.5	1.8	1.3
	(n=135	(n=57)	(n=78)

[16. 향후 지역/사회문제 관여 의향] 귀하는 졸업 후에도 지역의 사회문제의 해결에 적극적으로 기여하고 싶다고 생각하십니까? (%)

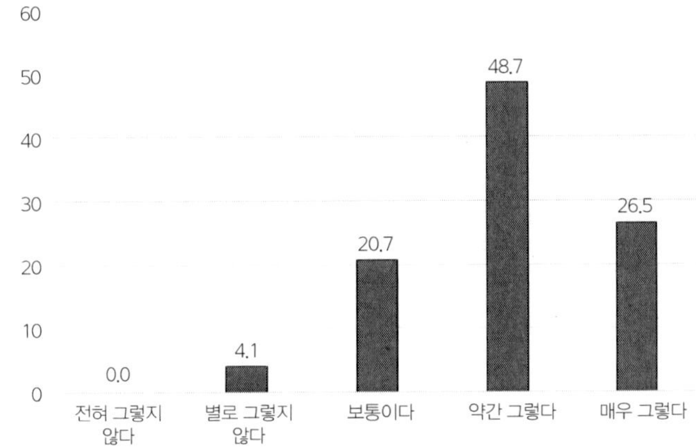

	전체	서울대 사회대 학생	정치학 계열 학생
전혀 그렇지 않다	0.0	0.0	0.0
별로 그렇지 않다	4.1	1.8	6.4
보통이다	20.7	15.8	25.6
약간 그렇다	48.7	47.4	50.0
매우 그렇다	26.5	35.1	17.9
	(n=135	(n=57)	(n=78)
5점 척도 평균	3.96	4.16	3.79

〈부록 1〉 연구참여자 동의서

연 구 참 여 자 동 의 서

연구제목 : 지역참여와 대학교육에 관한 의식조사 (설문조사)

아래의 내용을 읽으시고 내용을 안전히 이해하시면 네모 칸에 표시하여 주십시오.

□ 본인은 이 설명문을 읽었고, 내용을 충분히 이해합니다.

□ 본인은 자세하게 설명을 듣고 궁금한 사항에 대해 질문을 하였고 적절한 답변을 들었습니다.

□ 본인은 자발적으로 이 연구에 참여합니다.

□ 본인은 연구기간 중 언제라도 중도에 연구참여를 거부하거나 중단할 수 있습니다. 또 본인은 이 연구참여를 중단하더라도 본인에게 어떠한 불이익도 없다는 것을 알고 있습니다.

□ 본인은 자유로운 의사에 따라 연구참여를 요청하여 설문조사 접근 링크를 제공받습니다.

연구참여자의 성명	서명	날짜 (년/월/일)

설명한 연구자의 성명	서명	날짜 (년/월/일)

연구주관 **서울대학교 사회혁신교육연구센터**

〈부록 2〉 설문지

대학생 의식조사 (1차)

〈섹션 1〉 사회·정치 관련 질문

[1. 한국 민주주의 수준] 모든 것을 고려할 때 귀하는 현재 한국의 민주주의 수준은 어느 정도라고 생각하십니까?

① 매우 낮다 ② 낮다 ③ 보통이다 ④ 약간 높다 ⑤ 매우 높다

[2. 풀뿌리 민주주의 수준] 모든 것을 고려할 때 귀하는 현재 한국의 풀뿌리 차원의 민주주의(지자체, 마을·지역사회의 민주주의) 수준은 어느 정도라고 생각하십니까?

① 매우 낮다 ② 낮다 ③ 보통이다 ④ 약간 높다 ⑤ 매우 높다

[3. 관심 이슈] 귀하는 다음 정치·경제적 문제에 대해 어느 정도 관심을 가지고 계십니까?

	① 전혀 관심 없다	② 별로 관심 없다	③ 보통이다	④ 약간 관심 있다	⑤ 매우 관심 있다
1) 국제 차원의 문제 (안보, 평화, 개발, 무역 등)					
2) 국가 차원의 문제 (국회, 정부 정책, 대기업, 고용 등)					
3) 지역 차원의 문제 (주민자치, 마을, 지역경제 등)					

[4. 신뢰] 귀하는 다음의 사람 또는 기관에 대해 얼마나 신뢰하십니까?

	① 전혀 신뢰하지 않는다	② 별로 신뢰하지 않는다	③ 보통이다	④ 약간 신뢰한다	⑤ 매우 신뢰한다
1) 국제기구(유엔 등)					
2) 중앙정부					
3) 국회					

4) 언론기관(TV · 신문 · 인터넷)					
5) 대기업					
6) 시민단체					
7) 대학					
8) 지방 정부					
9) 지방 의회					
10) 지역 소상공인					
11) 동사무소, 주민센터					
12) 주민자치조직, 주민단체					
13) 이웃 주민					
14) 가족					

[5. 정체성] 귀하는 다음 사항에 관하여 어떻게 생각하십니까?

	① 전혀 그렇지 않다	② 그렇지 않다	③ 그렇다	④ 매우 그렇다
1) 나는 내 자신을 세계시민으로 생각한다.				
2) 나는 내 자신을 동북아 지역 시민으로 생각한다.				
3) 나는 내 자신을 한국 민족으로 생각한다.				
4) 나는 내 자신을 지역(마을) 주민으로 생각한다.				
5) 나는 내 자신을 독자적인 개인으로 생각한다.				

[6. 사회기업가정신] 귀하는 다음 사항에 관하여 어떻게 생각하십니까?

	① 전혀 그렇지 않다	② 그렇지 않다	③ 그렇다	④ 매우 그렇다
1) 나는 사람들이 사회적 약자에 대해 어떻게 생각하는지에 신경이 쓰인다.				
2) 나는 사회적 약자에 대해서 생각할 때 입장을 바꿔 생각하려고 노력한다.				
3) 나는 사회적 약자를 도울 도덕적 책임이 있다.				

4) 사회적 약자를 돕는 것은 사회적 정의를 위해 필요하다.				
5) 사회문제는 개개인의 관심만으로도 해결될 수 있다.				
6) 나는 사회가 당면한 문제해결에 도움이 되는 방법을 찾아낼 수 있다.				
7) 내가 중요한 사회문제를 해결하기 위한 계획을 세운다면 사람들은 나를 지지할 것이다.				
8) 만일 내가 사회적 기업을 창업한다면 사람들은 나를 지지할 것이다.				

[7. 정치·사회 참여 경험] 귀하는 지난 1년 동안 다음 항목에 대해 직접 참여해 본 경험이 있습니까?

1) 중앙정부 또는 지자체의 정책수립과정에 대한 오프라인 참여 (토론회, 공청회, 민원, 감시, 참여예산 등 모든 오프라인 형태)	① 있다	② 없다
2) 온라인 정치 참여나 의견 제시 (페이스북, 트윗, 게시판 댓글 달기 등 모든 온라인 형태)	① 있다	② 없다
3) 집회/시위 참가(오프라인)	① 있다	② 없다
4) 풀뿌리 차원의 정치/사회 참여 (주민자치, 마을공동체, 지역행사 참여 등)	① 있다	② 없다
5) 자원봉사활동 참여(모든 형태)	① 있다	② 없다

〈섹션 2〉 대학생과 지역/사회문제

[8. 대학생활 만족도] 모든 것을 고려할 때 귀하는 현재 대학생활에 얼마나 만족하십니까?

① 매우 불만족하다　② 약간 불만족하다　③ 보통이다
④ 약간 만족하다　⑤ 매우 만족하다

[9. 대학생의 역할] 귀하는 "대학생은 지역사회혁신이나 지역문제(주민자치, 거주지역의 생활환경, 마을·지역 공동체의 민주주의 등) 해결의 주체가 될 수 있다"라는 의견에 대해 어떻게 생각 하십니까?

① 전혀 그렇지 않다　② 별로 그렇지 않다　③ 보통이다

④ 약간 그렇다 ⑤ 매우 그렇다

[10. 대학생의 능력/장점] 지역/사회문제를 대학생이 주도적으로 해결할 경우, 다음 중 특히 어떤 능력이 대학생만의 장점이라고 생각하십니까?

① 문제에 관한 심도 있는 분석력 ② 아이디어를 만들어 내는 창의력
③ 지역 관계자들을 연계하는 소통력 ④ 문제 해결을 주도하는 행동력
⑤ 종합적으로 판단하는 통섭력 ⑥ 기타

[11. 대학 교육] 위의 각 능력/장점을 습득하기 위해 대학은 현재 유익한 교육을 제공하고 있다고 생각하십니까?

	① 전혀 그렇지 않다	② 별로 그렇지 않다	③ 보통 이다	④ 약간 그렇다	⑤ 매우 그렇다
1) 문제에 관한 심도 있는 분석력					
2) 아이디어를 만들어 내는 창의력					
3) 지역 관계자들을 연계하는 소통력					
4) 문제 해결을 주도하는 행동력					
5) 종합적으로 판단하는 통섭력					

[12. 지역/사회문제의 해법] 지역/사회문제를 해결하는 수단·방법으로서 다음 중 가장 중요하다고 생각되는 것을 3개만 선택해 주세요. (4개 이상 체크하면 무효처리 됨)

① 지역 주체들 사이의 신뢰와 협력의 강화
② 각 지역 주체들의 역량이나 책임성의 강화
③ 혁신적이고 창의적인 아이디어나 서비스·기술 등의 개발
④ 지방 정부의 정책이나 제도 개선
⑤ 중앙 정부나 국가 차원의 정책이나 제도 개선
⑥ 소득이나 교육 수준 등 일반적인 경제사회적 조건 개선
⑦ 사회문화적 의식·여론의 개선
⑧ 기타

대학생 의식조사 (2차)

"이하는 대학생의 인식·의식을 물어보는 질문입니다. 3월에 실시한 1차 조사와 동일한 질문도 몇 개 포함되어 있습니다. 모든 질문에 대해 해당되는 응답에 체크를 해주세요."

〈기본〉 1차 설문 참여 여부

① 예, 참여하였습니다 ② 아니오, 참여하지 않았습니다.

〈섹션 1〉 사회·정치 관련 질문

[1. 한국 민주주의 수준] 모든 것을 고려할 때 귀하는 현재 한국의 민주주의 수준은 어느 정도라고 생각하십니까?

① 매우 낮다 ② 낮다 ③ 보통이다 ④ 약간 높다 ⑤ 매우 높다

[2. 풀뿌리 민주주의 수준] 모든 것을 고려할 때 귀하는 현재 한국의 풀뿌리 차원의 민주주의(지자체, 마을·지역사회의 민주주의) 수준은 어느 정도라고 생각하십니까?

① 매우 낮다 ② 낮다 ③ 보통이다 ④ 약간 높다 ⑤ 매우 높다

[3. 관심 이슈] 귀하는 다음 정치·경제적 문제에 대해 어느 정도 관심을 가지고 계십니까?

	① 전혀 관심 없다	② 별로 관심 없다	③ 보통이다	④ 약간 관심 있다	⑤ 매우 관심 있다
1) 국제 차원의 문제 (안보, 평화, 개발, 무역 등)					
2) 국가 차원의 문제 (국회, 정부 정책, 대기업, 고용 등)					
3) 지역 차원의 문제 (주민자치, 마을, 지역경제 등)					

[4. 신뢰] 귀하는 다음의 사람 또는 기관에 대해 얼마나 신뢰하십니까?

	① 전혀 신뢰 하지 않는다	② 별로 신뢰 하지 않는다	③ 보통 이다	④ 약간 신뢰한다	⑤ 매우 신뢰한다
1) 국제기구(유엔 등)					
2) 중앙정부					
3) 국회					
4) 언론기관(TV · 신문 · 인터넷)					
5) 대기업					
6) 시민단체					
7) 대학					
8) 지방 정부					
9) 지방 의회					
10) 지역 소상공인					
11) 동사무소, 주민센터					
12) 주민자치조직, 주민단체					
13) 이웃 주민					
14) 가족					

[5. 정체성] 귀하는 다음 사항에 관하여 어떻게 생각하십니까?

	① 전혀 그렇지 않다	② 그렇지 않다	③ 그렇다	④ 매우 그렇다
1) 나는 내 자신을 세계시민으로 생각한다.				
2) 나는 내 자신을 동북아 지역 시민으로 생각한다.				
3) 나는 내 자신을 한국 민족으로 생각한다.				
4) 나는 내 자신을 지역(마을) 주민으로 생각한다.				
5) 나는 내 자신을 독자적인 개인으로 생각한다.				

[6. 사회기업가정신] 귀하는 다음 사항에 관하여 어떻게 생각하십니까?

	① 전혀 그렇지 않다	② 그렇지 않다	③ 그렇다	④ 매우 그렇다
1) 나는 사람들이 사회적 약자에 대해 어떻게 생각하는지에 신경이 쓰인다.				

2) 나는 사회적 약자에 대해서 생각할 때 입장을 바꿔 생각하려고 노력한다.				
3) 나는 사회적 약자를 도울 도덕적 책임이 있다.				
4) 사회적 약자를 돕는 것은 사회적 정의를 위해 필요하다.				
5) 사회문제는 개개인의 관심만으로도 해결될 수 있다.				
6) 나는 사회가 당면한 문제해결에 도움이 되는 방법을 찾아낼 수 있다.				
7) 내가 중요한 사회문제를 해결하기 위한 계획을 세운다면 사람들은 나를 지지할 것이다.				
8) 만일 내가 사회적 기업을 창업한다면 사람들은 나를 지지할 것이다.				

〈섹션 2〉 지역사회와 대학생

[7. 대학생의 역할] 귀하는 "대학생은 지역사회혁신이나 지역문제(주민자치, 거주지역의 생활환경, 마을·지역 공동체의 민주주의 등) 해결의 주체가 될 수 있다"라는 의견에 대해 어떻게 생각 하십니까?

① 전혀 그렇지 않다 ② 별로 그렇지 않다 ③ 보통이다
④ 약간 그렇다 ⑤ 매우 그렇다

[8. 대학생의 능력/장점] 지역/사회문제를 대학생이 주도적으로 해결할 경우, 다음 중 특히 어떤 능력이 대학생만의 장점이라고 생각하십니까?

① 문제에 관한 심도 있는 분석력 ② 아이디어를 만들어 내는 창의력
③ 지역 관계자들을 연계하는 소통력 ④ 문제 해결을 주도하는 행동력
⑤ 종합적으로 판단하는 통섭력 ⑥ 기타

[9. 지역/사회문제의 해법] 지역/사회문제를 해결하는 수단·방법으로서 다음 중 가장 중요하다고 생각되는 것을 3개만 선택해 주세요. (4개 이상 체크하면 무효처리 됨)

① 지역 주체들 사이의 신뢰와 협력의 강화
② 각 지역 주체들의 역량이나 책임성의 강화
③ 혁신적이고 창의적인 아이디어나 서비스·기술 등의 개발

④ 지방 정부의 정책이나 제도 개선

⑤ 중앙 정부나 국가 차원의 정책이나 제도 개선

⑥ 소득이나 교육 수준 등 일반적인 경제사회적 조건 개선

⑦ 사회문화적 의식·여론의 개선

⑧ 기타

[10. 프로젝트 평가 1] 이 수업에서 귀하가 수행한 개인/팀 프로젝트에 대해서 다음 항목으로 자기 평가를 한다면 어느 수준입니까?

	① 매우 낮다	② 약간 낮다	③ 보통이다	④ 약간 높다	⑤ 매우 높다
1) 프로젝트 주제의 사회적 중요성 수준					
2) 프로젝트 주제의 독창성 수준					
3) 분석의 내용적 심도(깊이 있는 분석을 수행했는지)					
4) 분석의 완성도(충분한 조사를 수행하여, 적절하게 설명했는지)					
5) 결론/제안의 실용성 수준					
6) 결론/제안의 창의성 수준					

[11. 프로젝트 평가 2] 귀하는 개인/팀 프로젝트를 통해 다음 각 능력에 관해서 어느 정도 습득할 수 있었다고 생각하십니까?

	① 전혀 습득하지 못했다	② 별로 습득하지 못했다	③ 보통이다	④ 약간 습득했다	⑤ 매우 습득했다
① 문제에 관한 심도 있는 분석력					
② 아이디어를 만들어 내는 창의력					
③ 지역 관계자들을 연계하는 소통력					
④ 문제 해결을 주도하는 행동력					
⑤ 종합적으로 판단하는 통섭력					

[12. 프로젝트의 보완 방향] 더 많은 시간이 있으면 귀하는 수행한 개인/팀 프로젝트의 내용에 관해서 특히 어떠한 측면을 보완하고 싶습니까? (하나만 선택)

① 이론이나 개념, 전문적 분석 등 학술적 측면의 보완(이론적 지식)
② 현장의 정보나 주제에 대한 조사·분석 등 현실적 측면의 보완(현장 지식)
③ 관련된 제도나 정책, 사회·시장 환경 조사 등 실용화나 파급적 측면의 보완(제도 지식)
④ 특히 보완해야 할 내용은 없다
⑤ 기타

[13. 향후 지역/사회문제 관여 의향] 귀하는 졸업 후에도 지역의 사회문제의 해결에 적극적으로 기여하고 싶다고 생각하십니까?

① 전혀 그렇지 않다 ② 별로 그렇지 않다 ③ 보통이다
④ 약간 그렇다 ⑤ 매우 그렇다